철학 브런치

지은이 정시몬은 딱히 장르를 가리지 않고 새로운 책을 기획, 집필하거나 좋은 책을 소개하고 번역하는 것을 좋아한다. 저서로는 인문학 브런치 시리즈인 『세계문학 브런치』, 『세계사 브런치』, 『철학 브런치』 외에 변호사 친구와 함께 써 호평을 받은 법률 교양서 시리즈 『미국을 발칵 뒤집은 판결 31』, 『세계를 발칵 뒤집은 판결 31』 등이 있다.

어렸을 때부터 하라는 공부는 안 하고 책만 읽다가 결국 음치나 박치보다 더 대책 없는 간서치(看書癡)가 되고 말았다. 그러다 보니 나이가 좀 들어서도 늘 어디 한적한 곳에서 책이나 실컷 읽고 글도 쓰고 음악도 들으며 유유자적 사는 것이 꿈이었다. 하지만 비정한 현실은 희망 사항과는 달리 전혀 엉뚱한 방향으로 흘러가 미국에서 학업을 마친 뒤에는 팔자에도 없던 공인 회계사(Certified Public Accountant) 및 공인 법회계사(Certified Fraud Examiner) 자격을 취득하여 기업 회계 감사, 경영 진단, 지식 재산 관리 분야에서 오랫동안 일했다. 하기야 회계장부도 영어로는 ʻbooksʼ라고 쓰니까 좋아하던 책(books)과의 인연은 어쨌거나 계속 이어진 셈이랄까. 그러던 어느 해 한국에 출장을 나왔다가 우연히 지인을 통해 출판사를 소개받아 진짜 ʻ북스ʼ 몇 권을 출간하면서 오늘에 이르고 있다. 쓰고 싶은 책은 많은데 요즘 여유 시간이 점점 줄어들고 있어 고민이다. Southern Illinois University Carbondale 졸업.

철학 브런치

2014년 10월 10일 초판 1쇄 발행
2020년 5월 25일 초판 5쇄 발행

지은이  정시몬
펴낸곳  부키(주)
펴낸이  박윤우
등록일  2012년 9월 27일  등록번호 제312-2012-000045호
주소  03785 서울 서대문구 신촌로3길 15 산성빌딩 6층
전화  02) 325-0846
팩스  02) 3141-4066
홈페이지  www.bookie.co.kr
이메일  webmaster@bookie.co.kr
제작대행  올인피앤비 bobys1@nate.com
ISBN  978-89-6051-416-4 03100

원전을 곁들인
맛있는 인문학~

# 철학~
# 브런치

정시몬 지음

부·키

# 철학,
# 그 흥겨운
# 샴페인 브런치

사람들은 철학을 무턱대고 어렵다고만 생각하는 경향이 있다. 심지어 철학책이라면 무슨 암호 같은 문장들로 가득 찬 불가사의한 문서라고 믿거나, 철학은 오직 천재적인 두뇌를 가져야 할 수 있는 일종의 '초능력' 비슷한 것이라고 여기는 경우까지 있는 것 같다. 선입견의 힘은 무섭고도 끈질기다.

하지만 적어도 내가 아는 철학은 그렇지 않다. 나에게 철학이란 위대하고 심오한 지혜의 샘이라기보다 차라리 '샴페인을 곁들인 선데이 브런치'처럼 다양한 빛깔과 맛깔이 흘러넘치는 흥미진진한 이야기보따리에 가깝다.

철학의 고전들은 때로 사람 좋지만 나름 고집도 있는 동네 아저씨와 나누는 구수한 대화 같기도 하고(소크라테스의 경우), 순전히 자신의 관찰력과 상상력만으로 우주 삼라만상의 작동 원리를 설명하려고 시도한, 시대를 잘못 태어난 한 천재의 돈키호테 같은 지적 모험의 편력이기도 하며

(아리스토텔레스의 경우), 우리 시대의 어떤 시사평론가보다도 예리하고 통렬한 필체로 써 내려간, 풍자와 냉소로 가득 찬 문명 비판의 기록이기도 하다(볼테르, 니체의 경우). 또한 철학은 세계 제국의 지배자였으면서도 고독과 명상을 더 사랑했던 인물의 사유의 궤적을 따라가 보는 여행이며(아우렐리우스의 경우), 진정한 현자인지 아니면 오즈의 마법사 같은 사기꾼인지 헷갈리게 만드는, 수수께끼 같은 인물의 현란하기 짝이 없는 언어의 연금술을 감상하는 기회이기도 하다(하이데거의 경우).

이처럼 철학자들과 그들이 쓴 고전들의 다채롭고 흥미진진한 이면들을 따라가 보는 것은 분명 특별한 경험이 되리라고 믿는다. 더 나아가 독자 여러분들이 이 책을 읽고 자극을 받아 철학의 고전들을 직접 읽는 즐거움을 누리게 된다면 더 이상의 보람이 없겠다.

그럼 지금부터 내 청춘의 소중한 시간을 기꺼이 투자했던 철학 고전들의 몇몇 페이지를 뽑아 여러분과 함께 즐겁게 감상해 볼까 한다. 돌이켜보면 내가 유난히 철학책을 뒤적거렸던 시기는 학업부터 사랑에 이르기까지 계속되는 실패와 좌절로 허우적거리던 때와 상당히 겹친다. 내가 스스로 정말 쓸모없는 인간이라고까지 느꼈던 그 고단한 시기에, 자기계발서나 자격증 교재도 아니고 하필이면 플라톤과 쇼펜하우어를 펼쳐 들었던 이유를 어떻게 설명해야 좋을까. 물론 재미있었기 때문이지만, 그 재미란 확실히 비디오 게임을 하거나, 여배우의 수영복 사진을 기웃거리는 것과는 다른 무엇이었다.

철학은 그 자체로 어떤 실용적인 기능도 없다. 하지만 그토록 무용하기에 역설적으로 가장 인간적이다. 철학은 인간이란 전혀 쓸모없는 짓도 기꺼이 하면서 혼자 좋아하고, 감탄하고, 때로는 탄식하기도 하는 존재라는 것을 일깨워 준다. 당장의 자잘한 이해관계 너머에 있는 인간의 본성을 바라볼 기회를 준다고 할까. 철학은 유한한 존재이면서도 늘 무한을 꿈꾸는 인간만이 할 수 있는 그 어떤 것이다. 너구리나 돌고래는 철학을 하지 않는다. 신(神)도 마찬가지다.

책이 나오기까지 줄곧 지원과 격려를 아끼지 않으신 부키 박윤우 대표님께 이 자리를 빌려 감사의 말씀을 드린다. 분에 넘치는 신뢰에 보답하는 길은 앞으로도 힘이 닿는 한 계속 열심히 쓰는 것뿐이겠다.

캘리포니아 북부 이스트 베이에서

정시몬

원전
텍스트에
부쳐

이 책에서 고전 인용문과 함께 곁들인 영어 텍스트는 일종의 부가 서비스 차원에서 제공한 것이다. 따라서 인용한 고전 지문은 한글만 읽어도 내용 파악에는 전혀 문제가 없다는 점을 말씀드린다.

하지만 그럼에도 내가 굳이 영어 텍스트를 포함시킨 것은 인문학에서 영어의 역할에 대해 독자 여러분의 주의를 환기시키기 위해서였다. 한때 그리스어와 라틴어, 한자가 그랬듯이 영어는 우리 시대의 세계 공용어(lingua franca)다. 지금 이 순간에도 전 세계의 모든 중요한 지적 논의는 영어로 이루어지고 있으며, 인문학도 예외가 아니다. 나아가 동서양 인문학 고전의 번역 사업을 포함, 문화 콘텐츠를 위해 선택되는 표준어로서 영어의 지위 또한 다른 모든 지역어를 압도한다. 이미 인터넷에도 프로젝트 구텐베르크(Project Gutenberg), 페르세우스 디지털 라이브러리(Perseus Digital Library) 등 저작권이 만료된 인문학 고전의 영어 텍스트를 무료로 제공하는 사이트들이 즐비하다. 또한 독서용 단말기를 구입하면 저렴한 가격에 웬만한 도서관 분량의 인문학 고전 컬렉션을 영어로 즉각 다운로드할 수 있다.

뿐만 아니라 현대 영어는 그 자체로도 인문학의 타임캡슐이라고 할 수 있다. 워낙 여러 종류의 언어로부터 다양한 문화와 역사의 자양분을 빨아들여 온 영어의 특성 때문이다. 이 책에서 기회 있을 때마다 인문학 관련 용어들의 해당 영어 표현을 어원학적으로 풀어 보여 드린 것은 그런 이유에서였다.

혹시 이런저런 이유로 영어 공부에 매진하고 있는 독자들이라면 영어를 단지 토익, 토플 점수에만 연결시키는 대신 인문학을 포함한 모든 지식의 커뮤니케이션을 돕는 쓸모 있는 도구로도 바라보시기를 바란다. 독자 여러분의 행운을 빈다.

차례

## *Chapter 1* 소크라테스와의 대화

메인 브런치: 소크라테스

원전 토핑: 『향연』·『변명』·『파이돈』

## Chapter 2 유토피아의 꿈과 이성의 도서관

메인 브런치: 플라톤, 아리스토텔레스

원전 토핑: 『국가론』·『시학』·『정치학』·『자연학』·『형이상학』·『니코마코스 윤리학』

## Chapter 3 웅변가와 황제의 철학

메인 브런치: 키케로, 아우렐리우스

원전 토핑: 『수사학』·『예지력에 관하여』·『웅변술에 관하여』·『국가론』·『신성론』·『명상록』

## *Chapter 4* 과학 혁명과 근대 철학

메인 브런치: 베이컨, 데카르트, 파스칼

원전 토핑: 『신기관』·『수상록』·『방법서설』·『제1철학에 대한 명상』·『팡세』

## *Chapter 7* 실존주의자들의 예능감

메인 브런치: 사르트르, 카뮈, 하이데거

원전 토핑: 『구토』·『존재와 무』·『파리』·『시시포스의 신화』·『이방인』·『페스트』·『정의의 사람들』·『존재와 시간』·『형이상학 입문』·『횔덜린 시의 해명』

*Chapter*

*1*

소크라테스와의 대화

메인 브런치
· 소크라테스

_____

원전 토핑
· 『향연』
· 『변명』
· 『파이돈』

# 고대 그리스, 철학하기 좋은 시간

## 태초에 남녀가 사랑하게 된 까닭은

독자 여러분과 함께 위대한 철학자들의 책과 사상 속으로 떠나는 이 여
행을, 나는 내가 '철학(哲學)'이라는 것과 마주친 '첫 경험'의 기억에서부
터 시작해 볼까 한다. 때는 옛날 옛적, 뭐 호랑이 담배 먹던 시절까지는
아니고, 중학교 2학년 어느 날 도덕 수업 시간이었다. 그날 수업의 주제
가 무엇이었는지는 잘 기억나지 않는다. 아마 '사랑과 이성'이라는 주제
가 아니었을까 싶다. 분명하게 기억나는 것은 도덕 선생님이 우리들에
게 느닷없이 이런 질문을 던졌다는 사실이다.

"너희들, 태초에 왜 남녀가 서로를 사랑하게 되었는지 아니?"

요즈음 아이들은 어떤지 모르겠지만, 그때만 해도 중학교 2학년이라고
해 봐야 아기가 어떻게 생기는지도 제대로 아는 아이들이 별로 없었다.
기껏해야 어디서 주워들은, 우리들만의 온갖 '이론'과 '가설'이 난무할
뿐이었다. 그러니 고상한 '사랑의 기원', 뭐 이런 건 더더욱 알 턱이 없

었다. 우리들이 어리둥절해하는 표정을 짓자 선생님은 이렇게 말했다.

"고대 그리스의 철학자 플라톤(Plato)이 『향연*Symposium*』이라는 책을 썼는데, 그 책을 보면 이렇게 나와. 원래 남녀는 한 몸이었는데 신의 저주 때문에 둘로 나뉘었고, 그때부터 서로를 애타게 그리게 되었다는 거야."

왠지 모르겠지만, 당시 내 귀에는 선생님의 설명이 '쏙쏙' 들어왔다. 그도 그럴 것이, 당시는 5공 정권 시절, 그러니까 보통 '도덕 수업'이라고 하면 국민교육헌장과 삼강오륜 사이 어딘가를 따분하게 헤매고 있는 것이 상식이던 때 난데없이 고대 그리스 철학자가 말한 '사랑의 기원'에 대해 이야기하는데, 그게 또 사람이 마치 일본 만화 속 변신 합체 로봇처럼 서로 붙었다 떨어졌다 했다니 귀가 쫑긋하지 않겠는가.

내가 한국의 중·고등학교에서 '도덕'을 가르치는 교사들 가운데 상당수가 본래 철학 전공자라는 사실을 알게 된 것은 훨씬 나중의 일이었다. 당시 도덕 선생님의 실제 속뜻이야 알기 어렵지만, 어쩌면 그분은 따분한 삼강오륜을 논하기보다 철학을 배운 사람으로서 한번쯤 뭔가 신선한 지식을 우리에게 전해 주고 싶었던 건지도 모른다.

그런데 운명의 장난이었을까? '사랑의 변신 로봇'에 대한 이야기를 듣고 난 며칠 뒤 친척집에 놀러 갔다가 도덕 선생님이 말했던 바로 그 책을 만나게 되었다. 당시 대학생이던 사촌 누나의 책장에 『향연』이 꽂혀 있었던 것이다. "어, 이거 도덕 선생님이 말했던 그 책 아냐?" 하며 책을 뽑아 들고 술술 훑어보기 시작했는데, 점점 내 안에서 미묘하고 복잡한 감정이 일어나 계속 눈을 떼지 못한 기억이 있다. 그 감정은 뭐랄까, 일종의 혼란 내지 충격이었다고나 할까? 책을 펼치자마자 다음과 같은 구절과 맞닥뜨린 중학교 2학년짜리의 심정이 어땠을지 생각해 보라.

엊그제 나는 팔레론에 있는 내 집에서 시내로 오고 있었는데, 뒤에서 나를 본 지인 하나가 멀리서 나를 장난스럽게 부르며 "이보게 자네 팔레론 사람, 아폴로도로스, 멈추게."라고 말했네. 그래서 내가 요구받은 대로 하자, 그가 말했네. "지금 막 자네를 찾고 있었네, 아폴로도로스. 아가톤네 저녁 식사 자리에서 소크라테스, 알키비아데스, 그리고 다른 여러 사람들에 의해 행해진 사랑을 찬양하는 연설들에 대해 물어보기 위해서 말이지."

소크라테스(Socrates)? 내가 당시 소크라테스에 대해 아는 것이라고는 그가 고대 그리스 사람이라는 것, 그의 이름에서는 왠지 예수 그리스도나 석가모니 같은 성현의 분위기가 풍긴다는 것, 따라서 어쩐지 다가가기에는 너무 먼 어딘가에 점잖게 앉아 있는 분이랄까, 뭐 그런 느낌이 든다는 것 정도였다. 그런데 조금 더 읽어 내려가니 그때까지 정말 말로만 듣던 '전설'의 소크라테스가 직접 등장해 이렇게 말하는 것이었다.

아가톤의 집에서 열리는 만찬에 간다네. 나는 어제 사람들이 북적거리는 것이 싫어서 그와 그의 축하 행사를 피했다네. 하지만 오늘 참석하는 데는 동의했지. 그 잘생긴 집주인에게 너무 처지지 않도록 나도 이렇게 멋진 스타일로 치장했다네.

이렇게 『향연』에서 갑자기 '툭' 튀어나온 소크라테스가 이해하기 어려운 심오한 지혜를 설파하는 대신 어느 잔칫집에 놀러 간다고 태연하게 말하는 것이 아닌가! 또한 놀라웠던 것은 책 속에서 그들이 나누는, 현대적인 감각의 대화였다. 고대 그리스어에서 영어로, 혹은 한글 텍스트로 번역되면서 어느 정도 현대식 말투나 느낌이 새로 덧붙여진 것은 어쩔 수 없는 일이라고 치자. 아무리 그렇다고 해도 책 속에서 벌어지는 사건의 묘사와 등장인물들의 말투가 거의 19세기 영국 런던, 심지어 20

소크라테스 흉상. 흡사 할리우드 애니메이션 〈슈렉〉의 캐릭터를 연상시키는 용모지만
기원전 5세기 아테네 상류층 청년들에게는 아이돌과 같은 존재였다.

세기 미국 뉴욕에 사는 사람들이 나눈 대화라 해도 손색이 없을 만큼 현대적이고 세련미가 넘치는 게 왠지 수상쩍었다.

나는 그 책이 '향연'이라는 제목을 달고 있긴 했지만 도덕 선생님이 언급한 것과는 다른 책이 아닌가 싶어 표지를 다시 살펴봤다. 번역자로 한국 모 대학 교수의 이름이 올라 있기는 했지만, 원저자는 분명 플라톤이었다. 그래도 혹시나 싶어 책 맨 뒤에 실려 있는 해설을 읽어 보니 이런 문구가 보인다. "플라톤의 『향연』이 쓰인 것은 기원전 385년 전후로 보이며…." 그렇다면 도덕 시간에 들은 그 책이 틀림없다. 기원전 385년이라면 우리나라의 경우 고조선 시대다. 고조선 시대에 어느 위대한 철학자가 출현해서 무슨 저술을 남겼다는 얘기는 들어 본 바가 없다. 그러고 보니 고조선 시대부터 내려오는 〈공무도하가〉라는 노래가 있기는 한데, 그게 실은 문학이나 철학 '작품'이라기보다는 강물에 빠져 죽은 미친 남편을 둔 기구한 여자의 외마디 절규일 뿐이다. 그런데 비슷한 시기에 그리스 아테네에서는 비극 경연 뒤에 벌어진 잔치에 참석한 손님들이 돌아가면서 사랑을 찬미하는 연설을 했는가 하면, 그것을 바탕으로 쓴 책이 지금까지도 남아 있다니 경탄하지 않을 수 없었다. 문화 사대주의라고 말해도 좋다. 『향연』을 만났을 때 나의 솔직한 느낌이 그랬던 걸 어쩌나.

내가 고대 그리스, 특히 아테네가 이룩한 고도의 문명, 그리고 그 속에서 현대 철학자들이 다루는 것만큼이나 다양하고 심오한 주제들을 놓고 소크라테스를 비롯한 여러 철학자들이 고민하며 토론을 벌였다는 사실을 알게 된 것은 한참 뒤의 일이었다. 솔직히 이렇듯 찬란하게 사상을 꽃피운 고대 그리스와 21세기 들어 국가 부도 사태로 인해 극심한 사회 혼란을 겪은 그리스가 정말 같은 뿌리를 갖고 있는지 개인적으로 의심스러울 때가 있다. 여하튼 플라톤과 소크라테스, 그리고 기원전에 쓰였다고는 하나 현대 지성인들의 대화를 연상케 하는 『향연』과의 만남은 놀라움을 넘어 충격적인 기억으로 내게 남아 있다.

## 철학도 결국 사랑이더라

그때 도덕 선생님이 『향연』을 언급한 이유는, 정확히 말하면 찬란한 고대 아테네 문명과 그리스 철학에 대해서가 아니라 '사랑'에 관해 설명하기 위해서였다. 그런데 내가 나중에 알게 된 것은 철학 자체도 결국에는 사랑이더라는 것이다. 이 대목에서 독자들은 빤한 이야기를 예상하고 있을지도 모른다. 철학은 '지혜에 대한 사랑'이라는…. 그렇다, 그 말을 하려는 거다. 하지만 너무 섣불리 판단하지는 말자. 지금부터 하는 이야기에 우리가 소크라테스와 나눌 대화의 요체가 숨어 있기 때문이다.

먼저 '철학'을 뜻하는 영어 단어 philosophy를 한번 찬찬히 뜯어보자. 훌륭한 예술 작품은 그 크기와 관계없이 들여다보면 볼수록 흥미진진한 구석이 있다. 비록 예술품은 아니지만 'philosophy'라는 어휘 역시 그렇다. philosophy는 원래 그리스어 '필로소피아(philosophia)'에서 나온 것으로, 이는 사랑을 의미하는 '필리아(philia)'와 지혜를 뜻하는 '소피아(sophia)'가 결합된 것이다. 그러니까 philosophy를 풀어 설명하면 '지혜에 대한 사랑'이 된다. 따라서 philosophy의 어원에 보다 어울리는 의미를 지닌 한자 표현은 '철학'이 아니라 '애지(愛智)'라고 봐야 한다. 같은 맥락에서 우리가 보통 '철학자'라고 번역하는 philosopher 역시 '지혜를 사랑하는 사람', 즉 '애지자(愛知者)'로 번역해야 하지 않을까?

알고 보면 philosophy의 한자 번역인 '哲學'은 중국이 아니라 일본에서 먼저 만들어진 표현이다. 19세기 일본은 개항과 동시에 서구 문물을 말 그대로 게걸스럽게 빨아들이고 있었다. 당시 일본 학자들은 인문학의 제 분야를 비롯한 서구 학문 관련 학술 용어들을 일본식 한자로 재창조하는 데 공을 들였고, '철학' 또한 그 과정에서 탄생된 용어였다. 그렇다면 '일제의 잔재'인 여러 학술 용어들이 우리나라에서 버젓이 쓰이게 된 이유는 무엇일까? 서구 문물의 본격적인 흡수가 일제 강점기라는 시대적인 상황과 맞물려 있었고, 이에 따라 많은 사람들이 일본어로 된 책을 통해 처음으로 서구 학문을 접한 경우가 많았기 때문이다. 비단 철학뿐 아니라 '문학', '역사', '과학', '사회학', '정치학' 등도 본래 '일본산' 용어들인데, 오늘날 우리나라에서는 이 용어들을 사용하지 않고 인문학을 논하기가 사실상 불가능해져 버렸다.

그렇다고 해서 이제 와 새로운 신토불이 용어를 만드는 게 능사는 아닐 것이다. 갑자기 '철학'을 '애지학'이라고 한다거나 한 걸음 더 나아가 '앎사랑 배우기' 같은 식의 순우리말로 부르는 것도 정답은 아니라는 얘기다. 알고 보면 일본에 한자를 처음 전한 것이 바로 백제였으니, 우리 조상들이 전한 한자를 일본인들이 잘 활용해서 쓸모 있는 용어를 만들어 우리에게 돌려주었다고 통 크게 생각해도 좋을 것이다. '哲學'이라는 용어를 뜯어보면 '哲'에 '현명하다, 똑똑하다'라는 뜻이 있어 philosophy에 대한 번역어로서 별로 나무랄 데가 없다. 또한 '哲'은 고대 중국의 시가를 모은 책 『시경詩經』에서 "현명한 남자는 성을 이룩하고, 현명한 여자는 성을 기울게 한다."는 뜻의 "철부성성, 철부경성(哲夫成城, 哲婦傾城)."이라는 구절에 처음 등장했다니 philosophy보다 더 오래된 말이기도 하다. 여담인데, 위 구절에 등장하는 '경(傾)'은 흔히 뛰어난 미모를 지닌 여성을 표현할 때 쓰는 고사성어 '경국지색(傾國之色)'에도 등장한다. 즉 '나라를 기울게 할 미모'라는 뜻이다. 고대 중국에서 여성이란 너무 똑똑해도, 너무 아름다워도 경계 대상이 되는 기구한 존재였던 모양이다.

다시 philosophy로 돌아가자. 철학을 '사랑'이게 만드는 'philo-', 즉 *philia*는 다양한 영어 표현 속에 등장한다. 예를 들어 미국 동부의 대도시 필라델피아(Philadelphia)는 '사랑'을 뜻하는 *philia*와 '형제'를 뜻하는 *adelphia*가 합쳐진 것으로 원래는 '형제애'라는 뜻이었다. 『성서』에 등장하는 도시 이름을 필라델피아가 속해 있는 펜실베이니아 주의 개척자 윌리엄 펜(William Penn)이 가져다 쓴 것인데, 모든 이들이 형제처럼 사랑하며 살아가는 공동체를 꿈꾸었기에 그런 이름을 붙인 것이라고 한다. 이 외에도 사랑의 향기가 느껴지는 영어 어휘는 많다. 예컨대 *philia*는 bibliophilia(장서벽)에서 보듯 단어 뒤에 붙어 '~애호,' '~벽'의 의미가 되고, 그 의인형 *phile*은 Francophile(프랑스 애호가, 프랑스 문화의 팬)이나 Japanophile(일본 애호가)에서 보듯 '~애호가', '~광'의 뜻이 된다. 하지만 이 사랑이 변질되는 경우도 있다. '어린아이'를 뜻하는 그리스어계 접두사 *pedo*와 만나 pedophile이 되면, 페스탈로치나 방정환처럼 어린이의 복지와 권익을 향상하려고 노력하는 인물이 아닌 소아성애자, 소아성애증 환자를 의미하게 되는 것이다.

# 지혜도 쓰기 나름, 돈독 오른 논변가들 소피스트

철학의 반쪽 '사랑(philo-/philia)'에 대해 살펴봤으니, 이번에는 나머지 반쪽인 '지혜(-sophy/sophia)'와 만날 차례다. '소피아(sophia)'는 가톨릭에서 갈라져 나와 동로마 제국 세력권에서 교세를 이어 간 그리스도교 분파, 그리스 정교와 특히 인연이 깊은 말이다. 소피아는 우선 로마 시대 때 실존한 그리스도교 성녀의 이름이기도 하며, 동시에 보통 로고스(logos), 즉 '말씀' 혹은 '이성'이라고 불리는 신학적 진리나 지혜를 상징하기도 한다. 동방 교회에서 '소피아'가 얼마나 중요한 개념인지는 터키에 있는 '성 소피아 성당'에서도 알 수 있다. 이 성당은 무려 천 년 가까이 동로마 제국의 수도였던 콘스탄티노플(지금의 이스탄불)에 세워진 비잔틴 양식의 최고 걸작으로, 원래 이름은 '신성한 지혜'를 의미하는 그리스어 '하기아 소피아(Hagia Sophia)'였다. 그러나 하기아 소피아는 콘스탄티노플이 오스만투르크 제국에게 함락당한 뒤부터 오랫동안 이슬람 사원으로 둔갑하는 곡절을 겪기도 했다.

'소피아'는 오늘날까지도 유럽 문화 곳곳에 흔적을 남기고 있는데, 예를 들어 소피아(Sophia)나 소피(Sophie)는 유럽에서 매우 흔한 여성 이름이다. 앞서 『시경』의 한 구절을 통해 언급했듯 '철부(哲婦)', 즉 '현명한 여자'가 한 집안도 아니고 성 한 채를 말아먹는다는 편견 때문인지는 몰라도 이름에 '철(哲)'이 들어간 중국 여성에 대해 들어 본 바 없는 것과는 대조적이다. 일단 유럽에는 큰 입이 인상적인 왕년의 이탈리아 여배우 소피아 로렌(Sophia Lauren)이 있고, 1980년대에 이름을 날린 프랑스 청춘스타 소피 마르소(Sophie Marceau)도 있다. 나도 한때 재미있게 읽었던, 노르웨이 작가 요슈타인 가아더(Jostein Gaarder)의 철학 입문서 『소피의 세계Sophie's World』의 주인공 이름도 소피다. 지금 생각해 보니 책 내용

자체(철학의 지혜)를 상징하는 장치가 아니었나 싶다. 동유럽 국가 불가리아의 수도 이름도 sophia의 변형인 Sofia다.

한편 sophia의 의인형에 해당하는 그리스어는 '소포스(*sophos*)'인데, 이는 '현명한 사람,' '현자(賢者)'라는 뜻이다. *sophos*에 *philo*를 붙여 '필로소포스(*philosophos*)'라는 말을 처음 사용한 인물은 소크라테스보다 약 1세기 앞서 활동한 사상가 피타고라스(Pythagoras)였다고 한다. 보통 그를 '피타고라스의 정리(Pythagorean Theorem)'를 생각해 낸 탁월한 수학자로 인식하지만, 그 외에도 그는 영혼불멸을 주장했을 뿐 아니라 세계의 본질을 숫자로 파악하려 했는가 하면 음악의 화성에 대해서도 높은 식견을 보였다. 이렇게 피타고라스가 워낙 여러 분야에서 학문적으로 깊은 내공을 보여 준 까닭에 제자들이 그를 일컬어 '소포스', 즉 '현자'라고 칭송했다. 그러자 피타고라스는 겸손하게도 자신은 지혜로운 자가 아니라 '필로소포스', 즉 '지혜를 사랑하는 자'일 뿐이라고 말했다는 것이다. 이 그리스어가 영어 philosopher의 원형이 되었음은 물론이다. 이 일화로 미루어 볼 때, philosopher의 한자어 번역은 역시 '철학자'보다 '애지자' 쪽이 더 어울린다는 인상을 떨칠 수 없다.

*sophia*에서 비롯된 또 다른 어휘가 바로 '소피스트(sophist)'인데, 이는 우리를 본격적으로 그리스 철학의 세계로 안내하는 키워드 같은 단어이다. 현자, 즉 '지혜(wisdom)'를 가진 사람을 뜻하는 '소포스'에 비해 '소피스트'는 어떤 분야의 '지식(knowledge)'에 정통한 사람이라는 어감이 더 강한 말이다. 흔히 말하듯 '정보→지식→지혜'로 이어지는 앎의 과정을 생각해 보면 소피스트는 소포스보다 확실히 한 수 아래의 개념이다. 또 피타고라스가 스스로를 지칭하며 쓴 '필로소포스'가 본래 돈 버는 것과 아무런 상관이 없는, 직업보다는 사람됨 내지 삶을 살아가는 자세를 의미했던 것에 비해 '소피스트'는 돈 냄새 풀풀 나는 호칭이었다.

고대 그리스에서 소피스트들이 차지하던 독특한 지위를 알려면 먼저 당시 사회상을 살펴볼 필요가 있다. 고대 직접 민주주의의 요람이던 아테네 시민 사회에서는 일상생활에서 웅변술과 논쟁술이 매우 중요한 역할을 했다. 원래 웅변술과 논쟁술은 국가를 이끌 지도자를 꿈꾸는 정치인들에게 중요한 것이었으나, 점점 시간이 갈수록 정치인들뿐 아니라 일반 시민들에게도 필수적인 능력이 되었다. 당시 아테네에서는 드라코, 솔론, 클리스테네스로 이어지는 여러 입법가들의 노력으로 정착된 '법치' 전통 때문에 다양한 이해관계를 법정에서 해결하는 경우가 많았다. 그럼에도 불구하고 아직 전문 변호인 제도가 정착되지 않아 소송에 걸린 피의자는 대개 스스로를 직접 변호해야 했기 때문에 이를 위해서는 논리 정연한 화술과 변론술을 익혀야 했다.

이런 사회적 분위기 속에서 급기야 '시코판테스(sykophantes)'라고 불린 전문 소송꾼들이 등장해 판치기 시작한 것도 일반 시민들이 변론술을 익혀야 하는 이유가 됐다. 그들은 공동체에서 일어나는 불의한 일이나 공직자의 비리 등을 고발한다는 명분으로 소송을 걸겠다고 협박해 돈을 뜯어내는 일종의 공갈꾼들이었는데, 고위 공직자들뿐 아니라 일반 시민들도 이들로부터 스스로를 보호하기 위해 마치 호신술을 배우듯 변론술을 갈고 닦지 않을 수 없었다.

기원전 5세기 무렵, 이런 대중의 욕구와 맞물려 아테네 사회에 등장한 것이 바로 소피스트들이었다. 이들은 한마디로 '논변 전문가'였다. 앞서 '필로소포스'는 직업이 아니라고 했는데, 어떻게 보면 '소피스트'는 고대 아테네에서 필로소포스를 지향하던 사람들이 갑자기 '돈독'이 오를 경우 가지는 대표적인 직업이었다고도 할 수 있다. 무협 소설 식으로 좀 과장해서 말하면 우주의 비밀과 진리를 이해하기 위해 갈고 닦은 철학적 사고의 내공을 논변이라는 '사술'에 사용해 부귀영화를 누리고자 한

고대 아테네의 아고라 터. 아테네에서 상업과 여론 형성의 중심지였던 아고라는
소크라테스가 활동한 주 무대이기도 했다.

강호 철학계의 배신자들이라고나 할까? 혹은 '스타워즈' 시리즈에서 제
다이 기사를 꿈꾸다 포스의 어두운 세계에 발을 담근 아나킨 스카이워
커, 즉 다스 베이더에 비교할 수도 있겠다.

하기야 이렇게까지 말하는 것은 좀 지나친 일일 수도 있겠다. 소피스
트들 가운데는 단순한 논변이나 말재주의 차원을 넘어서 깊이 있는 사
유에 도달한 사상가들도 적지 않았기 때문이다. 그러나 역시 대다수 소
피스트들의 관심사는 학생들에게서 수업료를 받고 논변술을 가르치는
것이었으며, 실제로 그중에는 족집게 선생으로 이름을 날린 끝에 엄청
난 재산을 모은 경우도 있었다.

유명한 소피스트들은 저마다 가지고 있는 '주특기'를 밑천으로 학생
들을 끌어모았다. 예를 들어 고르기아스(Gorgias)는 웅변술과 토론에 뛰
어났고, 히피아스(Hippias)는 한 번 보거나 들은 것은 절대로 잊지 않는

초인적인 기억력으로 명성을 날렸다고 하니 아마 그 시대에 '고시'라는 게 있었다면 다관왕을 했겠다. 하지만 그들이 제공하는 서비스에 대한 수요가 늘어날수록, 그들을 향한 아테네 시민들의 경멸도 점점 커져 갔다. 왜냐하면 그들이 가르치는 논변술이란 게 거의 수단과 방법을 가리지 않는 꼼수인 경우가 많았고, 종종 주제의 본질과는 상관없이 눈앞의 상황을 모면하기 위해 순환 논리(circular logic)를 펼치거나 견강부회(牽强附會, farfetched argument)하는 기술로 변질되었기 때문이다. 영어에서 sophistry가 '궤변'을 뜻하게 된 것도 우연이 아니다.

당시 소피스트들이 가르치던 논변술이 실은 궤변과 종이 한 장 차이라는 사실을 단적으로 보여 주는 것이 당대의 유명한 소피스트들인 티시아스(Tisias)와 코락스(Corax)의 일화다. 티시아스는 소피스트 코락스의 제자가 되어 논변술을 배웠는데, 교과 과정을 다 마치고 나서도 수업료 내기를 거부했다. 코락스가 티시아스에게서 수업료를 받기 위해 소송을 걸자 티시아스는 재판정에서 이렇게 주장했다.

만약 코락스가 제게 수사학 기술을 제대로 가르쳤다면, 저는 그가 제게서 수업료를 받지 않도록 그를 설득할 수 있었을 것이고, 그러므로(ergo) 그에 대한 제 의무는 그에 따라(accordingly) 없어져 버렸을 것입니다. 하지만 혹 제가 그렇게 하는 데 실패했다 하더라도, 저는 여전히 수업료 지불을 면하도록 용납되어야 하는데, 왜냐하면 그것은 그가 저에게 수사학 기술을 제대로 가르치지 못했다는 것을 증명하기 때문입니다.

Had Corax taught me the technique of rhetoric well, I would have been able to persuade him not to receive tuition from me, ergo my obligation to him accordingly would have been gone. However, if I failed to do so, I should still be allowed to avoid paying the tuition because it proves that he failed teaching me the technique of rhetoric well.

그러자 스승 코락스도 가만히 있지 않았다. 그는 이렇게 말했다.

만약 티시아스가 소송에서 이긴다면, 그것은 제가 그에게 수사학을 제대로 가르쳤음을 증명하는 것이니, 이 경우 그는 제 수업료를 지불하라고 요구받아야 합니다. 만약 법정이 티시아스[의 주장]에 반하는 판결을 내린다면, 그러한 판결은 물론 티시아스가 제 수업료를 지불해야 함을 의미할 것입니다. 그러니 어느 경우건 제 수업료는 지불되어야만 합니다.

If Tisias does win his case, it serves to show that I taught him rhetoric well, in which case he should be required to pay my tuition. If the court rules against Tisias, such a ruling of course would mean that Tisias must pay my tuition. In either case, then, my tuition should be paid.

이 사건에 대해 아테네 법정의 배심원들은 다음과 같이 판결했다고 한다.

나쁜 까마귀에게서 나쁜 알이 나온다.

From a bad raven, a bad egg.

이게 무슨 뜻일까? 그리스어로 '코락스(Corax)'는 '까마귀'를 뜻한다.('큰 까마귀'의 정식 학명은 Corvus Corax Linnaeus다.) 그러니 배심원들은 코락스라는 스승이 티시아스라는 제자를 낳았다, 즉 그 스승에 그 제자라고 판결 내린 것이다. 우리나라 속담 "콩 심은 데 콩 나고, 팥 심은 데 팥 난다."와 딱 맞아떨어진다. 정리하자면, 당시 법정은 평소 궤변을 일삼던 당사자들끼리 알아서 처리하라며 사실상 소송을 기각한 셈이었다.

이 일화를 보면 아테네 배심원들의 '지혜' 역시 만만치는 않았던 것 같다. 코락스와 티시아스의 '사제상박'은 역사적 사실이라기보다 '야사' 수준의 이야기일 것이다. 하지만 당대 아테네 사회가 소피스트들을 어떻게 인식했는지 보여 주는 좋은 예인 것만은 분명하다. 논리와 궤변 사이를 아슬아슬하게 줄타기하던 소피스트들은 당대 아테네 사회의 필요악이었다는 것. 그리고 대다수 아테네 시민들이 그들에게 보낸 시선은 그리 곱지 않았다는 것이다.

## 소크라테스, 풀타임 철학자로 살아간다는 것

한편 당시 아테네에서 소피스트들과는 사뭇 다른 행보를 보인 인물이 있었으니 그가 바로 소크라테스였다. 석공인 아버지와 산파인 어머니 사이에서 태어난 그는 젊은 시절 아테네와 스파르타 간에 벌어진 펠로폰네소스 전쟁을 비롯해 여러 전투에 참여하며 공적을 세우기도 한 모범 시민이었다. 그러나 중년 이후에는 별다른 직업 없이 아테네 중심에 있었던 아고라를 휘젓고 다니며 다양한 계층의 사람들과 온종일 이런저런 주제를 놓고 토론을 벌였다. 그는 지식과 재능을 뽐내는 것으로 돈벌이를 하는 소피스트들과 달리 자신은 도대체 아무것도 모르는 사람일 뿐이라고 말했고, 따라서 뭔가를 안다는 이들에게 항상 가르침을 받기를 청했다. 소크라테스는 이 작업에 너무 매달린 나머지 번듯한 직업을 갖기는커녕 다른 일에 한눈을 파는 게 사실상 불가능한 지경에 이르렀다. 그는 『변명Apology』에서 그런 자신의 처지를 이렇게 설명한 바 있다.

이 일 때문에 나는 어떤 공적·사적 관심사에도 들일 시간이 없습니다. 나는 신에 대한 헌신 때문에 큰 가난에 처해 있습니다.

Because of this business I have no time to give either to any public matter of interest or to any concern of my own, but I am in great poverty by reason of my devotion to the god.

여기서 'this business'는 돈 버는 '비즈니스'가 아니라 지혜를 얻기 위한 질문과 토론, 즉 '철학하기(philosophizing)'를 말한다. 소크라테스는 진정한 지혜를 얻기 위해 분주히 노력했다. 그런 의미에서 그는 진정한 애지자, 즉 철학자였으며, 그것도 '풀타임' 철학자였던 셈이다. 물론 소크라테스 이후에도 인류는 수많은 철학자들을 배출했다. 하지만 그처럼 철학을 '풀타임'으로 한 인물을 찾기란 쉽지 않다.

말이 나왔으니 얘기지만 '철학자'가 직업이 될 수 있느냐 하는 것은 간단히 대답할 문제가 아니다. 철학을 직업으로 하는 것은 아마 '혁명'을 직업으로 삼는 것만큼이나 어려운 일일 것이다. 마치 현자나 군자(君子)가 직업이 아닌 것과 같다. 다시 말해 철학자는 제화공, 목수, 회계사, 군인과 다르다. 따라서 '풀타임' 철학자로 산다는 것은 돈을 벌지 않는다는 것과 거의 같은 뜻이며, 이는 앞선 인용문에서 소크라테스가 "큰 가난에 처해 있다."는 말로 확인해 준 바 있다.

사실 고대에나 지금이나 철학자들의 처지는 비슷하다. 먹고살 걱정을 하지 않아도 될 만큼 좋은 배경을 갖고 있다면 모를까, 대개는 철학 자체에만 매달려 있을 수가 없다. 뭐든 다른 일들을 두세 개씩 하며 생계를 이어 갈 궁리를 해야 한다. 고대 아테네에서 철학자들은 대부분 수사학과 토론을 가르치며 먹고살았다. 당시 철학자와 소피스트를 구별하기 어려웠던 것도 그 때문이다.

고대 그리스 이후 등장한 유명한 철학자들 가운데는 정치가, 법률가,

교수, 군인, 과학자 등 다양한 직업을 가진 인물들이 있었다. 내 생각에 역사상 철학자들 가운데 가장 근사한 직업을 가졌던 인물은 17세기 네덜란드 철학자 스피노자(Spinoza)다. 그는 자유로운 철학 연구에 방해가 된다며 대학 교수직도 거부하고 렌즈를 갈아서 생활비를 벌었는데, 실제로 솜씨가 아주 좋아서 그가 제조한 렌즈는 망원경과 현미경에 쓰였다고 한다. 그런데 철학이란 결국 한편으로는 인간의 지성을 망원경 삼아 세계와 우주를 조망하고, 다른 한편으로는 그 지성을 현미경 삼아 인간의 내면 깊숙한 곳을 성찰하는 것 아니겠는가? 그렇다면 스피노자야말로 철학자가 생계를 유지하기 위해 할 수 있는 가장 멋지고도 상징적인 직업을 선택한 사람 아니었을까?

이렇게 소크라테스는 생업도 포기하고 풀타임 철학자의 길을 가던 인물이었으나 당시 아테네 사람들 대부분은 소크라테스를 철학자, 애지자 대신 소피스트로 여겼다. 이는 소크라테스가 언제나 그를 추종하는 젊은이들에게 둘러싸여 있었기 때문일 수도 있다. 그들은 소크라테스가 토론을 벌이는 장소라면 어디든 따라다녔는데, 그것이 아테네 사람들에게는 족집게 소피스트 강사를 따라다니는 학생들의 모습과 비슷하게 보였을 것이다.

하지만 소크라테스 입장에서는 소피스트로 낙인찍히는 것이 여러모로 억울한 일이었다. 우선 그는 소피스트들과 달리 젊은이들에게서 수업료 명목의 돈을 챙긴 적이 없었다. 또한 그들에게 소피스트들처럼 특정 지식을 가르쳐 준 적도 없다. 그가 한 일이라곤 젊은이들과 종종 질문과 토론을 벌이며 함께 지혜를 찾아가는 작업을 한 것이 전부였다. 또 소크라테스는 한 번도 먼저 자신의 지식과 지혜를 뽐낸 적이 없었다. 그럼에도 많은 아테네인들은 소크라테스를 소피스트, 그것도 아주 고약한 소피스트로 생각했으며, 이는 훗날 『변명』의 배경이 되는, 그에 대한 고

아테네 학술원 앞에 있는 플라톤(왼쪽)과 소크라테스(오른쪽) 상.

발과 처벌로 이어지는 매우 중요한 근거가 된다.

소크라테스는 지혜를 찾는 일을 평생의 업으로 삼았지만, 그가 직접 쓴 저서는 단 하나도 없다. 그런 이유로 글을 모르는 사람이 많았던 당대에 소크라테스 역시 문맹이었을 가능성이 높다고 주장하는 학자도 있지만 확실한 것은 아니다. 우리가 오늘날 소크라테스에 대해 알 수 있는 것은 전적으로 그의 제자 플라톤의 저작 덕분이다. 플라톤의 저서를 흔히 '대화편' 혹은 '플라톤의 대화편(Platonic dialogues)'이라고 하는데, 이는 그의 책들이 등장인물들 간의 대화 형식으로 쓰였기 때문이다. 플라톤의 저작임에도 다른 한편에서는 '소크라테스의 대화편(Socratic dialogues)'이라고도 부르는데, 이는 작품의 주인공이 예외 없이 소크라테스이기 때문이다. 등장인물들끼리 주고받는 대화가 작품 내용의 대부분을 차지하는 '대화편'은 실제로 희곡과 상당히 유사하며, 문학과 철학의 경계를 허무는 걸작들이다. 어쩌면 뛰어난 비극 작가들이 많이 배출된 아테네 출신의 플라톤 역시 젊은 시절 극작가를 꿈꾸었는지도 모른다.

소크라테스 이전의 많은 철학자들은 기껏해야 후학들이 전하는 격언조의 짧은 문장들만 남아 있거나 운이 없으면 아예 이름만 전하기도 하는 데 비해, 소크라테스의 '말씀'은 그의 제자 플라톤이 고안해 낸 '대화편'이라는 롤스로이스급 럭셔리 세단을 타고 오늘날까지 인문학 팬들의 눈과 마음속을 달리고 있다. 물론 '대화편'은 소크라테스가 말하는 걸 즉각 받아 적은 실록이 아니며, 그보다 마흔 살 이상 젊었던 플라톤이 스승 사망 후 다시 수십 년이 지난 뒤에야 쓴 것들이다. 따라서 '대화편'에 등장하는 소크라테스가 역사상의 실존 인물과 얼마나 일치하는지는 철학자와 역사학자 들 사이에서 영원한 논쟁거리로 남아 있다. 하지만 소크라테스가 플라톤이라는 젊은 제자(소크라테스 자신은 제자들이 아니라 '친구들'이라고 말했다)를 둔 것이 정말 큰 행운이었음에는 이론의 여지가 없다. 자, 그럼 이제부터는 소크라테스가 주인공으로 등장하는 플라톤의 '대화편' 가운데서도 소크라테스의 인간적인 면모가 가장 잘 느껴지는 『향연』, 『변명』, 『파이돈*Phaedo*』 등 몇몇 작품을 조금씩 살펴보기로 하자.

# 소크라테스, 잔치에 가다

## '대화편'을 읽기 위하여

학교 도덕 시간은 물론이요 서점에 가면 쌓여 있는 인문학 입문서들마다 어김없이 소개하고 있는, 하지만 그렇게 말만 무성할 뿐 정작 책을 읽어 본 사람을 만나기는 그리 쉽지 않은 플라톤의 '대화편'은 도대체 어떤 모양을 하고 있을까? 그걸 아는 방법은 아주 간단하다. 그냥 책을 펼치고 읽기 시작하면 된다.

다음은 플라톤의 『이온*Ion*』이라는 '대화편'의 첫머리다.

> 소크라테스 　어서 오게, 이온. 자네 고향 도시 에페소스에서 오는 길인가?
>
> 이온 　아닙니다, 소크라테스. 에피다우로스에서 오는 길인데, 그곳에서 저는 아스클레피오스 축제에 참석했습니다.
>
> 소크라테스 　그럼 에피다우로스 사람들은 축제에서 가수들의 경연을 여는가?

이온  그렇습니다. 모든 종류의 음악 연주자들[이 다투는 경연]이죠.

소크라테스  그럼 자네는 그 경연자들 가운데 한 명이었겠군. 그래 성과를 거두었나?

이온  모든 이들 가운데 1등 상을 받았습니다, 소크라테스.

소크라테스  잘했군. 나는 자네가 우리를 위해 파나테나이아제(祭, the Panathenaea)에서도 같은 결과를 얻기를 바라네.

이온  하늘이 도와주신다면 그렇게 해야죠.

Socrates  Welcome, Ion. Are you from your native city of Ephesus?

Ion  No, Socrates; but from Epidaurus, where I attended the festival of Asclepius.

Socrates  And do the Epidaurians have contests of rhapsodes at the festival?

Ion  O yes; and of all sorts of musical performers.

Socrates  And were you one of the competitors — and did you succeed?

Ion  I obtained the first prize of all, Socrates.

Socrates  Well done; and I hope that you will do the same for us at the Panathenaea.

Ion  And I will, please heaven.


인상이 어떠신지? 한글 번역을 건너뛰고 바로 영어 원문을 봐도 중급 정도의 독해력만 있으면 내용을 이해하는 데 큰 어려움이 없었을 것이다. 심지어 독해력 수준이 초급이라 해도 사전의 도움을 받는다면 충분히 읽어 낼 수 있다. 에페소스(Ephesus) 같은 생소한 단어는 바로 앞에 'city'가 나오니 지명이라고 생각하고 넘어가면 된다. 기왕 말이 나왔으니 잠깐 소개하자면, 에페소스는 소아시아 지역에 있던 그리스 식민 도시로 지금은 터키 땅이 되었다. 한글『성서』에서 '에베소서'에 등장하는 '에베소'가 바로 에페소스이며,『역사*Histories*』의 저자로 유명한 헤로도토스(Herodotus) 역시 원래 에페소스 출신이다.

작품 속에서 소크라테스와 대화를 나누는 이온의 직업이기도 한 '랩소드(rhapsode)'는 그리스 시대의 가수를 말한다.『이온』을 계속 읽다 보면 나오지만, 랩소드는 호메로스(Homer)와 헤시오도스(Hesiod) 등 위대한 시인들의 시구를 멜로디와 함께 노래하는 전문직이었다고 한다. 단, 기본적으로 가수인 랩소드는 직접 시구를 짓기도 한 음유시인(bard)과 구별된다. 오늘날로 치면 랩소드는 그냥 싱어(singer), 음유시인은 싱어송 라이터(singer-song-writer) 정도라고 할까?

'대화편'을 읽는 것은 여러모로 유익하고 흥미진진한 경험이다. 특히나 고대 역사상 최고 수준의 논변과 수사를 접하는 기회라는 점은 더욱 매력적이다. '대화편'에는『고르기아스*Gorgias*』,『프로타고라스*Protagoras*』,『히피아스*Hippias*』 등 당대의 이름난 소피스트들의 실명을 제목으로 채택한 작품들이 많은데, 그 내용은 기본적으로 소크라테스가 그들과 만나 다양한 주제에 대해 토론을 벌이는 것이다. 말하자면 당대의 내로라하는 사상가들이 집결한 강호(아테네)에서 철학, 수사학, 논변술 등 각 분야의 최고 고수들과 소크라테스가 벌이는 토론의 진검 승부를 그대로 묘사한 것이라고 할 수 있다. 그중『고르기아스』 초반에 나오는 대화를 잠깐 살펴보자.

> 카이레폰 말해 주시오, 고르기아스. 당신은 당신에게 주어진 어떤 질문에도 답할 수 있다고 장담한다는(undertake), 우리의 친구 칼리클레스의 말이 맞나요?

고르기아스 그렇소, 카이레폰. 지금 막 그렇게 공언(profession)하던 참이 었지요. 그리고 덧붙이자면 여러 해 동안 내게 어떤 새로운 것을 질문한 사람은 아무도 없었다오.

카이레폰 그렇다면 고르기아스, 당신은 분명 [문답을 진행할] 만반의 준비가 되어 있겠군요.

고르기아스 그야 뭐, 카이레폰, 당신이 한번 시도해 보시구려.

Chaerephon  Tell me, Gorgias, is our friend Callicles right in saying that you undertake to answer any questions which you are asked?

Gorgias  Quite right, Chaerephon; I was just now making this very profession; and I may add that nobody has asked me anything new for many years now.

Chaerephon  Then you must be very ready, Gorgias.

Gorgias  Of that, Chaerephon, you can make trial.


고르기아스가 "여러 해 동안 내게 어떤 새로운 것을 질문한 사람은 아무도 없었다."라고 말하는 부분에서는 당시 아테네에서 오늘날 한국으로 치면 족집게 논술 강사 버금가는 인기를 누리던 그의 치솟는 자만심이 느껴진다. 세상에 자기가 모르는 것, 혹은 대답하지 못할 일은 없다는 얘기다. 심지어는 정말 모르는 걸 물어도 즉석에서 답을 만들어 가르쳐 줄 분위기다.

하지만 이렇게 호언장담한 고르기아스가 미처 계산에 넣지 못한 것이 있었으니, 당시 대화가 벌어지던 카이레폰의 저택에 모인 이들 가운데 마침 소크라테스가 있었다는 사실이다. 드디어 소크라테스와 고르기아스가 대화를 시작하면서 수사학의 본질이란 무엇인지, 그리고 수사학에 능한 자가 과연 지혜로운 자로 대접받을 수 있는지 등 묵직한 주제들을 놓고 본격적인 토론이 벌어진다. 고르기아스는 소크라테스와의 대화 뒤에도 과연 오만함을 유지할 수 있을까?

이렇게 '대화편' 특유의 질의·응답 과정을 따라가다 보면, 우리는 어느새 그 유명한 '소크라테스적 질문법(Socratic questioning)'을 감상하는 묘미에 점점 빠져들게 된다. 이제 '대화편' 가운데 나의 '첫 경험'이 되었던 『향연』을 좀 더 자세히 다루면서 소크라테스의 문답법이 구체적으로 어떻게 진행되는지 간략하게나마 감상하는 기회를 갖도록 하자. '대화편'은 읽으면 읽을수록 눈을 뗄 수 없게 만드는 미묘한 중독성이 있다.

## 향연, 그들은 왜 잔칫집에 모였을까

역시 첫 경험의 충격은 잊히지 않는 것인지, 지금까지도 내가 플라톤의 '대화편' 가운데 가장 좋아하는 것은 『향연』이다. 물론 첫 만남이 머리에 피도 마르지 않은 중학생 시절에 이루어진 것이라 책 내용을 완전히 이해할 수는 없었다. 그리고 지금 생각해 보면 『향연』의 내용이 '사랑'에 대한 것이 아니라 무슨 문짝이나 돌쩌귀, 혹은 충효사상에 대한 것이었다면 그렇게 열심히 읽지도 않았을 것이다. 무슨 얘기냐 하면 한창 이성에 대해 이런저런 상상의 나래를 펼치던 중학생 시절, 『향연』은 다름 아닌 '사랑'이라는 주제를 담고 있었기에 그 책을 읽어야 할 충분한 동기를 제공해 주었다는 것이다. 비슷한 경우로는 오스트리아 출신 심리학자 에리히 프롬(Erich Fromm)의 『사랑의 기술 The Art of Loving』을 들 수 있다. 많은 이들이 이 책을 집어 드는 까닭은 순전히 제목 때문이다. 고백하거니와 나도 그중 한 명이었다. 특히 남성들 가운데는 이 책이 '작업의 정석' 비슷한 것이리라 기대하는 이들이 많았다고 하는데, 나 역시 그 정도까지는 아니라 해도 일정 부분 이성 교제에 관한 구체적인 방법론이 들어 있지 않을까 하는 '흑심'을 품었던 게 사실이다. 물론 이 책이 담고 있는 내용은 그런 '작업'과는 아무런 관련이 없다. 하여간 어떤 식으로건 책 제목은 잘 짓고 볼 일이다.

그러나 이런 프로이트식 동기부여(Freudian motivation)는 차치하고서라도, 내가 어린 시절 『향연』을 그런대로 따라가면서 읽을 수 있었던 것은 책 내용 자체가 그리 어렵지 않았기 때문이기도 했다. 플라톤의 '대화편'들은 정말이지 인문학 초보 내지 문외한이 접하기에 난해한 내용이 별로 없다. 특히 이 지면에서 소개할 『향연』과 『변명』 등은 정말 부담 없이 만만하게 시작할 수 있는 인문학 고전이다. 그러나 쉽게 읽힌다는 것이 그 내용에 깊이가 없다는 얘기는 아니다. 실제로 많은 경우 쉽게 쓰는 것이 어렵게 쓰는 것보다 더 어려운 법이며, 꼭 난해해야만 위대한 철학책이 되는 것도 아니다. 철학자가 스스로 말하고 싶은 내용을 확실히 이해하고 있다면, 지적 허세를 부리거나 독자를 골탕 먹이려는 것이 아닌 바에야 군이 책을 어렵게 쓸 이유가 없지 않을까?

이제 본격적으로 소크라테스와 함께 문제의 잔칫집으로 가 볼 차례인데, 그 전에 우선 '향연'이라는 제목부터 잠깐 살펴보자. '향연'은 종종 '잔치'라고 번역되기도 하므로, 영어 원제로 Party나 Feast가 아닐까 추측해 볼 수도 있겠지만, 실제로는 *Symposium*, 즉 '심포지엄'이다. 그런데 심포지엄이라면 학술회의 같은 것 아닌가? 그렇다. 이 말은 원래 술잔치(drinking party)를 의미하는 그리스어 '심포시온(*symposion*)'에서 나온 것이다. *symposion*을 뜯어보면 '함께, 공동의, 더불어'라는 뜻을 지닌 *sym*과 '마시다'라는 의미를 지닌 *posion*으로 구성되어 있다. 그래서 오늘날에도 그리스어계 접두어 *sym* 혹은 *syn*이 들어가는 영어 단어는 집단적·공동체적 내용이 많다. 예를 들어 symphony(교향악 = 함께 소리를

독일의 화가 안젤름 포이어바흐(Anselm Feuerbach)가 그린 〈플라톤의 향연〉(1873).

만듦), sympathy(동정＝더불어 나누는 감정) 등이 그것이다. 고대 그리스의 '심포시온'은 비단 술뿐 아니라 교양 있는 남성들 사이에 지적이며 유쾌한 대화가 오가는 자리이기도 했다. 심포지엄이 오늘날 학술회의라는 의미를 갖게 된 것은 그 때문이다.

『향연』의 주 무대는 당시 아테네의 유명한 비극 시인이었던 아가톤(Agathon)의 저택이며, 문제의 '향연'은 아가톤이 비극 경연에서 우승한 것을 축하하기 위해 연 잔치를 말한다. 『향연』의 도입부는 약간 복잡하다. 작품의 기본 얼개는 아폴로도로스(Apollodorus)라는 인물이 문제의 잔치에서 벌어진 일을 어느 친구에게 들려주는 형식인데, 실제로 잔치에 참석한 것은 아폴로도로스가 아니라 아리스토데모스(Aristodemus)라는 별개의 인물이다. 즉 소설로 치면 3인칭 관찰자 시점이 두 번 중첩된 액자 구성인 셈이다. 플라톤이 이렇듯 복잡하게 화자의 층을 겹겹이 만든 까닭이 무엇인지는 잘 모르겠다. 그렇게 함으로써 작품의 리얼리티를 더욱 강화하려 했던 것일까? 어쨌든 이야기는 아폴로도로스가 다음과 같이 말하면서 본격적으로 시작된다.

하지만 아마도 나는 처음부터 시작하는 게 좋겠지, 그리고 아리스토데모스가 한 말을 정확히 자네에게 전달하도록 노력하겠네.

But perhaps I had better begin at the beginning, and endeavour to give you the exact words of Aristodemus.

이렇게 말한 아폴로도로스는 그저께 아리스토데모스가 아테네 시내의 공중목욕탕에서 막 나온 소크라테스를 만난 장면부터 소개한다. 영어 원문에서 아폴로도로스가 소크라테스 외에 'he'라고 부르는 인물이 바로 아리스토데모스다. 좀 복잡하지만, 이 대목이 『향연』에서 가장 난해한 부분이라고 믿어도 좋다. 아래 한글 인용문에서는 편의상 '그' 뒤에 주체가 누구인지를 밝혀 두었다.

그(아리스토데모스)가 말하기를 방금 목욕을 마치고 나온 소크라테스를 만났는데, 가장 좋은 슬리퍼를 신고 있기에—소크라테스에게는 상당히 드문 일이지—그렇게 잘 차려입고 어디 가느냐고 물었다는군.

그(소크라테스)가 대답하기를 "아가톤의 집에서 열리는 만찬에 간다네. 나는 어제 사람들이 북적거리는 것이 싫어서 그와 그의 축하 행사를 피했다네. 하지만 오늘 참석하는 데는 동의했지. 잘생긴 주인에게 너무 처지지 않도록 나도 이렇게 멋진 스타일로 치장했다네." 하고는 "초대받지 않은 채로 나와 함께 가는 건 어떤가?" 했다는군.

그(아리스토데모스)는 "당신이 하라는 거라면 뭐라도 기꺼이."라고 대답했다네.

He said he met with Socrates fresh from the bath and wearing his best pair of slippers—quite rare events with him—and asked him whither he was bound in such fine trim.

"To dinner at Agathon's," he answered. "I evaded him and his celebrations yesterday, fearing the crowd; but I agreed to be present today. So I got myself up in this handsome style in order to be a match for my handsome host," said he, "What say you to going with me unasked?

"For anything," he replied, "that you may bid me do."

이 짧은 대화 속에는 여러 가지 흥미로운 정보가 담겨 있다. 특히 소크라테스가 잔칫집 주인공의 용모에 맞춰 잘 차려입었다고 하는 부분이 흥미롭다. 우리가 조각이나 그림을 통해 알고 있는 소크라테스는 용모를 가꾸는 일과 상당히 거리가 먼 인물로 보이는데, 위 인용문에 따르면 '상당히 드문' 일이긴 하지만 가끔은 그도 단장을 했던 모양이다. 한편 '초대받지 않은 채로' 그냥 함께 가자는 소크라테스의 제안이나 '기꺼이' 그러겠다는 아리스토데모스의 반응을 보면, 고대 아테네에서 초대받지 않은 손님으로 남의 집 잔치에 가는 일이 그리 결례는 아니었던 듯하다. 만약 당대의 관례에 어긋나는 것이었다면 서로 그런 대화를 나누지는 않았을 테니 말이다.

위 대화에는 또 다른 정보가 하나 담겨 있다. 잔치가 이틀에 걸쳐 이루어졌으며, 소크라테스는 사람들이 너무 북적거리는 첫날을 피해 그다음 날 아가톤의 집으로 향하고 있다는 점이다. 이는 향후 이야기 전개에서 상당히 중요한 역할을 한다. 왜냐하면 잔치에 이틀 연달아 참석한 사람들이 저마다 그 전날 술을 너무 많이 마셨다며, 오늘 밤에는 술보다 대화에 집중하자고 제안하기 때문이다.

소크라테스가 아가톤의 집에 조금 늦게 도착해 자리를 찾아 앉자, 이미 와 있던 손님들 가운데 법률가인 파우사니아스(Pausanias)가 이렇게 말한다.

　자, 신사 여러분, 어떤 식으로 마시는 게 우리에게 최선일까요? 제 경우,
사실을 말하자면, 어젯밤 한바탕한 탓에 매우 안 좋은 상태라오. 그래서 저
는 잠시 숨 좀 돌리자고 청하는 바이오. 저는 여러분들 가운데 대다수도 그
럴 거라고 믿습니다. 여러분들도 어제 파티에 있었으니 말입니다.

　Well, gentlemen, what mode of drinking will suit us best? For my
part, to tell the truth, I am in very poor form as a result of yesterday's
bout, and I claim a little relief; it is so, I believe, with most of you, for
you were at yesterday's party.

파우사니아스는 우아하게 돌려 말할 것도 없이 지난밤 술 때문에 몸
상태가 너무 안 좋으니 좀 봐 달라고 말한다. 오늘은 더 이상 못 마시겠
다는 것이다. 그러자 아리스토파네스(Aristophanes)가 기다렸다는 듯이
거든다.

　저는 우리가 무슨 수를 쓰더라도(by all means) 폭주는 피해야 한다는 데
전적으로 동의합니다. 왜냐하면 저 자신 술독에 빠진 사람들 가운데 한 명
이기 때문입니다.

　I entirely agree that we should, by all means, avoid hard drinking,
for I was myself one of those who were drowned in drink.

아리스토파네스? 고대 그리스 문화나 역사에 관심이 있는 독자라면
그리 낯설지 않을 희극 작가의 이름이다. 비극 시인의 잔치에 유명한 희
극 작가가 온 것도 흥미롭지만, 아리스토파네스는 조금 뒤에 아주 중요

한 역할을 하게 되니 기대하시라.

확실히 그 전날 밤에는 모두가 갈 데까지 가는 광란의 파티를 벌인 모양이다. 이렇게 첫날 너무 무리를 한 참석자들은 둘째 날 시작부터 몸을 사리면서 술보다는 대화에 집중하자고 합의한다. 그렇다면 어떤 주제에 대해 논의하는 게 좋을까? 이때 참석자들 가운데 의사인 에뤽시마코스(Eryximachus)가 다른 신들을 찬양하는 시구나 노래는 많은 반면 사랑의 신 에로스(Eros)를 기리는 것은 거의 없다고 지적한다. 그는 심지어 소금의 유용성에 대해 고상한 담론을 펼친 책까지 있는 반면 사랑을 제대로 찬양한 사람은 아무도 없다는 것이 너무 한탄스럽다며 이렇게 말한다.

여러분이 저에게 동의하신다면, 대화가 부족해지는 일은 없을 것입니다. 왜냐하면 저는 좌측에서부터 우측으로 돌아가면서 각자 사랑의 신을 기리는 연설을 하자고 제안할 셈이니까 말입니다.

If you agree with me, there will be no lack of conversation; for I mean to propose that each of us in turn, going from left to right, shall make a speech in honour of Love.

모두 이 제안에 동의하면서 가장 왼쪽에 앉아 있던(실은 그리스식 장의자에 누워 있던) 명문가 출신의 정치인 파이드로스(Phaedrus)로부터 시작해 소크라테스까지 6명이 저마다 에로스를 찬양하는 연설을 하는 것이 『향연』의 주된 내용이다. 거기에 다른 곳에서 이미 한잔 걸친 채 뒤늦게 나타난 알키비아데스(Alcibiades)의 '주사(酒邪)'까지 합치면 모두 7가지 연설이 된다. 여기서 '에로스'를 찬양하는 연설이라는 말에 뭔가 고리타분한 얘기가 오갈 거라고 속단하면 안 된다. 물론 에로스는 신화 속에서 날개를 단 채 화살을 쏘아 대는 '아기장수' 모습의 신이기는 하지만, 참석자들은 에로스가 상징하는 '사랑'이란 감정의 본질에 대해 이야기 나누려는 것이기 때문이다.

참고로 그리스어에서 '사랑'을 뜻하는 어휘로는 보통 정열적인 사랑을 뜻하는 에로스(eros), 철학(philosophy) 속에 숨어 있는, 이성에 대한 애정뿐 아니라 어떤 대상에 대한 애착을 표현하는 필로스(philos), 자비를 뜻하는 아가페(agape) 등이 있다.

## 당신을 사랑해, 당신은 나를 완성시켜

내가 처음 『향연』에 '꽂히게 된' 계기를 마련해 준 이야기를 기억하시는지? 도덕 선생님이 말해 준 사랑의 기원, 즉 '합체-분리-변신' 인간 이야기 말이다. 나중에 알고 보니 그것은 『향연』에서 아리스토파네스의

이탈리아 조각가 카노바의 작품 〈에로스의 키스로 되살아난 프시케〉(1793년경).

연설에 나오는 내용이었다. 그의 연설은 당대 인기 희극 작가다운 익살과 재치가 넘쳐흐르는데, 문제의 변신 이야기는 그의 재담 가운데 등장하는 에피소드였던 것이다. 아리스토파네스는 옛날 옛적 전설 속에 존재했다는 세 종류의 인간에 대해 소개하는 것으로 이야기를 시작한다.

우선 세 종류의 인간이 있었습니다. 지금처럼 단지 남성과 여성이라는 두 가지 성만 있는 것이 아니었죠. 다른 둘을 똑같이 공유한 세 번째 종류가 있었는데, 비록 그 이름은 남아 있습니다만, 그것의 존재 자체는 사라졌습니다. '양성체(Androgynous)'는 그러니까 그 이름에 상응하는 형태의 결합체였기 때문에, 남성과 여성이라는 두 개의 성으로 동등하게 이루어져 있었죠. (…) 두 번째로, 태고의 인간은 그의 등과 옆구리가 원 형태인 둥근 모양이었고, 그는 네 개의 손과 네 개의 발, 반대 방향을 보는 두 개의 얼굴을 지닌 머리 하나를 지니고 있었으며, 매우 닮은 두 얼굴은 둥근 목 위에 달려 있었지요. 또한 네 개의 귀에, 공유가 허용된(privy) 두 개의 성기(member)가 있었고, 나머지 부분들도 그에 상응했습니다. 그는 오늘날 사람들이 하듯이 똑바로 걸을 수 있었고, 그가 원할 때는 앞으로 혹은 뒤로 갈 수 있었으며, 또한 마치 텀블링을 하는 사람들이 공중에서 그들의 다리를 반복해 휘젓듯, 모두 여덟 개인 네 발과 네 손으로 회전하며(turn on) 빠른 속도로 계속해 굴러다닐 수 있었습니다.

In the first place, there were three kinds of human beings, not merely the two sexes, male and female, as at present : there was a third kind as well, which had equal shares of the other two, and whose name survives though, its existence itself has vanished. For 'Androgynous' was then a unity in form no less than name, composed of both sexes equally in male and female (…) Secondly, the primeval man was round, his back and sides forming a circle ; and he had four hands and four feet, one head with two faces, looking opposite ways, set on a round neck and precisely alike ; also four ears, two privy members, and the remainder to correspond. He could walk upright as men now do, backwards or forwards as he pleased, and he could also roll over and over at a great pace, turning on his four hands and four feet, eight in all, like tumblers going over and over with their legs in the air.

영어 원문을 보면 마치 변신 합체 로봇 같은 인상을 주는 'Androgynous'가 눈에 들어온다. 이 말을 'andros'와 'gynous'로 해체해 보면 꽤 흥미로운 구석이 나타난다. 'andros'는 성인 남성을 의미하는 그리스어 'aner'에서 파생된 것이고, 'gynous'는 여성을 뜻하는 그리스어 'gyne'에서 갈라져 나온 것이다. 따라서 이 둘이 합체된 Androgynous는 말 그대로 '양성적인', '암수의 성질을 모두 갖춘'이라는 의미가 된다.

조금 더 가 보자. 사실 인문학에서 관련 용어의 파생 과정을 훑어보는 것만으로도 어학 상식을 포함해 꽤 많은 소양을 쌓을 수 있다. androgynous의 명사형 'androgyny'는 '양성체', '자웅동체'라는 뜻을 지니고, 여기에 단어 하나를 더 추가해 'androgyny identity'라고 하면 한 몸에 남성과 여성의 기질을 모두 가진 이상 성격을 일컫는 심리학 용어가 된다. 한편 'andro'에서 변형된 'anthropo'는 인류학을 일컫는 'anthropology'로 이어지는데, anthropology는 원래 '인간에 대해 논하다'라는 의미를 지닌 그리스어 'anthropologos'에서 나온 말이다[anthropo(인간) + logos(말씀, 담론)].

Androgynous부터 시작해서 꼬리를 물며 용어 탐색을 하다 보니, 문득 궁금증 하나가 생긴다. 그리스 신화를 보면 에티오피아의 왕비 카시

오페이아(Cassiopeia)의 아름다운 딸 안드로메다의 이야기가 나온다. 그런데 그녀의 이름은 왜 'Andromeda'일까? 앞에서 언급한 어원 분석에 따르면, 남성형 andro 대신 여성형 gyne를 붙여 '긴드로메다(Gyndromeda)'가 되었어야 하는 것 아닐까? 안드로메다가 실은 여성이 아니라 남성이었다는 '흑전설'이라도 있는 걸까? 그렇다면 안드로메다를 구한 페르세우스(Perseus)는 남자랑 결혼했다는 얘기? 아니다. 너무 나갔다. 실은 'andro' 뒤에 붙은 'meda'에 진실이 숨어 있다. 'meda'의 그리스어 원형은 '메데스타이(medesthai)'인데 '염두에 두다', '생각하다'라는 뜻을 지닌다. 그러니 '안드로메다'는 '남자 혹은 남편을 생각하는 사람'을 의미한다. 그 이름에는 괴물에게 붙잡혀 '백마 탄 왕자님'(이 아니라 실은 메두사의 머리를 들고 나는, 샌들을 신은 페르세우스)을 기다리는 마음이 담겨 있는 것이다.

다시 『향연』으로 돌아가서, 이어지는 아리스토파네스의 연설에 따르면 문제의 합체 인간은 너무 자만한 나머지 신에게 도전하게 된다. 도합여덟 개의 팔다리로 '공포의 자반뒤집기'를 펼치며 획획 몸을 날리다 보니 눈에 뵈는 게 없었는지도 모른다. 물론 그 무시무시한 타이탄족도 물리친 바 있는 올림포스 신들에게 인간의 도전은 가소롭기 짝이 없었을 테지만, 이를 그냥 두고 볼 수만은 없었고, 그렇다고 괘씸죄를 적용해 인간을 멸종시킬 수도 없었다. 인간이 사라지면 신전은 누가 짓고 신들에게 제사는 누가 올린단 말인가? 아리스토파네스에 따르면 결국 회의 끝에 제우스가 이렇게 결정 내린다.

제우스가 말했습니다. "나는 그들의[인간의] 자만심을 꺾고 그들의 태도를 개선할 계획을 갖고 있지. 인간은 계속 존재하겠지만, 나는 그들을 둘로 자를 거야. 그러면 그들은 힘이 줄고 숫자는 늘어나겠지. 이렇게 하면 그들로

안드로메다와 페르세우스.
『마이어스 백과사전Meyers Konversations-Lexicon』(1897년 판).

하여금 우리에게 더욱 이득을 가져다주게 만든다는 이점이 생길 거야. 그들
은 두 발로 똑바로 서서 걷게 될 텐데, 만약 그들이 계속 무례하게(insolent)
굴고 조용히 있지 않으면, 나는 그들을 다시 쪼갤 것이고, 그러면 그들은 한
다리로 껑충껑충 뛰게 될 거야." 그는 이렇게 말하고 인간을 둘로 잘랐습니
다. 마치 마가목 열매(sorb-apple)를 절이기 위해 이등분하듯, 혹은 머리카락
으로 달걀을 분할하듯이 말이죠. 그는 인간들을 차례로 자르면서, 아폴로로
하여금 인간들에게 얼굴과 제대로(in order) 돌아볼 수 있을 정도의 목 반쪽을
주도록 명령해(bade) 그들이 자신의 절단된 부분을 바라보도록(contemplate)
했습니다. 그렇게 하여 인간이 겸허함을 배우도록 한 것이죠.

Zeus said, "I have a plan which will humble their pride and improve
their manners; men shall continue to exist, but I will cut them in two
and then they will be diminished in strength and increased in numbers;
this will have the advantage of making them more profitable to us,

They shall walk upright on two legs, and if they continue insolent and will not be quiet, I will split them again and they shall hop about on a single leg." He spoke and cut men in two, like a sorb-apple which is halved for pickling, or as you might divide an egg with a hair; and as he cut them one after another, he bade Apollo give the face and the half of the neck a turn in order that the man might contemplate the section of himself: he would thus learn a lesson of humility.

제우스가 인간을 둘로 나눈 뒤 "만약 그들이 계속 무례하게 굴고 조용히 있지 않으면, 나는 그들을 다시 쪼갤 것이고, 그러면 그들은 한 다리로 껑충껑충 뛰게 될 거야."라고 하는 대목은 굉장히 희극적이다. 요샛말로 하면 탁월한 '예능감'마저 느껴진다.

이렇게 해서 '사랑의 감정'이 생겨난 까닭을 설명할 수 있게 된다. 이후 계속 이어지는 아리스토파네스의 설명에 따르면, 사랑이란 이렇듯 태초에 잃어버린 '자신의 반쪽'을 찾으면서 생기는 감정이라는 것이다. 즉 원래 팔다리를 넷씩 가진 남성 합체 괴물(이 아니라 인간의 조상이라고 해야 하나?)과 여성 합체 괴물이 각각 둘로 쪼개진 경우는 남성이 남성을, 여성이 여성을 좋아하는 동성애(homosexuality)가 발생하는 것이며, 남녀 양성 합체에서 갈라져 나온 경우는 이성애(heterosexuality)가 생기는 것이다.

이제 생각해 보니 그 옛날 사랑의 기원에 대해 이야기해 준 우리 도덕 선생님은 남성 합체와 여성 합체 괴물(인간)에 대한 것은 슬쩍 빼 놓고, 양성 합체 인간에 대해서만 말해 준 셈이다. 지금과는 많이 달랐던 시대적 상황도 상황이거니와 '도덕' 시간이기까지 했으니 '동성애'에 대해 설명하는 것은 곤란했기 때문일 것이다. 하지만 사실 『향연』의 내용을 제대로 이해하고 감상하기 위해서는 소크라테스가 활동하던 시기에 에로스로 표현되던 사랑이 무엇이었는지를 알 필요가 있다. 고대 아테네에서 진정한 사랑이란 동성애, 특히 용모가 아름답고 건강한 남성들 사이의 사랑을 뜻하는 경우가 많았다. 물론 당시에도 결혼제도가 있기는 했지만 남녀의 결혼과 결합은 자손을 잇기 위해 어쩔 수 없이 해야 하는 필요악 정도로 치부했다. 『향연』의 등장인물들이 죄다 남성인 것은 결코 우연이 아니다.

영어에도 한국어에도 있는 "나의 잃어버린 반쪽을 찾았다."라는 표현은 알고 보니 고대 그리스에까지 맥락이 닿아 있었던 셈이다. 톰 크루즈(Tom Cruise)의 꽃미남 외모가 절정에 달했던 1997년도 영화 〈제리 맥과이어Jerry Maguire〉를 보면, 크루즈가 분한 제리가 도로시에게 사랑을 고백하며 이렇게 말하는 장면이 나온다. "당신을 사랑해. 당신은 나를 완성시켜.(I love you. You complete me.)"

한 여성에 대해 이보다 더한 찬사(혹은 작업 멘트)가 있을까? 이렇게 혼자는 미완성이고 그녀와 합체해야만 비로소 완성된 인간으로 살아갈 수 있다는 제리의 고백 속에서도 『향연』에서 말한 '안드로기노스'의 향기가 묻어난다. 물론 단순히 생물학적으로가 아니라 인문학적으로 말이다.

익살꾼 아리스토파네스의 연설이 끝나자 이제 잔치를 주최한 아가톤의 차례다. 막 경연에서 우승 트로피까지 거머쥔 당대의 비극 시인답게 아가톤의 연설은 매우 세련되고 아름다운 표현으로 가득 차 있다. 그가 한 연설의 핵심은 사랑, 혹은 사랑의 신 에로스는 아름답고, 선하며, 정의롭다는 것이다. 따라서 그는 에로스야말로 올림포스 신들 가운데 으뜸이라고 말한다.

그리하여 신들의 왕국은 사랑으로 짜여 있습니다.—물론 분명 '아름다움'에 대한 사랑이죠. 왜냐하면 '추함(deformity)'에 관해 말하자면, 사랑과는 아무런 상관이 없으니까요. (…) 사랑의 신이 탄생한 이후, 아름다움에 대한 사랑으로부터 천지의 온갖 좋은 것들이 다 생겨난 것입니다. 그러므로 파이드로스여, 나는 사랑의 신이야말로 스스로 가장 아름답고 훌륭하며, 만물 가운데 아름답고 훌륭한 것의 원인이라 말하겠소.

Hence the empire of the gods was contrived by Love—evidently, the love of beauty, of course, as for with deformity, Love has no concern. (…) since the birth of Love, and from the Love of the beautiful, has sprung every good in heaven and earth. Therefore, Phaedrus, I say of Love that he is the fairest and best in himself, and the cause of what is fairest and best in all other things.

아가톤의 '사랑 찬가'가 끝나자 이제 차례는 바야흐로 그의 옆자리에 있던 소크라테스에게 돌아온다. 역시 주인공은 나중에 등장하는 법이다. 하지만 앞서 이미 여러 사람들이 뛰어난 연설을 펼친 마당에 소크라테스는 어떤 이야기를 보탤 수 있었을까?

## 소크라테스, 질문을 시작하다

소크라테스는 에로스에 관한 자신의 견해를 본격적으로 피력하기에 앞서 방금 연설을 마친 아가톤에게 질문을 던진다. 그 유명한 '소크라테스의 문답법'이 시작되는 것이다. 어찌 보면 플라톤이 『향연』에서 아가톤과 소크라테스를 바로 앞뒤 순서로 배치한 데는 다 이유가 있었을 것이다. 아가톤의 연설 속에 소크라테스가 논박할 수 있는 재료를 슬쩍 집어넣음으로써 그 뒤에 이어질 소크라테스의 활약을 더욱 돋보이게 하려는 교묘한 트릭이라고 볼 수 있다는 말이다. 다시 말해 아가톤의 연설은 소크라테스의 연설을 위한 '불쏘시개'라고나 할까? 그럼 여기서 소크라테스가 아가톤의 사랑 찬가를 무참히 논파하는 장면을 일부 감상해 보기로 하자. 이 대목은 그동안 말로만 들어 온 소크라테스의 '문답 신공'이 대체 어떤 모양을 하고 있는지 알 수 있는 좋은 예이기도 하다.

"그럼 이제," 소크라테스가 말했네. "나는 사랑에 대해 묻겠네. 사랑은 어떤 것에 대한 사랑인가, 아니면 아무것도 아닌 것에 대한 사랑인가?"

"분명 어떤 것에 대해서죠." 아가톤이 대답했네.

"그럼, 사랑의 목적이 무엇인지를 염두에 두고 말해 보게. 사랑의 신은 그의 목적인 특정한 무언가를 갈망하는 것인지."

"분명히 그렇습니다."

"그러면 사랑의 신은 그가 사랑하고 갈망하는 것을 소유하고 있는가, 소유하고 있지 않은가?"

"아마도(most likely) 그렇지 않을 거라고 말해야겠는 걸요."

"아마 그런 게 아니라." 소크라테스가 말했네. "필연적으로, 무언가를 갈망하는 주체는 그것이 결핍하고 있는 어떤 것에 대해 갈망해야 하는 것인지, 그리고 다시 말하지만 결핍하고 있는 것이 없다면 욕망도 존재하지 않는 것인지를 숙고해 보게. 아가톤이여, 적어도 나는 그것이 필연적인 일이라고 분명히 확신하네. 자네는 어떤가?"

"당신 말에 동의합니다." 아가톤이 답했네.

"And now," said Socrates, "I will ask about Love: Is Love of something or of nothing?

"Of something, surely," Agathon replied.

"Then, keep in mind what the object of Love is, and tell me whether he desires the particular thing that is his object."

"Yes, to be sure."

"And does he possess, or does he not possess, that which he loves and desires?"

"Most likely not, I should say."

"Not as a likelihood," said Socrates, "but as a necessity, consider if the desiring subject must have desire for something it lacks, and again, no desire if it has no lack. I at least, Agathon, am perfectly sure it is a necessity. What say you?"

"I agree with you," said Agathon.

이렇게 해서 소크라테스는 아가톤에게 사랑이란 '무언가를 결핍하고 있고 갈망하는 것'이라는 점에 대한 동의를 얻는다. 소크라테스는 아가톤이 처음에 '아마도'라며 어정쩡하게 동의하자 그 표현이 암시하듯 하나의 '가능성'으로서가 아니라 '필연적인 것으로' 인정하라고 압박한다. 다시 그는 계속해서 아가톤을 몰아붙인다. 영어 원문에도 어려운 어휘나 표현은 거의 나오지 않으니 조금 더 살펴보자.

"그럼 이제," 소크라테스가 말했네. "논의를 개괄해(recapitulate) 보세. 우선, 어떤 것에 대한 사랑이란 또한 누군가에게 부족한(wanting) 무언가에 대한 것 아닌가?"

"그렇습니다." 그가 대답했네.

"자네의 연설에서 말했던 것을 더 기억해 보게. 만약 자네가 기억하지 못한다면 내가 상기시켜 줌세. 자네가 말한 것은, 내 생각에, 신들이 아름다운 것들에 대한 사랑으로부터 세계를 일구어 냈는데, 왜냐하면 추한 것에 대해서는 사랑이 없기 때문이라는 의미였네."

"그렇습니다." 아가톤이 말했네.

"그렇다면 당연히(quite properly), 친구여," 소크라테스가 말했네. "그런 까닭에, 사랑이란 아름다움에 대한 사랑일 뿐 추함에 대한 것은 아니어야 하지 않나?"

그가 동의했네.

"그리고 사랑이란 인간이 결핍하고 있고 소유하지 못한 무언가에 대한 것이라는 점은 이미 인정했지?"

"사실입니다." 그가 말했네.

"그러면 사랑이 결핍하고 있고 소유하고 있지 못한 것은 아름다움인가?"

"확실히 그렇습니다." 그가 대답했네.

"그럼 자네는 아름다움을 결핍하고 있고 소유하고 있지 못한 무언가를 아름답다고 부르겠나?"

"물론 아니죠."

"그럼 아직도 사랑이 아름답다고 말할 텐가?"

아가톤이 대답했네. "내가 무슨 말을 하고 있었는지 이해하지 못했던 것 같네요."

"Then now," said Socrates, "let us recapitulate the argument. First, is not love of something, and of something too which is wanting to a man?"

"Yes," he replied.

"Remember further what you said in your speech, or if you do not remember I will remind you: what you said, I believe, was to the effect that the gods contrived the world from a love of beautiful things, for of ugly there was no love."

"Yes," said Agathon.

"And quite properly, my friend," said Socrates; "then, such being the case, must not Love be only love of beauty, and not of ugliness (deformity)?"

He assented.

"And the admission has been already made that Love is of something which a man wants and has not?"

"True," he said.

"Then what Love lacks and has not is beauty?"

"Certainly," he replied.

"And would you call that beautiful which lacks and does not possess beauty?"

"Certainly not."

"Then would you still say that love is beautiful?"

Agathon replied: "I fear that I did not understand what I was saying."

이렇게 아가톤이 거의 백기투항을 했음에도, 소크라테스는 만족하지 않은 채 최후의 일격을 가한다.

"자네는 매우 훌륭한 연설을 했다네, 아가톤이여." 소크라테스가 답했네. "하지만 기꺼이(fain) 묻고 싶은 사소한 질문 하나가 여전히 있네. 자네는 선한 것은 아름답다고 주장했네, 그렇지 않은가?"

"그렇습니다."

"그럼 만약 사랑의 신이 아름다운 것을 결핍하고 있고, 선한 것은 아름답다면, 그는 또한 선한 것도 결핍해야 하겠지?"

"당신에게 반박할 수가 없네요, 소크라테스." 아가톤이 말했네. "당신이 말한 것이 진실이라고 해 두죠(assume that)."

"친애하는 아가톤이여, 그보다는 자네가 진리에 반박할 수 없다고 말하게 나. 왜냐하면 소크라테스는 쉽게 반박될 수 있기 때문이라네."

"You made a very good speech, Agathon, replied Socrates; but there is yet one small question which I would fain ask: you hold, do you not, that good things are beautiful?"

"I do."

"Then if Love lacks beautiful things, and good things are beautiful, he must lack good things too."

"I cannot refute you, Socrates," said Agathon, "Let us assume that what you say is true."

"Say rather, beloved Agathon, that you cannot refute the truth; for Socrates is easily refuted."

어떤가? 아가톤처럼 소크라테스의 논리에 혀를 내둘렀는가? 소크라테스는 바로 이 문답법을 통해 아테네에서 명성(보기에 따라서는 악명)을 떨쳤다. 그는 덕, 정의, 사랑 등 일상에서 별 생각 없이 사용하는 개념들의 의미를 상대가 말문이 막힐 때까지 집요하게 캐물어, 사람들이 실은 스스로 안다는 착각에 빠져 있을 뿐 아무것도 모르고 있음을 깨닫도록 한 것이다.

소크라테스가 더욱 대단하다고 느껴지는 것은, 그가 누군가를 논파할 때 다룬 주제가 다름 아닌 상대방의 전문 분야였다는 데 있다. 예를 들어 앞에 잠깐 소개한 『이온』에서 소크라테스는 당대 그리스 가요계의 지존인 이온을 상대로 '가수란 무엇인가'라고 묻는다. 오늘날 우리나라로 치면 가왕 조용필과 '가수'라는 주제를 두고 대거리를 벌이는 것과 마찬가지인 셈이다. 그런가 하면 『고르기아스』에서는 당대 최고의 소피스트이자 자타공인 수사학의 지존이었던 고르기아스와 수사학의 본질을 두고 한판 승부를 벌인다. 다시 요즘으로 치면 강남에서 논술 학원을 차린 족집게 과외 선생과 '논술이란 무엇인가'를 두고 논전을 벌이는 것과 비슷하다. 뿐만 아니라 소크라테스는 『향연』에서 비극 작가와 희극 작가 등 '한 사랑'한다고 자부하는 이들에게 과연 사랑의 본질이 무엇인지 되묻고 있다.

물론 소크라테스의 문답법을 비판적인 시각으로 바라볼 수도 있다. '대화편'에 등장하는 소크라테스는 종종 상대를 마치 형사가 범죄 용의자 취조하듯 몰아붙일 때가 많고, 약간 냉소적으로 말하자면 '말 꼬리 잡기' 식 논리를 펼치는 경우도 다반사다. 소크라테스가 흔히 토론 서두에 언급하곤 하는 그 유명한 말 "내가 아는 단 하나는 내가 아무것도 모른다는 것이다.(The only thing I know is that I know nothing.)" 역시 생각해 보면 매우 교활한 장치다. 그는 처음부터 "그 문제에 관해서라면 난 아는 게 아무것도 없으니 좀 가르쳐 주세요."라는 말로 자신을 최대한 낮춤으로써 상대의 경계심을 느슨하게 만든 뒤, 현란한 문답 신공으로 상대방 논리의 허점을 파고들기 때문이다. 하지만 소크라테스의 논리에 동의를 하건 안 하건 그의 문답법을 솜씨 있게 요리하여 먹기 좋게 제공한 플라톤의 '대화편'을 오늘날도 읽을 수 있다는 것이 인류의 행운임에는 변함이 없다.

다시 『향연』으로 돌아가서, 이렇게 아가톤을 '손봐 준' 소크라테스는 드디어 사랑에 대한 자신의 견해를 펼치기 시작한다. 사랑이 신적인 것도, 아름다운 것도, 선한 것도 아니라면, 그것은 저급하고, 추하고, 악한 것인가? 흥미롭게도 소크라테스는 자신에게 사랑의 정체 내지 본질을 가르쳐 준 스승이 디오티마(Diotima)라는 이름의 무녀(巫女)라고 밝힌다. 소크라테스가 아가톤에게 그랬듯이, 오래전에 디오티마가 소크라테스의 무지를 깨닫도록 도와주었다는 것이다.

그렇다면 디오티마가 소크라테스에게 가르쳐 준 사랑의 정체란 과연 무엇일까? 여기서부터 소크라테스가 잔치의 참석자들에게 풀어 놓은 이야기는 정말 흥미진진하지만, '스포일러'성 원전 인용을 하기보다는 독자 여러분이 직접 『향연』을 읽어 보라고 권하고 싶다. 다만 『향연』에 등장하는, 사랑의 정체를 유추해 볼 수 있는 유명한 구절을 하나 소개해 드리겠다. 이 또한 소크라테스의 이야기 속에 등장하는 디오티마의 입을 통해 설명된다.

"신은 철학자 혹은 지혜를 구하는 자가 아닙니다. 왜냐하면 그는 이미 지혜롭기 때문이지요. 또한 현명한 그 어떤 사람도 지혜를 구하지 않습니다. 무지한 자 또한 지혜를 구하지 않습니다. 여기에 무지의 해악이 있습니다. 선하지도 현명하지도 못한 자가 그럼에도 자신에게 만족하니까요. 그런 자는 스스로 부족하지 않다고 느끼기 때문에 〔부족한 부분을 채울〕 욕구를 가지지 않는 것이지요."

"No god is a philosopher or seeker after wisdom, for he is wise already; nor does any man who is wise seek after wisdom. Neither do the ignorant seek after wisdom. For herein is the evil of ignorance, that he who is neither good nor wise is nevertheless satisfied with himself; he has no desire for that of which he feels no want."

다시 말해 철학은 신도, 현자도, 무지한 자도 아닌, 오직 스스로 부족한 점을 극복하려고 노력하는 '보통 사람'을 위한 것이다. 여기서도 철

이탈리아 화가 피에트로 테슬라가 그린 〈향연을 방해하는, 술 취한 알키비아데스 *The Drunken Alcibiades Interrupting the Symposium*〉(1648).

학이 왜 말 그대로 '지혜에 대한 사랑'인지를 설명하고 있는 셈이다.

소크라테스의 '사랑 완전 정복' 특강 뒤에도 『향연』의 이야기는 계속 이어진다. 소크라테스가 연설을 마칠 즈음 알키비아데스가 뒤늦게 합류하기 때문이다. 그는 이미 다른 곳에서 술을 잔뜩 마신 채 아가톤의 저택에 들렀다.(이런 설정 또한 얼마나 현대적이고 현실감 있는가.) 사실 어떤 모임에서 한창 분위기가 고조되고 있을 때 뒤늦게 나타난 누군가가 생뚱맞은 이야기를 꺼내 분위기를 썰렁하게 만드는 건 오늘날에도 종종 있는 일이다.

그런데 거나하게 취한 알키비아데스가 행한 연설은 고상한 에로스 찬양이라기보다 사랑의 고백 내지 투정에 가깝다. 그리고 더욱 놀라운 것은 그 투정의 대상이 바로 소크라테스라는 것이다! 소크라테스의 '절친'이었던 알키비아데스는 당대 아테네의 정치가이자 군사 전략가로 이름이 높았을 뿐 아니라 눈부실 만큼 뛰어난 용모로도 유명했다. 요샛말로 '얼짱'인 그가 아무리 뜯어봐도 '얼꽝'인 소크라테스에게 사랑을 고백하고 있는 셈이다. 알키비아데스의 취중진담은 그 자체로 읽는 재미를 선사할 뿐 아니라 소크라테스의 인간적 성품을 엿볼 수 있는 귀한 단서를 제공하기도 한다.

이렇게 『향연』은 '사랑'을 주제로 고대 아테네 지성들이 펼치는 연설들, 서구 철학계의 지존 소크라테스의 문답 신공, 소크라테스를 향한 알키비아데스의 절절한 사랑 등 다양한 읽을거리들을 담고 있다. 말 그대로 책 한 권에서 기대할 수 있는 모든 것이 풍성하게 차려진 '향연' 그 자체가 아니고 무엇이겠는가.

# 소크라테스의 변명

## 법정이란 진실하게 말하고 공정하게 판단하는 곳

『향연』의 배경이 된 아가톤의 잔치가 열린 것은 기원전 416년경이다. 이때부터 시간을 좀 빨리 당겨서 기원전 399년의 아테네로 가 보자. 당시 70세 노인이던 소크라테스는 아테네 법정에 서 있었다. 멜레토스 (Meletus)를 비롯한 시민 3명이 그를 종교 및 풍기 문란 혐의로 고발했기 때문이다. 소크라테스에게 부여된 혐의는 크게 3가지였다. 첫째는 국가가 인정하는 신들을 인정하지 않았고, 둘째 그의 주변 인물들에게 새로운 신을 소개했으며, 셋째 그 과정에서 아테네의 젊은이들을 타락시켰다는 것이다. 이에 소크라테스는 법정에서 스스로를 변호하지 않으면 안 되었는데, 그것이 바로 역사에서 '소크라테스의 재판(Trial of Socrates)'이라고 불리는 유명한 사건이다. 그리고 플라톤의 저서 『변명』 덕분에 오늘날 우리는 그 재판 내용과 분위기를 비교적 상세히 알 수 있다.

이미 언급했듯이, 플라톤의 '대화편'에 등장하는 소크라테스와 역사상의 실존 인물 소크라테스가 얼마나 일치하는지는 영원한 논쟁거리로 남아 있다. 하지만 『변명』에 등장하는 소크라테스만큼은 대화편 속 '캐릭터(character)'가 아닌, 실존했던 '인간' 소크라테스에 가까우며, 책 속의 변론 내용도 어느 정도는 실제 소크라테스의 발언과 일치하리라는 공감대가 형성되어 있다. 학자들은 플라톤의 『변명』 집필이 사건 발생 20~30년 후에 이루어지기는 했으나, 그때까지도 재판에 참석했던 사람들 가운데 상당수가 생존해 있었을 것이라는 점에 주목한다. 만약 『변명』이 소크라테스의 실제 연설과 완전히 달랐다면 누군가가 문제 제기를 했을 거라는 얘기다. 더욱이 소크라테스의 또 다른 제자 크세노폰(Xenophon)이 재판 참석자들의 증언을 바탕으로 집필한 『소크라테스의 변명Apology of Socrates』 역시 플라톤의 저작과 일치하는 내용을 상당히 담고 있다는 점도 그러한 주장에 신빙성을 더해 준다.

고대 아테네 법정에서는 사건의 비중과 성격에 따라 수백 명부터 때로는 천 명이 넘는 배심원을 뽑아 재판에 참석시켰다. 이들은 시민 사회를 구성하던 10개 씨족들이 추첨으로 600명씩 선출한 배심원 풀에서 다시 선별되었다. 당시 아테네에서는 시민들 사이에 송사가 빈번했고, 이때 피고는 대개 아고라에 마련된 법정에서 스스로를 변호해야 했다. 『변명』의 영어 원전명은 'Apology'이지만, 이 단어의 그리스어 원형인 '아폴로기아(apologia)'는 우리가 흔히 말하는 '변명'이 아니라 아테네 시민이 법정에서 행하는 '자기 변론'을 가리키는 것이었다. 따라서 본래 의미를 좀 더 정확히 반영할 경우 책 제목은 '소크라테스의 자기 변론'이 되어야겠지만, 어쩐지 '변명'이라는 말에 더 마음이 가는 것은 순전히 나의 사적 기호 때문일 것이다.

소크라테스의 『변명』은 모두 3개 연설로 이루어져 있다. 소크라테스가 법정 배심원들 앞에서 자신의 무죄를 주장하는 연설이 맨 처음 등장하는데, 그 도입부는 이렇다.

아테네 시민들이여, 여러분들이 나를 고발한 자들에게 얼마나 영향을 받아 왔는지, 나는 말할 수 없습니다. 하지만 나는 그들이 내가 누구였는지조차 거의 잊어버리게 만들었다는 것은 압니다. 그들이 너무나 설득력 있게 말했기 때문입니다. 그럼에도 그들은 진실한 말은 거의 한마디도 하지 않았습니다.

How you, my Athenians, have been affected by my accusers, I cannot tell; but I know that they almost made me forget who I was — so persuasively did they speak; and yet they have hardly uttered a word of truth.

미국에서는 형사 재판이 시작되면 우선 피고를 고발한 검찰(민사 재판의 경우는 고발자의 대리인)이 배심원들 앞에서 모두 발언을 하고, 변호인이 다시 그 뒤를 잇는다. 그런데 소크라테스가 자기 변론하는 도입부를 보면, 법률 관련 용어만 약간 현대적으로 고칠 경우 오늘날 미국 법정에서 여느 변호인이 하는 연설과 견줘도 손색이 없을 만큼 세련됐다는 걸 알 수 있다. 소크라테스는 계속한다.

나는 일흔 살이 넘었고, 법정에는 지금 처음으로 나서는 것이기에, 나는 이곳에서 쓰는 말들이 너무나 낯섭니다. 따라서 나는 여러분이 나를 마치 진짜 이방인인 것처럼, 비록 자기 나라 말로 얘기하고 자기 나라 방식을 좇더라도 여러분이 양해해 줄 그런 이방인인 것처럼 보아 주었으면 합니다. 내가 여러분에게 부당한 요청을 하는 걸까요? 세련될 수도 그렇지 않을 수도 있는 태도에는 신경 쓰지 마시고, 오직 내 말의 진실성에 대해서만 생각해 주십시오. 그것에 주의를 기울여(give heed to), 발언자는 진실하게 말하고 배심원은 공정하게 판단하도록 합시다.

For I am more than seventy years of age, and appearing now for the first time in a court of law, I am quite a stranger to the language of this place; and therefore I would have you regard me as if I were really a stranger, whom you would excuse if he spoke in his native tongue, and after the fashion of his country. Am I making an unfair request of you? Never mind the manner, which may or may not be good: but think only of the truth of my words, and give heed to that: let the speaker speak truly and the judge decide justly.

요는 이렇다. 자신은 법률 용어나 상식에는 무지한 노인일 뿐이다. 자신은 그냥 평소처럼 말할 테니 비록 어눌하게 느껴지더라도 신경 쓰지 말고 내용에만 집중해 판결해 달라. 변론에서조차 대화술에서 그가 항상 차용하는 전가의 보도 '나 몰라' 전략을 어김없이 적용하며 스스로를 낮추는 솜씨가 대단하다. 이는 청중의 기대치를 낮추는 효과까지 갖고 있다. 영어권에서 비즈니스 격언으로 자주 쓰이는 "약속은 적게 하고, 성과는 많이 내라.(Underpromise, overdeliver.)"는 전략과도 일맥상통한다. 소크라테스에게서 배울 것은 '지혜에 대한 사랑'뿐 아니라 '프레젠테이션 기술'도 있는 셈이다.

한편 "발언자는 진실하게 말하고 배심원은 공정하게 판단하도록 합시다."에 해당하는 영어 원문 "let the speaker speak truly and the judge decide justly."를 보자. let을 제외하면 접속사 and 양편에 놓인 어휘의 숫자와 구조가 똑같을 뿐 아니라 truly와 justly가 대구를 이루는 등 내용에서나 형식에서나 매우 수준 높은 문장이다. 이처럼 '플라톤 –

소크라테스' 복식 콤비가 구사하는 문장력은 고대 그리스어가 아닌 영어 문장에서조차도 빛을 발한다. 소크라테스가 이렇게 '연막'을 친 뒤 본격적으로 펼치는 자기 변론은 세련되고 흥미로우며 종종 감동적이기까지 하다. 만약 우리가 재판 결과를 모르는 상태에서 변론 내용을 읽는다면 오히려 소크라테스가 배심원들을 설득하여 무죄 판결을 받았으리라 믿을지도 모른다.

## 인간의 지혜란 거의 혹은 전혀 가치가 없다

소크라테스가 자신에게 주어진 혐의를 실제로 어떻게 반박하는지 완전히 이해하려면 그의 변론 내용을 처음부터 끝까지 체계적으로 읽어 보는 것이 중요하지만 여기서 그것을 모두 소개할 수는 없다. 다만 여기서는 소크라테스가 왜 자신이 많은 아테네인들에게 '불편한 존재'가 되었는지 해명하는 부분을 잠깐 살펴보도록 하자. 그 유명한 '델파이 신탁 (Oracle of Delphi)' 사건이 등장하는 대목이며, 소크라테스가 자신에 대한 고발 내용을 반박하기 위해 펼치는 변론의 중요한 출발점이기도 하다.

델파이 신탁 사건이란 『고르기아스』에서도 잠깐 등장했던 소크라테스의 친구 카이레폰이 영험하기로 소문난 델파이의 아폴로 신전에 가서 소크라테스보다 현명한 자가 있느냐고 물은 것을 말한다. 이때 카이레폰이 "소크라테스보다 현명한 자는 없다."는 답을 받았다는 것이다. 소크라테스는 『변명』에서 이 일화를 소개한 다음, 그가 신탁의 내용을 전해 들은 뒤 겪은 고민을 다음과 같이 털어놓는다.

그 대답을 들었을 때, 나는 스스로에게 말했습니다. "신께서 뜻하신 것은 무엇일까? 그의 수수께끼에 대한 해석은 무엇일까?" 왜냐하면 나는 내가

그리스의 델파이 신전 유적. 신탁이 영험하기로 이름 높아 그리스 전역에서 사람들을 끌어모았다.

크건 작건 지혜라고는 가지고 있지 않다는 걸 알기 때문입니다. 그렇다면 신께서 내가 인간 중 가장 현명하다고 말할 때 의도할(mean) 수 있는 것은 무엇일까요?

When I heard the answer, I said to myself, "what can the god mean and what is the interpretation of his riddle?" For I know that I have no wisdom, small or great. What then can he mean when he says that I am the wisest of men?

그때부터 소크라테스는 신이 내린 수수께끼를 푸는 것을 삶의 목표로 삼았다는 것이다.

오랜 생각 끝에 나는 그 문제를 시험할 방법을 생각해 냈습니다. 만약 내가 나보다 현명한 사람을 찾을 수만 있다면, 내 손으로 [그 문제에 대한] 반증

(refutation)을 가지고 신께 가리라고 생각한 것입니다.

*After long consideration, I thought of a method of trying the question. I reflected that if I could only find a man wiser than myself, then I might go to the god with a refutation in my hand.*

이때부터 현명한 사람을 찾기 위한 소크라테스의 여정이 시작되었다. 수사학이 무엇인지(『고르기아스』), 사랑이 무엇인지(『향연』), 정의가 무엇인지(『국가론』)를 그의 트레이드마크인 '문답법'으로 묻고 다닌 까닭도 바로 그 때문이었다. 돈 한 푼 나오지 않는 짓, 즉 진정한 지혜의 추구가 그의 풀타임 직업이 된 것이다. 그런데 그 여정에서 소크라테스는 전혀 예상치 못한 사실을 깨닫게 되었다.

힘든 여정(mission) 끝에 도달한 결론은 바로 이것이었습니다. 내가 발견한 것은 가장 명성이 높은 사람들일수록 가장 어리석을 뿐이라는 것, 그리고 덜 존경받는 사람들이 실제로는 더 현명하고 선량하다는 것이었습니다.

*(…) the result of my mission was just this: I found that the men most in repute were all but the most foolish; and that others less esteemed were really wiser and better.*

그래서 소크라테스가 깨달은 결론은 이런 것이었다.

진실은, 오 아테네인들이여, 오직 신만이 지혜롭다는 것입니다. 그리고 신은 당신의 신탁으로 인간의 지혜란 거의 혹은 전혀 가치가 없다는 것을 보여 주려 한 것인지도 모릅니다. 그는 소크라테스에 대해 말하고 있는 것이 아니라, 오직 예로 삼기 위해 내 이름을 쓰고 있는 것입니다. 마치 "오 인간들이여, 소크라테스처럼 가장 지혜로운 자는 그의 지혜가 실은 아무 쓸모가 없다는 것을 아느니라."라고 말하려는 것처럼 말입니다.

The truth is, O men of Athens, that God only is wise; and by his oracle he might have intended to show that the wisdom of men is worth little or nothing; he is not speaking of Socrates, he is only using my name by way of illustration, as if he said, "He, O men, is the wisest, who, like Socrates, knows that his wisdom is in truth worth nothing."

소크라테스는 문제의 신탁을 "너 자신을 알라.(Know yourself. 고어로는 Know thyself.)"에서 한 걸음 더 나아간 "너 자신의 무지를 알라."는 메시지로 이해했던 것이다. 소크라테스 덕분에 유명해진 "너 자신을 알라." 또한 사실은 그가 지어낸 말이 아니라 델파이의 신전 입구에 새겨져 있던 명문이었다고 한다.

소크라테스가 이렇게 자신은 결코 지혜로운 자가 아니라 스스로의 무지와 한계를 알고 있는 자라고 해명한 이유는, 당시 많은 아테네인들이 그에 대해 품고 있던 선입견이 잘못된 것임을 먼저 지적하지 않고서는 고발자들의 주장 역시 설득력 있게 반박할 수 없다고 생각했기 때문인 것으로 보인다. 그렇게 델파이 신탁에 대한 해명을 끝낸 뒤 소크라테스는 본격적으로 기존의 신을 인정하지 않고 새로운 신을 끌어들였다는 혐의에 대해 반박하기 시작한다. 고발자의 대표 격인 멜레토스를 불러내 자신의 전매특허인 '문답 신공'을 펼친 것이다. 이때부터 소크라테스의 '변명'은 잠시 원고에 대한 피고의 직접 대질 심문 형식으로 변한다.

승마술(horsemanship)의 존재에 대해서는 믿는 어떤 자가 말의 존재에 대해서는 믿지 않는 경우가 있었나? 아니면 플루트 연주의 존재에 대해서는 믿으면서 플루트 연주자의 존재에 대해서는 믿지 않는 경우는? 그럴 수는 없다네, 내 친구여.

Did ever any man believe in horsemanship, and not in horses? Or in flute-playing, and not in flute-players? No, my friend.

어떤 현상을 믿는다면 그 현상에 대한 원인 역시 믿을 수밖에 없다는 것이다. 소크라테스는 이후 멜레토스가 기소장에 쓴 내용을 문제 삼아 계속 그를 몰아붙인다. 이 대목은 여러 '대화편'에 등장하는 소크라테스의 문답 가운데서도 가장 명쾌하며 이해하기 쉽다. 스포츠로 치면 상대의 힘을 역이용하는 유도의 '한판승'을 연상시킨다. 이어서 소크라테스는 멜레토스가 말한 그 새로운 신이라는 것이 무엇인지에 대해서도 말하는데, 모두 흥미로운 내용이다. 자, 어떤가? 궁금한가? 그렇다면 지금이라도 당장 『변명』을 읽어 보는 건 어떨까?

## 나는 죽기 위해, 여러분은 살기 위해

뭐 스포일러라고 말할 필요도 없이, 우리는 소크라테스가 결국 유죄판결을 받았다는 사실을 안다. 배심원의 투표 결과는 281 대 220이었다. 오늘날 배심원 제도를 적극 도입하고 있는 미국의 경우 배심원 수가 12명인 데 비해, 고대 아테네에서는 수백에서 천 명에 이르렀다. 가능한 한 많은 이들의 지혜를 모으기 위해서이기도 했고, 사건 관계자들이 배심원을 매수하지 못하게 하려는 의도도 있었다고 한다. 고대 민주 정치의 요람인 아테네다운 발상이었다.

당시 유죄 판결이 내려지면 피고는 자신이 생각하는 처벌 수위를 선택해 왜 그 정도가 적절하다고 생각하는지를 피력해야 했다. 그러면 배심원들은 원고가 바라는 처벌과 피고가 원하는 처벌 가운데 하나를 택하는 2차 투표를 실시했다. 당시 소크라테스를 고발한 멜레토스 일당이 원한 처벌은 사형이었다.

그런데 2차 투표에 앞서 소크라테스가 한 연설은 재판에 참석한 모든 이들을 요샛말로 '멘붕'에 빠지게 할 만큼 충격적인 것이었다. 보통 유죄 판결을 받은 피고는 납작 엎드려 자비를 구하기 마련인데, 소크라테스는 오히려 '막가기로' 작정한 듯 대담한 주장을 펼쳤다. 배심원들에게는 분명 뻔뻔하게 들렸을 법한 내용이었다. 그가 자신에 대한 처벌이랍시고 무엇을 제시했는지 한번 보자. 소크라테스의 말이다.

아테네인들이여, 자, 그럼 내 입장에서는 무엇을 제안해야 할까요? 나는 어떤 대접을 받아야 마땅할까요? (…) 나는 스스로를 돌아봐야만 한다고, 사적 이익을 구하기 전에 덕과 지혜를 추구해야 한다고, 상황으로부터 이익을 추구하기 전에 그 상황에 주의를 기울여야 한다고, 그리고 이것이 모든 행동에 있어서 준수하는 규칙이 되어야 한다고 여러분 모두를 설득하려 했습니다. 그런 인물에게 어떤 대접이 이루어져야 할까요? (…) 아테네인들이여, 그런 인물에게는 프리타네이온(Prytaneum)에서 계속 대접받을 수 있게 해 주는 것만큼 적합한 보상이 없을 것입니다. 그런 사람은 올림픽의 경마나 전차(두 마리가 끄는 전차든 더 많은 말들이 끄는 전차든) 경주에서 입상한 시민보다 훨씬 더 그런 대접을 받을 자격이 있습니다. 왜냐하면 올림픽 입상자는 충분히 누렸지만, 나는 그러지 못했기 때문입니다. 그리고 그는 여러분에게 행복의 외양만을 선사하지만 나는 〔행복의〕 실재를 선사하기 때문입니다. 그래서 내가 받을 벌칙을 공정하게 추정한다면, 나는 프리타네이온에서 계속 대접받는 것이 적절한 보상이라고 말해야겠습니다.

And what shall I propose on my part, O men of Athens? Clearly that which is my due. And what is my due? (…) I went, and sought to persuade every man among you that he must look to himself, and seek virtue and wisdom before he looks to his private interests, and look to the state before he looks to the interests of the state; and that this should be the order which he observes in all his actions. What shall be done to such an one? (…) There can be no reward so fitting as maintenance in the Prytaneum, O men of Athens, a reward which he deserves far more than the citizen who has won the prize at Olympia in the horse or chariot race, whether the chariots were drawn by two horses or by many. For I am in want, and he has enough; and he only gives you the appearance of happiness, and I give you the reality. And if I am to estimate the penalty fairly, I should say that maintenance in the Prytaneum is the just return.

여기서 '프리타네이온'은 아테네의 영빈관으로, 올림픽 우승자, 개선 장군, 외교 사절들을 접대하던 화려한 건물이었다. 그러니까 소크라테스는 자신에 대한 '처벌'로 국가에서 주관하는 VIP 대접을 제안한 것이다. 소크라테스가 이렇게 말했을 때 분명 배심원석에서는 엄청난 웅성거림과 동요가 있었을 것이며, 방청객 자격으로 재판정에 참석하고 있던 소크라테스의 친구들은 얼굴이 파랗게 질렸을 것이다. 이렇게 거의 법정 모독에 가까운 말을 거침없이 내뱉는 소크라테스의 2차 연설은 정말 흥미진진하다. 이번에는 2차 연설의 거의 마지막 부분에서 소크라테스가 아테네 시민들을 향해 마지막 충고처럼 내뱉는 말을 살펴보자.

에페소스에 있었던 프리타네이온(영빈관)의 잔해. 그리스의 폴리스들은
저마다 영빈관을 두고 외국 귀빈이나 국가 유공자들을 접대했다.

누군가는 말할 겁니다. '그래요, 소크라테스, 하지만 당신은 좀 잠자코 있
을 수 없나요? 그런 다음 당신이 외국 도시로 간다면, 아무도 당신에게 간섭
하지 않을 것 아니오?' 지금 내가 이에 대해 여러분이 이해할 만한 대답을
내놓는다는 것은 매우 어려운 일입니다. 왜냐하면 만약 내가 여러분에게 여
러분이 말하는 대로 하는 것은 신에게 불복하는 일이라고 한다면, 그래서
나는 잠자코 있을 수 없다고 한다면, 여러분은 내가 진심이라고(serious) 믿
지 않을 것이기 때문입니다. 그리고 비록 내가 다시 매일 덕에 대해 논하는
것이, 여러분이 나에 대해 들어 온 바대로 내가 나 자신과 다른 이들을 상대
로 검증하는 기타 여러 사안들에 대해 논하는 것이 인간에게 가장 큰 복이
라고, 그리고 성찰 없는 삶은 살 가치가 없다고 말한다 해도, 여전히 여러분
이 내 말을 믿을 가능성은 적어 보입니다.

Some one will say: Yes, Socrates, but cannot you hold your tongue,
and then you may go into a foreign city, and no one will interfere with

you? Now I have great difficulty in making you understand my answer
to this. For if I tell you that to do as you say would be a disobedience to
the God, and therefore that I cannot hold my tongue, you will not
believe that I am serious; and if I say again that daily to discourse about
virtue, and of those other things about which you hear me examining
myself and others, is the greatest good of man, and that the unexamined
life is not worth living, you are still less likely to believe me.

결국 소크라테스는 목에 칼이 들어와도 할 말은 해야겠다고 선언한다. 발언의 자유를 넘어, 신이 그에게 부여한 발언의 책무를 주장하고 있다고 할까? 위 인용문에는 "성찰 없는 삶은 살 가치가 없다."는 어록이 포함되어 있다. 우리나라 사람들은 보통 '소크라테스' 하면 "너 자신을 알라." 와 "악법도 법이다."를 떠올리지만, 서구인들은 거의 반사적으로 "성찰 없는 삶은 살 가치가 없다."를 떠올린다. 소크라테스의 『변명』에서 다룬 내용을 일일이 기억하기 어렵다면 이 문장 하나만이라도 기억해 두자. 그가 문답법을 통해 아테네 시민들에게 말하고 싶었던 것이 이 문장 안에 다 담겨 있기 때문이다. 스스로의 무지를 깨닫는 것도 결국 자기 성찰을 통해 할 수 있는 일 아니겠는가?

소크라테스가 성찰 없는 삶은 '가치가 덜하다'거나 '의미가 덜하다'고 말하지 않고 아예 '살 가치가 없다'고 단언한 것이 인상적이다. 소크라테스의 말은 그를 특히 존경했던 영국의 공리주의 철학자 존 스튜어트 밀(John Stuart Mill)의 "만족한 돼지보다 불만족스런 인간이 되는 편이, 만족한 바보보다 불만족스런 소크라테스가 되는 편이 낫다.(It is better to be a human being dissatisfied than a pig satisfied; better to be Socrates dissatisfied than a fool satisfied.)"는 명언과도 바로 통한다.

다시 소크라테스의 재판 장면으로 돌아가 보자. 형량 결정을 위한 2차 연설은 이제 돈 문제를 거론하며 마무리된다. 소크라테스는 자신에게 돈이 있다면 벌금형을 제안할 텐데 그렇지를 못하니 어렵겠다고 했다가 다시 이렇게 말하는 것이다.

글쎄, 아마 1미나라면 마련할 수도 있을 테니, 그럼 그 벌금을 제안합니다.

Well, perhaps I could afford a mina, and therefore I propose that penalty.

도대체 1미나가 얼마나 되는 돈일까? 그 단서는 바로 다음에 나온다. 소크라테스가 이렇게 부연하며 연설을 마치기 때문이다.

여기 내 친구들인 플라톤, 크리톤, 크리토불로스, 아폴로도로스가 내게 30미나를 말하라고 하는군요. 그들이 보증인이 되겠답니다. 그럼 벌금을 30미나로 합시다. 그 액수에 대해서는 그들이 충분한 보증을 할 겁니다.

Plato, Crito, Critobulus, and Apollodorus, my friends here, bid me say thirty minae, and they will be the sureties. Let thirty minae be the penalty: for which sum they will be ample security to you.

눈치 빠른 사람이 아니더라도 소크라테스의 진술에서 당시 법정 분위기가 어땠을지 짐작할 수 있다. 미루어 짐작컨대, 소크라테스가 1미나를 언급하자 당시 방청석에 앉아 있던 그의 친구들이 펄쩍 뛰며 30미나를 제안했음에 틀림없다. 그렇다면 30미나가 당시 비슷한 사건에 부과됐던 벌금 액수일 텐데, 소크라테스는 그 30분의 1밖에 안 되는 벌금을 제안한 것이다. 이는 법정을 모독하는 것으로 비칠 수 있는 행위였다.

그 때문일까? 배심원단은 361 대 140으로 소크라테스의 사형을 결의했다. 유무죄 판결 때보다 소크라테스를 적대시하는 표가 훨씬 많아진 것이다. 소크라테스의 2차 연설에 분노한 배심원들이 '괘씸죄'를 적용한 셈이다.

판결 내용을 들은 소크라테스는 다시 태연히 앞으로 나와 배심원들에게 간단한 충고를 한다. 자신처럼 불편한 말을 하는 사람의 입을 닫을 궁리만 하지 말고 스스로의 삶을 돌아보라는, 간단히 말해 인생 좀 똑바로 살라는 충고다. 이어서 그는 법정에 참석한 친구들에게 보다 다정한 위로의 말을 전하는데, 죽음이란 것이 알고 보면 전혀 두려워할 일이 아니라는 견해를 피력하는 이 대목은 상당히 명쾌하고 감동적이다. 이윽고 『변명』은 소크라테스가 법정을 떠나 감옥으로 가면서 청중들에게 남기는 고별사로 끝나는데, 이게 또 아주 유명한 구절이다.

떠날 시간이 됐군요. 그러면 우리 각자의 길을 갑시다―나는 죽기 위해, 여러분은 살기 위해. 어느 쪽이 나을지는 오직 신만이 아십니다.

The hour of departure has arrived, and we go our ways―I to die, and you to live. Which is better God only knows.

"한번 두고 보자."는 말도 소크라테스가 하면 이렇게 멋있다.

# 4th Brunch Time

## 애지자의 최후

### 악법도 법은 아니지만

판결이 난 지 수개월 만에 소크라테스는 선고에 따라 독배를 마시고 죽는다. 소크라테스의 삶 가운데 최후의 몇 시간을 그린 '대화편'이 바로 『파이돈』이다. 하지만 플라톤의 '대화편'이 종종 그렇듯이 제목으로 내세운 '파이돈'이라는 인물은 소크라테스의 임종을 지킨 이야기를 에케크라테스(Echecrates)에게 전하는 화자일 뿐이며, 작품 속에서 소크라테스와 실제로 의미 있는 대화를 나누는 것은 크리톤을 비롯한 다른 몇몇 인물들이다. 이 '대화편'의 제목이 소크라테스의 최후라는 극적 배경에 비해 너무 밋밋하다고 느꼈는지 영문판 중에는 『파이돈: 소크라테스의 죽음Phaedo : the Death of Socrates』 하는 식으로 자극적인 부제를 단 것도 있기는 하다.

여기서는 『파이돈』의 거의 마지막 부분, 즉 소크라테스의 죽음을 그린 유명한 장면을 살펴볼 것이다. 마지막 시간을 함께하기 위해 감옥으로 찾아온 친구들과 한동안 대화를 나눈 소크라테스는 이윽고 독배를 가져오게 하라고 이른다. 그다음에 이어지는 장면은 인문학의 고전들 가운데서도 손꼽힐 만큼 슬프고도 감동적인 대목이다. 죽음 앞에서 초연함을 보인 소크라테스의 모습을 입체적으로 조명한 부분이기도 하다. 조금 길지만 흐름을 끊지 않고 쭉 읽어 보기를 바란다. '소크라테스 대화편'이 지닌 고유의 힘 덕분에 길다는 느낌이 별로 들지 않을 것이다.

크리톤이 곁에 서 있던 하인에게 신호를 보내자, 그는 밖으로 나가 잠시 자리를 비웠다가 독배를 든 간수와 함께 돌아왔네. 소크라테스가 말했네. "자네, 이런 일에 경험이 있는 내 좋은 친구여, 내가 어떻게 해야 할지 지시를(directions) 내려 주게나." 간수가 대답했네. "다리가 무거워질 때까지 걸어 다니시기만 하면 됩니다. 그런 다음 누우시면 독이 작용할 겁니다." 그와 동시에 간수가 잔을 건네자 소크라테스는 가장 편안하고도 점잖은 자세로, 최소한의 두려움도 얼굴색이나 표정의 변화도 없이, 두 눈으로 간수를 응시하며, 그가 하던 예법대로, 잔을 들고 말했네. "이 잔에서 어느 신께라도 헌주를 한 방울 올리는 건 어떤가? 그래도 될까?" 간수가 답했네. "소크라테스, 우리는 오직 딱 필요하다고 여긴 만큼만 준비한답니다." "알겠네." 그가 말했네. "하지만 그렇더라도 이승에서 저세상으로 가는 나의 여행이 잘되도록 신들께 부탁드리기는 해야겠지. 내 기도대로 그렇게 되기를(so be it)."

그러고 나서 그는 잔을 입으로 가져가, 무척 쾌활하고도 흔쾌하게 독을 다 마셔 버렸다네. 그래도 그때까지는 우리 대부분 슬픔을 조절할 수 있었지. 하지만 우리는 이제 그가 [독을] 마시는 것을 보았을 때, 그리고 또한 들이마시기(draught)를 끝내는 것을 보았을 때 더 이상 견딜 수가 없게 되었네. 나도 모르게 내 눈물이 빠르게 흘러내렸네. 그래서 나는 얼굴을 감싸 쥐고 울었다네. 그 때문이 아니라 그런 친구와 이별해야 하는 나 자신의 재앙에 대한 생각에 그랬다네. 하지만 내가 처음은 아니었네. 크리톤으로 말하면, 그는 눈물을 억제할 수 없다는 것을 깨닫자 일어나 버렸고, 나도 뒤따랐다네. 그리고 그 순간, 내내 훌쩍거리던 아폴로도로스가 우리 모두를 겁쟁이로 만들 만큼 크고 격정적인 울음을 터뜨렸다네. 소크라테스만이 홀로 냉정함을 유지했다네. "이 무슨 이상한 아우성이람?" 그가 말했네. "이런 식으로 잘못 행동하지 못하도록 여자들을 돌려보낸 걸세. 사람은 평온하게 죽어야 한다고 들었기 때문이지. 그러니 평정을 유지하고 참을성 있게 굴어 주게." 우리는 그의 말을 듣자 부끄러워져 눈물을 거두었다네. 그리고 그는 지시에 따라 다리가 말을 듣지 않을 때까지 걷다가 등을 대고 누웠지. 그러자 그에게 독배를 준 남자가 때때로 그의 발과 다리를 쳐다보다가 잠시 뒤에는 발을 세게 누르더니 그에게 느낄 수 있냐고 묻더군. 그가 아니라고 하자 이번에는 다리를 점점 위쪽으로 [누르면서] 우리에게 그가 차갑고 뻣뻣해진 것을 보여 주더군. 그는 그[소크라테스]를 만지더니 "독이 심장에 이르면 그걸로 끝날 겁니다."라고 말했다네. 그는 사타구니에 이르기까지 점점 차가워지기 시작했지. 그때 그가 온몸을 [천으로] 덮고 있다가 얼굴을 드러내고 말했다네—그것이 그의 마지막 말이었지. 그는 말하기를 "크리톤, 아스클레피오스에게 닭 한 마리를 빚졌네. 자네가 기억했다가 그 빚을 갚아 주겠나?" 했다네. "그 빚은 갚아질 걸세." 하고 크리톤이 말했네. "또 다른 건 없나?" 이 질문에 대답은 없었다네. 하지만 조금 뒤 움직이는 소리가 났고, 자리에 있던 사람들이 그를 덮은 천을 다시 들췄지. 그의 눈이 고정되어 있었기에 크리톤은 그의 눈과 입을 닫아 주었다네.

Crito made a sign to the servant, who was standing by; and he went out, and having been absent for some time, returned with the jailer carrying the cup of poison. Socrates said: You, my good friend, who are experienced in these matters, shall give me directions how I am to proceed. The man answered: You have only to walk about until your legs are heavy, and then to lie down, and the poison will act. At the same time he handed the cup to Socrates, who in the easiest and gentlest manner, without the least fear or change of colour or feature, looking at the man with all his eyes, as his manner was, took the cup and said: What do you say about making a libation out of this cup to any god? May I, or not? The man answered: We only prepare, Socrates, just so much as we deem enough. I understand, he said: but even so, I may and must ask the gods to prosper my journey from this to the other world, and so be it according to my prayer.

Then raising the cup to his lips, quite readily and cheerfully he drank off the poison. And hitherto most of us had been able to control our sorrow; but now when we saw him drinking, and saw too that he had finished the draught, we could no longer forbear, and in spite of myself my own tears were flowing fast; so that I covered my face and wept, not for him, but at the thought of my own calamity in having to part from such a friend. Nor was I the first; for Crito, when he found himself unable to restrain his tears, had got up, and I followed; and at that moment, Apollodorus, who had been weeping all the time, broke out in a loud and passionate cry which made cowards of us all. Socrates alone retained his calmness: What is this strange outcry? he said. I sent away the women mainly in order that they might not misbehave in this way, for I have been told that a man should die in peace. Keep quiet and be patient. When we heard his words we were ashamed, and refrained our tears; and he walked about until his legs began to fail, and then he lay on his back, according to the directions, and the man who gave him the poison now and then looked at his feet and legs: and after a while he pressed his foot hard, and asked him if he could feel: and he said, No: and then his leg, and so upwards and upwards, and showed us that he was cold and stiff. And he touched him, and said: When the poison reaches the heart, that will be the end. He was beginning to grow cold about the groin, when he uncovered his face, for he had covered himself up, and said—they were his last words—he said: Crito, I owe a cock to Asclepius: will you remember to pay the debt? The debt shall be paid, said Crito: is there anything else? There was no answer to this question: but in a minute or two a movement was heard, and the attendants uncovered him: his eyes were set, and Crito closed his eyes and mouth.

소크라테스의 최후를 묘사한, 프랑스 화가 다비드(Jacque-Louis David)의 유명한 그림.
고전주의 회화답게 장엄하고 극적인 분위기를 잘 표현했다.
독배를 든 소크라테스의 모습이 거의 서사시 속 영웅처럼 보인다.

더 이상 무슨 말이 필요하랴. 그럼에도 약간의 설명을 덧붙이고자 한다. 당시 소크라테스가 마신 독약이란 독미나리(hemlock)즙이다. 고대 아테네에서 사형 선고를 받은 시민은 독미나리즙을 선택할 수 있었다. 조선 시대의 '사약'과 같은 셈인데, 피를 보이지 않아도 되기 때문에 선호되었다고 한다. 하지만 독미나리가 신경 계통을 마비시키기 때문에 죄수는 실제로 죽음에 이르기까지 적지 않은 고통을 감내해야만 했다. 정치인들이 흔히 상당한 위험을 감수해야 하는 결정을 내릴 때 '독배'를 든다고 멋지게 말하지만, 소크라테스가 마셨던 진짜 독배를 생각한다면 그렇게 간단히 할 말은 아닌 것 같다.

한편 "아스클레피오스에게 닭 한 마리를 빚졌네."는 많은 이들이 본래 의미를 착각하는 문장이다. 아스클레피오스는 소크라테스의 동네 친구가 아니며 닭 장수는 더더욱 아니다. 『이온』의 도입부에서도 잠깐 언급되었던 아스클레피오스는 고대 그리스에서 숭배한 의학의 신으로, 그리스인들은 병이 나으면 이 신에게 감사의 뜻으로 제물을 바쳤다고 한다. 그러니 소크라테스의 말은 대략 두 가지로 해석할 수 있다. 우선은 독배를 마시고 이승보다 나은 저승으로 가게 되었음을 아스클레피오스에게 감사한다는 의미로 볼 수 있으며, 다른 한편으로는 독이 아주 자연스럽게 스며들어 큰 고통 없이 숨을 거두게 된 것에 감사한다는 뜻일 수도 있다. 어느 쪽이건 의학의 신에게 닭을 제물로 바쳐야 할 만큼 좋은 일이 일어났다는 뜻을 내포하고 있는 것만은 분명하다.

『파이돈』이 소크라테스의 최후만을 다루는 것은 아니다. 오히려 작품의 사상적 핵심은 소크라테스가 독배를 청하기에 앞서 영혼 불멸에 대해 역설하는 대목에 드러나 있으니 일독을 권한다. 또 『변명』, 『파이돈』과 함께 '소크라테스의 기소와 죽음에 관한 3부작(Trilogy of the Prosecution and Death of Socrates)'으로 불리는 『크리톤』도 읽어 볼 만하다.

친구 크리톤이 소크라테스에게 감방을 탈출해 망명할 것을 종용하지만, 소크라테스는 이를 거부한다는 것이 큰 줄거리다. 두 사람이 나누는 대화에는 국가와 국민의 사회 계약적 관계, 법률의 기능 등 흥미로운 주제들이 포함돼 있다. 참고로 『크리톤』에서 소크라테스가 왜 자신이 아테네 법률에 따라 기꺼이 죽으려 하는지를 놓고 토론을 벌이는 것은 사실이지만, 우리가 흔히 알고 있듯 "악법도 법이다."라는 말은 하지 않았다. 소크라테스는 물론 '악처도 처'라는 말 역시 한 적이 없다.

## 소크라테스가 사형 선고를 받은 진짜 이유

소크라테스가 초연하게 죽음을 맞이하는 장면이 비록 감동적이기는 하나, 잠시 냉정하게 생각해 보자. 도대체 소크라테스는 왜 죽어야 했던 걸까? 그는 사람을 죽인 것도, 반역을 꾀한 것도 아니었다. 그에게 부여된 죄목은 간단히 말해 불신과 혹세무민이었다. 한데 오늘날을 기준으로 봐도 놀라운 수준의 언론 자유를 보장했던 당시 아테네에서 그 정도 혐의 때문에 고발당하여 사형 선고까지 받은 것은 언뜻 이해되지 않는다. 정말 무슨 일이 일어났던 걸까? 『변명』에는 소크라테스가 이렇게 말하는 대목이 있다.

이 탐사는 내게 최악의, 그리고 가장 위험한 종류의 적들을 많이 만들어 주었고, 숱한 중상모략(calumny)을 발생시켰습니다.

This inquisition has led to my having many enemies of the worst and most dangerous kind, and has given occasion also to many calumnies.

이 인용문 앞에는 소크라테스가 신탁을 받은 후 정치가, 시인, 장인 등 여러 사람들을 만나고 다니며 무지의 문제를 탐구한 여정이 나온다. 따라서 'This inquisition'은 그가 문답법을 바탕으로 조사하고 탐구한 것을 지칭한다. 이 문장은 소크라테스를 죽음에 이르게 한 재판의 원인이 무엇인지 중요한 단서를 제공한다. 바로 그의 문답법이 수많은 적들을 만들어 냈다는 것이다. 그렇다면 그의 문답법은 상대방에게 대체 어떤 것이었을까?

상식적으로 생각해 보자. 앞에서도 언급한 바 있듯이, 소크라테스는 주로 여러 분야의 '고수'들에게 문답 신공을 선보였다. 각계각층에서 잘 나가던 유명 인사들이었던 셈이다. 그런 그들이 소크라테스만 만나면 무슨 덫에 걸린 듯 쩔쩔매다가 백기를 들고 말았다. 그때 그들은 스스로의 무지를 깨닫게 해 주고, 철학적 갱생을 경험하게 해 준 소크라테스에게 감사한 마음이 들었을까? 인간의 본성이 예나 지금이나 크게 다르지 않다고 한다면, 감사는커녕 화가 치밀어 오르고 짜증이 났을 것이다. 더욱이 그중 일부는 사람들 앞에서 공개 망신을 당한 데 대해 앙갚음하리라고 다짐했을 것이다. 우리가 『향연』에서 보았듯이, 소크라테스는 문답법을 통해 상대가 일상에서 아무렇지 않게 사용하던 개념들에 대해 '명확히' 정의 내리기를 '강요'하며, 이를 위해서는 때로 순환 논리도 마다하지 않고 쉴 새 없이 상대를 몰아붙였다. 게다가 상대는 평소 '뭣 좀 안다'고 자부하고 있었는데, 무지가 까발려졌으니 즐겁기는커녕 평상심을 유지하기조차 힘들었을 것이다. 『프로타고라스Protagoras』의 마지막 장면은 당시 소크라테스에게 '당한' 사람들이 어떤 감정 상태에 이르렀는지를 간접적으로나마 시사해 준다. 당대 최고의 소피스트이자 사상가였던 프로타고라스는 연배로 볼 때 한참 후배인 소크라테스와 한바탕 토론을 벌인 뒤 이렇게 말한다.

이탈리아 화가 살바토르 로사의 작품
〈데모크리토스와 프로타고라스〉(1663년 혹은 1664년)

소크라테스, 나는 치사한(base) 성격이 아니라네. 그리고 나는 세상에서 질투라는 걸 할 마지막 사람이지. 나는 자네의 활력과 논쟁 태도에 찬사를 보내지 않을 수 없네. 내가 종종 말해 왔듯이, 나는 내가 아는 모든 이들보다 뛰어난 그리고 특히 자네 또래의 모든 이들보다 훨씬 뛰어난 자네를 존경하네. 나는 자네가 철학으로 매우 저명해지리라고 믿네. 우리 언젠가 나중에 그 주제로 돌아가 보세나. 지금은 우리가 그 밖의 다른 것으로 옮겨 가는 게 좋겠군.

Socrates, I am not of a base nature, and I am the last man in the world to be envious. I cannot but applaud your energy and your conduct of an argument. As I have often said, I admire you above all men whom I know, and far above all men of your age; and I believe that you will become very eminent in philosophy. Let us come back to the subject at some future time; at present we had better turn to something else.

이 대목을 읽으며, 유연하게 상황을 정리하는 솜씨가 과연 '인간은 만물의 척도'라는 말로 유명한 프로타고라스답군 하려던 찰나 소크라테스의 반응이 눈에 들어온다.(영어 원문에서 'I said'의 번역은 생략했다. 『프로타고라스』에서 친구에게 이야기를 전하는 인물이 소크라테스 자신이기 때문에 삽입된 표현이다.)

> 좋다마다요(By all means). 그것이 당신 뜻이라면 말입니다. 저는 아까 말씀드렸던, 너무도 오래전에 한 약속을 지켜야 하는데, 고귀한 칼리아스의 청을 거절할 수가 없어서 지체했을 뿐이기 때문입니다. 그럼 대화를 끝내고 우리 각자 갈 길을 가도록 하지요.
>
> By all means, I said, if that is your wish; for I too ought long since to have kept the engagement of which I spoke before, and only tarried because I could not refuse the request of the noble Callias. So the conversation ended, and we went our way.

뭔가 좀 이상하지 않은가? 고대 아테네 사회에서의 에티켓이 실제로 어땠는지는 모르지만, 상식 수준에서 판단했을 때 굉장히 예의에 어긋나 보인다. 철학계 원로 선배에게 "그러세요? 그럼 저도 바빠서 이만." 하는 식으로 얘기한 것이다. 함께 대화를 나눠서 좋았다는 둥 앞으로도 지도 편달 부탁한다는 둥 예의상 하는 덕담도 전혀 덧붙이지 않았다. 왜일까? 소크라테스가 비록 문답 신공으로 여러 사람들을 울리기는 했어도 근본이 오만무례한 인물은 아니었다고 한다면, 둘 사이의 대화에 드러나지 않은 다른 사정이 있었던 것은 아닐까?

심상치 않았을 당시 현장 분위기를 한번 상상해 보자. 사실상 토론에서 패한 프로타고라스는 짐짓 아무렇지 않은 체하며 "나는 치사한 성격이 아니라네." 하고 말했지만, 말투나 표정까지는 숨기지 못했는지도 모른다. 붉으락푸르락한 얼굴로 모욕감을 내비치는 프로타고라스를 보며 소크라테스 역시 당황했을 수도 있다. 그런 까닭에 좀 극단적으로 말하자면 '신변에 위협을 느끼며' 황급히 자리를 뜨려 했던 건지도 모른다는 얘기다. 분명한 건, 풀타임 철학자로 살며 숱한 사람들을 논파한 소크라테스가 정적들 역시 '풀타임'으로 만들었을 것이라는 점이다.

문제는 거기서 끝나지 않았다. 소크라테스의 대화법은 당시 아테네 전통에서 매우 중요하게 여긴, 한 집안의 부자관계에도 악영향을 끼쳤다. 소크라테스를 따라다니며 그가 수많은 거물들에게 굴욕을 안기는 모습을 목격한 젊은이들이 집으로 돌아가 물의를 일으킨 것이다. 그들은 친척을 비롯해 심지어는 아버지에게까지 소크라테스 흉내를 냈고, 그 결과가 어땠을지는 불을 보듯 빤한 일이다. 소크라테스를 추종하던 많은 젊은이들은 대개 아테네 명문가의 자제들이었기 때문에 파급 효과가 더욱 컸다.

기원전 423년, 아리스토파네스가 무대에 올린 〈구름 *The Clouds*〉을 보면 소크라테스의 문답법이 당시 아테네 사회에 꽤 심각한 영향을 끼쳤음을 알 수 있다. 작품 속 인물 스트레프시아데스는 막대한 빚 때문에 소송당할 것을 염려한 나머지 아들을 소크라테스가 운영하는 '생각 공방(thinking workshop)'에 보낸다. 당시 소크라테스의 생각 공방에서는 '약한 논리'를 '강한 논리'로 바꾸는 기술을 가르친다는 소문이 자자했기 때문이다. 아들이 그 기술을 배우면 향후 돈 문제를 둘러싸고 벌어질 법정 공방에서 유리할 것이라 기대한 것이다. 그런데 이게 웬걸? 스트레프시아데스의 아들은 생각 공방에서 논변 기술을 배우고 돌아온 후 다짜고짜 아버지를 두들겨 패기 시작한다. 그러고는 이렇게 말하는 것이 아닌가.

아리스토파네스의 희극 〈구름〉의 한 장면을 묘사한 판화.
광주리 속에 들어 앉아 있는 인물이 소크라테스.

새롭고 기발한 것을 알게 되고, 기존의 법도를 경멸할 수 있게 되는 것은 얼마나 즐거운 일인가! (…) 교묘한 사상, 논법, 억측을 알게 됐으니 이제 아비에게 태형을 가하는 일의 정당성을 증명해 볼 생각이다.

How pleasant it is to be acquainted with new and clever things, and to be able to despise the established laws! (…) I am acquainted with subtle thoughts, and arguments, and speculations, now I think I shall demonstrate that it is just to chastise one's father.

아들이 해괴한 논리를 늘어놓으며 패륜 행태를 보이는 것에 충격을 받은 아버지가 결국 생각 공방에 불을 지르는 것으로 연극은 끝난다.

어쩌면 아리스토파네스는 소크라테스의 제자 중 하나와 그의 부친 사이에서 벌어진 실제 말다툼을 좀 더 극적으로 과장해 희곡으로 만든 것인지도 모른다. 〈구름〉이 아무 근거 없이 소크라테스를 비방하기 위해 만들어진 것이 아니라면, 당대 사람들이 그를 어떻게 인식했는지 어느 정도 알 수 있다. 가뜩이나 소피스트들에 대한 부정적 인식으로 꽉 차 있던 아테네 대중들에게 소크라테스는 최악의 소피스트로 보였을 가능성이 높다. 아리스토파네스의 작품 속 패륜아가 언급한 "교묘한 사상, 논법, 억측"이 소크라테스의 대화법에 대한 당시 아테네인들의 솔직한 인상이었다고 볼 근거가 없는 것도 아니다.

기원전 423년은 『향연』의 배경이 된 아가톤의 비극 경연보다 7년 앞선 시점이다. 다시 말해 『향연』에서 소크라테스는 7년 전 자신을 최악의 소피스트로 조롱한 아리스토파네스와 동석해 거리낌 없이 웃고 즐겼다는 얘기다. 소크라테스가 죽음을 목전에 두고 보여 준 모습에서도 이미 짐작했겠지만, 그는 매우 그릇이 큰 인물이었던 모양이다. 본론으로 돌아가서 소크라테스는 그렇게 수많은 적들에게 점점 포위당하고 있었다. 하지만 그럼에도 여전히 의문은 남는다. 아무리 그렇더라도 사형은 좀 심했다는 것이다. 이를 이해하기 위해서는 당시 그의 평판에 결정타를 날린 역사적 사건을 살펴볼 필요가 있다.

아테네와 스파르타는 기원전 431년부터 404년까지 흔히 '펠로폰네소스 전쟁'이라고 불리는 장기전을 벌였다.(아리스토파네스의 〈구름〉 상연이 기원전 423년, 아가톤의 비극 경연 우승이 기원전 416년이었다는 점을 상기하자. 전쟁을 치르면서도 도시 안쪽에서는 다채로운 문화 행사를 즐겼다는 얘기다. 이는 그만큼 사회가 안정돼 있었고, 국가적인 자신감도 있었다는 반증이다.) 아테네는 전쟁 초기부터 도시에 퍼진 전염병으로 페리클레스(Pericles)를 비롯한 상당수의 지도부를 잃었음에도 한동안 스파르타의 공격을 잘 막아냈다. 하지만 아테네는 기원전 415년, 별 정치적 명분도 없는 '시칠리아 원정'을 감행했다가 해군의 주력을 잃는 낭패를 당하고 만다. 역사가들은 이 사건이 펠로폰네소스 전쟁의 판세를 결정했다는 데 별 이견을 달지 않는다. 그런데 이때 시칠리아 원정을 제안하고 주도한 인물이 바로 소크라테스의 절친 알키비아데스였다. 더구나 알키비아데스는 시칠리아 원정이 실패로 돌아가자 처벌이 두려워 스파르타로 망명하는 추태를 연출하기도 했다. 그의 역적 행태에 대한 아테네인들의 분노가 극에 달했음은 물론이다. 『향연』에서도 뒤늦게 나타나 잔치 분위기를 망치더니, 국가적인 문제에서도 '깽판'을 친 셈이라고나 할까? 이후 얼마 지나지 않아 아테네는 결국 시칠리아 원정 후유증을 견디지 못한 채 스파르타에 항복하고 만다.

전쟁에서 승리한 스파르타는 다행히도 아테네를 완전히 멸망시키는 정책을 택하지는 않았다. 동맹국들의 반발도 문제였거니와 아테네가 사라지면 또 다른 해양 강국 코린토스를 견제하기가 어려워지기 때문이었다. 그 대신 스파르타는 아테네에 친(親)스파르타 정권을 세우기로 결정하고, 아테네 상류층 인사들 가운데 급진주의자들을 적극 포섭하기 시작했다. 그 결과 기원전 404년, 아테네에서는 스파르타의 후원을 받은 귀족들의 쿠데타로 민주정이 무너지고 프랑스혁명 직후의 공포 정치를 연상케 하는 이른바 '30인 독재(The Rule of Thirty Tyrants)'가 시작됐다. 그런데 30인 독재 체제의 리더 격인 크리티아스(Critias)와 카르미데스(Charmides)가 공교롭게도 소크라테스의 제자들이었다.

이런 정황들을 종합해 보면, 델파이 신탁마저 가장 지혜로운 자로 인정한 소크라테스가 언론과 사상의 자유로 이름 높았던 나라 아테네에서 사형 선고를 받을 수밖에 없었던 이유를 추측해 볼 수 있다. 먼저 아테네를 패전에 이르게 한 주범과 패전 후 성립한 스파르타 괴뢰 정권의 수장들이 죄다 소크라테스의 친구이거나 제자들이었다. 사정이 이렇다 보니 소크라테스는 아테네에 막대한 피해를 입힌 세력의 '정신적 지도자'로 보였을 가능성이 있다. 물론 기원전 399년 소크라테스를 고발한 자들의 배후에 정확히 누가 있었는지는 알 수 없다. 하지만 당시 아테네 사회에서 '소크라테스가 죽어야 아테네의 민주주의가 산다'는 공감대가 형성되었고, 이에 편승해 멜레토스를 비롯한 고발자들이 이른바 '총대'를 멨다는 시나리오를 유추해 보는 것이 그리 어렵지는 않다. 게다가 불에 기름을 붓듯, 법정에 출두한 소크라테스는 납작 엎드려 반성하는 모습을 보이기는커녕 배심원들을 자극해 파국을 재촉했다. 그의 1차, 2차 연설은 어찌 보면 무죄 판결보다 유죄 선고를 받기를, 가벼운 처벌보다 무거운 형벌을 받기를 자처한 듯한 느낌마저 준다. 더욱이 재판이 끝난 뒤에는 친구들의 망명 제안까지 뿌리치고 독배를 드는 쪽을 택했다.

소크라테스가 마지막 순간에 어떤 생각을 품고 있었는지는 아무도 모른다. 당시 일흔의 나이였으니 그동안 할 만큼 했다고 여겼을 수도 있고, 이제는 좀 지쳐서 손 털고 싶다 생각했을 수도 있다. 참고로 영어에서 '손 털다, 은퇴하다, 죽는다'는 의미로 'cash in one's chips'라는 말을 쓰기도 하는데, 이 표현을 빌리자면 소크라테스는 이런 기분 아니었을까? '친구들, 내가 손 털 시점이 온 것 같군.'(Friends, I think this is when I should cash in my chips.)

그가 자신의 죽음에 대해 실제로 어떤 의미를 부여했는지는 모르지만, 긴 역사의 눈으로 봤을 때 그가 내린 결정은 결과적으로 '대박'이었다. 플라톤의 손을 빌려 '대화편' 속에서 화려하게 부활했을 뿐 아니라 '진리를 위해 죽은 순교자'로서 인류가 존재하는 한 영원히 지속될 명성을 얻었으니 말이다.

사람이란 자고로 손 털 시점을 잘 알아야 한다. 그러고 보면 소크라테스는 비록 돈 벌고 출세하는 데는 젬병이었는지 모르나, '어떻게 사느냐' 그리고 '어떻게 죽느냐'라는 가장 중요한 철학적 문제들을 다루는 데서는 상당한 고수였음이 분명하다.

Chapter

2

유토피아의 꿈과 이성의 도서관

메인 브런치

· 플라톤

· 아리스토텔레스

---

원전 토핑

· 『국가론』 플라톤

· 『시학』 아리스토텔레스

· 『정치학』 아리스토텔레스

· 『자연학』 아리스토텔레스

· 『형이상학』 아리스토텔레스

· 『니코마코스 윤리학』 아리스토텔레스

# 유토피아의 꿈

## 소크라테스의 탈을 쓴 플라톤?

영국의 철학자 화이트헤드(Alfred North Whitehead)는 플라톤에 대해 이렇게 말한 바 있다.

> 유럽의 철학적 전통에 대한 가장 안전한 일반적 묘사는 그것이 플라톤에 대한 일련의 각주들로 구성되어 있다고 하는 것이다.
>
> The safest general characterization of the European philosophical tradition is that it consist of a series of footnotes to Plato.

화이트헤드의 말인즉슨 서양 철학은 그리스 시대부터 지금까지 플라톤의 '마수' 속에서 허우적거려 왔다는 얘기다. 마치 부처님 손아귀에 잡힌 손오공처럼 말이다. 여기서 말하는 '각주'란 달리 표현하자면 플라톤 이후 등장한 여러 철학자들의 일생일대 역작들을 가리키는 것일 터인데, 결국 그 책들도 철학사의 긴 흐름에서 보면 플라톤이 이룩한 업적에 붙인 촌평들에 지나지 않는다는 것이다. 그렇다면 나는 그 옛날 소년 시절 플라톤의 『향연』을 펼쳐 들면서 거의 서양 철학 그 자체와 마주했던 셈이다.

플라톤은 이렇게 고대 그리스 이후 서양 철학의 아버지 대접을 받아 왔다. 물론 플라톤의 사상적 아버지는 바로 소크라테스다. 그런데 플라톤과 소크라테스의 관계에는 확실히 문제가 있다. 그들 사이에 무슨 불화가 있었다는 게 아니라, 두 사람의 사상을 물리적·화학적으로 분리시키는 것이 정말 어렵다는 말이다. 플라톤과 소크라테스의 사상적 관계는 앞서 『향연』에 등장했던 머리 두 개에 팔다리 도합 여덟 개인 안드로기노스와 비슷하다. 플라톤의 '대화편'은 예외 없이 소크라테스를 주인공으로 삼고 있는데, 각 '대화편'이 담고 있는 내용 중 도대체 어디까지가 소크라테스의 말이며, 어디부터가 플라톤의 목소리인지를 구별하기가 어렵기 때문이다. 뭐 어렵다기보다는 사실상 불가능하다.

내가 아는 한 플라톤은 자신이 주인공으로 등장하는 '대화편'을 쓴 적이 없으며, 소크라테스의 대화에 자신을 들러리로 끼워 주는 것조차 인색했다. 심지어는 소크라테스가 플라톤의 이름을 직접 거론한 경우조차 극히 드물다. 앞서 살펴봤던 『변명』 속에서 소크라테스가 제안한 벌금형에 대해 보증을 서겠다고 나선 인물들 중 하나로 언급된 것이 거의 유일한 사례가 아닐까 싶다. 이 일화를 보면, 소크라테스의 '이너서클'에서 플라톤의 존재감은 분명 상당했을 것이라고 유추할 수 있다. 그렇지 않았다면 앞장서서 보증을 서겠다고 나서기까지 하지는 않았을 테니 말이다. 그리고 이 대목은 『변명』의 저자가 플라톤이라는 사실을 상기해 볼 때 꽤 흥미로운 구석이 있다. 왜냐하면 보통 스스로를 드러내기보다 숨기기가 전문인 그가 굳이 보증인 명단에 자신의 이름을 노출시켰기 때문이다. 플라톤이 당시 법정에서 실제로 벌어진 상황을 비교적 꾸밈 없이 서술한 것임을 알리는 증거로 볼 수도 있겠고, 혹은 리얼리티를 강화하기 위해 계산해 넣은 것으로 볼 수도 있다. 어느 쪽이든 『변명』은 극히 예외적인 경우이며, 플라톤은 거의 언제나 스승의 그림자 뒤에 숨어 있다. 플라톤이 강박적이다 싶을 만큼 자신을 감춘 이유가 무엇인지는 정확히 알 수 없지만, 추측컨대 소크라테스를 전면에 내세움으로써 오히려 자기 목소리를 더 안전하게 내려는 고도의 전략이었을 가능성이 크다.

소크라테스의 외모가 '슈렉'과에 가까웠다는 것은 이미 말한 바 있지만, 지금까지 전해지는 조각 등을 살펴보면 플라톤의 외모 역시 책상물림의 창백한 철학자와는 거리가 멀다. '플라톤'이라는 이름은 '넓다'는 뜻의 그리스어 '플라토스(platos)'에서 왔는데, 이는 그가 어깨가 떡 벌어진 큼직한 체구를 지녔기 때문에 얻은 별명이었으며, 본명은 따로 있었다는 설도 있다. 또한 소크라테스가 젊은 시절 펠로폰네소스 전쟁에 참전해 전장을 누비며 활약했듯, 플라톤은 '넓은 어깨'라는 별명을 지닌 인물답게 젊은 시절 권투, 레슬링 등 격투기에서 두각을 나타낸 운동 선수였다고도 한다.

플라톤은 자신의 우상이었던 소크라테스가 아테네인들에게 재판을 받고 사형당하는 모습을 지켜본 뒤, 그 정신적 충격을 이기지 못했는지 한동안 집을 떠나 지중해 일대를 여행하기도 했다. 장기 여행이 끝난 뒤 아테네로 돌아온 플라톤은 명문가 출신이었기 때문에 마음만 먹으면 정계로 진출할 수도 있었을 것이다. 그럼에도 그는 현실 정치에 몸담는 대신 아테네 교외에 '아카데미아(Academy)'라는 학교를 세우고 저술과 후학 양성에만 전념하다 기원전 347년경 약 80세를 일기로 세상을 떠났다.

아테네에 있는 플라톤의 아카데미아 터.

## 우리 공화국에서는

내 개인적 판단이기는 하지만, 앞서 살펴본 『향연』, 『변명』, 『파이돈』 등
은 역사적 실존 인물로서 소크라테스를 상당 부분 반영하고 있는 것으
로 보인다. 모두 실제로 일어났음 직한 구체적 사건들을 배경으로 하고
있을 뿐 아니라 각 이야기 속에는 소크라테스라는 한 인간 특유의 취향
이나 스타일이 비교적 숨김없이 드러나 있기 때문이다.

그런데 플라톤의 '대화편' 가운데 흔히 최고 걸작으로 불리는 『국가론
*The Republic*』은 사정이 다르다. 물론 어김없이 소크라테스가 주인공으로
등장하기는 하지만, 어쩐지 읽을수록 소크라테스의 가면을 쓴 플라톤의
목젖이 자꾸 만져진다고나 할까? 우선 『국가론』에서는 매우 드물게도
소크라테스가 1인칭 화자 '나'로 등장하는데, 오히려 그 점이 좀 수상쩍
게 느껴진다. 무슨 얘기냐 하면 플라톤이 자신의 생각을 본격적으로 풀
어내면서 거기에 신뢰성을 부여하기 위해 스승인 소크라테스를 아예 1인

칭으로 전면에 내세운 것 아니냐 하는 것이다. 물론 이 작품 속에서 소크라테스와 플라톤의 목소리가 정확히 어떤 비율로 혼합되어 있는가를 판단하는 것은 불가능한 노릇이다. 하지만 굳이 수치를 대라면, 내 생각에 6:4 내지 7:3 정도로 플라톤의 비중이 더 높지 않을까 싶다. 하지만 누구의 주장이 더 많이 들어갔느냐가 뭐 중요하겠는가. 고대 그리스 철학뿐 아니라 인류 정신문화의 금자탑으로서 『국가론』의 위상은 마찬가지일 텐데 말이다. 그럼 이제부터 플라톤의 야심작이자, 이른바 '유토피아 사상(Utopianism)'의 문을 연 책 『국가론』을 본격적으로 살펴보기로 하자.

플라톤의 『국가론』을 영어로는 보통 *The Republic* 혹은 *Republic*이라고 한다. 이는 로마의 철학자 키케로가 플라톤의 그리스어 원작을 라틴어로 옮기며 '레스 푸블리카(Res Publica)'라는 제목을 붙인 데서 유래했다. *res*는 라틴어로 '사정(affair)' 혹은 '일(business)'을, *publica*는 '공공(public)'을 의미한다. 따라서 republic의 어원인 *res publica*는 본래 '공공의 일', '공공의 이해관계'를 의미했던 것이다. 한편 republic을 한글로 직역하면 '공화국(共和國)'이 되는데, 그 뜻을 풀어 보면 '만인이 뜻을 한데 모아 화합하여 일을 꾸려 나가는 나라'라는 뜻이니 영어의 원래 의미와도 상당히 통한다고 할 수 있다.

'공화국'이라는 말은 우리 한국인들에게 어쩐지 좀 딱딱한 느낌이 든다. 우리 역사에서 '공화국' 하면 우선 생각나는 것이 '제3공화국', '제5공화국'으로 대표되는 독재 정권이기 때문인지도 모른다. 하지만 그럼에도 대한민국은 여전히 공화국이다. 우선 우리 헌법 1조 1항이 "대한민국은 민주 공화국이다."라고 규정하고 있다. 대한민국의 영어 명칭 역시 공식적으로 Republic of Korea, 즉 '한국 공화국' 내지 '고려 공화국'이다. 게다가 이미 왕조 국가가 된 지 오래인 북한 역시 공식적으로는 공화국이다. 북한의 공식 국호가 '조선민주주의인민공화국(Democratic People's Republic of Korea)'일 뿐 아니라, 북한 사람들은 남한과 달리 '공화국'이라는 용어를 일상적으로 사용하는 데 별 거부감도 없는 듯하다. TV 등 언론 매체에 소개되는 북한 사람들이 종종 "우리 공화국에서는…" 하는 식으로 말하는 것을 볼 수 있기 때문이다.

중국의 국호 역시 '중화인민공화국(People's Republic of China)'이며, 이제는 국제적으로 별로 인정받지 못하는 명칭이긴 하지만 타이완 역시 공식 국호는 여전히 '중화민국(Republic of China)'이다. 그러고 보니 동북아시아에서 공화국이 아닌 나라는 일본뿐인 것 같다. 일본은 그냥 '일본국(State of Japan)'이다. 아무튼 이렇게 자본주의 국가든 공산주의 국가든 '공화국'이라는 말을 쓰는 걸 보니, 그 안에 좋은 의미가 담겨 있다는 공감대가 형성되어 있음에 틀림없다.

바다 건너 미국은 어떨까? 연방 국가인 미국은 전통적으로 연방의 구성원인 각 주들이 고도의 자치를 행해 온 것으로 유명하다. 그리고 이들 가운데는 아예 스스로 '공화국'을 자처한 경우가 많다. 텍사스는 개척민들이 멕시코와 전쟁을 치르는 동안 비록 짧은 기간이기는 하지만 공식적으로 '텍사스 공화국(Republic of Texas)'이었다. 미합중국에 속하지 않는 별개 국가였던 것이다. 역시 멕시코와의 전쟁 끝에 승리를 쟁취한 캘리포니아는 오늘날까지 주 깃발에 '캘리포니아 공화국(California Republic)'을 명기하고 있다. 버지니아와 매사추세츠 주도 처음에는 공화국을 선언했다가 미국 독립전쟁 중 연방으로 합류한 경우인데, 이들은 'republic' 대신 'commonwealth'라는 명칭을 사용했지만 기본적인 의미는 같다. 특히 버지니아에서는 주민들이 지금까지도 자신들의 주를 'Commonwealth of Virginia'라고 부르는 등 자부심이 대단하다.

그런데 반전이라면 반전일까? 플라톤의 저작 『국가론』의 진짜 그리스

서기 3세기경 것으로 추정되는 「국가론」의 한 조각.

어 원제는 '폴리테이아(Politeia)'다. Politeia는 고대 그리스의 도시국가를 가리키는 '폴리스(polis)'에서 파생된 표현으로 '정부', '국가의 형태', 혹은 '체제'라는 뜻이다. 그러니까 Politeia를 제대로 된 한자어로 옮기면 '정체(政體)'가 된다. 다만 Politeia는 (특히 영미권에서) 그리스 고전을 전공한 사람이 아니라면 지식인들 사이에서조차 낯선 표현이며, 대개는 'The Republic' 혹은 'Plato's Republic'으로 통한다는 점을 기억하도록 하자. 이 책에서도 플라톤 저서의 영어 명칭은 'The Republic', 한글 명칭은 '국가론'으로 통일할 것이다.

『국가론』은 서구 문명에서 이른바 유토피아 철학 혹은 유토피아 문학의 시조가 되는 작품으로 평가받는데, 그러고 보면 '유토피아(utopia)'라는 말조차도 그리스어에서 비롯됐다. 단, 이 말은 플라톤보다 약 1,800년 뒤에 등장한 영국의 정치가이자 인문주의자 토머스 모어(Thomas More)의 책 제목에서 유래했다. '유토피아'는 그리스어에 정통했던 모어가 부정을 뜻하는 그리스어 '오우(ou)'에 장소를 뜻하는 '토피아(topia)'를 붙여 만든 말로, 원래 의미는 nowhere, 즉 '어디에도 없는 곳'이 된다. 정작 플라톤이 자신의 책에서 이상 국가를 일컫은 명칭은 '칼리폴리스(*kallipolis*)'로, '아름다운 폴리스(beautiful polis)' 혹은 '아름다운 도시국가(beautiful city state)'를 의미한다. 자, 그럼 배경 설명은 이쯤 하고 이제 플라톤이 그 '아름다운 폴리스'에 대해 무슨 이야기를 하려는 건지 찬찬히 살펴볼 때가 됐다. 그의 『국가론』 속으로 들어가 보자.

## 소크라테스 vs. 케팔로스—늙는다는 것

'대화편'의 거장 플라톤의 솜씨는 '사랑'이라는 비교적 낭만적인 주제를 다룬 『향연』뿐 아니라 '이상적인 정체'라는 자못 묵직한 주제를 연구하는 『국가론』에서도 여전히 빛을 발한다. 플라톤은 대뜸 "자, 이상적인 정체가 무엇인지 한번 논해 봅시다." 하며 다짜고짜 토론을 시작하지 않는다. 『국가론』의 이야기는 1인칭 화자인 소크라테스가 글라우콘(Glaucon)이라는 청년과 함께 아테네 교외에서 벌어진 종교 축제에 참석하고 돌아오는 시점에서부터 시작된다.

이때 소크라테스 일행은 폴레마르코스(Polemarchus)라는 젊은이를 만나 초대를 받고 그의 저택을 방문하게 된다. 마침 폴레마르코스의 집에는 그의 부친이자 소크라테스의 오랜 지인이기도 한 케팔로스(Cephalus)가 머물고 있어, 둘은 반갑게 인사하고 환담한다. 당시 아테네의 재력가였을 뿐 아니라 상당한 교양을 갖추고 있었던 케팔로스와 소크라테스의 대화는 작품의 주제로 가는 가교 역할을 할 뿐 아니라 그 자체로도 상당히 흥미롭다. 소크라테스는 자신보다 훨씬 연장자인 케팔로스에게 노년의 삶이란 고통스런 것인지 행복한 것인지를 묻는다. 실제로 그들의 대화는 수명 연장과 함께 노년의 삶에 대한 관심이 높아지고 있는 오늘날에도 경청할 만한 부분이 있다. 케팔로스는 이렇게 말한다.

"소크라테스, 사실을 말하자면 이런 회한, 그리고 인간관계에 대한 불평 역시 노령이 아니라 사람의 성격과 기질이라는 똑같은 원인 탓이오. 왜냐하면 침착하고 유쾌한 성품을 지닌 사람은 나이의 무게를 거의 느끼지 않겠지만, 반대 성향을 가진 사람에게는 젊음이나 늙음이나 똑같이 부담이 될 뿐이죠."

"The truth is, Socrates, that these regrets, and also the complaints about relations, are to be attributed to the same cause, which is not old age, but men's characters and tempers; for he who is of a calm and happy nature will hardly feel the pressure of age, but to him who is of an opposite disposition youth and age are equally a burden."

다시 말해 노년의 삶이란 그것을 받아들이는 이의 '태도'와 '사람됨'에 달려 있다는 것이다. 그러나 이쯤에서 그냥 고개를 끄덕이며 말머리를 돌릴 소크라테스가 아니다. 그러면 너무 재미없어질 것이다. 그는 케팔로스에게 슬쩍 이렇게 말한다.

"하지만 나는 오히려 당신이 그렇게 말할 때 대체로 사람들이 잘 납득하지 않을 것이라는 의심이 듭니다. 그들은 노년이 당신에게 가볍게 느껴지는 것은 유쾌한 성격(happy disposition) 때문이 아니라 당신이 부자이기 때문이라고 생각합니다. 부는 삶을 아주 안락하게 해 주는 것으로 알려져 있죠."

"당신이 옳습니다." 그가 대답했다. "그들은 납득하지 않죠. 그리고 그들의 주장에도 일리는 있습니다만, 그들이 상상하는 정도는 아니랍니다. (…) 선량하고 가난한 사람들에게 노령은 가벼운 부담일 수 없으며, 악하면서 부유한 자 역시 결코 스스로 평화로움을 누릴 수 없는 법이죠."

"But I rather suspect that people in general are not convinced by you when you speak thus: they think that old age sits lightly upon you, not because of your happy disposition, but because you are rich, and wealth is well known to be a great comforter."

"You are right," he replied "they are not convinced: and there is something in what they say: not, however, so much as they imagine (…) to the good poor man old age cannot be a light burden, nor can a bad rich man ever have peace with himself."

케팔로스가 말하려는 것은 부가 행복의 필요조건인지는 모르지만 충분조건은 아니라는 것이다. 오늘날 로또 당첨 역시 누군가에게는 축복이 되지만, 그 행운을 감당할 그릇이 못 되는 다른 누군가에게는 재앙이 될 수 있는 것과 마찬가지로 말이다. 케팔로스는 계속해서 재물보다는 마음의 평화와 희망이 더 중요하다고 강조하면서 시인 핀다로스(Pindar)의 시구를 인용한다.

희망은 정의와 성스러움 속에 사는 자의 영혼을 소중히 간직하고, 그의 노년을 돌보는 간호부이며, 그의 여정을 함께하는 길동무일지니.

Hope cherishes the soul of him who lives in justice and holiness and is the nurse of his age and the companion of his journey.

그러자 소크라테스는 케팔로스가 인용한 시구에 등장하는 '정의(justice)'라는 말을 독수리처럼 낚아챈 뒤 질문을 던진다.

"말씀 잘하셨습니다, 케팔로스. 하지만 정의로 말하자면, 그것은 무엇일까요? 진실을 말하고 진 빚을 갚는 것, 그 이상은 아닌 걸까요? 그리고 이

점에서조차 예외는 없는 걸까요? 제정신이었을 때 내게 무기를 맡긴 친구를 가정해 봅시다. 그가 제정신이 아닌 상태에서 무기를 돌려 달라고 요청할 때, 나는 그에게 무기를 돌려주어야 할까요?"

"Well said, Cephalus. But as concerning justice, what is it?—to speak the truth and to pay your debts—no more than this? And even to this are there not exceptions? Suppose that a friend when in his right mind has deposited arms with me and he asks for them when he is not in his right mind, ought I to give them back to him?"

쉽게 말해 소크라테스는 케팔로스에게 '정의(正義)'를 어떻게 '정의(定議)'할 수 있을지 물은 것인데, 이 장면은 그가 『향연』에서 아가톤에게 사랑의 정의에 대해 질문하던 모습을 떠올리게 한다. 그때 아가톤은 '사랑은 아름다움 그 자체'라는 식으로 말 한번 잘못했다가 '소크라테스식 질문법'에 걸려들어 곤욕을 치르지 않았던가. 그런데 『국가론』에서 케팔로스는 소크라테스의 질문 공세에 『향연』의 아가톤과는 좀 다른 방식으로 응대한다.

"나는 이제 가 봐야 할 것 같습니다. 희생 제사를 돌봐야 해서요. 그래서 나는 논의를 폴레마르코스와 그 일행에게 넘기도록 하겠습니다."
"폴레마르코스는 당신의 상속인 아닌가요?" 하고 나(소크라테스—옮긴이)는 말했다.
"확실히 그렇소." 그가 대답하고는 웃으면서 희생 제사장으로 가 버렸다.

"I fear that I must go now, for I have to look after the sacrifices, and I hand over the argument to Polemarchus and the company."
"Is not Polemarchus your heir?" I said.

"To be sure" he answered, and went away laughing to the sacrifices.

이렇게 케팔로스는 돌연 토론을 중단해 버린 뒤 아들 일행에게 소크라테스의 접대를 맡기고 떠난다. 이 대목에서 느껴지는 인상은 혹시 케팔로스가 소크라테스의 '문답법'에 대해 아주 잘 알고 있는 인물이 아니었나 하는 것이다. 뿐만 아니라 어쩌면 그는 이전에 이미 소크라테스의 문답법에 된통 당한 적이 있는지도 모른다. 그러니까 대화가 더 진전되기 전에 꼬리를 자르고 현장을 떠난 것 아닐까?

한편 "폴레마르코스는 당신의 상속인 아닌가요?"라는 말 속에는 폴레마르코스가 케팔로스의 법적 후계자일 뿐 아니라 '정의'에 대한 토론까지 물려받는다는 의미도 포함되어 있다 하겠다.

## 소크라테스 vs. 폴레마르코스—정의란 무엇인가

소크라테스와의 토론를 슬쩍 회피할 만큼 '노년의 지혜'를 갖춘 케팔로스가 자리를 뜨자 소크라테스의 '문답신공'이 얼마나 무서운지 잘 모르는 듯 폴레마르코스와 글라우콘 등 몇몇 젊은이들이 불나방처럼 그의 주변에 몰려든다. 이때부터 한동안 소크라테스와 이들 사이에는 '진정한 정의란 무엇인가'에 대한 본격적인 토론이 벌어진다.

소크라테스는 먼저 폴레마르코스가 대뜸 "정의란 친구들에게는 선을 베풀고 적들에게는 악을 행하는 기술(justice is the art which gives good to friends and evil to enemies)"이라고 단언하자 곧바로 그에 대한 '검증'에 들어간다.

"친구들과 적들이라면 우리는 정말 그런 경우를 뜻하는가 아니면 그저 그렇게 보이는 경우를 뜻하는가?"

"분명" 그(폴레마르코스―옮긴이)가 말했다. "사람은 그가 선하다고 생각하는 사람을 사랑하고, 악하다고 생각하는 사람을 미워하게 되지 않겠습니까?"

"그래, 하지만 사람들은 종종 선과 악에 대해서 실수를 저지르지 않나? 선하지 않은 많은 사람들이 그렇게 보이고, 또 그 반대이기도 하니 말일세."

"그건 사실입니다."

"그렇다면 그들에게는 선한 사람들이 적이 될 테고, 악당들이 친구가 되겠지?"

"맞습니다."

"그리고 이 경우 그들은 악한 자들에게 좋은 일을 하고, 선한 사람들에게는 나쁜 일을 저지르는 것이 맞겠지?"

"분명합니다."

"하지만 선한 사람들은 정의롭고, 불의를 저지르지는 않지?"

"맞습니다."

"그럼 자네 주장대로라면 아무런 잘못이 없는 사람들에게 해를 끼치는 것이 정당하다는 건가?"

"아닙니다, 소크라테스. 그런 주의주장은 부도덕합니다."

"그럼 나는 정의로운 사람에게 선을 행해야 하고, 불의한 자들에게 해를 끼쳐야 한다고 가정하겠네."

"그 편이 더 좋군요."

"하지만 그 결과가 어떻게 되는지 보게나. 인간의 본성에 대해 무지한 많은 사람들도 친구들이 있는데, 거기에는 나쁜 친구들도 있지. 이 경우 그는 그들에게 해를 끼쳐야 하네. 그리고 그는 그가 이익을 주어야 할 훌륭한 적들을 가질 수도 있네."

"By friends and enemies do we mean those who are so really, or only in seeming?"

"Surely" he said "a man may be expected to love those whom he thinks good, and to hate those whom he thinks evil."

"Yes, but do not persons often err about good and evil: many who are not good seem to be so, and conversely?"

"That is true."

"Then to them the good will be enemies and the evil will be their friends?"

"True."

"And in that case they will be right in doing good to the evil and evil to the good?"

"Clearly."

"But the good are just and would not do an injustice?"

"True."

"Then according to your argument it is just to injure those who do no wrong?"

"Nay, Socrates: the doctrine is immoral."

"Then I suppose that we ought to do good to the just and harm to the unjust?"

"I like that better."

"But see the consequence: Many a man who is ignorant of human nature has friends who are bad friends, and in that case he ought to do harm to them: and he has good enemies whom he ought to benefit."

이렇게 하여 폴레마르코스는 친구들에게 선을 행하고 적에게 해를 끼친다는 처음의 전제와 달리, 상황에 따라서는 친구들을 벌하고 적들을 도와주어야 할 처지에 몰린다. 그러자 그는 궁리 끝에 "우리의 친구들이 선할 때만 선을 행하고, 우리의 적들이 악할 때만 해를 입히는 것이 정의로운 일(It is just to do good to our friends when they are good and harm to our enemies when they are evil)"이라는 새로운 조건을 단다. 이렇게 해서 문제는 해결된 것일까? 폴레마르코스의 말을 들은 소크라테스는 전혀 다른 방향에서 다시 공격, 아니 질문을 시작한다.

"하지만 도대체 누군가를 해하는 것이 정의일 수가 있는 걸까?"
"의심의 여지 없이 사악하면서도 적인 자들에게 해를 입혀야죠."
"But ought the just to injure any one at all?"
"Undoubtedly he ought to injure those who are both wicked and his enemies."

이 대목에서 마치 소크라테스가 '그래?' 하며 회심의 미소를 짓는 모습이 보이는 듯하다. 소크라테스가 계속 묻는다.

"해를 입은 사람들은 적절한 인간의 미덕이 악화되지(deteriorated) 않겠나?"
"분명 그렇죠."
"그리고 인간의 미덕은 정의지?"
"분명합니다."
"그럼 해를 입은 사람은 필시 불의하게 되는가?"
"그게 그 결과죠."
"그런데 음악가가 자신의 기술로 사람들을 음악적 소양이 없게 만들 수 있을까?"

"분명히 아닙니다."

"혹은 승마 기수가 그의 기술로 사람들을 서툰 기수로 만들 수 있을까?"

"불가능합니다."

"그러면 정의로운 사람이 정의로 사람들을 불의하게 만들 수 있을까? 혹은 일반적으로 말하는 선한 사람들이 선으로 사람들을 악하게 만들 수 있을까?"

"분명히 아닙니다."

"뜨거워지는 것만큼 냉기를 만들어 낼 수 있을까?"

"아닙니다."

"가뭄이 드는 것만큼 수분을 만들어 내는 건?"

"분명히 아닙니다."

"선도 누군가에게 해를 끼칠 수 없는 건가?"

"불가능하죠."

"그런데 정의는 선이지?"

"분명히."

"그럼 친구뿐 아니라 누구에게라도 해를 입히는 것은 정의로운 자의 행위가 아니라 반대로 불의한 자의 행위이지?"

"당신의 말씀이 전적으로 진실이라고 생각합니다, 소크라테스."

"And will not men who are injured be deteriorated in that which is the proper virtue of man?"

"Certainly."

"And that human virtue is justice?"

"To be sure."

"Then men who are injured are of necessity made unjust?"

"That is the result."

"But can the musician by his art make men unmusical?"

"Certainly not."

"Or the horseman by his art make them bad horsemen?"

"Impossible."

"And can the just by justice make men unjust, or speaking general can the good by virtue make them bad?"

"Assuredly not."

"Any more than heat can produce cold?"

"It cannot."

"Or drought moisture?"

"Clearly not."

"Nor can the good harm any one?"

"Impossible."

"And the just is the good?"

"Certainly."

"Then, to injure a friend or any one else is not the act of a just man, but of the opposite, who is the unjust?"

"I think that what you say is quite true, Socrates."


## 소크라테스 vs. 트라시마코스—강자의 정의

이렇게 폴레마르코스가 두 손 두 발 다 들자 이번에는 새로운 '정의론'으로 소크라테스에게 도전하는 인물이 나타난다. 그는 마침 자리에 있던 소피스트이자 수사학 전문가, 트라시마코스(Thrasymachus)다. 그는 소크라테스에게 대뜸 직격탄을 날린다.

"내 한마디 하겠는데 당신이 정말 정의가 무엇인지 알고 싶다면, 묻지만
말고 대답도 해야 할 거요. 그리고 상대를 논박하는 것에서 스스로의 명예
를 추구하지만 말고, 당신 자신만의 답변을 내놔야 하오. 왜냐하면 질문은
할 줄 알지만 대답은 못 내놓는 인간들은 얼마든지 있거든. 그리고 이제 나
는 당신으로 하여금 정의가 의무니 이득이니 수익이니 소득이니 이해관계
니 하며 지껄이도록 놔두지 않겠소. 그런 난센스는 나한테 통하지 않을 것
이기 때문이오. 나는 명료하고 정확한 답이 필요하다고."

"I say that if you want really to know what justice is, you should not
only ask but answer, and you should not seek honour to yourself from
the refutation of an opponent, but have your own answer: for there is
many a one who can ask and cannot answer. And now I will not have
you say that justice is duty or advantage or profit or gain or interest, for
this sort of nonsense will not do for me: I must have clearness and
accuracy."

분위기를 보면 트라시마코스가 이전부터 소크라테스를 한번 '손보기
위해' 벼르고 벼른 느낌이 난다. 마치 그의 대화법에 말려들어 '내상'을
입은 동료 소피스트의 복수라도 하려고 나타난 분위기다. 아니면 본인
이 언젠가 소크라테스에게 당한 적이 있어 이를 만회할 기회를 호시탐
탐 엿보고 있었던 건 아닐까? 하지만 트라시마코스의 공격에 당황할 소
크라테스가 아니다. 게다가 그는 트라시마코스의 공격적인 태도를 직접
적으로 나무라지도 않는다. 오히려 마치 잘못을 인정하는 듯한 말투로
상대의 양해를 구한다. 이게 진짜 토론 고수의 내공이다.

"트라시마코스여," 나는 몸을 떨며(with a quiver) 말했다. "너무 그리 딱 딱하게 굴지 말게나. 폴레마르코스와 내가 토론 중에 조금 실수를 범했을지 는 모르지만, 그 실수가 고의적인 것은 아니었음을 보장하겠네. 만약 우리 가 황금을 찾고 있었다고 한다면, 자네는 우리가 서로에게 굴복해서 그것을 찾을 기회를 잃으리라고 생각하지 않을 걸세. 그런데 왜 자네는 우리가 여 러 조각의 황금보다 더 귀중한 정의를 추구하는 마당에 서로에게 힘없이 굴 복하면서 진리에 이르기 위해 최선을 다하지 않는다고 말하는 겐가? 아닐 세, 내 좋은 친구여. 우리는 정말 그러고 싶어 안달이네만, 사실을 말하자면 그럴 능력이 없는 걸세. 그렇다면, 자네처럼 모든 것을 아는 사람들은 우리 를 동정할 일이지 화를 내서는 안 되네."

"Thrasymachus," I said, with a quiver, "don't be so hard upon us. Polemarchus and I may have been guilty of a little mistake in the argument, but I can assure you that the error was not intentional. If we were seeking for a piece of gold, you would not imagine that we were 'knocking under to one another', and so losing our chance of finding it. And why, when we are seeking for justice, a thing more precious than many pieces of gold, do you say that we are weakly yielding to one another and not doing our utmost to get at the truth? Nay, my good friend, we are most willing and anxious to do so, but the fact is that we cannot. And if so, people like you who know all things should pity us and not be angry with us."

"자네처럼 모든 것을 아는 사람들은 우리를 동정할 일이지 화를 내서 는 안 되네."라는 소크라테스의 엄살은 실로 교활하기까지 하다. 그는 늘 이런 식으로 스스로를 방어하는 척하며 상대를 공격한다. '자, 나는 정말 아무것도 모른다네. 반면 자네는 뭔가 아는 것 같으니 날 좀 가르쳐 주게.' 트라시마코스는 소크라테스가 친 덫에 바로 걸려든다.

"그럼 들어 보시오." 그가 말했네. "나는 정의란 강자의 이익 이외에 아무것도 아니라고 단언하겠소. (…) 각 정부는 각자 이로운 쪽으로 법을 만들지. 민주주의는 민주적인 법률을, 독재정은 독재적인 [법률을], 그리고 다른 체제들도 마찬가지요. 그들이 자신의 이익을 위해 만든 이 법률들이야말로 그들이 신민들에게 전하는 정의인 거요. 그래서 그 법률들을 위반하면 (transgress) 범법자, 불의한 자로 처벌하지. 그게 바로 내가 모든 국가에는 정부의 이익이 정의라는 동일한 원칙이 있다고 말할 때 의미하는 바요. 그리고 정부란 틀림없이 권력을 지닌 것으로 여겨지므로, 유일한 합리적 결론은 어디에서건 정의의 유일한 원칙이란 강자의 이익이라는 것이지."

"Listen, then," he said; "I affirm that justice is nothing else than the interest of the stronger. (…) And each form of government makes laws to its own advantage, a democracy democratic laws and tyranny autocratic and the others likewise; these laws, which are made by them for their own interests, are the justice which they deliver to their subjects, and him who transgresses them they punish as a breaker of the law, and unjust. And that is what I mean when I say that in all states there is the same principle of justice, which is the interest of the government; and as the government must be supposed to have power, the only reasonable conclusion is, that everywhere there is one principle of justice, which is the interest of the stronger."

소크라테스의 권유에 따라 자신만만하게 자신의 주장을 편 트라시마코스. 그는 정의란 강자의 이익, 혹은 그 이익을 보장하는 법률이나 규칙에 불과하다고 단정한다. 그러자 드디어 소크라테스는 쥐를 잡으러 가는 고양이처럼 질문을 시작한다. 앞에서 이미 여러 번 목격한바, 상대가 어떤 개념에 대해 정의를 내렸을 때 그것을 즉각 무장 해제시키는 것은 소크라테스에게 일도 아니다.

"그럼 말해 보게. 자네는 지배자들에 대한 복종이 정의로운 거라고 단언할 텐가?"

"그렇소."

"하지만 나라의 지배자들은 절대적으로 오류를 범하는 일이 없는가, 아니면 그들도 때로는 잘못을 저지르기 쉬울까?"

"확실히 그들도 잘못을 저지르기 쉽소."

"그렇다면 법률을 제정할 때 그들은 때로 제대로 만들기도 하고 때로는 그렇지 않기도 하겠군?"

"사실이오."

"그들이 법률을 제대로 만들 때, 그들은 법률을 그들의 이익에 따라 (agreeably to) 만드네. 그들이 실수를 저지를 때는 그들의 이익에 반하게 만들고. 인정하나?"

"그렇소."

"그런데 그들이 만드는 법률에 대해 백성들은 복종해야 하네. 그리고 자네는 그것을 정의라고 부르는 거지?"

"의심의 여지가 없소."

"그렇다면 정의란, 자네의 주장에 따르면, 강자의 이익에 복종하는 것뿐 아니라 그 반대이기도 한 거로군?"

"당신 무슨 소리를 하는 거요?"

"Tell me, then: do you affirm that obedience to rulers is just?"

"I do."

"But are the rulers of states absolutely infallible, or are they sometimes liable to err?"

"To be sure, they are liable to err."

"Then in making their laws they may sometimes make them rightly, and sometimes not?"

"True."

"When they make them rightly, they make them agreeably to their interest; when they are mistaken, contrary to their interest; you admit that?"

"Yes."

"And the laws which they make must be obeyed by their subjects, and that is what you call justice?"

"Doubtless."

"Then justice, according to your argument, is not only obedience to the interest of the stronger but the reverse?"

"What is that you are saying?"

어느새 덫에 단단히 걸려들었음을 깨달은 트라시마코스가 볼멘소리로 반문하지만 이미 때는 늦었다. 소크라테스는 친절하게 지금까지의 논의를 정리해 준다.

"나는 그저 자네가 하는 말을 되풀이할 뿐이라고 믿네. 하지만 생각해 보세. 우리는 지배자들이 어떤 명령을 내리는 것이 자신들에게 이득인지에 대해 잘못된 판단을 내릴 수 있다는 것, 그리고 지배자들에게 복종하는 것이 정의라는 것을 인정하지 않았나? 그렇게 인정하지 않았나?"

"그렇소."

"그렇다면 자네는 또한 지배자들이 본의 아니게 그들에게 해가 되는 명령을 내릴 때는 정의란 강자의 이익에 있지 않음을 인정했음에 틀림없네. 왜냐하면, 자네가 말했다시피, 만약 신민이 지배자들의 명령에 대해 행하는 (render to) 복종이 정의라면, 그 경우, 오 인간 가운데 가장 현명한 이여, 약자는 강자에게 이익을 주는 것뿐 아니라 해가 되는 것도 하도록 명령 받는다는 결론을 피할 방도가 있겠나?"

"I am only repeating what you are saying, I believe. But let us consider: Have we not admitted that the rulers may be mistaken about their own interest in what they command, and also that to obey them is justice? Has not that been admitted?"

"Yes."

"Then you must also have acknowledged justice not to be for the interest of the stronger, when the rulers unintentionally command things to be done which are to their own injury. For if, as you say, justice is the obedience which the subject renders to their commands, in that case, O wisest of men, is there any escape from the conclusion that the weaker are commanded to do, not what is for the interest, but what is for the injury of the stronger?"

이후에도 소크라테스와 트라시마코스의 대화는 계속 이어지지만, 이 지면에서 그것을 다 소개할 수는 없다. 그럼에도 대화가 어떤 분위기로 흘러가는지는 대략 짐작할 수 있을 것이다. "인간 가운데 가장 현명한 이여" 하며 트라시마코스를 치켜세운 데서는 고대 그리스식 과장법이 읽히기도 하지만, 다른 한편으로는 토론의 승기를 잡았다고 확신한 소크라테스의 자신감이 묻어난다.

『국가론』에서 트라시마코스는 상당히 괄괄한 성격의 인물로 묘사되어, 시종 차분한 인상을 주는 소크라테스와 대조를 이룬다. 물론 그것이 실존 인물 트라시마코스와 정확히 일치하는지는 알 수 없다. 『향연』의 아가톤처럼 『국가론』의 트라시마코스 역시 소크라테스의 논지를 전개하기 위한 일종의 '인간 불쏘시개' 역할을 담당하고 있기는 하지만, 정의란 '강자의 이익'을 대변한다는 그의 논리는 사실 웃어넘겨도 될 만큼 하찮은 명제가 아니다. 그리고 트라시마코스를 무장 해제시키는 소크라테스의 논법이 정말 공정하고 완전무결한 것인지는 독자 여러분이 직접 판단해 볼 일이다.

## 정의로운 국가란 무엇인가

이렇게 소크라테스는 폴레마르코스와 트라시마코스의 정의론을 연이어 논파한다. 하지만 그렇다고 해서 '정의란 무엇인가'에 대해 완전히 결론 내린 것은 아니다. 오히려 멀어도 한참 멀었다. 트라시마코스가 꼬집었듯이 소크라테스는 지금까지 계속 질문만 했다고 해도 과언이 아니다. 이제는 뭔가 대답을 내놓아야 할 차례 아닌가. 이때 소크라테스는 그를 둘러싼 젊은이들 중 아데이만토스(Adeimantus)와의 대화를 통해 야심만만한 제안을 한다.

> "내가 말해 줌세. 우리 질의의 주제인 정의는 자네도 알다시피 때로 개인의 덕목으로 언급되고, 때로 국가의 덕목으로 언급된다네."

"맞습니다." 그가 대답했다.

"그런데 국가는 개인보다 크지 않은가?"

"그렇죠."

"그러면 정의의 양이 더 많을수록 더 크고 보다 쉽게 분간이(discernible) 되겠지. 따라서 나는 우리가 정의와 불의의 본성에 대해 조사할 때 우선 그것들이 국가에서 나타나는 대로, 그다음에는 개인에게서 나타나는 대로, 큰 것에서 작은 것으로 진행하며 그것들을 서로 비교해 조사할 것을 제안하네."

"그것은", 그가 말했다, "탁월한 제안입니다."

"그리고 만약 우리가 국가가 형성되는 과정을 상상하면, 우리는 그 과정 속에서 또한 국가의 정의와 불의를 보게 될 것이네."

"아마 그렇겠죠."

"국가가 완성되었을 때 우리가 찾는 목표가 더욱 쉽게 발견되리라는 희망도 있겠지."

"네, 훨씬 쉽게 말이죠."

"I will tell you: justice, which is the subject of our enquiry, is, as you know, sometimes spoken of as the virtue of an individual, and sometimes as the virtue of a State."

"True," he replied.

"And is not a State larger than an individual?"

"It is."

"Then in the larger the quantity of justice is likely to be larger and more easily discernible. I propose therefore that we enquire into the nature of justice and injustice, first as they appear in the State, and secondly in the individual, proceeding from the greater to the lesser and comparing them."

"That," he said, "is an excellent proposal."

"And if we imagine the State in process of creation, we shall see the justice and injustice of the State in process of creation also."

"I dare say."

"When the State is completed there may be a hope that the object of our search will be more easily discovered."

"Yes, far more easily."

앞에서 소크라테스는 케팔로스가 인용한 핀다로스의 시구에서 '정의'라는 말을 쏙 뽑아내어 갑작스럽게 '정의란 무엇인가'를 둘러싼 논의를 이끌어 냈다. 그리고 이번에는 또 느닷없이 개인의 정의가 무엇인지 알려면 국가 차원에서의 정의가 무엇인지를 알아야 한다는 논리를 내세운다. 그것도 정의의 '양'을 가늠하기가 더 쉽다는 이유를 들면서 말이다. 다른 '대화편'들에서와 마찬가지로 약간의 논리적 비약 내지 궤변이 읽히는 대목인데, 상대는 그것을 탁월한 제안이라며 순순히 받아들인다. 아무튼 이렇게 해서 논의는 이제 정의로운 국가의 정체(政體), 이상적인 국가의 여러 측면을 토론하는 방향으로 흘러간다. 플라톤이 소크라테스의 입을 빌려 『국가론』에서 논하고자 한 주제에 본격적으로 돌입하는 것이다.

이제 와서 하는 얘기지만 『국가론』에는 고대부터 다른 별명(부제)이 붙어 있었다. 바로 '정의에 관하여(On Justice)'다. 지금도 판본에 따라서는 책 제목을 『국가론: 정의에 관하여 *The Republic : On Justice*』라고 붙인 것들이 있다. 그러고 보니 요 몇 년 사이 한국에서는 미국 하버드 대학의 정치학 교수 마이클 샌델(Michael Sandel)이 쓴 『정의: 어떤 일을 하는 것이

옳은가? *Justice: What is the Right Thing to Do?*』라는 책이 『정의란 무엇인가』라는 제목으로 베스트셀러에 오른 적이 있다. 그런데 '정의란 무엇인가'를 둘러싼 논쟁은 이미 기원전 4세기 그리스의 아테네에서 치열하게 진행되고 있었던 것이다.

## 철인왕의 비전

『국가론』에 대해 말하면 할수록, 그 주옥같은 내용을 힘닿는 대로 많이 소개하고 싶은 '욕망'과 후일 원전에 도전할 독자들에게 가능한 한 스포일러를 치지 않으려는 마음이 서로 갈등을 일으키며 즐거움과 곤혹스러움이 교차한다. 단, 혹시라도 사전 지식 없이 『국가론』을 펼쳤다가 그 속에 묘사되어 있는 이상 국가의 청사진을 보고 쇼크 내지 당혹감을 느낄 독자들을 위해 몇 가지 사전 경고 내지 당부의 말을 해 두어야겠다.

일단 '소크라테스 + 플라톤' 콤비가 펼쳐 보이는 이상 국가는 종종 '유토피아'라는 말에서 연상되는 또 다른 어휘, 즉 '파라다이스(paradise)'와는 거리가 멀다. 플라톤의 '아름다운 도시', 토마스 모어의 '유토피아', 조너선 스위프트의 『걸리버 여행기 *Gulliver's Travels*』에 등장하는 '후이넘(Houyhnhnm)' 등 '픽션' 속의 이상향들은 하나같이 속을 들여다보면 파라다이스는커녕 인간이 살기에 영 팍팍한 곳이라는 인상을 준다. 특히 후이넘 같은 경우는 아예 말들이 다스리는 나라이며, 인간을 닮은 동물 '야후(Yahoo)'가 말들의 노예 노릇까지 한다.

플라톤의 '아름다운 도시', 즉 '칼리폴리스'는 우선 그 명칭에서 알 수 있듯이 대제국(empire)이 아니라 폴리스(polis), 즉 아담한 도시국가에 불과하다. 이 나라는 지배층인 수호자(guardians) 계급과 피지배층인 생산자(producers) 계급으로 나뉘고, 수호자 계급은 다시 통치자(rulers) 계급

루브르 박물관에 있는 핀다로스의 상. 『국가론』의 서두에서 한 등장인물이 인용하는
핀다로스의 시구는 소크라테스가 대화를 '정의'의 문제로 자연스럽게 옮기도록 하는 구실이 된다.

과 전사 및 관료 등의 보조자(auxiliaries) 계급으로 나뉘는 엄격한 계급 사
회다. 또한 여기서는 부모 대신 국가가 아이들을 직접 양육하는데, 아이
들은 성장 과정에서 철저한 선별 작업, 상징 조작, 세뇌 등을 목적으로
하는 교육과 트레이닝을 견뎌 내야 한다. 게다가 모든 시험을 통과해 최
고 지배층까지 오른다 해도 사정이 별로 나아질 건 없어 보인다. 이들은
결혼할 수도, 사유 재산을 소유할 수도 없다. 쉽게 말해 플라톤의 이상
국가에서는 우성 인자일수록 점점 자유를 박탈당하며 부귀영화와 거리
가 멀어진다.

그 밖에도 오늘날 기준에서 플라톤식 이상 국가의 면면을 살펴보면 독
특하다 못해 심지어는 '엽기'라고 해도 무방할 황당한 요소가 많다. 하지
만 플라톤이 제시하는 이상 국가의 여러 구성 요소와 시스템 작동 방식
은 결국 '정의가 실현되는 공동체'라는 목표를 달성하기 위한 장치이다.

이 모든 것을 설명하기 위해 '소크라테스＋플라톤' 콤비가 펼치는 논리와 사례들은 때로 정교하고, 때로 혼란스럽고, 때로 어처구니없지만, 그럼에도 계속해서 탄성을 자아내는 힘이 있다. 어떤 말이나 생각에 대해 감탄할 때 꼭 그것에 대한 전적인 동의가 수반되는 것은 아니다.

사람들이 플라톤이나 『국가론』 하면 흔히 떠올리는 개념은 '철인왕(philosopher king)'이 아닐까 싶다. 참고서나 철학 입문서를 보면 종종 플라톤이 『국가론』에서 철학자가 왕이 되어야 한다고 주장했다는 설명을 접할 수 있다. 하지만 '플라톤－국가론－철인왕' 하는 식으로 시험 공부하듯 도식적으로 외워 버리면, 플라톤이 왜 이상 국가의 지배자로 철학자를 지목했는지 그 사상적 논거를 제대로 파악하지 못하게 된다. 『국가론』에서 소크라테스로 둔갑한 플라톤이 철인왕의 지배를 옹호하며 목청을 높인 것은 철학자가 단지 공부를 많이 했다거나 머리가 좋아서 좀 더 현명한 의사 결정을 하리라는 식의 단순한 이유 때문은 아니다. 일단 『국가론』에서 소크라테스가 그 유명한 '철인군주론'을 제시하는 장면을 감상한 뒤 이야기를 진행해 보자.

"철학자가 왕이 되거나, 아니면 세상의 왕과 통치자들이 철학의 정신과 힘을 가질 때까지, 그리고 정치적 위대함과 철학적 지성이 한 몸에서 만날 때까지, 그리고 그 둘 중 하나를 배제한 삶을 추구하는 보다 범상한 자들이 물러날 수밖에 없게 될 때까지, 여러 나라들과 인류는 결코 악으로부터 해방되지 못할 거라고 믿네. 그리고 그렇게 되어야만 우리의 공동체가 실현될 가능성이 생길 것이고, 빛을 볼(behold) 날이 올 것이네. 친애하는 글라우콘, 이것이야말로 내가 얼마나 역설적으로 들릴지를 알기에 그토록 오랫동안 말하기를 주저했던 것이네. 왜냐하면 사회를 위해서나 개인을 위해서나, 행복을 향한 그 이외의 길은 없다는 것을 이해하기가 쉽지 않기 때문이네."

"Until philosophers are kings, or the kings and rulers of this world have the spirit and power of philosophy, and political greatness and philosophical intelligence meet in one, and those commoner natures who pursue either to the exclusion of the other are compelled to stand aside, states will never have rest from their evils, nor the human race, as I believe, and then only will this our commonwealth have a possibility of life and behold the light of day. My dear Glaucon, this is what I have hesitated to say so long, knowing what a paradox it would sound: for it is not easy to see that there is no other road to happiness, either for society or the individual."

이 대목을 보면 소크라테스가 상당히 조심스러워하면서 자신의 주장을 펼친다는 것을 알 수 있다. 어쩌면 스스로 생각하기에도 상당히 과격한 주장이었기 때문인지도 모른다. 이때 소크라테스를 상대하는 인물은 줄곧 그와 동행해 온 글라우콘인데, 매우 진솔한 경고를 던진다.

"소크라테스여, 우리에게 그런 말씀을 던지시면(hurl) 여러 지체 높은 분들의 공격을 받으리라는 것, 그들이 당장 옷을 벗어 던지고, 아무거나 먼저 손에 들어오는 무기를 움켜쥐고 끔찍한 짓을 저지르고자 전력을 다해(might and main) 당신에게 달려들 거라는 점을 예상하실 테죠. 그리고 만약 당신이 그들로부터 스스로를 변호하여 그들의 공격을 모면할 말을 찾지 못한다면, 그때 당신은 정말이지(in very truth) 경멸당하고 조롱당하는 대가를 치르셔야 할 겁니다."

"Socrates, after hurling at us such an utterance and statement as that, you must expect to be attacked by a great multitude of our men of light and leading, who forthwith will cast off their garments and strip and, snatching the first weapon that comes to hand, rush at you with might and main, intending to do dreadful deeds. And if you don't find words to defend yourself against them, and escape their assault, then to be scorned and flouted will in very truth be the penalty you will have to pay."

이건 뭐 "선생님, 말씀이 좀 지나치십니다." 정도가 아니라 "어디 가서 그렇게 말하다간 맞아 죽을 각오를 하셔야 할 겁니다."라는, 상당히 심각한 수준의 반응 아닌가? 이게 만약 당시 아테네의 실제 분위기를 어느 정도 반영하는 것이라면, 당시 철학자에 대한 대우는 상당히 야박했던 것인지도 모른다. 글라우콘의 경고를 받은 소크라테스는 이렇게 말한다.

"감히 말하는데 자네는 내가 상기시킬 필요조차 없이 기억할 테지. 사랑하는 자가 그 이름값을 하려면 그가 사랑하는 것의 일부가 아닌 전체에 대한 자신의 사랑을 보여 주어야 한다는 걸 말일세."
"I dare say that you remember, and therefore I need not remind you, that a lover, if he is worthy of the name, ought to show his love, not to some one part of that which he loves, but to the whole."

이 말은 충분히 공감할 수 있다. 사랑이란 정도에 따라 마음대로 조절할 수 있는 감정이 아니다. 누군가(혹은 무언가)를 전적으로 사랑하거나 아예 사랑하지 않을 수 있을 뿐이지, 30퍼센트, 50퍼센트, 70퍼센트 하는 식으로 비율을 조절해 가며 사랑할 수는 없다. 글라우콘이 여기에 동의하자 소크라테스는 계속한다.

"그럼 와인 애호가는 어떤가? 자네는 그들도 마찬가지라고 생각하지 않나? 그들은 어떤 와인이라도 마실 구실이 생기면 기뻐하지."

"물론이죠."

"그리고 야심가들 역시 마찬가지일세. 그들은 군대를 지휘하지 못하면, 한 줄의 병사들이라도 기꺼이 지휘하네. 그들은 정말 대단하고 중요한 인물로부터 칭찬을 듣지 못하면, 그보다 열등하고 지위가 낮은 자들에게서 칭송을 받아도 기뻐한다네. 그들은 어떤 식으로든 명예를 누려야 하지."

"맞는 말씀입니다."

"하나만 더 물어보게 해 주게. 재물을 욕망하는 자는 모든 재물을 욕망하는가, 일부분만 욕망하는가?"

"모든 재물이죠."

"그리고 철학자에 대해 말한다면, 그는 지혜의 일부가 아니라 전부를 사랑하는 자라고 말할 수 있지 않을까?"

"네, 전부입니다."

"그리고 특히 무엇이 좋고 무엇이 그렇지 않은지를 판단하는 능력이 없는 젊은 시절 배우기를 싫어하는 자라면, 우리는 그러한 자가 철학자나 애지자는 아니라고 주장하겠지? 마치 음식을 거절하는 자는 배고프지 않고, 그는 아마도 식욕이 있는 게 아니라 없는 것 같다고 말할 수 있는 것처럼 말이네."

"맞습니다." 그가 말했다.

"반면 모든 학문에 취미가 있고 배움에 대한 호기심이 있으면서 결코 만족하지 않는 자라면 정당하게 철학자라고 일컬어질 수 있겠지?"

"And what do you say of lovers of wine? Do you not see them doing the same? They are glad of any pretext of drinking any wine."

"Very good."

"And the same is true of ambitious men : if they cannot command an army, they are willing to command a file ; and if they cannot be honoured by really great and important persons, they are glad to be honoured by lesser and meaner people, but honour of some kind they must have."

"Exactly."

"Once more let me ask : Does he who desires any class of goods, desire the whole class or a part only?"

"The whole."

"And may we not say of the philosopher that he is a lover, not of a part of wisdom only, but of the whole?"

"Yes, of the whole."

"And he who dislikes learning, especially in youth, when he has no power of judging what is good and what is not, such an one we maintain not to be a philosopher or a lover of wisdom, just as he who refuses his food is not hungry, and may be said to have a bad appetite and not a good one?"

"Very true," he said.

"Whereas he who has a taste for every study and who is curious to learn and is never satisfied, may be justly termed a philosopher?"

결국 소크라테스의 주장은 '천성불변의 법칙'이라고 불러야 할 것 같다. 즉 사람은 타고난 대로 살게 되어 있고, 어린 시절 배움에 흥미가 없는 자라면 성인이 되어서도 마찬가지라는 얘기다. 따라서 철학자로서의 소질 역시 일찍 드러날 것이다. 그런데 그게 뭐 어쨌다는 건가? 글라우콘이 소크라테스에게 질문한다. 확실히 그의 식견은 폴레마르코스나 트라시마코스보다 한 수 위라는 느낌이 든다.

"만약 호기심이 철학자를 만드는 거라면, 여러 희한한 인간들이 그 이름을 달려 할 겁니다. 구경거리를 사랑하는 자들도 배움의 기쁨을 갖고 있고, 그렇다면 (철학자에) 포함되어야겠죠. 아마추어 음악가들 역시 철학자들 가운데서는 기이하게 어울리지 않는 무리들이죠. 왜냐하면 그들은 비록 그들이 거들 수 있다 하더라도 철학적 논의 같은 것에는 결코 참석하지 않을 사람들이기 때문입니다. 반면 그들은 마치 모든 코러스를 듣기 위해 자신들의 귀를 늘릴(let out) 수 있다는 듯이 디오니소스 제전에 쏘다닐(run about) 겁니다. 공연이 도시에서 열리건 시골에서 열리건 상관없이 그들은 거기에 있겠죠. 이제 우리는 이 모든 자들과 이와 비슷한 취향을 가진 자들, 이에 더해 매우 하찮은 기예에 전문적인 자들까지 모두 철학자라 주장하는 건가요?"

"물론 아니지," 내가 대답했다. "그들은 그저 모방자일 뿐일세."

그가 말했다. "그렇다면 누가 참된 철학자인가요?"

내가 말했다. "진리의 비전을 사랑하는 자들이라네."

"If curiosity makes a philosopher, you will find many a strange being will have a title to the name. All the lovers of sights have a delight in learning, and must therefore be included. Musical amateurs, too, are a folk strangely out of place among philosophers, for they are the last persons in the world who would come to anything like a philosophical discussion, if they could help, while they run about at the Dionysiac festivals as if they had let out their ears to hear every chorus; whether the performance is in town or country—that makes no difference—they are there. Now are we to maintain that all these and any who have similar tastes, as well as the professors of quite minor arts, are philosophers?"

"Certainly not," I replied; "they are only an imitation."

He said, "Who then are the true philosophers?"

"Those," I said, "who are lovers of the vision of truth."

이 대목은 매우 중요한 점을 시사한다. 글라우콘은 꼭 철학자만 배움에 대한 호기심을 가지고 있는 게 아니라며 반론을 제기한다. 그러자 소크라테스는 그들의 행위란 모방에 불과하다며 호기심에도 '레벨'이 있다고 말한다. 시각과 청각을 즐겁게 하는 예술에 대한 관심과 애정은 참된 지식, 즉 지혜에 대한 사랑에 비하면 저급한 수준의 호기심일 뿐이다. 진정한 철학자는 '진리의 비전'을 사랑하는 자다. 플라톤에게 철학자란 보통 사람을 뛰어넘는 특별한 능력을 지닌, 혹은 그렇게 될 잠재력을 지닌 존재다.

철학자란 어떤 존재인지 정의한 소크라테스는 이제 논의를 슬슬 자신의 트레이드마크라 할 '이데아(Idea)' 개념으로 이동시킨다. 플라톤이 이데아와 현상계의 관계를 설명하기 위해 공들여 고안한 장치인, 유명한 '동굴의 우화(Allegory of the Cave)'가 등장하는 것도 이 무렵이다. 요점 정리식 철학 입문서를 읽어 본 독자들이라면 잘 알고 있겠지만, 플라톤은 우리가 살고 있는 세계의 모든 요소가 그에 대응하는 본질, 즉 이데아의 현현 내지 모방이라고 생각했다. 그렇다면 참된 철학자란 '진리의 비전을 사랑하는 자'라는 소크라테스의 말은 철학자란 현상을 초월하여 그 너머에 있는 실재, 즉 이데아를 볼 수 있는, 혹은 그럴 가능성이 인물이라는 뜻과 다르지 않다.

여기서 우리는 '소크라테스 + 플라톤'이 왜 그토록 '철인왕'의 필요성을 역설했는지 알 수 있게 된다. 생각해 보라. 사물의 본질과 현상 너머의 실재를 이해하는 사람이라면 모방 내지 짝퉁에 불과한 현실 세계를 다스리는 일쯤이야 식은 죽 먹기처럼 해 내지 않겠는가? 이 얼마나 명쾌한 논리인가? 하지만 정말 그럴까? 지난 2천여 년 동안 플라톤의 이데아론과 철인정치론만큼 후학들의 비판을 받은 철학적 개념도 드물 것이다. 하지만 그의 사상이 그토록 난타당한 이유는 해당 개념들이 너무 황당하다거나 논리적으로 빈약해서가 아니라, 워낙 오래되고 유명한 개념이기 때문이라고 평가하는 게 더 정확할 것이다. 플라톤 이후의 서양 철학이 그의 각주에 불과하다는 것은 바꿔 말하면 그의 철학이 후대 철학자들의 영원한 동네북, 펀칭백이기도 했다는 얘기다. 플라톤 철학에 대한 공격은 그의 수제자인 아리스토텔레스가 시작한 이래 지금까지 계속되고 있다. 위대한 철학자의 자질에는 분명 후학들에게서 날아드는 펀치를 견딜 맷집도 포함된다.

〈플라톤의 동굴의 우화〉, 네덜란드 화가 얀 산레담(Jan Saenredam)의 판화, 1604년.

하지만 다시 말하거니와 플라톤의 주장에 대한 동의 여부를 떠나 '철인왕'과 '이데아'를 둘러싸고 벌어지는 토론은 『국가론』 가운데에서도 백미로 평가되는 부분인 만큼 한번 주의를 기울여 읽어 볼 가치가 있다.

## 철학자들의 쿠데타?

앞서 언급했던 것처럼, 플라톤이 제안한 이상 국가의 실체, 즉 '정의가 강물처럼 흐르는 나라'의 세세한 부분들이 드러난 뒤에도 독자 여러분은 뭔가 벅찬 감동을 느끼기 어려울 가능성이 크다. 간단히 말해 『국가론』에서 제시한 이상 국가를 세우는 데 일생을 바치겠다고 결심한다거나, 그런 나라가 정말 존재한다면 당장 이민 가서 살고 싶다고 생각하는 독자가 있을지 의문이다. 애초에 플라톤의 이상 국가를 출범시키는 것 자체도 쉽지는 않아 보인다. 그 역시 이에 동의한다. 하지만 그는 비록 이상 국가의 실현이 어려울지언정 불가능한 것은 아니라면서 다음과 같은 시나리오를 제시한다.

> "자," 내가 말했다. "자네는 국가(State)와 정체(government)에 대해 지금까지 논한 내용이 단지 꿈은 아니며, 제안된 대로만 된다면 비록 어렵지만 불가능한 것만은 아니라는 데 동의할 걸세.(안 그러겠나?) 말하자면 현세의 명예는 비열하고 무가치하다 여기며 경멸하고, 무엇보다도 올바른 것과 올바른 것에서 솟아난 명예만을 존중하고, 그들이 〔그것을 행하는〕 대리자(minister)이기도 하며 그들이 그들의 도시를 바로 세울 때 그들에게 칭송받을 원칙이 될 정의를 모든 것들 가운데 가장 위대하고 필연적인 것으로 여기는 참된 철인왕이 한 나라에 하나 혹은 그 이상 나타날 때 말일세."
>
> "Well," I said, "and you would agree (would you not?) that what has

been said about the State and the government is not a mere dream, and although difficult not impossible, but only possible in the way which has been supposed; that is to say, when the true philosopher kings are born in a State, one or more of them, despising the honours of this present world which they deem mean and worthless, esteeming above all things right and the honour that springs from right, and regarding justice as the greatest and most necessary of all things, whose ministers they are, and whose principles will be exalted by them when they set in order their own city."

소크라테스는 계속한다.

"그들은 열 살 이상의 모든 도시 주민들을 교외로 내보내는 것에서 시작할 것이네. 그런 다음 부모들의 습관으로부터 영향을 받지 않을 자녀들을 취하여, 그들 고유의 관행과 법칙들, 바로 우리가 그들에게 부여한 법칙들에 따라 훈련시킬 걸세. 이런 방식으로 우리가 언급했던 국가 및 체제는 가장 빠르고도 용이하게 번영하고, 그러한 국가를 일으킨 국민들에게 최대한의 혜택을 가져다줄 것이네."

"They will begin by sending out into the country all the inhabitants of the city who are more than ten years old, and will take possession of their children, who will be unaffected by the habits of their parents; these they will train in their own habits and laws, I mean in the laws which we have given them: and in this way the State and constitution of which we were speaking will soonest and most easily prosper, and bring the most benefit to the people among whom it arises."

이상 국가는 이렇게 뜻을 함께하는 몇몇 철인왕들이 주도해 한 도시의 주민들을 모두 추방한 뒤 아직 물들지 않은 어린 자녀들만 데려다가 유년기부터 철저한 세뇌 교육을 시켜 정예 시민으로 양성해 내는 시스템을 확립함으로써 시작된다. 내 판단이 틀리지 않다면 '소크라테스 + 플라톤'은 여기서 철학자들이 주동하는 쿠데타를 공공연히 종용하고 있다. '참된 철인왕들'이 나타나 '도시를 바로 세운다'는 말을 좀 더 현대식으로 풀어 '의식이 깨어 있는 인텔리겐치아들이 주도하는 체제 전복 혁명'이라고 해도 크게 다르지 않게 들린다.

이 대목에서 나는 『국가론』과 실제 아테네의 역사를 연결하는 끈 같은 걸 발견한 느낌이 든다. 나는 이미 『국가론』의 대화 자체는 거의 '픽션'이며, 그 콘텐츠 역시 상당 부분은 소크라테스가 아닌 플라톤의 목소리인 듯하다고 말한 바 있다. 하지만 혹시라도 『국가론』의 내용 중 일부가 펠로폰네소스 전쟁 말기의 어느 시점에 소크라테스와 그의 이너서클 멤버들이 실제로 나눈 열띤 토론 내용을 반영하고 있다면 어떨까?

앞서 『소크라테스의 변명』을 소개할 때, 우리는 펠로폰네소스 전쟁 직후 혼란기에 벌어진 쿠데타, 즉 '30인 독재'를 언급한 바 있으며 이 쿠데타를 주도한 핵심 지도자들 중 크리티아스와 카르미데스가 소크라테스의 제자였다는 사실도 지적했다. 게다가 이들은 플라톤의 가까운 인척이기도 했다. 이런 단서들은 단지 우연으로 치부하기에는 찜찜한 구석이 있다. 혹시 크리티아스와 카르미데스는 자신들이 주도한 쿠데타를 일종의 정치 실험으로 생각한 건 아닐까? 다시 말해 『국가론』에서 '소크라테스 + 플라톤' 콤비가 제시한 '칼리폴리스'의 이상을 아테네에 실현하려 했던 것 아니냐 하는 것이다. 위대한 스승 소크라테스에게 철인 지도자 훈련을 받았다고 생각한 젊은이들이 벅찬 마음으로 쿠데타에 참여해 과격한 정책을 밀어붙인다는 시나리오가 아주 터무니없어 보이지는 않는다.

물론 소크라테스가 그린 이상 국가와 적법한 절차도 생략한 채 반대
파를 대량 학살하고 공포 정치를 일삼다가 1년여 만에 몰락한 역사상의
30인 독재는 별로 닮은 구석이 없다. 하지만 칼 마르크스(Karl Marx)가
꿈꾸던 공산 사회 역시 레닌이 러시아에서 이룩한 체제는 아니었으며,
심지어는 레닌이 그린 사회주의의 비전조차도 그의 후계자 스탈린이 현
실에서 이루어 낸 악몽과는 달랐다.

문제는 그뿐이 아니었다. 당시 30인 독재의 주도자들은 스파르타의
전폭적인 지원을 등에 업고 있었는데, 당시 아테네 상류층 젊은이들 중
에는 종종 중우정치로 흐르는 민주정의 혼란에 염증을 느끼고 단순함,
소박함, 남성성이 넘쳐흐르는 스파르타식 사회를 동경하는 이들이 많았
다. 그런데『국가론』을 주의 깊게 읽어 보면 소크라테스가 스파르타 체
제를 긍정하는 듯한 느낌을 주는 대목들이 여러 군데 드러난다. 따라서
당시 아테네 사회가 소크라테스에게 특단의 조처를 내려야겠다고 결심
한 데는 나름 정당한 이유가 있어 보인다.

## 다시 한 번, 정의란 무엇인가

왜 철학자가 이상 국가를 다스려야 하는지, 그리고 철학자의 자질이란
무엇인지에 대한 논의가 끝난 후, 이번에는 책의 원제인 폴리테이아, 즉
'정체'에 걸맞은 주제라고 할 금권정(timocracy), 과두정(oligarchy), 민주정
(democracy), 독재정(tyranny) 등 여러 정치 체제의 장단점에 대한 분석이
이어진다.

귀족정과 민주정을 비롯해 기존 정치체제의 문제점을 다양한 형식으
로 토론하던 흐름은 종반부로 치달으면서 다시 최초의 화두로 회귀한
다. 무슨 말인고 하니, 애초에 소크라테스가 핀다로스의 시구를 잽싸게

낚아채 화두로 삼았던 '정의란 무엇인가' 하는 문제와 폴레마르코스 및 트라시마코스와의 토론에서 쟁점이 되었던 '왜 정의가 불의보다 우월한가' 하는 문제로 되돌아온 것이다. 마치 아침에 집 밖으로 나간 아이들이 저녁 무렵에는 모두 귀가하는 것과 같다고나 할까? 이러니저러니 해도 결국 『국가론』에서는 '정의'의 문제가 가장 핵심적인 화두였던 셈이다. 『향연』 역시 '사랑'이란 주제를 화두로 틀어쥐고 끈질기게 탐문해 가지 않았던가. 『향연』이 '사랑이란 무엇인가'를 밝히는 일종의 추리물이라면, 『국가론』은 '참된 정의'의 의미를 밝혀 가는 대하드라마라고 할 수 있겠다.

그런데 플라톤의 이상 국가가 젖과 꿀이 흐르는 약속의 땅, 혹은 그저 놀고먹는 파라다이스가 아니듯, 그가 생각하는 '정의' 역시 흔히 영화나 소설에서 접할 수 있는 '정의'와는 거리가 멀다. '정의는 반드시 승리한다'는 식의 권선징악 프레임에서 언급하는 '정의'와 다르다는 것인데, 이 정도는 미리 밝혀 두어도 원전에 대한 스포일러가 되지 않을 것 같다. 플라톤이 제시하는 '정의'는 좋은 일을 한다든가 착하게 산다는 식의 단순 도덕 개념과도 다르다. 이 점을 기억하면 『국가론』을 읽을 때 받을 '쇼크'에 대비할 수 있을 것이다.

아일랜드 출신 영국 작가 오스카 와일드(Oscar Wilde)는 "계속 다시 읽어도 즐거운 책이 아니라면 아예 읽을 필요가 없다."고 말한 바 있는데, 플라톤의 『국가론』이야말로 다시 읽을 때마다 새로운 즐거움을 줄 뿐 아니라 이전에는 미처 깨닫지 못했던 점을 새삼 되새기게 만드는 책이다. 이렇듯 반복해 읽을 때마다 새로운 생각의 길로 안내해 주는 책은 그리 흔치 않다. 게다가 『국가론』처럼 철학뿐 아니라 문학, 정치학, 경제학, 역사학, 심리학에 걸친 다양한 담론들을 조화롭게 엮어 내는 책은 보기 드물다. 음식도 너무 다양하고 이질적인 재료들을 섞어 두면 자칫 '꿀꿀이 죽이 되기 쉬운데,『국가론』은 오히려 모든 재료들이 조화를 이루어 감칠맛을 내는 한 그릇의 전주비빔밥 같은 느낌이다. 그것도 그냥 비빔밥이 아니라 임금님 수랏상에 올려도 나무랄 데 없는, 은 사발에 고이 담겨 금가루 토핑까지 뿌려진 요리로 말이다.『국가론』은 그런 책이다.

　한국 독자들은 이미 '정의'를 주제로 한 마이클 샌델의 책『정의란 무엇인가』를 열독한 바 있다. 그렇다면 이제는 '원조'를 읽어야 할 차례 아닐까? 바로 플라톤의『국가론: 정의에 관하여』다. 마이클 샌델보다 2,400여 년 앞서 정의(justice)를 정의(definition) 내리려 한 플라톤 필생의 역작을 한번 펼쳐 보라. 후회 없는 인문학 독서 경험이 되리라 장담한다.

6th Brunch Time

# 아리스토텔레스의 도서관

## 시공을 초월한 세련미와 작품성

다음은 20세기의 저명한 철학자, 제임스 애리스토틀(James Aristotle)의 저서 『예술론』에서 인용한 것이다.

> 모방의 대상은 행동하는 인간이며, 이들은 좀 더 고상하거나 좀 더 저급한 종류임에 틀림없으므로(왜냐하면 도덕성이란 주로 이러한 구분, 즉 도덕적 차이의 뚜렷한 표식인 선함과 악함에 대한 응답이기 때문에), 우리는 인간을 실제보다 낮게, 혹은 못하게, 혹은 있는 그대로 표현해야 한다. 이는 회화에서도 마찬가지다.
>
> Since the objects of imitation are men in action, and these men must be either of a higher or a lower type (for moral character mainly answers to these divisions, goodness and badness being the distinguishing marks of moral differences), it follows that we must represent men either as better than in

real life, or as worse, or as they are. It is the same in painting.

그는 계속한다.

이제 상기한 각 모방의 방식이 이런 차이점들을 드러내리라는 것, 그리고 별개의 대상에 대한 모방은 별개의 유형이 되리라는 것은 분명하다. 그러한 다양성은 심지어 춤, 플루트 연주, 그리고 리라 연주에서도 발견될지 모른다. 음악이 동반되지 않은 산문과 운문의 언어에서도 그러하다. (⋯) 비극과 희극을 확연히 구분하는 것도 그 같은 차이점이다. 희극은 사람을 실제보다 열등하게 묘사하는 것을, 비극은 실제보다 뛰어나게 그리는 것을 목표로 한다.

Now it is evident that each of the modes of imitation above mentioned will exhibit these differences, and become a distinct kind in imitating objects that are thus distinct. Such diversities may be found even in dancing, flute-playing, and lyre-playing. So again in language, whether prose or verse unaccompanied by music. (⋯) The same distinction marks off Tragedy from Comedy; for Comedy aims at representing men as worse, Tragedy as better than in actual life.

이쯤에서 뭔가 이상한 낌새를 느낀 독자가 있을지도 모르겠다. 제임스 애리스토틀이라니? 사실 그런 철학자는 없다. 내가 고대 그리스의 철학자 아리스토텔레스의 영어식 표기인 Aristotle에 그냥 James를 붙여 만든 이름이다. 그리고 앞에서 인용된 책은 20세기 저술이 아니라 기원전 330년경에 쓰인 아리스토텔레스의 『시학Poetics』이다.

'이게 뭐하자는 짓이지?' 하고 고개를 갸웃거리는 독자들도 있을 것

그리스 스타게이라에 있는 아리스토텔레스 상.

이다. 하지만 여러분을 골탕 먹이려고 썰렁한 짓을 한 것은 아니다. 내가『시학』을 처음 접했을 때 느꼈던 혼란스러움을 조금이나마 함께 나누고 싶었을 뿐이다.『시학』을 언제 처음 읽었는지는 정확히 기억나지 않지만, 그때 받은 충격은 지금도 분명히 느껴져 온다. 비록『향연』을 접했을 때의 수준까지는 아니라 하더라도(원래 '첫 경험'의 충격은 특별한 것이니까) 상당한 '쇼크'였던 것만은 분명하다. 좀 더 구체적으로 말하자면, 아리스토텔레스의 저작 역시 플라톤의 '대화편' 못지않은 현대적 감각과 작품성을 과시하고 있었던 것이다.『시학』은 그 책이 아리스토텔레스의 작품이라는 사실을 모르는 사람에게 보여 주며 비교적 최근에 쓰인 학술 논문이나 철학서라고 말해도 여간해서는 눈치채기 어려울 만큼 용어와 문체에서 세련미가 넘친다.

처음『시학』을 접했을 때도 본문을 읽다 말고 앞뒤 표지를 뒤적이며, 그 책이 정말 아리스토텔레스가 쓴 그『시학』인지 확인했던 기억이 난다. 혹시 현대 저자가 그의『시학』을 해설한 책은 아닐까 생각한 것이다.

물론 고대 그리스어를 영어나 한국어로 번역하는 과정에서 어느 정도 어투가 바뀌기는 했을 것이다. 그럼에도 『시학』과 비슷한 시대에 쓰인 고대 인도나 중국 텍스트들의 번역본을 읽어 보면 확실히 아리스토텔레스 수준의 현대적 감각은 찾아볼 수 없다.

사실 아리스토텔레스의 저작이 그토록 우리 시대와 가깝게 느껴지는 이유는 오늘날까지 사용되는 여러 학술개념과 일상용어 들 가운데 상당수가 아리스토텔레스에 의해 처음 고안되었기 때문이기도 하다. 놀랍게도 우리가 별 생각 없이 자연스럽게 쓰고 있는 많은 용어들이 사실은 아리스토텔레스에게서 비롯되었다. 이에 대해서는 뒤에 다시 언급하도록 하겠다.

그리스 북쪽 변방 스타게이라 출신인 아리스토텔레스는 젊은 시절 고향을 떠나 아테네로 유학 와서 플라톤의 제자가 되었다. 아리스토텔레스는 플라톤의 아카데미아가 배출한 가장 뛰어난 철학자였다. 아리스토텔레스는 훗날 자신의 학교 리케움(Lyceum)을 세우고 독자적으로 제자들을 양성했으며, 리케움은 아카데미아와 쌍벽을 이루는 아테네의 대표적인 고등 교육기관으로 발전했다.

플라톤의 제자들 가운데 가장 뛰어난 인물이 아리스토텔레스라면, 아리스토텔레스가 배출한 제자들 가운데 가장 잘나갔던 인물은 바로 알렉산더 대왕(Alexander the Great)이다. 아리스토텔레스는 리케움을 세우기 전 알렉산더가 아직 왕자 신분이었을 때 가정교사로서 그를 가르친 인연이 있다. 당시 펠로폰네소스 전쟁의 후유증으로 분열되어 있던 그리스의 여러 폴리스들을 제패한 마케도니아의 군주 필립 2세가 자신의 아들 알렉산더 왕자의 교육을 위해 아리스토텔레스를 궁정으로 초청한 것이다.

알렉산더가 아리스토텔레스에게서 제대로 된 교육을 받았는지는 알

〈알렉산더를 가르치고 있는 아리스토텔레스〉,
장 레옹 제롬 페리스(Jean Leon Gerome Ferris), 1895년.

기 어렵다. 하지만 설령 별다른 교육을 받지 못했다 하더라도 그것은 아리스토텔레스의 능력 부족 때문이라기보다 혈기왕성한 알렉산더가 학문에 큰 뜻을 두지 않았기 때문이었을 것이다. 한 가지 분명한 것은 아리스토텔레스의 경우 이 경력 하나로 두고두고 재미를 봤다는 사실이다. 그가 아테네로 돌아가 '알렉산더의 스승'이라는 간판을 앞세워 리케움을 '오픈'하자 학생들이 구름처럼 몰려들었기 때문이다. 한마디로 대박이 난 것이다. 개중에는 아마 순수한 학문적 동기로 모인 학생들뿐 아니라 아리스토텔레스를 통해 마케도니아 지배층에 연줄을 대려던 '정치 지향적' 학생들도 있지 않았을까 싶다. 알렉산더 역시 왕이 된 뒤에도 옛 스승을 잊지 않았다. 그는 군대를 이끌고 동방에서 정복 사업을 벌이면서도 기회 있을 때마다 현지에서 수집한 진귀한 서적이나 동식물 표본 등을 보냄으로써 아리스토텔레스의 연구를 측면 지원했다고 한다. 물론 이렇듯 든든한 배경이었던 알렉산더와의 관계는 후일 아리스토텔레스에게 일종의 부메랑이 되어 날아오지만(이 이야기는 뒤에 다시 언급하겠다), 워낙 그 덕을 많이 보았기에 별로 분할 것도 없어 보인다.

아리스토텔레스는 위대한 '철학자'지만, 실제로는 철학자를 넘어서 걸어 다니는 '도서관' 같은 인물이었다. 평생 동안 그가 건드리지 않은 분야가 없다시피 할 정도였으며, 왕성한 집필 활동으로 후대에 방대한 전집을 남겼다. 그가 남긴 저작들이 워낙 많다 보니 개중에는 후대에 '짝퉁' 논란에 휘말린 것들도 있다. 아리스토텔레스의 저작들 가운데 상당수는 그가 리케움에서 사용한 강의 노트, 메모 등을 제자들이나 후대의 학자들이 정리한 것들이다. 따라서 그가 직접 집필한 부분과 다른 사람의 손때가 묻은 부분이 명확하게 구분되지 않는 경우도 많다. 그럼에도 '아리스토텔레스'라는 이름이 붙은 책들을 읽다 보면 문체와 내용 면에서 한결같은 기질 내지 학문적 태도 같은 것을 느낄 수 있다. 위대한 인물만이 뿜어 낼 수 있는 일관성이 감지된다는 것이다.

백 번 양보해서 아리스토텔레스의 작품에 후학들의 첨삭이 개입되었다 해도 그의 위대함이 퇴색되지는 않을 것이다. 『삼총사 *The Three Musketeers*』, 『몬테크리스토 백작 *The Count of Monte-Cristo*』 등으로 유명한 프랑스의 대중 소설가 알렉상드르 뒤마(Alexandre Dumas)는 인기 작가의 반열에 오른 뒤부터 기본 줄거리와 인물만 제시하고 실제 집필은 문하생들에게 맡긴 것으로 유명하다. 한마디로 소설 공장을 차린 것이다. 또한 오늘날 많은 인기 만화가들이 초벌 그림만 그리고 실제 마무리는 문하생들에게 시킨다는 것은 더 이상 비밀도 아니다. 물론 아리스토텔레스를 그들에게 견주려는 것은 아니지만, 대가들의 작품에 후학의 손때가 묻어 있다는 이유만으로 그들의 위대함을 부정할 필요는 없다는 뜻이다.

아리스토텔레스의 저작은 워낙 다양한 분야에 걸쳐 있고, 분량 또한 만만치 않기 때문에 아주 조금씩 맛만 본다 해도 책 한 권으로는 어림도 없다. 따라서 우리는 그 일부의 일부를, 마치 대형 마트에서 맛보는 시식 샘플처럼 다뤄 볼 것이다. 하지만 미리 실망하진 말자. 정말 맛있는 음식은 샘플만으로도 탄성을 자아내기 때문이다.

## 시학, 카타르시스 혹은 미메시스

아리스토텔레스의 『시학』은 한마디로 예술철학 이론서라 할 수 있다. 비단 시뿐 아니라 서사시, 희극, 비극 등 당시 그리스의 예술 장르 전반을 망라하고 있다. 사람들은 보통 아리스토텔레스의 『시학』 하면 '카타르시스(catharsis)'를 떠올린다. 문학 시간에 '정화', '순화'를 뜻하는 용어로 배운 것인데, 정작 책 속에서는 딱 한 번 언급된다.

비극은 심각하고, 완결된, 그리고 어느 정도 중요성을 띠는 행위에 대한 모방이다. 각종 예술적 장식으로 윤색된 언어로 나타나며, 극의 개별 파트에서 몇몇 종류로 발견된다. 서사가 아닌 사건(action)의 형태로, 연민과 두려움을 통해 이러한 감정들의 적절한 정화(catharsis)를 불러일으키는 효과를 낸다. '윤색된 언어'란 리듬, 하모니, 그리고 노래가 들어가는 언어를 뜻한다. '개별 파트에서 몇몇 종류로'란 어떤 파트에서는 운문만을 매개로 전개되며, 다른 파트에서는 다시 노래의 도움을 받는 것을 뜻한다.

Tragedy is an imitation of an action that is serious, complete, and of a certain magnitude; in language embellished with each kind of artistic ornament, the several kinds being found in separate parts of the play; in the form of action, not of narrative; through pity and fear effecting the proper catharsis of these emotions. By 'language embellished,' I mean language into which rhythm, harmony, and song enter. By 'the several kinds in separate parts,' I mean, that some parts are rendered through

　사실 문맥을 보면 '카타르시스'를 설명하는 데 중점을 두고 있다기보다 비극이 어떻게 극적 효과를 만들어 내는지, 그 기술적인 문제에 초점을 맞추고 있음을 알 수 있다. 정작 『시학』에서 아리스토텔레스가 천착하는 중심 주제는 '미메시스(mimesis)', 즉 '모방'으로서의 예술, 그중에서도 특히 시작(詩作)과 공연 행위다. 문제의 카타르시스가 등장한 문단 바로 다음 대목을 읽어 보자.

　　자, 비극적 모방은 인물의 행동을 함축하기 때문에, 우선 공연 장치가 비극의 일부가 되리라는 점이 필연적으로 따라 나온다. 다음으로 노래와 어법(Diction)이 따라 나오는데, 이들은 모방의 매개체이기 때문이다. '어법'이란 단어들의 단순한 운율적 배열을 뜻하고, '노래'란 누구나 그 의미를 이해하는 용어다.

　　Now as tragic imitation implies persons acting, it necessarily follows, in the first place, that Spectacular equipment will be a part of Tragedy. Next, Song and Diction, for these are the medium of imitation. By 'Diction' I mean the mere metrical arrangement of the words; as for 'Song,' it is a term whose sense everyone understands.

　지금까지 인용한 문단들에는 공통적으로 눈에 띄는 것이 있다. 아리스토텔레스가 문맥상 중요한 표현이나 단어의 의미를 분명히 짚어 주고 있다는 점이다. 아리스토텔레스가 이렇듯 용어의 정의를 확실히 짚고 넘어가는 데서 그의 스승 플라톤, 심지어는 그의 스승의 스승 소크라테스의 그림자를 엿볼 수 있다고 한다면 지나친 논리의 비약일까? 하지만

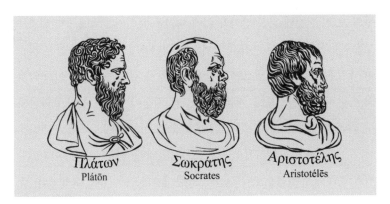

고대 그리스 철학의 3인방, 플라톤, 소크라테스, 아리스토텔레스.

그에게서 두 스승의 모습이 '오버랩'되는 건 어쩔 수가 없다. 소크라테스가 친구들에게 '사랑'이 대체 무엇인지, 혹은 '정의'란 무엇인지 말해 보라며 재촉하는 모습처럼, 플라톤이 아리스토텔레스에게 '윤색된 언어'란 무엇이며 '어법'이란 무엇인지 정의해 보라고 다그치는 모습이 눈에 잡히는 듯하다. 스승 플라톤이 묻는다. "'노래'라니 무슨 뜻이지?" 제자 아리스토텔레스의 볼멘 대답. "그 의미는 누구나 이해한다고요!" 『시학』은 그의 리케움 강의 노트를 후대에 정리해 묶은 것이라고 하는데, 한때 엄격한 스승에게 쪼였던 '트라우마'를 지닌 아리스토텔레스가 강의 중간 중간 "아, 이 말의 뜻은…." 하며 분명한 정의를 내리려는 모습을 그려 볼 수도 있을 것 같다.

하지만 아리스토텔레스와 플라톤이 각각 『시학』과 『국가론』에서 드러낸 예술관은 상당한 차이를 보인다. 플라톤은 이상 국가에서 자라나는 꿈나무들이 호메로스, 헤시오도스, 아이스킬로스 등 위대한 시인들의 작품들 가운데 상당 부분을 읽지 못하도록 검열을 일상화해야 한다고 주장했다. 해당 작품들이 말 그대로 '청소년 유해 매체'라는 이유 때문이었다. 이들 예술 작품 속에는 인간사에 멋대로 간섭하는 올림포스 신들의 모습, 전장에 나선 전사가 삶에 미련을 보이며 죽음을 두려워하는 모습, 음식과 섹스 같은 감각적 쾌락에 대한 찬양 내지 미화 같은 것들이 담겨 있다. 따라서 청소년들이 이런 내용을 접하면 그들을 이상 국가의 바람직한 구성원으로 '세뇌'시키는 데 지장이 있다는 것이 플라톤의 주장이었다. 게다가 플라톤이 그리스 고전 시가를 부정적으로 바라본 까닭이 꼭 '불온한 메시지'를 담고 있다는 데만 국한된 것은 아니었다. 시가 문학이 본질적으로 현실을 모방한 것이라는 이유도 한몫했다. 플라톤은 알다시피 현실 세계란 그저 이데아를 모방한 것일 뿐이라고 생각했다. 그런데 그 모방품을 재차 모방한 문학 작품은 결국 '짝퉁의 짝퉁'이므로 매우 열등한 대상이라고 본 것이다. 플라톤은 예술 작품이 인간의 감정을 북돋는 역할을 하는 것 역시 부정적으로 보았다. 감정이 활발해질수록 이성의 기능이 약해지기 때문이다.

이렇듯 다소 우울한 예술관을 보인 스승 플라톤과 달리, 아리스토텔레스는 예술, 특히 비극 작품을 창조하고 공연하는 일을 매우 높이 평가했다. 인간의 보편적인 정서와 감정을 표현해 카타르시스를 이끌어 내고, 이를 경험한 사람들이 심신을 새롭게 해 일상에 복귀할 수 있으니, 매우 가치 있는 기술이라고 여긴 것이다.

아리스토텔레스는 『시학』에서 희극에 대해서도 간혹 언급하는데, 다음과 같은 문장에 담긴 견해는 매우 탁월하다. 용어의 정확한 의미에 집착하는 것도 여전하다.

우리가 말했다시피, 희극은 좀 더 저급한 유형의 인물들에 대한 모방이지만, 그 말의 의미가 전적으로 나쁜 것은 아니며, 우스꽝스러운 사람이란 것도 단지 못생긴 사람의 한 부분(subdivision)일 뿐이다. 그것은 고통스럽거나 파괴적이지는 않은, 결함과 추함으로 이루어져 있다. 명백한 예를 들자면,

희극에 쓰이는 가면은 못나고 일그러져 있지만, 그것이 고통을 암시하지는 않는다.

Comedy is, as we have said, an imitation of characters of a lower type, not, however, in the full sense of the word bad, the Ludicrous being merely a subdivision of the ugly. It consists in some defect or ugliness which is not painful or destructive. To take an obvious example, the comic mask is ugly and distorted, but does not imply pain.

이처럼 『시학』에서는 희극에 대해서도 언급하긴 하지만, 역시 초점은 비극 분석에 맞춰져 있다. 이는 아리스토텔레스가 비극을 희극보다 중요하게 여겼기 때문이 아니라 희극을 본격적으로 다룬 부분이 후대에 사라져 버렸기 때문이라고 한다. 사라진 아리스토텔레스 『시학』 '희극' 편의 행방을 둘러싸고 중세 수도원에서 벌어지는 연쇄 살인 사건을 다룬 소설이 유명한 『장미의 이름 The Name of the Rose』이다. 박식하기로 유명한 이탈리아 작가 움베르토 에코(Umberto Eco)가 쓴 작품인데, 추리소설 애호가나 인문학 애호가에게 모두 '강추'한다. 물론 아리스토텔레스의 『시학』을 먼저 읽은 다음 소설을 펼치는 것이 좋겠지만 말이다.

## 인간은 타고난 정치적 동물이다

고대 그리스 사상 최강의 군주 알렉산더의 스승이라는 화려한 경력을 가지고 있었던 아리스토텔레스가 정치학에 관심을 갖지 않았을 리 없다. 하지만 그의 정치철학은 스승 플라톤과는 다른 모습을 보였다. 플라톤이 『국가론』에서 정치학과 형이상학의 기묘한 동거를 시도한 것과 달리 아리스토텔레스는 철저하게 현실적 관점을 견지한 것이다. 그의 『정치학*Politics*』 서두에는 다음과 같은 내용이 나온다.

> (…) 남성과 여성처럼 서로가 없이는 존재할 수 없는 종들은 번식(propa-gation) 작업을 위해 함께해야 하는데, 이는 선택에 따른 것이 아니라 그들을 닮은 존재를 후대에 남기려는 목적으로 식물과 동물에 공히 작용하는 타고난 충동에 따른 것이다.
>
> (…) those should be joined together whose species cannot exist without each other, as the male and the female, for the business of propagation; and this not through choice, but by that natural impulse which acts both upon plants and animals also, for the purpose of their leaving behind them others like themselves.

아리스토텔레스가 『정치학』을 이렇게 '생물학적인' 이야기로 시작하는 이유는, 마치 번식을 위해 암수가 만나야 하는 것처럼, 인간이라는 종은 생존을 위해 모여야 하며, 더 큰 번영을 위해서는 도시 문명을 이루어야 한다는 것을 설명하기 위해서다. 결국 도시국가의 탄생은 논리적 계산에 따른 것이라기보다 인간 실존에 부합하는 자연스러운 결과물이라는 얘기가 된다. 즉, 인간에게 문명은 선택이 아니라 생존을 위해 필수적인 수순이었던 것이다. 이 대목에서 이제 너무도 유명한 아리스토텔레스의 명언이 등장할 차례다.

> 따라서 모든 폴리스는 최초의 동반 관계가 그렇게 존재하는 점을 고려한다면(inasmuch as) 자연스럽게 존재한다. 왜냐하면 도시국가는 다른 동반 관계들의 최종 결과이기 때문이다. 그러므로 이러한 것들로부터 도시국가는 자연스러운 산물이고, 인간은 타고난 정치적 동물이며, 단지 운 때문이 아

니라 본래부터 도시에 속하지 않는 자라면 그는 인간보다 못하거나 인간을 뛰어넘는 존재라는 게 명백해진다.

Hence every polis exists by nature, inasmuch as the first partnerships so exist; for the city-state is the end of the other partnerships. From these things therefore it is clear that the city-state is a natural production, and that man is a political animal by nature, and a man that is by nature and not merely by fortune citiless is either below or above the humanity.

"인간은 타고난 정치적 동물이다." 아리스토텔레스가 남긴 말들 가운데 이보다 더 유명한 것이 있을까? 판본에 따라서는 '사회적 동물(social animal)'이라고도 되어 있는데, 이는 그리스어 원문의 '조온 폴리티콘(*zoon politikon*)'을 어떻게 해석하느냐에 따른 차이라고 할 수 있다. '폴리티콘(*politikon*)'에는 단지 '정치적(political)'이라는 의미를 넘어 '공동체를 형성하는', '공동체에 함께 사는', '도시국가에 속하는' 따위의 뜻이 포함되어 있다. 따라서 아리스토텔레스가 말하는 '정치적 동물'은 오늘날 우리가 그 말에서 흔히 떠올리듯 패당을 만들고 선거에서 승리하려고 흑색선전을 일삼는 존재를 의미하는 것이 아니다. 그저 자연스럽게 사회를 이뤄 살아야 생존과 번영이 가능한 존재라는 뜻이다. 그런 의미에서 본다면 '폴리티콘'을 '사회적'으로 번역하든 '정치적'으로 번역하든 본질이 크게 달라질 것 같지는 않다.

오늘날 '정치학'을 뜻하는 'politics' 역시 도시국가를 의미하는 그리스어 '폴리스(*polis*)'에서 파생된 말로, 싫건 좋건 결국 도시를 이루고 옹기종기 모여 살아야 하는 인간의 공동체적 숙명을 반영하는 용어다. 아리스토텔레스는 도시, 즉 사회에 속하지 않는 자는 인간에 못 미치거나

고대 그리스는 폴리스의 시대였다. 정치학(politics)이라는 말 자체가 폴리스(polis)에서 나왔다.
사진은 한때 아테네와 해양 강국의 자리를 놓고 다투었던 코린토스의 폐허.

인간보다 우월한 존재일 것이라고까지 말한다. 다시 말해 그런 존재는
짐승 아니면 신이지 보통의 인간은 아니라는 것이다.

그런데 일단 인간이 무리를 짓게 되면, 그들은 다시 이끄는 자와 따르
는 자들로 자연스럽게 나뉜다.

또한 자연적 이유로 어떤 존재들은 명령하고 다른 존재들은 따르며, 그것
으로 각자 서로의 안전을 획득한다. 반성하고 숙고할 수 있는 정신을 타고
난 존재는 태생적인 지배자이자 통치자인 반면, 단지 신체적인 우수성만 가
진 자는 노예가 되기에 적합하다. 이로부터(whence) 주인과 노예가 처한 다
른 상황은 양쪽에 동등하게 이익이 된다는 점이 따라 나온다.

It is also from natural causes that some beings command and others
obey, that each may obtain their mutual safety; for a being who is
endowed with a mind capable of reflection and forethought is by nature
the superior and governor, whereas he whose excellence is merely

corporeal is fit to be a slave; whence it follows that the different state of master and slave is equally advantageous to both.

아리스토텔레스의 논리에는 노예제 사회에 살면서 주변 민족들을 모조리 야만인으로 치부한 고대 그리스인의 편견이 반영되어 있다. 다음 문장은 아예 한 술 더 뜬다.

(…) 그리고 특정 기술자의 경우 그들의 작업이 완수되려면 적절한 도구들이 마련될 필요가 있는 것처럼, 한 가정을 운영하는 자 역시 자신의 도구를 가져야 하는데, 어떤 도구는 생명이 없고 어떤 도구는 살아 있다. 예를 들어, 배의 키는 생명 없는 도구이고, 망루 위에서 망을 보는 자는 살아 있는 도구이다. (…) 노예는 살아 있는 재산 항목이다.

(…) and since, just as for the particular arts it would be necessary for the proper tools to be forthcoming if their work is to be accomplished, so also the manager of a household must have his tools, and of tools some are lifeless and others living. For example, for a rudder is a lifeless tool and the look-out man a live tool (…) a slave is a live article of property.

물론 인간들 사이에 어느 정도 능력의 우열이 존재하는 것은 분명하며, 지도자 기질을 타고난 사람이 따로 있는 것 역시 사실이지만, 이를 주인과 노예 관계를 정당화하는 근거로 삼는 것은 무리가 있어 보인다. 좀 극단적인 예를 들어 보자. 한 나라의 지도자 그룹에 속하는 인물이 전쟁 통에 포로가 되어 다른 나라의 노예가 됐다면 어떤가? 이 경우에도 그가 태생적으로 노예에 적합한 인물이었다고 말하긴 어렵지 않겠는가?

아리스토텔레스는 『정치학』에서 이렇듯 고대인으로서의 보수성을 드러내기도 하지만, 다른 한편으로는 현대 정치·사회학자를 연상케 하는 상당한 경지의 통찰력을 보이기도 한다. 가령 '공산주의'의 맹점을 꼬집는 아래 대목을 보라. 사회가 공동으로 생산한 재화를 공동으로 나눠 쓰자는 공산주의적 발상은 마르크스보다 훨씬 족보가 오래된 것으로, 고대 그리스 시대에도 존재했다. 그런데 아리스토텔레스는 공산주의적 이상을 실현하는 것이 왜 어려운지를 매우 단순하면서도 설득력 있게 설명한다.

절대 다수의 주인들이 공동 소유한 재산은 그다지 관심을 받지 못한다. 사람들은 그들의 사유물을 가장 아끼며, 공동으로 소유한 것에 대해서는 [관심이] 덜하거나 오직 그들 개인의 몫만큼으로 줄어든다. 왜냐하면 다른 이유들에 더해, 그들은 다른 누군가가 그것을 염두에 두고 있을 것이라는 이유로 덜 신경 쓸 것이기 때문인데, 이는 가사 서비스에 있어서 다수의 하인들이 때로 소수[의 하인들]보다 더 열악한 서비스를 제공하는 것과 같다.

Property that is common to the greatest number of owners receives the least attention; men care most for their private possessions, and for what they own in common less, or only so far as it falls to their own individual share for in addition to the other reasons, they think less of it on the ground that someone else is thinking about it, just as in household service a large number of domestics sometimes give worse attendance than a smaller number.

하인들의 숫자가 많다고 반드시 좋은 서비스를 받을 수 있는 건 아니라고 갈파하는 대목은 흡사 현대 경영학에서 말하는 '큐잉 이론(Queueing theory)'을 연상케 한다. 큐잉 이론은 쉽게 말해 서비스업체에서 가능한 한 빠른 시간 안에 효과적으로 서비스를 제공하는 방안, 제조업체에서 주어진 자원으로 생산성을 극대화하기 위한 최적의 방법 등을 연구하는 이론이다. 큐잉 이론에서 주목해야 할 것 중 하나가 단순히 회사나 조직체 직원들의 숫자를 늘린다고 해서 서비스 질이나 생산성 향상이 이뤄지지는 않는다는 것이다. 오히려 직원의 수가 적정 인원보다 너무 많아지면 생산력이 저하된다고 하는데, 아리스토텔레스 역시 이와 비슷한 얘기를 2천여 년 전에 한 셈이다.

물론 재산·재화의 공동 소유는 꽤 이상적인 일이며, 비록 소수이긴 하지만 실제로 공공재 성격을 지니는 재화들이 있기는 하다. 그럼에도 현실에서 모든 재화를 공동 분배 및 소유하는 것은 사실상 불가능한 일이다. 더 나아가 공공의 책무를 공평하게 분담하는 것 역시 쉬운 일이 아니다. 아리스토텔레스는 말한다.


(…) 만약 생산물의 향유에 있어서나 생산 작업에 있어서나 그들이 동등한 게 아니라 불평등하다고 판명된다면, 많이 향유하거나 취하면서도 거의 일하지 않는 자들과 적게 취하지만 더 많이 일하는 자들 사이에서 반드시 불평이 생기게 되어 있다. 그리고 일반적으로 함께 살며 모든 인간사를 나누기는 어렵다. (…) 그리고 이는 특히 해외로 나아가 식민지를 수립하려는 사람들 사이에서 생기는 공동체로부터 두드러지게 나타난다. 그들은 빈번하게 너무나 흔한 이유로 서로 다투며, 사소한 일에도 주먹다짐을 벌인다. 또한 우리는 집 안의 공동 구역에서 일반적으로 쓰이는 노예들을 너무나 빈번히 검사해야 한다는 것을 알게 된다. 따라서 재산의 공유는 이러저러한 불편함이 수반된다.

(…) if both in the enjoyment of the produce and in the work of production they prove not equal but unequal, complaints are bound to arise between those who enjoy or take much but work little and those who take less but work more. And in general to live together and share all our human affairs is difficult. (⋯) And this is especially evident from that community which takes place among those who go out to settle a colony : for they frequently have disputes with each other upon the most common occasions, and come to blows upon trifles : we find, too, that we oftenest correct those slaves who are generally employed in the common sections of the house : a community of property then has these and other inconveniences attending it.

예리한 분석이다. "함께 살며 모든 인간사를 나누기는 어렵다."는 명제는 아리스토텔레스가 말하는 공동체뿐 아니라 자녀 양육 및 가사 분담 등 공동 과제를 나눠야 하는 현대의 부부들에게도 똑같이 적용된다. 공평한 재화 소유뿐 아니라 공평한 노동 분배도 사랑의 이름만으로 해결할 수 있는 문제가 아니다.

아리스토텔레스는 '공동 구역'에서 일하는 노예들에게 더 많이 신경 써야 한다고도 말한다. 개인의 시중을 드는 몸종보다 한 구역을 여럿이 함께 청소하고 관리하는 노예들이 서로 책임을 미루며 게으름을 피우기 더 쉽다는 것이다. 계속 '노예'를 비유로 드는 것은 시대적 상황을 감안했을 때 어쩔 수 없는 것이니 일단 접어 두기로 하고, '노동'의 문제로 한정시켜 생각해 본다면 꽤 날카로운 분석이 아닐 수 없다. 어찌 보면 경영 공학의 아버지이자 노동 효율 이론의 선구자로 대접받는 프레더릭 테일러(Frederick Taylor)보다 2천 년 이상 앞선 선구자라 하겠다.

이 대목에서 다시 계속 읽어 나가다 보면 플라톤이 꿈꾼 이상 국가가 왜 현실에서 실현되기 어려운지를 여러 각도에서 날카롭게 분석하는 내용도 등장하니 독자 여러분에게 꼭 일독해 보기를 권한다. 아리스토텔레스의 『정치학』과 플라톤의 『국가론』을 함께 읽으며 둘의 상이한 문체, 내용, 메시지를 비교해 보는 것도 흥미로운 시도가 될 것이다.

## 과학 발전의 선구자 혹은 방해자

소크라테스는 성찰하는 삶을 살라고 외치며 인간의 내면에 주의를 기울였지만, 그리스의 사상가들 가운데는 우주의 삼라만상, 즉 인간을 둘러싼 외부 세계에도 깊은 관심을 보인 인물들이 많았으며 여기에서 자연철학(natural philosophy)이 태동했다. 자연철학은 엄밀히 말해 정신이나 물질 어느 한쪽에 치우치지 않은 '총체적인 철학'이었다고 볼 수 있지만, 이 철학 전통이 후일 자연과학의 발전에 기여한 것만은 분명하다.

그런데 'natural philosophy'에서는 잘 느껴지지 않지만, natural에 해당하는 그리스어 원형 '퓌시코스(*physikos*)'에서는 어쩐지 'physics', 즉 물리학의 향기가 난다. 어원학적으로 'physics'는 앞에서 말한 '퓌시코스'와 자연의 질서를 의미하는 그리스어 '퓌시스(*physis*)'에서 유래했다. 분명한 것은, 앞서 '총체적 철학'이라고 말했듯이 고대 그리스에서는 과학과 철학이 엄격하게 구분되지 않았다는 점이다.

그리스 자연철학자들은 세계가 어떻게 작동하는지, 혹은 만물의 본질이 무엇인지를 이해하기 위해 많은 노력을 기울였다. 그 결과 저마다 다양한 이론과 가설을 제시했는데, 탈레스(Thales)는 만물의 근원이 물(water)이라고 했고, 데모크리토스(Democritus)는 아톰(atom), 즉 원자라고 했으며, 헤라클레이토스(Heraclitus)는 좀 더 추상적인 개념인 변화(change)를 우주 작동의 원리로 제시했다. "만물은 변화하며, 머무는 것

ΦΥΣΙΚΗΣ ΑΚΡΟΑΣΕΩΣ Α.

아리스토텔레스 「자연학」의 첫 페이지.
임마누엘 베커(Immanuel Bekker)가 편집한 1837년 판.

은 없다.(All is flux, nothing stays still.)"고 했던 헤라클레이토스는 "인간은 같은 강물에 두 번 발을 담글 수 없다.(You cannot step twice into the same stream.)"는 명언으로도 유명하다.

아리스토텔레스는 이러한 그리스 자연철학의 전통을 이어받으면서도 단순히 자연 현상에 대한 피상적 스케치나 추측에 머무는 것이 아니라 관찰과 연구를 통해 체계적인 학문적 데이터베이스를 구축하려고 시도했다. 그러한 그의 노력은 『자연학Physics』, 『동물사History of Animals』, 『천체론On the Heavens』, 『기상학Meteorology』, 『생성소멸론On Generation and Corruption』 등 다양한 저술과 논문으로 나타났다. 참고로 그의 저작 Physics는 '물리학'보다 '자연학'이라고 번역하는 것이 맞다. 'Physics' 하면 우리는 '물리학'을 떠올리는데 '웬 자연학?' 하는 생각이 들 것이다. 아리스토텔레스 저서의 그리스어 원제는 '푸시케 아크로아시스 (Phusike akroasis)'로, 이는 '자연에 대한 강의'라는 뜻이다. 이것이 라틴어로 번역되면서 '퓌시카(*Physica*)'가 됐고, 재차 영어로 번역되며 '*Physics*'가 된 것이다.

이처럼 아리스토텔레스는 방대한 저술을 남겨 후대에 상당한 영향을 끼쳤다. 영국 철학자 버트런드 러셀(Bertrand Russell)은 『서양 철학사*A History of Western Philosophy*』에서 아리스토텔레스의 업적과 위상을 이렇게 평가했다.

그는 그리스 사상이라는 창조적인 시기의 끝자락에 출현했는데, 그의 죽음 이후 세계가 대략 그와 대등하다고 여겨도 될 철학자를 배출하기까지 2천 년이 걸렸다. 이 기나긴 시기의 막바지에 이르러서는 그의 권위가 거의 교회의 그것만큼 의문의 여지가 없는 것이 되었으며, 철학뿐 아니라 과학에서도 진보에 대한 심각한 장애물이 되어 버렸다. 17세기의 태동 이래, 거의 모든 심오한 지적 진보는 아리스토텔레스의 독트린을 공격하는 것에서 시작해야 했다.

He came at the end of the creative period in Greek thought, and after his death it was two thousand years before the world produced any philosopher who could be regarded as approximately his equal. Towards the end of the long period, his authority had become almost as unquestioned as that of the Church, and in science, as well as in philosophy, had become a serious obstacle to progress. Ever since the beginning of the seventeenth century, almost every serious intellectual advance has had to begin with an attack on some Aristotelian doctrine.

러셀은 아리스토텔레스를 매우 비판적인 시각에서 바라보고 있긴 하지만, 역으로 2천 년 동안 인류에게 막대한 영향력을 행사해 왔을 만큼 뛰어난 철학자라는 점 또한 암시하고 있다. 이런 러셀의 평가는 얼마나 공정한 것일까? 이제부터 소개하는 아리스토텔레스의 몇몇 자연과학 원전 구절을 읽기 전까지는 잠시 판단을 유보하자.

이제, 네 가지 원인들, 그것들 모두에 대해 아는 것이 자연에 각별한 관심을 가진 학도의 일이다. 만약 그가 그의 문제들을 네 가지 원인들 모두에 회부한다면, 그는 자신의 과학에 적합한 방식으로 '이유'를 부여할 것이다.— 〔네 가지 원인은〕질료인(the matter), 형상인(the form), 운동인(the mover), 목적인(that for the sake of which a thing is done: 사물이 이루어지기 위한 것—옮긴이)이다.

Now, the causes being four, it is the business of the student of nature to know about them all, and if he refers his problems back to all of them, he will assign the 'why' in the way proper to his science—the matter, the form, the mover, and that for the sake of which a thing is done.

—『자연학』 중에서

따라서 이러한 고려들로부터 지구가 움직이지 않으며 〔우주의〕 중심이 아닌 그 밖의 어떤 곳에도 놓여 있지 않음이 명백해진다.

From these considerations then it is clear that the earth does not move and does not lie elsewhere than at the centre.

—『천체론』 중에서

자연은, 같은 조건을 유지한다면, 동일한 원인으로 언제나 동일한 결과를 산출하기 때문에, 생성(coming-to-be)이나 소멸(passing-away)이 늘 일어나게 될 것이다.

For nature by the same cause, provided it remain in the same condition, always produces the same effect, so that either coming-to-be or passing-away will always result.

—『생성소멸론』 중에서

자연은 조금씩 무생물들로부터 동물로 나아간다. 정확한 경계선을 결정하는 게 불가능하고, 또한 어느 쪽에 그것의(thereof) 중간 형태가 위치해야 하는지를 결정하는 것도 불가능한 방식으로 말이다. 따라서 무생물들 다음에 식물이 오며 (…) 식물에서는 동물을 향한 지속적인 발달의 편린(scale)이 관찰된다.

Nature proceeds little by little from things lifeless to animal life in such a way that it is impossible to determine the exact line of demarcation, nor on which side thereof an intermediate form should lie. Thus, next after lifeless things comes the plant (…) there is observed in plants a continuous scale of ascent towards the animal.

—『동물사』 중에서

어떤가? 오늘날의 시각으로 봤을 때 약간 황당한, 이를테면 지구가 움직이지 않는다는 식의 내용도 있는 반면 비교적 근대의 과학자가 썼다고 해도 믿을 만큼 탄탄한 관찰력과 논리를 보여 주는 문장도 있다. 예를 들어 마지막에 소개한『동물사』대목에서는 비록 거칠기는 하지만 거의 진화론의 맹아까지 보인다. 순전히 주관적인 생각이긴 하지만, 아리스토텔레스의 자연철학은 개론에서 상당히 강력한 모습을 보이다가 '디테일'로 가면 종종 엉뚱해지는 느낌이다.

이렇게 아리스토텔레스의 텍스트를 조금 맛본 다음 다시 러셀의 평가로 돌아가 보시라. 아마도 처음과는 약간 다른 느낌이 들 것이다. 사실 아리스토텔레스가 처한 비극(?)은 그가 하필이면 고대 그리스에서 태어났다는 점이었다. 무슨 말인고 하니, 시대가 그의 학문적 천재성을 전혀 받쳐 주지 못했다는 뜻이다. 그는 천체의 운동에서부터 미생물의 습성에 이르기까지 자연에 관한 것이라면 너무나 열렬한 관심을 갖고 있었지만, 당대의 과학 기술 수준은 그의 연구 활동을 따라가기에 턱없이 부족했다. 아리스토텔레스는 망원경, 현미경, 엑스레이, 계산기 등도 없이 우주, 지구, 동물은 물론 심지어 인간 심리까지 들여다보려 했는데, 그렇게 해서 나온 결과란 게 좀 과장해서 말하면 성공과 실패가 뒤섞인 '잡동사니' 같은 것이었다. 변변한 관측기구 하나 없이 맨땅에 '헤딩'하듯 관찰하고 분석해 이끌어 낸 결과라는 점을 생각하면 경탄할 만한 수준임에 틀림없지만, 너무도 자주 엉뚱하고 심지어는 기괴하기까지 한 결론에 이른 것 또한 사실이다. 그의 자연과학 저작들을 읽다 보면 종종 물구나무선 채 SF소설을 보는 느낌이 드는 것도 이 때문이다.

문제는 유감스럽게도 러셀의 평가처럼 아리스토텔레스의 사상이 중세 이후 절대적인 진리 내지 강력한 도그마로 작용하면서 문명의 진보를 저해했다는 데 있다. 가장 간단한 예로 지구를 중심으로 천체가 돈다는 '천동설(geocentrism)'이 움직일 수 없는 진리로 자리 잡고 난 뒤, 과학의 힘으로 진실에 접근하기까지 무려 2천 년 가까운 시간이 필요했다는 것을 상기해 보라. 물론 그것을 아리스토텔레스 탓으로만 돌릴 수는 없다. 앞에서도 말했듯이 이 희대의 천재를 감당하기에는 당대 과학 수준이 역부족이었기 때문이다. 아무리 천재라 한들 너무 시대를 앞서 태어나면 한계에 봉착할 수밖에 없다. 만약 아리스토텔레스가 동일한 두뇌와 학구열을 가지고 기원전 4세기가 아닌 서기 16~17세기쯤에 태어났

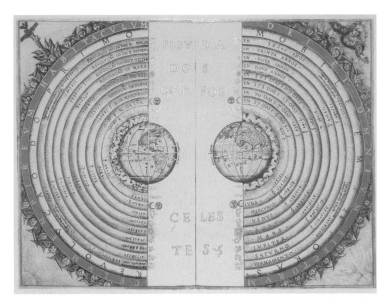

아리스토텔레스는 천동설을 주장했으며, 후대에 '아리스토텔레스-프톨레마이오스 우주론'이라 불린 틀을 완성했다. 그림은 1568년 바르톨로뮤 벨류(Bartolomeu Velho)가 그린 프톨레마이오스의 지구 중심 체계.

다면 어땠을까? 아마 우리가 지금 알고 있는 갈릴레이와 뉴턴은 물론 다윈, 프로이트, 심지어 아인슈타인까지도 할 일 없게 만들었을지 모른다. 물론 그렇게 되기 전에 교황청의 명령으로 화형에 처해졌을 가능성도 있지만 말이다.

이렇듯 여러 시대적 한계 상황에서 연구한 결과인 탓에, 아리스토텔레스의 자연과학 저작들 중 대부분은 오늘날의 시각에서 보면 학문적 화석 비슷하게 되어 버렸다. 하지만 그렇다고 해서 그의 연구가 마냥 '닭짓'이었던 것만은 아니다. 우리 같은 보통 사람들은 물론이거니와 아리스토텔레스가 세운 여러 가설과 이론을 무참히 파괴해 버린 현대의 잘나가는 과학자들 역시 어떤 의미에서는 아직도 그의 '마수'에서 완전히 벗어난 게 아니다. 왜냐하면 지금까지 사용되고 있는 여러 과학 용어들이 아리스토텔레스에게서 비롯되었기 때문이다. 그가 처음 사용했거나, 그의 저작을 통해 유명해진 말들이다.

과학에서 가장 기본적인 용어는 무엇일까? 당연히 '과학'이다. physics가 그의 저작에서 유래했다는 건 이미 상기한 바 있는데, '과학'을 의미하는 'science'도 마찬가지다. science의 원형은 '무엇에 대해 아는 것'을 뜻하는 라틴어 '스키엔티아(*scientia*)'인데, 이는 아리스토텔레스가 '사물의 본질과 원리를 밝히는 지식'이라는 의미로 쓴 그리스어 '에피스테메(*episteme*)'를 직역한 것이다. 뿐만 아니라 에너지(energy), 진공(vacuum), 제5원소(quintessence) 등의 물리·화학 용어에서부터 펠리컨(pelican), 곤충(insect), 촉수(antenna) 등 생물학 용어, 이론(theory), 분석(analysis), 주제(topic), 카테고리(category), 삼단논법(syllogism) 등 문학·논리학 용어에 이르기까지 아리스토텔레스로부터 유래한 학술 용어들의 예는 일일이 열거하기 벅찰 정도다. 학문의 기본은 용어 확립이라는 점을 생각할 때, 아리스토텔레스는 바로 그 부분을 선점함으로써 근대 과학의 '시조'로서 부동의 지위를 누리게 된 것이다. 또 비단 용어뿐 아니라 학문에 접근하는 그의 기본 태도 역시 시사하는 바가 크다. 『동물사』의 다음 대목을 살펴보자.

자연은 결코 허튼짓을 하지 않는다. 어린아이들에게서는 훗날 정신적 습성으로 자리 잡을 흔적들과 씨앗들이 관찰될 수 있다. 비록 당분간은 어린아이가 정신적으로 동물과 거의 구분되지 않는다 하더라도 말이다.

Nature does nothing in vain. In children may be observed the traces and seeds of what will one day be settled psychological habits, though psychologically a child hardly differs for the time being from an animal.

자연을 앞에 두고 관찰과 연구를 거듭하던 아리스토텔레스의 기본 철학은 이 한 문장 안에 담겨 있다. "자연은 결코 허튼짓을 하지 않는다." 이 말은 그의 저작 곳곳에서 등장하는데, 어떤 현상 뒤에는 반드시 그 원인이 있다고 믿으며 이를 파악하는 데 주력하던 그의 탐구 정신이 드러난다. 또한 이는 "신은 세계를 가지고 주사위 놀이를 하지 않는다."던 아인슈타인의 명언과도 통하는 점이 있다.

아리스토텔레스는 방대한 저술을 남긴 것만큼이나 종종 '디테일'에 심취해 있었다. 하지만 그렇다고 해서 그가 '자연 탐구의 최종 목적은 무엇인가' 하는 큰 그림을 잊은 것은 아니었다. 아리스토텔레스는 일종의 동물 해부학 연구서라고 할 『동물 부분론On Parts of Animals』 1권에서 이렇게 말한다.

> (…) 모든 탐구에서, 물질적 요소와 수단에 대한 검사는 최종적인 것으로서가 아니라 총체적인 형태를 이해하기 위한 부수 작업으로 간주되어야 한다. 따라서 건축의 진정한 목적이 벽돌, 회반죽 혹은 목재(timber)가 아니라 집인 것처럼, 자연철학의 주된 목적은 물질적 요소들이 아니라 그것들의 조합이며, 형태 전체인 것이다.
>
> (…) in every inquiry, the examination of material elements and instruments is not to be regarded as final, but as ancillary to the conception of the total form. Thus, the true object of architecture is not bricks, mortar or timber, but the house; and so the principal object of natural philosophy is not the material elements, but their composition, and the totality of the form.

순전히 현대인의 눈으로 아리스토텔레스의 자연철학 저서를 읽으면

쓴웃음을 짓게 되기 쉽다. 하지만 정말 아리스토텔레스 없이 과학의 진보가 가능했을까? 러셀은 아리스토텔레스가 오랜 시간 과학의 진보를 방해했다고 단정하는데, 그렇다면 만약 그가 인류 역사에 출현하지 않았을 경우 문명의 진보가 천 년 정도 빨라졌을까? 이미 언급한 바 있는 것처럼 플라톤을 철학계의 '지존'으로 묘사했던 화이트헤드(그는 러셀의 스승이기도 하다)는 아리스토텔레스에 대해 다음과 같이 말했다.

아리스토텔레스는 과학의 창조에 필요했던 반쪽짜리 진리들을 죄다 발견했다.

Aristotle discovered all the half-truths which were necessary to the creation of science.

이 말이 맞는다면, 이후 과학자들이 한 일이라곤 나머지 반쪽을 발견해 과학의 진리를 완성시킨 것뿐이었다는 얘기가 된다. 아리스토텔레스가 이룬 절반의 성공은 결국 후대의 100퍼센트 성공을 위한 기초 공사였다는 것이다. 화이트헤드와 러셀의 평가 중 어느 쪽이 더 역사의 진실에 가까운 것일까? 판단은 독자 여러분의 몫이다.

## 형이상학 혹은 형이후학

이제 아리스토텔레스의 『형이상학Metaphysics』으로 넘어갈 차례다. 뭐 골치 아프다면 가장 골치 아픈 책이기도 하다. 우선 제목에서부터 뭔가 심상찮은 냄새가 풍긴다. 'metaphysics'의 사전적 의미는 '물질세계를 초월하는 것을 연구하는 학문(study of what is beyond the physical world)'이지만, 여기서 끝이 아니다. 'metaphysics'를 분석하기에 앞서 먼저 그

아리스토텔레스 『형이상학』 7권 도입부.
14세기에 뫼르베케의 윌리엄(William of Moerbeke)이 라틴어로 번역한 필사본.

번역어인 '형이상학'의 기원부터 잠깐 짚고 넘어가자. 형이상학의 한자
는 '形而上學'이며, 이를 통해 우선 나 같은 보통 사람들의 예측이 보기
좋게 빗나간다. '형이상학'이란 어감에서 왠지 '형태가 이상(異常)한 것
에 대한 학문'일 거라는 느낌이 드는데, 그게 아니라 형태의 위[上]에 있
는 무언가를 가리키고 있기 때문이다. 이 말은 원래 『주역周易』의 "형이
상자위지도, 형이하자위지기(形而上者謂之道, 形而下者謂之器)."에서 따온 것
이라고 한다. 풀어 보면 "형태 위에 있는 것을 도라 하고, 형태 아래에
있는 것을 기라 한다."는 뜻인데, 바로 이 문장에서 일본인들이 '形而
上' 부분을 가져다가 '學'을 접목해 '形而上學'이라는 철학 용어를 탄생
시킨 것이다.

하지만 'metaphysics'는 사실 '형이상학' 대신 '형이후학(形以後學)'으
로 번역되었어야 할지도 모른다. 즉 '형'보다 높은 곳, 즉 '형'을 초월하
는 곳이 아니라 '형'의 뒷자리에 오는 학문으로 불렸어야 한다는 말이
다. 무슨 뚱딴지같은 소리를 하느냐고 생각할지 모르지만, 조금만 더 인
내심을 갖고 내 얘기를 들어 보시라. 'metaphysics'는 원래 그리스어
'메타 타 피시카(meta ta physika)'에서 온 것이다. 좀 더 정확히 말하자면

'타 메타 타 피시카 비블리아(*ta meta ta physika biblia*)'라는 표현에서 온 것인데, 이를 번역하면 '자연학[에 관한 책들] 다음에 오는 책들(the books that come after the [books on] physics)'이 된다. 여기서 'meta'는 '나중(after)' 혹은 '뒤(behind)'라는 의미를 지닌다. 그러니 뭔가 신비로운 분위기까지 풍기는 'metaphysics'라는 말은 원래 책 배치상의 순서를 의미했던 것으로, 본래 뜻을 최대한 살릴 경우 '형이후학'이 돼야 마땅하다는 것이다.

알고 보면 이 용어는 아리스토텔레스가 직접 붙인 것이 아니다. 후학들이 스승의 방대한 저작들을 정리할 때 자연학 다음에 '존재'의 문제를 다룬 저술 14개를 배치하면서 붙인 이름이다. 아리스토텔레스 자신은 정작 이를 '프로테 필로소피아(*prote philosophia*)', 즉 '으뜸 철학(first philosophy)'이라고 했는데, 이는 이 학문이 존재의 으뜸 원인, 즉 제1원인을 연구하고 밝히는 데 목적을 두고 있다는 의미였다. 후학들이 이를 자연학 뒤에 배치한 까닭은 자연 만물에 대한 이해를 먼저 한 다음, 만물을 아우르는 존재 원리를 이해해야 한다는 뜻에서였다.

그렇다면 순전히 저작물의 배치 순서를 의미했던 'metaphysics'가 '초월적 주제'를 다루는 학문이라는 의미로 쓰이게 된 까닭은 무엇일까? 문제의 발단은 중세 시대에 아리스토텔레스의 저작들을 라틴어로 번역하는 과정에서 그리스어 'meta'를 'after(다음에)' 대신 'beyond(너머의)'로 해석한 데 있다. 이를 계기로 '*meta ta physika*'는 'works after physics(자연학 다음의 저서들)' 대신 'works beyond physics(자연학을 넘어서는 저서들)'라는 의미를 지니게 된 것이다. 하지만 아리스토텔레스가 형이상학을 존재의 원리를 탐구하는 '으뜸 철학'이라고 한 데서 알 수 있듯이, 후대에 확장된 의미 자체가 아주 틀린 것이라고 보기는 어렵다.

그럼에도 약간 비판적인 시선으로 바라본다면, 'meta'의 의미를 확장시켜 해석한 것이 단지 우연 때문은 아니지 않을까 하는 점이다. 아시다시피 중세 유럽은 그리스도교가 지배하던 시대였고, 그런 까닭에 아리스토텔레스의 존재론을 '신'이라는 초월적 존재를 긍정하는 철학의 원리로 삼으려 했던 것 아니냐는 것이다. 그런 까닭에 'meta'의 의미를 의도적으로 확장해 해석했을 가능성도 있다. 아무튼 그 후로 'metaphysics'가 철학 가운데서도 가장 난해하고 고차원적인 영역을 다루는 학문이라는 골치 아픈 영예를 안게 된 것만은 분명하다.

아리스토텔레스는 자연학을 탐구하는 데 많은 열정을 쏟았지만, '으뜸 철학'이라는 표현에서도 알 수 있듯이 최고의 지혜를 다루는 학문으로 형이상학을 꼽는 데 주저하지 않았다. 그럼에도 아리스토텔레스의 형이상학은 이데아론으로 대변되는 플라톤의 그것과 사뭇 다르다. 그의 『형이상학』제1권은 이렇게 시작된다.

모든 인간은 천성적으로 알고 싶어 하는데, 이에 대한 증거는 우리가 감각들로부터 취하는 즐거움에 있다. 그것들은 그것들의 유용성과는 별개로 그것들 자체로 사랑받는다. 다른 무엇보다 시각(sense of sight)이 [그렇다.] 행동할 목적으로(with a view to)만이 아니라 심지어 아무것도 하려 하지 않을 때도 우리는 다른 어떤 무엇보다 보는 것을 선호한다. 그 이유는 모든 감각들 가운데 이것이 가장 우리에게 사물들 사이의 여러 차이점들을 드러내 주고 (bring to light) 알게 해 주기 때문이다.

All men by nature desire to know, and the proof of this is the delight we take in our senses. For even apart from their usefulness they are loved for themselves; and above all others the sense of sight. For not only with a view to action, but even when we are not going to do anything, we prefer seeing to everything else. The reason is that this, most of all the senses, makes us know and brings to light many differences between things.

독자 여러분이 읽은 그대로다. 바로 첫 문장부터 스승 플라톤과 제자 아리스토텔레스 사이의 거리가 극명하게 드러난다. 『국가론』에서 철학자의 자질을 논하던 소크라테스와 글라우콘의 대화를 상기해 보라. 글라우콘이 '구경거리를 사랑하는 자들' 역시 앎을 갈망하는 것이니 철학자의 범주에 속할 수 있는 것이냐고 묻자, 소크라테스(정확히는 소크라테스의 입을 빌린 플라톤)는 단박에 그런 부류는 '모방자'에 불과하다고 단언한다. 그런데 아리스토텔레스는 감각 능력, 그 가운데서도 시각이야말로 인간이 지식과 지혜를 갈망한다는 제1의 증거라고 말한다. 같은 대상을 바라보는 관점이 이렇게 다르다. 플라톤에게 감각은 이데아를 보게 해 주는 '마음의 눈'을 앗아가는 일종의 교란 장치인 반면, 아리스토텔레스에게 감각은 궁극적인 지혜로 가기 위한 첫 단추를 제공하는 열쇠다.

'철학'을 대하는 태도 내지 관점에서도, 플라톤과 아리스토텔레스는 차이를 보인다. 플라톤의 대화편 『테아이테토스Theaetetus』에서 소크라테스는 다음과 같은 유명한 말을 남긴다.

경이란 철학자의 감정이며, 철학은 경이에서 시작된다네.
Wonder is the feeling of a philosopher, and philosophy begins in wonder.

아리스토텔레스 역시 철학이 '경이'에서 비롯된다는 데는 동의하지만, 디테일에서는 '소크라테스 + 플라톤' 콤비와 미묘한 차이를 보인다. 내가 좋아하는 『형이상학』의 한 대목에서 아리스토텔레스는 인간이 왜 철학에 관심을 가지는지를 철학사적 관점에서 조망한다.

인간이 지금이나 태초에나 철학을 시작한 것은 경이 때문이다. 그들은 원래 명백한 난관들에 대해 놀라움을 표했으며, 이어서 조금씩 나아가며 더 거창한 문제들에 대한 난관들을 언급했다. 그것은 예를 들어 달, 태양, 별들의 현상, 그리고 우주의 기원에 대한 것들이었다. 궁금증과 경이감에 빠진 인간은 스스로를 무지하다고 생각하고(신화는 경이로 이루어져 있기 때문에, 신화를 사랑하는 자조차 어떤 의미에서는 애지자다), 따라서 그들은 무지로부터 벗어나기 위해 철학했으며, 분명 그들은 알기 위해 학문을 추구하고 있었다. 어떤 실용적 목적 때문이 아니라 말이다. 그리고 이는 다음과 같은 사실로 확실해진다. 삶의 모든 필수조건들, 삶을 안락하고 즐겁게 해 주는 모든 것들이 존재했을 때, 그러한 지식은 추구되기 시작했기 때문이다.

For it is owing to their wonder that men now both begin and at first began to philosophize; they wondered originally at the obvious difficulties, then advanced little by little and stated difficulties about the greater matters, e.g. about the phenomena of the moon and those of the sun and the stars, and about the genesis of the universe. And a man who is puzzled and wonders, thinks himself ignorant (whence even the lover of myth is in a sense a lover of wisdom, for myth is composed of wonders); therefore since they philosophized in order to escape from ignorance, evidently they were pursuing science in order to know, and not for any utilitarian end. And this is confirmed by the facts; for it was when almost all the necessities of life and the things that make for comfort and recreation were present, that such knowledge began to be sought.

다시 말해, 철학은 '실용적' 목적으로 하는 것이 아니다. 그러한 현실

조건들이 충족됐을 때 비로소 추구하는 것이다. 고대 중국 춘추시대 제 나라의 재상 관중(管仲)은 "衣食足 則知榮辱(의식족 즉지영욕).", 즉 "입을 것과 먹을 것이 풍족해야 영예와 치욕을 안다."고 했다. 쉽게 말해 배가 불러야 염치를 안다는 것이다. 아리스토텔레스의 생각도 이와 유사한 면이 있다. 관중의 말에 빗대 표현해 본다면 "등 따시고 배가 불러야 철학이 눈에 들어온다."는 얘기다. 인간이 당면한 여러 현실적 조건과 한계에 대한 인식에서 출발해 점점 더 철학적인 문제로 전진하려는 아리스토텔레스의 관점을 보여 준다. 도서관을 따로 세워야 할 만큼 방대한 저작을 남겼음에도, 그는 확실히 여기서 이 말 했다 저기서 딴말하는 식이 아니었다. 일관성을 지킨 것이다. 이는 내가 아리스토텔레스의 숱한 저작들을 후대의 모작이 아닌 진품으로 신뢰하는 이유이기도 하다.

그런데 이렇게 등 따시고 배부르면 생각나는 철학, 그것도 지구와 우주의 신비에 더해 그 모든 것을 초월하는 무엇에 대해 명상하는 철학, 즉 '형이상'의 세계를 다루는 철학이란 무엇일까? 아리스토텔레스에게 철학, 더 나아가 형이상학의 궁극 목표는 간단히 말해 '존재(being)' 자체에 대한 사색이다. 이것이 형이상학과 다른 개별 학문들의 가장 큰 차이점이다.

존재를 존재로서 탐구하는 학문, 그것 자체의 본성에 따라(in virtue of) 그것에 속하게 된 속성들을 탐구하는 학문이 있다. 이것은 이른바 특수 학문들 중 그 어떤 것과도 같지 않다. 그것들 가운데는 그 어떤 것도 존재를 존재로서 보편적으로 다루지 않는다. 그것들은 존재의 한 부분을 떼어 내어, 그 부분의 속성을 탐구한다. 예를 들어 수학이 하는 일이 그것이다.

There is a science which investigates being as being and the attributes which belong to this in virtue of its own nature. Now this is not the same as any of the so-called special sciences; for none of these treats universally of being as being. They cut off a part of being and investigate the attribute of this part; this is what the mathematical sciences for instance do.

앞서 살펴본 바 있듯이, 아리스토텔레스는 자연이 결코 허튼짓을 하지 않는다고 천명한 바 있다. 자연 현상이 일어나는 데는 분명 그 원인 내지 목적이 있다는 것이다. 그리고 이러한 믿음을 따라가다 보니 결국 만물의 궁극적인 원인이 되는 절대 원인, 혹은 절대 존재가 있다는 데까지 미쳤던 것 같다. 아리스토텔레스는 『형이상학』에서 이 논의를 진전시켜 모든 원인의 시발점인 '제1원인(The First Principle)', 그리고 만물을 작동시키는 버튼을 처음으로 누른 존재, 다시 말해 신에 대한 논의까지 치고 올라가는 뚝심을 발휘한다. 우주라는 거대한 운동의 시발점이자 모든 목적과 의도의 종착역인 궁극의 존재에 대한 명상이야말로 그가 말하는 철학, 즉 형이상학의 종착역이다.

아리스토텔레스의 『형이상학』은 각각 하나의 독립적인 소론을 구성하는 총 14개 챕터들로 이루어져 있는데, 이들은 인간의 감각과 지각에 대한 평가에서 존재론을 거쳐 제1원인에 대한 명상에 이르기까지 우리들의 눈과 마음을 사로잡아 자연학 다음의(after), 아니 자연학을 초월한(beyond) 세계에 대한 사색으로 인도한다.

## 아테네 학당

로마 바티칸에서 교황의 개인 서재로 쓰인 '서명실(署名室)' 벽면에는 르네상스 천재 화가 라파엘로(Raphael)의 〈아테네 학당 The School of Athens〉

이 그려져 있다. 그림에는 고대 그리스 문명을 빛낸 여러 철학자들이 등장하고, 그 중심에는 플라톤과 아리스토텔레스가 이야기를 주고받으며 걸어가는 모습이 보인다. 물론 이 그림은 어떤 역사적 장면을 기록한 것이 아닌 상상화다. 따라서 수백 년에 걸쳐 산, 전혀 다른 세대의 인물들이 총출동한다. 플라톤 청년기에 이미 사형당한 소크라테스가 크세노폰과 토론하는 모습이 보이는가 하면, 그보다 앞선 세대인 피타고라스와 헤라클레이토스도 보인다. 또 이들보다 한참 뒤의 인물들인 아르키메데스와 프톨레마이오스도 버젓이 등장한다.

하지만 그 많은 인물들 중에서 역시 화면의 중심을 장식하고 있는 주인공은 플라톤과 아리스토텔레스다. 그림 속에서 스승인 플라톤의 손가락은 하늘을 가리키고 있고 제자인 아리스토텔레스의 손바닥은 아래를 향하고 있는데, 이는 각각 이데아를 향한 이상주의와 과학을 중심으로 한 현실주의를 나타낸다고 한다. 또 자세히 보면 두 사람 다 손에 책을 들고 있는데, 플라톤은 그의 우주론이라 할 『티마이오스*Timaeus*』를, 아리스토텔레스는 실천 강령이라 할 『윤리학*Ehica*』을 들고 있다.

아리스토텔레스는 여러 윤리학 관련 저서들을 남겼는데, 그중 『니코마코스 윤리학*Nicomachean Ethics*』이 가장 유명하다. 책 이름이 '니코마코스 윤리학'이 된 까닭에 대해서는 두 가지 설이 있다. 하나는 아리스토텔레스가 마케도니아 왕실의 어의(御醫)였던 자기 아버지를 기리기 위해 붙인 이름이라는 설이고, 다른 하나는 아리스토텔레스의 아들에게서 비롯되었다는 설이다. 공교롭게도 아리스토텔레스의 부친과 아들의 이름이 다 '니코마코스'다. 어느 쪽이 진실이든 아리스토텔레스 윤리학의 대세가 이 책이라는 데는 변함이 없지만, 나더러 고르라면 아들 쪽이다. 내 생각에는 아리스토텔레스의 윤리학 관련 메모들을 아들 니코마코스가 모아 정리한 뒤 '니코마코스가 정리한 윤리학'이라고 쓴 것이 후대에 그리스어–라틴어 대역 『니코마코스 윤리학』, 1566년 판.

'니코마코스 윤리학'으로 정착된 것 아닌가 싶다.

아리스토텔레스의 분석적 기질은 윤리학 저서에서도 고스란히 드러난다. 그는 단순히 '착하게 살라', '똑바로 살라'는 식의 정언명령을 내리기보다 윤리 의식이 인간 사회에서 어떻게 작동하는지 혹은 작동해야 하는지를 심층 분석하려 한다. 뿐만 아니라 아리스토텔레스는 이상적이고 윤리적인 인간상을 그리거나, 윤리를 인간으로서 마땅히 따라야 하는 당위의 차원으로 제시하지 않는다. 그보다는 윤리적인 삶이 가장 행복한 삶임을 논리적으로 증명하려 한다.

『니코마코스 윤리학』에서 아리스토텔레스가 제시하는 이상적인 인간상은 성인이나 천사표가 결코 아니다. 오히려 분노해야 할 때와 기뻐해야 할 때를 아는, 분별력과 균형 감각을 가진 인물이다.

도덕은 중용(mean)이다. 그리고 그것이 의미하는 바대로, 그것은 과함과 결핍이라는 두 악덕(vice) 사이의 중용이며, 그 특징상 감정상의 중도와 행동상의 중도를 목적으로 하고 있기 때문에 그러하다.

That moral virtue is a mean, then, and in what sense it is so, and that it is a mean between two vices, the one involving excess, the other deficiency, and that it is such because its character is to aim at what is intermediate in passions and in actions.

아리스토텔레스는 인간 행복의 조건으로 '중용' 혹은 그리스어로 '소프로시네(sophrosyne)'라고 부르는 '절제', 즉 희로애락의 어느 한 극단에 치우치지 않고 정신적으로나 감정적으로나 균형을 이룬 상태를 제시했다. 하지만 여기서 말하는 절제와 중용은 단순히 양 극단을 기준으로 딱 중간에 형성되어 있는 정적인 개념이 아니다. 그보다 훨씬 융통성 있고 활동적인 개념이다.

(…) 훌륭해진다는 것은 쉬운 과제가 아니다. 하나에서 열까지 중간을 찾는다는 것은 쉬운 과제가 아니다. 예를 들어 원의 중심을 찾는 것은 누구나 할 수 있는 일이 아니라 그것을 아는 사람만이 할 수 있는 일이다. 따라서 누구든 화를 낼 수도―그것은 쉽다―돈을 줄 수도 써 버릴 수도 있지만 적절한 사람에게, 적절한 정도로, 적절한 시기에, 적절한 동기를 가지고, 적절한 방식으로 그렇게 하는 것은 누구나 할 수 있는 일도 아니며 쉽지도 않다. 따라서 훌륭함이란 드물고, 찬탄할 만하고, 고귀한 것이다.

(…) it is no easy task to be good. For in everything it is no easy task to find the middle, e.g. to find the middle of a circle is not for every one but for him who knows; so, too, any one can get angry-that is easy-or give or spend money; but to do this to the right person, to the right extent, at the right time, with the right motive, and in the right way, that is not for every one, nor is it easy; wherefore goodness is both rare and laudable and noble.

'적절한 사람에게, 적절한 정도로, 적절한 시기에, 적절한 동기를 가지고, 적절한 방식으로' 감정을 표출하거나 행위를 할 수 있는 사람은 '훌륭함(goodness)'을 지닌 사람이며, 아리스토텔레스는 이를 '아레테(arete)'라고 말했다. 흔히 '훌륭함, 좋음, 덕'으로 번역된다.

그런데 이 대목은 『논어論語』에 등장하는 "唯仁者, 能好人, 能惡人(유인자, 능호인, 능오인).", 즉 "어진 자만이 능히 사람을 좋아하고 능히 사람을 싫어할 수 있다."는 문장과 놀라우리만치 닮았다. 실제로 아리스토텔레스가 주장하는 중용은 고대 중국에서 군자에게 요구한 도덕규범과도 일맥상통하는 부분이 많다.

『니코마코스 윤리학』이 오늘날 아리스토텔레스의 저작들 가운데 가장 대중적인 것으로 남아 있는 까닭은 이 책이 단지 학술서로서가 아니라 삶의 지혜를 담은 '인생론'으로서 다가오는 부분이 있기 때문이다. 책 제목을 '아리스토텔레스 인생론'이라고 불러도 무방할 정도다. 그렇게 말하고 보니 '니코마코스 윤리학'이라고 불린 까닭에 대한 세 번째 시나리오가 문득 떠오른다. 즉 아리스토텔레스가 특별히 아들의 장래를 염두에 두고 삶의 요체를 담아냈기 때문에 그런 제목을 갖게 된 것 아닌가 하는 것이다. "나의 아들 니코마코스, 넌 인생을 이렇게 살렴." 하며 이 책을 남겼다는 얘기다. 뭐 말이 되긴 하는데, 역사적 근거가 있는지는 장담할 수 없다.

아들은 그렇다 치고, 정작 아리스토텔레스는 자신의 윤리학적 독트린에 얼마나 충실한 삶을 살았을까? 한 인물이 정말 덕 있는 군자인지 여부는 모든 것이 평화로운 시기보다 위태로운 시기에 더 분명히 판가름 날 것이다. 그렇다면 아리스토텔레스는 그 위기의 순간에 과연 어땠을까? 아리스토텔레스에게 그러한 순간이 찾아온 것은 기원전 323년이었다. 그의 절대적인 '후원자'였던 알렉산더 대왕이 바빌로니아에서 불과 서른셋 나이로 요절한 것이다. 그러자 아테네를 비롯해, 그동안 알렉산더의 위세에 눌려 숨죽이고 있던 그리스 도시국가들이 기다렸다는 듯이 들고 일어났다. 특히 아테네에서는 마케도니아 부역자들에 대한 일대 숙청 무드가 형성되었고, 그동안 '알렉산더 대왕의 스승'이라는 점을 '마케팅'에 적극 활용하며 승승장구했던 아리스토텔레스 역시 1순위 타도 대상에 올랐다.

이때 아리스토텔레스는 자신의 '윤리학'적 가르침을 어떻게 실천했을까? 바로 얼마 전까지만 해도 아리스토텔레스를 위대한 철학자로 떠받들던 사람들이 돌변해 그를 공공의 적으로 낙인찍고 있는 상황이었다. 이렇듯 터무니없는 상황이야말로 '분노'를 표할 적절한 동기, 시기, 장소라는 삼박자를 갖추고 있는 것 아니었을까? 아리스토텔레스의 윤리학 이론에 따르면 분명 그런 것 같은데, 실제 역사에서 그는 '분노(憤怒)'를 드러내기보다 '분로(犇路)', 즉 도망갈 길부터 찾았던 모양이다. 그는 "아테네인들이 또다시 철학에 죄를 짓도록 내버려 두지 않겠다.(I would not let Athens have another chance to sin a second time against philosophy.)"는 멋진 말을 남기고 조용히 도시를 빠져나갔다. 이 말은 물론 아테네가 그의 스승의 스승인 소크라테스를 처형한 것에 빗대, 자기 목숨을 빼앗도록 내버려 두지 않겠다는 뜻이었다. 아리스토텔레스는 결국 탈출에 성공했지만, 이후 사실상 '홈리스' 같은 떠돌이 생활 끝에 1년 만인 기원전 322년 객사했다. 하지만 너무 안타까워할 일은 아니다. 비록 말년에 스타일이 좀 구기기는 했지만, 생애 전체를 놓고 봤을 때는 개인적으로나

라파엘로의 프레스코화 〈아테네 학당〉 속 플라톤과 아리스토텔레스.
두 사람의 몸짓이 그들의 대조적인 사상을 표현하고 있다.

학문적으로나 놀랍도록 성공적인 삶을 살며 누릴 건 다 누린 인물임에
틀림없기 때문이다.

다시 라파엘로의 그림으로 돌아가 보자. 플라톤의 오른 손가락은 분
명 하늘을 가리키고 있다. 그런데 아리스토텔레스의 몸짓은 자세히 보
면 약간 애매하다. 딱히 아래쪽을 가리키고 있다기보다는 손바닥을 아
래쪽으로 펴고 있는 모습이 뭔가 거부하는 몸짓 같기도 하다. 마치 스승
에게 "잠깐, 잠깐, 그만하시죠." 하는 것처럼 말이다. 플라톤이 하늘을
가리키며 또 영혼과 이데아를 들먹이기 시작하자 그런 뜬구름 잡는 얘
기는 제발 그만하시라고 손을 내젓는 장면의 '스냅 샷'이 아니고 뭐겠
는가.

좀 주제넘은 일인지도 모르지만, 플라톤과 아리스토텔레스의 사상을
간략하게 비교해 보면 다음과 같지 않을까 싶다. 플라톤은 이데아가 현
실보다 우월하다고 보고, 현실을 초월해 이데아의 세계로 '훌쩍' 뛰어넘

어 가는 것을 궁극적인 이상으로 본 듯하다. 그가 『국가론』에서 점진적 개혁보다 철학자들에 의한 급진 혁명을 옹호한 것도 그런 세계관과 맥을 같이한다고 볼 수 있다. 그에게 '모방'으로서의 현실은 극복 내지 청산 대상이었다. 반면 아리스토텔레스는 현실 너머에 무엇이 존재하는가를 알기 위해서라도 먼저 우리가 발 딛고 서 있는 현실계를 이해하는 것이 중요하다고 생각했다. 다시 말해 현실을 초월적인 존재를 이해하기 위한 매개 내지 수단으로 생각했다고나 할까? 그런 현실 중심주의가 세상만사의 온갖 모습, 즉 인간 사회에서 벌어지는 일뿐 아니라 자연계의 모든 현상들까지 꼼꼼하게 관찰해 지식의 '데이터베이스' 혹은 '라이브러리'를 만들겠다는 발상으로 이어진 것이다.

플라톤과 아리스토텔레스 이후의 서양 철학사는 사실 이들로 대표되는 이상론과 현실론의 각축장이었다고 해도 과언이 아니다. 스승 플라톤이 제시한 유토피아의 꿈과 제자 아리스토텔레스가 세운 논리와 이성의 라이브러리 사이의 대결은 아직도 진행 중이다.

*Chapter*

*3*

웅변가와 황제의 철학

메인 브런치

· 키케로

· 마르쿠스 아우렐리우스

---

원전 토핑

· 『수사학』 키케로

· 『예지력에 관하여』 키케로

· 『웅변술에 관하여』 키케로

· 『국가론』 키케로

· 『신성론』 키케로

· 『명상록』 아우렐리우스

7th Brunch Time

# 키케로, 로마 최고의 천재

## 키케로, 로마의 엄친아

한때 떴다가 지는 게 유행어의 특성이라지만, 한국에서 '엄친아(혹은 엄친딸)'는 이제 유행어의 단계를 지나 비공인 표준어로 정착되어 가는 모양새다. '엄마 친구 아들'의 줄임말인 '엄친아'는 참 재치가 듬뿍 담긴 표현이지만, 그 속에는 마냥 웃을 수도, 그렇다고 울 수도 없는 한국인 특유의 문화가 깔려 있다. 사실 그렇기 때문에 생명력이 긴 것인지도 모른다. 독자 여러분도 다들 잘 아시겠지만, '엄친아'는 단순한 엄마 친구 아들이 아니다. 여기에는 누구나 어린 시절 한 번쯤 들어 봤을 법한 말, 즉 "누구네 아들은 공부도 잘하고 그림도 잘 그리고 운동도 잘한다더라."는 질시가 담겨 있다. 다시 말해 '엄친아'는 어려서부터 다양한 분야에서 두각을 나타내는, 말 그대로 재주도 많고 재수도 좋은 아이, 그래서 엄마가 늘 '나'와 비교 대상으로 삼는 존재다.

빛이 있으면 어둠도 있는 법. 이렇게 잘나가는 엄친아들의 얘기를 엄마로부터 묵묵히 들어야 하는 '나'는 대개 재주도 없고, 재수도 없는 아이일 가능성이 높다는 데 우리 시대의 비극이 있다. 엄마가 친구들 모임에 나가서 자랑할 수 없는 천덕꾸러기인 '나'—문득 안데르센 동화의 제목이기도 한 'Ugly Duckling(미운 오리 새끼)'이라는 표현이 떠오른다. 분명 내 경우도 그랬다. 학창 시절에 크게 사고를 친 적은 없었지만 분명 '엄친아'보다는 '엄친오(엄마 친구네 미운 오리 새끼)'에 가까웠다. 종종 자식 자랑이 인생의 의미 그 자체가 되는 한국에서 엄친아가 되지 못하면 부모님에게 좀 미안한 마음이 드는 게 사실이다.

하지만, 그렇다고 해도 지나치게 스트레스를 받을 일은 아니다. 혹시라도 나와 비슷한 경험을 한 독자들, 아니 지금 이 순간도 엄친 '아'가 아닌 엄친 '오'의 비애를 느끼는 독자들이 있다면 너무 낙심하지 말라고 당부하고 싶다. 혹시 아는가? 동화 속 미운 오리 새끼가 결국에는 백조가 되어 날아올랐듯이, 우리 모두 분발한다면 언젠가는 각자 몸담은 분야에서 엄친아를 뛰어넘는 엄친 '용(龍)'이 되어 여의주를 만지작거리는 날이 올지. 인생은 장기전이다.

처음부터 뭔 객쩍은 소리인가 하고 고개를 갸웃거린 독자들도 있을 것 같은데, 사실 서두에 '엄친아' 이야기를 꺼낸 이유는 따로 있다. 이번 장에서 소개하려는 두 철학자 키케로(Marcus Tullius Cicero)와 아우렐리우스(Marcus Aurelius)가 바로 '고대 로마 버전' 엄친아들이기 때문이다. "인생은 불공평하다.(Life is unfair.)"는 미국 속담이 있긴 하지만, 이 두 인물은 정말 해도 해도 너무하다 싶을 정도로 여러 분야에서 발군의 재능을 보였다. 재능이 많은 만큼 공사다망했음은 물론인데, 이들은 그 와중에 철학까지 했으니 말 다한 셈이다. 다만 두 사람의 삶과 철학을 조금 깊이 들여다보면 이들에게도 나름의 애환과 난관이 있었다는 것, 그리고 엄친아들 역시 알고 보면 종종 결정적인 순간에 평범한 인간으로서 한

이탈리아 화가 빈센초 포파(Vincenzo Foppa)가 그린 어린 키케로의 모습.
그리스 고전을 들고 여유 있게 앉아 있는 모습에서 이미 로마 역사상 최강 엄친아의 포스가 느껴진다.

계를 드러낸다는 점이 위안이라면 위안으로 다가온다.

먼저 키케로부터 본격적으로 살펴보자. 키케로는 기원전 106년 로마 교외 아르피눔 지역의 부유한 가문에서 태어났다. 어려서부터 그리스식 인문학 교육을 받고 자란 그는 고향 아르피눔 너머 로마에 이르기까지 신동으로 명성이 자자했다. 말 그대로 로마 역사상 최고의 영재였다. 초기에 반짝 두각을 나타내다가 금세 평범해지는 신동들도 많지만, 키케로는 유년 시절부터 예순셋의 나이로 운명할 때까지 일관되게 천재적이고 생산적인 삶을 살았다. 그가 남긴 다음과 같은 명언은 사실 다른 누구도 아닌 그 자신에게 고스란히 적용되는 말이다.

자연이 우리에게 준 삶은 짧지만, 값지게 보낸 생의 기억은 영원하다.
The life given to us by nature is short; but the memory of a well-spent life is eternal.

키케로가 다양한 분야에서 이룩한 업적은 질적으로나 양적으로나 비견할 데가 없으며, 그를 수식하는 '타이틀' 또한 너무 많아서 무엇을 먼저 꼽아야 할지 헛갈릴 정도다. 우선 키케로는 법률가로서 커리어를 시작했다. 그는 젊은 시절 법률 지식과 변론술을 배운 뒤 로마로 진출, 변호사 및 검사로 활약하며 여러 굵직한 사건들을 해결했다. 그가 관여한 재판들 가운데 섹스투스 로스키우스(Sextus Roscius) 사건과 가이우스 베레스(Gaius Verres) 사건 등은 당시 로마에 만연하던 이른바 '권력형 비리'를 파헤친 것으로, 정의로운 법률가로서 키케로의 능력과 담대함을 보여 주는 좋은 예다. 지금까지 남아 있는 당시의 재판 기록을 읽어 보면, 2천여 년 전 로마의 포룸(forum)에서 벌어진 법정 공방이 손에 잡힐 듯 생생하게 전해진다.

그런가 하면 정치가로서 키케로의 활약도 눈부시다. 그는 법률가로서 쌓은 명성과 인기를 바탕으로 원로원 의원에 선출되었고, 다시 여러 요직을 거쳐 로마 공화정 시대 최고위직인 집정관에까지 오르는 기염을 토했다. 키케로는 비록 경제적으로 넉넉한 집안에서 태어나긴 했지만, 로마 교외 출신이었기 때문에 당시 로마 정치를 좌지우지하던 귀족 가문들과 별다른 연고가 없었다. 그럼에도 순전히 개인의 재능과 수완으로 '핸디캡'을 극복하고 집정관에까지 오른 걸 보면, 그가 어떤 인물이었는지를 충분히 짐작할 수 있다.

한편 고대 아테네에서와 마찬가지로 로마에서도 공직에 나가 성공하기 위해서는 뛰어난 웅변술을 갖추고 있어야 했는데, 키케로는 웅변가(orator)로서도 일가를 이룬 인물이다. 고대 그리스의 가장 위대한 웅변가가 데모스테네스(Demosthenes)라면, 로마 시대 최고의 웅변가는 단연 키케로다. 로마 시대에 녹음장치나 녹화장치가 있었을 리 만무하니 그의 웅변이 실제로 어땠는지는 정확히 알 수 없지만, 지금까지 남아 있는 그의 연설 원고를 보면 그 유려함과 방대한 분량에 놀라지 않을 수 없

이탈리아 로마 대법원 앞에 있는 키케로 상.

다. 법정 변론, 고발, 원로원 의사 진행 발언 등 키케로의 연설 원고로 알려진 것만 50여 종이 남아 있는데, 그 가운데 상당수는 한 편이 수십 쪽에 달한다. 또한 키케로는 그리스어에도 뛰어나 플라톤의 『국가론』을 비롯해 많은 그리스어 고전들을 라틴어로 번역했으며, 그 과정에서 라틴어 수준을 한 단계 끌어올린 인물로 평가받는다. 서구 역사에 등장한 천재들 중에서 소위 '말발'과 '글발'이 한 몸에 깃든 경우가 키케로만은 아니지만 그의 재능이 특히 눈부셨던 것만은 사실이다.

그럼 키케로는 그토록 바쁜 외중에 어떻게 철학을 한 것일까? 솔직히 나도 잘 모르겠다. 생각해 보면 우리 주변에 있는 '엄친아'란 정말 수수께끼 같은 존재다. 학교 성적 1등, 피아노 영재, 바이올린은 덤, 미술 대회만 나가면 입상, 체육대회 반대표도 그 녀석 몫. 사정이 이러니 도대체 그 모든 걸 언제 어떻게 해 내는 건지 알 수가 없어 고개를 갸웃거리곤 했다. 키케로를 비롯해 모든 엄친아들에게는 확실히 그들만의 특별한 재주가 있음을 인정해야 하는 건지도 모른다.

키케로의 철학에 대한 후대의 평가는 약간 엇갈린다. 학자, 역사가 들 중에는 그의 철학을 단순 처세술 내지 반쯤 익다가 만 지적 실험 정도로 폄하하는 이들도 있다. 그가 워낙 권력 지향적인 인물이었기 때문이다. 또한 공사다망한 가운데 많은 저작들을 남겨서인지, 키케로는 정치철학, 미학, 신학 등 여러 분야들을 들쑤시고 다녔음에도 정작 고유의 사상 체계라고 불릴 만한 것을 완성해 내지 못했다. 따라서 그의 수많은 저작들 가운데서도 '이거다' 싶은 똘똘한 한 방, 즉 대표작이라 할 만한 작품을 선뜻 꼽기가 어려운 것도 사실이다.

하지만 그렇다고 해서 그의 저작들을 너무 가볍게 생각해도 곤란하다. 예를 들어 철학과 신학의 경계를 넘나드는 저서 『신성론On the Natures of Gods』에 담겨 있는 그리스 철학 지식은 너무나 방대하고 꼼꼼해서, 그 책을 거의 '고대 그리스 철학 백과'로 읽어도 무방할 정도다. 또 플라톤의 『국가론』에서 영향을 받아 쓴 『국가론On the Republic』과 『의무론On Duties』 등에 드러난 공화주의자로서의 정치사상은 후대에 많은 영향을 끼쳤다. 그 밖에도 연설, 서신, 논문 등 다양한 저작물 곳곳에 나타나 있는 삶과 세계에 대한 식견들 역시 그만의 깊이와 내공을 보여 준다.

## 회의주의, 안다는 것과 모른다는 것

키케로가 철학적 스승으로 모신 인물은 로마에서 활동하던 그리스인 필론(Philo)이었는데, 그는 아테네에서 플라톤이 세운 아카데미아의 교장까지 지낸 인물이라고 한다. 그러니까 어떤 의미에서 키케로는 그야말로 그리스인 소크라테스와 플라톤을 잇는 로마인 직계 후계자인 셈이다.

필론의 철학 사조는 보통 '회의주의(Skepticism)'로 불리며, 그의 사상적 본거지였던 아카데미아를 붙여 '아카데미아파 회의주의(Academic Skepticism)'라고도 한다. 기본적으로 이들은 어떤 절대적인 '도그마(dogma)'도 부인하며 세상의 모든 견해나 원칙에 대해 일단 의문을 제기할 것을 주장했다. 키케로가 아직 10대였을 때 쓴 책 『창의성에 대하여 On Invention』에서는 회의론자의 세계관을 다음과 같이 설명한다.

하지만 우리가 주목할 가치가 있는 누군가의 특정 주의주장을 성급하게 지나쳐 버리거나 충분한 [과학적] 정밀성(elegance) 없이 수용하는 것으로 보인다면, 그 경우 누군가에게서 보다 나은 가르침을 받게 될 때, 우리는 기꺼이 즐거운 마음으로 우리의 의견을 수정할 것이다. 불명예스러운 것은 아는게 거의 없는 것이 아니라 이해하지 못하는 것을 어리석게 오랫동안 고집하는 것이다. 왜냐하면 전자는 인간의 흔한 약점 탓인 반면 후자는 개인의 특수한 결점 탓이기 때문이다.

그러므로 우리는, 어떤 것도 긍정적으로 인정하는 바 없이, 그러나 동시에 질문을 하면서, 각각의 관점을 일정한 의혹을 가지고 진전시켜 나갈 것이다.

But if we appear either rashly to have passed over some doctrine of some one worth noticing, or to have adopted it without sufficient elegance, in that case when we are taught better by some one, we will easily and cheerfully change our opinion. What is discreditable is, not the knowing little, but the persisting foolishly and long in what one does not understand : because the one thing is attributed to the common infirmity of man while the other to the especial fault of the individual. Wherefore we, without affirming anything positively, but making inquiry at the same time, will advance each position with some doubt.

"아는 게 거의 없는 것이 아니라 이해하지 못하는 것을 어리석게 오랫동안 고집하는 것"이 부끄러운 일이라고 갈파하는 대목은 『논어』에서 "아는 것을 안다 하고, 모르는 것을 모른다 하는 것, 이것이 아는 것이다(知之爲知之 不知爲不知 是知也)."라고 한 공자의 가르침과도 직결된다. 뿐만 아니라 소크라테스로 하여금 "내가 아는 단 하나는 내가 아무것도 모른다는 것이다."라며 무지에 대해 자각하게 했던 명문, 즉 델파이 신전 입구에 새겨진 "너 자신을 알라."와도 맥이 닿는다. 위에 인용된 키케로의 문장을 읽고 있으면 왜 그가 회의론에 심취할 수밖에 없었는지 쉽게 짐작이 간다. 법학을 공부한 키케로에게 회의론적인 시각은 너무나 매력적으로 다가왔을 것이다. 매사를 의심의 눈초리로 따져 봐야 하는 법률가의 비판적 사고와 일맥상통했을 것이기 때문이다.

잠깐 옆길로 새자면, 현대 영어에서도 회의주의와 연관된 어휘들이 일상에서 꽤 유용하게 쓰인다. 예를 들어 skepticism(회의론, 비판론), skeptical(의심 많은), skeptic(회의주의자) 같은 단어들이 있다. 미국에는 아예 『스켑틱Skeptic』이라는 잡지도 있다. 미국의 심리학자이자 과학자인 마이클 셔머(Michael Shermer)가 창간한 이 잡지는 사이비 과학, 종교적 미신, 초자연 현상 등을 비판적 시각에서 바라보며 분석하고 논파하는 기사들로 가득 차 있는데 흥미로운 내용이 적지 않다. 어찌 보면 키케로를 비롯한 고대 회의론자들의 사상적 직계 후손이라 할 만하다.

다시 키케로로 돌아와서, 그의 회의주의적 사상이 잘 드러나 있는 저작으로는 『예지력에 관하여On Divination』가 있다. 그 도입부를 잠깐 살펴보자.

신화의 시대로부터 우리에게 전해져 내려와 로마인들과 다른 모든 국가들 사이에서 일반적으로 합의되어 굳건하게 확립된 고대의 믿음이 있으니,

사람들 사이에 일종의 예지력이 존재한다는 것이다. 그리스인들은 이를 '만티케(*mantike*)'라고 부르는데, 미래의 사건들에 대한 통찰과 지식을 뜻한다. 만약 그런 능력이 존재한다면 정말로 멋지고 이로운 일이다. 왜냐하면 그러한 수단을 통해 인간은 신의 권능에 매우 가깝게 다가갈 수 있을 것이기 때문이다. 그리고 우리 로마인들이 그리스인들보다 뛰어난 다른 많은 것들에서 그런 것과 마찬가지로 우리는 너무도 비범한 이 재능에 이름을 부여하는 데서도 다시 그들을 능가했다. 우리는 '신'을 뜻하는 단어 '디비(*divi*)'에서 〔이름을〕 가져온 반면, 플라톤의 해석에 따르면, 그들은 '광기(frenzy)'를 뜻하는 단어 '마니아(*mania*)'에서 그것을 도출했다.

There is an ancient belief, handed down to us even from mythical times and firmly established by the general agreement of the Roman people and of all nations, that divination of some kind exists among men; this the Greeks call *mantike*—that is, the foresight and knowledge of future events. A really splendid and helpful thing it is—if only such a faculty exists—since by its means men may approach very near to the power of gods. And, just as we Romans have done many other things better than the Greeks, so have we excelled them in giving to this most extraordinary gift a name, which we have derived from *divi*, a word meaning 'gods', whereas, according to Plato's interpretation, they have derived it from *mania*, a word meaning 'frenzy.'

이렇게 시작된 글은 예지력(점술)의 역사, 전통, 관행 등을 분석하면서 점점 독자들을 몰입시킨다. 『예지력에 관하여』를 계속 읽다 보면 마치 『스켑틱』 최신호 특집 기사를 보는 느낌이 든다. 21세기 들어서도 점술에 대한 수요가 사라지기는커녕 동서양을 막론하고 늘어 가는 추세인데, 과연 고대 로마의 지성 키케로는 미래를 보는 능력에 대해 어떤 결론을 내렸는지 궁금하지 않은가?

한편 키케로가 영어 divination의 라틴어 원형인 '디비나티오넴 (divinationem)'과 그리스어 '만티케(mantike)'를 어원학적으로 비교하면서, 이를 로마가 그리스보다 우월한 증거로 제시하는 대목이 인상적이다. 그에 따르면 그리스인들은 예지력이 제정신을 잃은 다음에야 얻을 수 있는 능력, 즉 일종의 '광기'라고 본 반면 로마인들은 보다 긍정적으로 신이 내려 주신 귀한 '능력'이라고 생각했다는 것이다. 광기를 뜻하는 고대 그리스어 mania는 현대 영어에서도 그 형태를 고스란히 계승한 채 살아남았다. 말이 나온 김에 어학 상식 하나 얘기하자면, 한국에서는 무언가를 열렬히 좋아하는 사람을 일컬어 '매니아' 혹은 '마니아'라고 하지만, 영어에서 mania는 광적으로 좋아하는 감정이나 행위를 말하는 것이지 그 행위의 주체를 가리키는 것이 아니다. 영어에서 행위자를 의미하려면 maniac을 사용해야 한다. 즉, 골프광은 golf mania가 아니라 golf maniac, 자전거광은 bicycle mania가 아니라 bicycle maniac이 올바른 표현이다. 정말 '아' 다르고 '어' 다른 게 말이라더니, '~a(아)' 다르고 '~ac(악)' 다른 게 영어라고나 할까?

'마니아'가 실은 mania, 즉 무언가에 광적으로 빠져 있는 상태를 뜻한다는 것에서도 알 수 있듯이, 주변에서 흔히 마니아 기질을 보이는 사람들에게서는 약간의 광기가 느껴질 때가 많다. 그런데 뭘 하더라도 '광'보다는 '애호' 쪽이 좀 더 건강하고 바람직한 태도 아닐까 싶다. 우리가 philosophy 개념을 배우며 언급했던 그 philia(애호, 사랑) 말이다. 키케로는 어려서부터 그리스 고전 교육을 받았지만, 자신이 배운 것을 로마인 입장에서 주체적으로 수용했다. 다시 말해 그는 그리스-애호가 (Greco-phile)이었을지언정 그리스 것이라면 무엇이든 좋다는 그리스-

광(Greco-maniac)은 아니었던 것이다. 로마인으로서 키케로의 자부심은 『웅변술에 관하여 On the Orator』에서 로마의 가장 오래된 성문법인 '12동판법(Twelve Tables)'에 대해 펼친 다음과 같은 견해에서도 잘 나타난다.

그것들(동판법의 문구들—옮긴이)은 옛 말씀들에 대한 회고와 고대 관습들에 대한 묘사로 정신을 즐겁게 한다. 그것들은 가장 정통한(sound) 정부의 원칙 및 도덕상의 원칙을 심어 준다(inculcate). 감히 단언컨대, 10인위원회(Decemvirs)가 작성한 간략한 문장들은 그 진정한 가치에 있어 그리스 철학 장서들을 능가하는 것이다. 우리 조상들의 지혜란 얼마나 감탄스러운 것인지! 우리만이 시민의 분별력을 지닌 주인이며, 만약 우리가 드라코, 솔론, 리쿠르고스의 조악하고(rude) 터무니없는 법체계에 우리의 시선을 마지못해(deign to) 던져 본다면, 우리의 우월성이 더욱 뚜렷해질 것이다.

They amuse the mind by the remembrance of old words and the portrait of ancient manners; they inculcate the soundest principles of government and morals; and I am not afraid to affirm, that the brief composition of the Decemvirs surpasses in genuine value the libraries of Greek philosophy. How admirable is the wisdom of our ancestors! We alone are the masters of civil prudence, and our superiority is the more conspicuous, if we deign to cast our eyes on the rude and almost ridiculous jurisprudence of Draco, of Solon, and of Lycurgus.

12동판법은 12표법이라고도 하며, 기원전 450년경 법지식과 공유지를 독점해 오던 로마 귀족들에게 반발한 평민들의 투쟁 결과, 10인 대표로 구성된 이른바 '10인위원회'가 기술한 것으로 알려져 있다. 키케로가 언급한 드라코와 솔론은 고대 아테네의 입법가들이며, 리쿠르고스는 스

북부 이탈리아에서 발견된 『웅변술에 관하여』 축소판 첫 페이지.
15세기 것으로 추정되며 현재는 대영박물관에 소장되어 있다.

파르타의 전설적인 입법가다. 아테네 아카데미아 출신 스승에게서 그리스 철학 세례를 흠뻑 받은 키케로가 12동판법의 간결한 내용이 '그리스 철학 장서들'보다 뛰어나다고 단언하는 모습이 인상적이다. 그의 애국심도 애국심이지만, 이렇게 로마법을 예찬하는 그의 문장은 참으로 유려하고 좋다. 제 나라 문화에 대한 사랑도 사고력과 문장력이 뒷받침되어야 제대로 표현할 수 있는 것이다.

## 정치학적 비전과 신학적 통찰력

키케로가 플라톤의 『국가론』을 라틴어 버전으로 번역하며 '레스 푸블리카(Res Publica)'라는 제목을 단 데서 훗날 'The Republic'이라는 영어 제목이 탄생했다는 사실은 이미 언급한 바 있다. 그런데 키케로는 거기서 그치지 않고 자신만의 『국가론』을 따로 쓰기까지 했다. 아마도 플라톤의 저서를 라틴어로 번역한 뒤 이제는 자신이 생각하는 이상적인 국가의 비전을 제시해 보고 싶다는 생각이 들었을 것이다.

키케로의 『국가론』은 라틴어로 '데 레 푸블리카(De Re Publica)', 영어로는 보통 On the Republic 혹은 On the Commonwealth 라고 한다. 한글로 번역하자면 '공화국에 대하여' 혹은 '국가에 대하여'가 되겠지만, 플라톤의 책과 마찬가지로 우리말로는 보통 『국가론』 혹은 『키케로의 국가론』이라고 한다. 비록 플라톤에게서 자극을 받았다고는 하지만, 그렇다고 해서 키케로의 작품을 '짝퉁' 정도로 생각해서는 곤란하다. 이미 말했듯이 키케로는 항상 그리스를 본받으면서도 자신만의 독창성을 유지한 로마 지식인이었다.

여기서 키케로 정치철학의 진수라 할 『국가론』의 한 대목을 감상해 보도록 하자. 그의 『국가론』에서는 소크라테스 대신 세 명의 로마인들이 등장해 이상적인 국가의 청사진에 대해 논한다. 아래는 스키피오가 공화국의 미래를 책임질 젊은 인재들에게 천문학을 필수적으로 가르쳐야 한다고 제안하는, 상당히 '유니크(unique)'한 대목이다. 천체망원경도 없던 시절(갈릴레이가 천체망원경을 만든 시기는 이로부터 약 1,700년 뒤다), 천문학에 대해 이 정도 인식을 가졌다는 것이 놀랍기 그지없다.

투베로　스키피오, 그렇다면 나날이 너무나 유용함을 증명하는 이 천문학을 우리의 교육기관에서 가르칠 가치가 있다고 생각하지 않소?

스키피오　의심의 여지가 없지요. 이 학문은 철학자들에게 숭고한 아이디어를 제공할 거요. 사실 너무나 숭고한 나머지, 이 빛나는 신들의 제국을 통찰하는 자에게 인간사란 거의 저열하게조차 여겨지겠지요. 영속성의 본질을 헤아리는 자에게 수명이 있는 사물들이 지속성을 가지는 것처럼 보일 수 있을까요? 그 전체 규모에서 보더라도, 그리고 특히 인류가 거주하고 있는 부분에서 보더라도 우리 혹성의 보잘것없음을 자각하는 자에게 어떤 지상의 영광이 흥미를 끌 수 있겠소. 그리고 대부분의 나라들에는 알려지지도 않은, 우리 자신이 점유하고 있는 거의 감지할 수 없을 만큼 작은 지점을 고려할 때, 우리가 우리 이름과 평판이 널리 회자되리라고 기대할 수 있을까요?

Tubero  Don't you think then, Scipio, that this astronomic science, which every day proves so useful, is worthy of being taught in our schools?

Scipio  No doubt. This study may furnish philosophers with sublime ideas. So sublime indeed, that to him who penetrates this starry empire of the gods, the affairs of man may seem almost despicable. Can the things of time appear durable to him who estimates the nature of eternity? What earthly glory can interest him who is aware of the insignificance of our planet, even in its whole extent, and especially in the portion which men inhabit! And when we consider that almost imperceptible point which we ourselves occupy, unknown to the majority of nations, can we hope that our name and reputation can be widely circulated?

대제국 로마 시민의 호연지기 같은 게 느껴지지 않는가? 이건 뭐 '세계는 넓고 할 일은 많다'가 아니라 "세계는 좁다. 우주를 꿈꿔라."라고나 할까? 개인의 이해관계가 아니라 공공선을 위해 봉사할 인물을 기르는 데는 천문학만큼 유용한 학문이 없다, 왜냐하면 천문학은 로마, 아니 지구 전체조차도 우주적 관점에서는 일개 점에 불과하다는 것을 가르치기 때문이다—는 주장은 실로 놀랍다. 이는 확실히 검열과 주입식 사상 교육을 일삼는, 플라톤이 '아름다운 도시'에서 실행하고자 했던 꿈나무 육성 제도와는 차원이 다르다. 지구를 수많은 별들 가운데 하나로 인식하며 광대한 우주를 조망하는 사상가와 교양인을 키워 내고자 했던 키케로. 이런 인물이 이미 2,000년 전에 존재했다는 것이 믿기 어려울 정도다.

키케로가 『국가론』에서 로마 공화정의 이상적인 발전 방향을 제시했다면, 『신성론』에서는 신학과 철학의 결합을 시도했다. 책의 서두를 잠깐 읽어 보자.

철학의 많은 질문들이 결코 만족스럽게 해소되지 않은 가운데, 특히 신들의 본성에 대한 문헌을 가지고 탐구하는 데 천착하는 것에는 상당한 어려움과 모호함이 있다. 이는 영혼의 본질을 제공한다는 인식에서 고귀해지는 탐구일 뿐 아니라 종교적 관습의 규제를 위해서도 필요한 탐구다. 이에 관한 가장 위대한 사상가들의 견해들은 서로 갈등을 일으키며 변화하는데, 그들이 그렇게 하는 원인이 무지에 있다는 강력한 증거로 여겨질 정도다. (…) 잘못된 견해를 고수하거나, 적절하고 철두철미하게 이해되고 자각되지 않은 것을 주저 없이 옹호하는 일만큼 무모하고 무가치한 게 있을까? 이 연구에서, 의견 다양성을 예로 들자면, 권위자들의 대다수가 신들의 존재를 인정했다. 그것이 우리가 본성의 인도에 따라 이끌려 가는, 가장 그럴듯한 결론이기는 하다. 그러나 프로타고라스는 〔신들의 존재가〕 의심스럽다고 말했으며, 멜리아 사람 디아고라스와 키레네 사람 테오도로스는 아예 그런 존재들이 없다고 생각했다. 더욱이 신들의 존재를 주장하는 사람들마저 너무나 많은 다양성과 불일치를 보여, 그들의 생각을 일일이 따로 열거하는 것은 따분한 일이 될 것이다. 신들의 형상, 그들의 거주지, 생활양식 등에 대해 상당히 많은 말들이 있고, 이러한 점들은 철학자들 사이에서 극도의 견해 차이를 낳으며 언쟁을 일으킨다.

While there are many questions in philosophy which have not as yet been by any means satisfactorily cleared up, there is in particular, much difficulty and much obscurity attaching to the inquiry with reference to the nature of the gods, an inquiry which is ennobling in the recognition which it affords of the nature of the soul, and also necessary for the regulation of religious practices. The opinions of the greatest thinkers with regard to it conflict and vary to an extent which should be taken as strong evidence that the cause of their doing so is ignorance. (⋯) Is there anything, indeed, so discreditable as rashness, and is there anything rasher and more unworthy than the holding of a false opinion, or the unhesitating defence of what has not been grasped and realized with proper thoroughness? In this inquiry, to give an instance of the diversity of opinion, the greater number of authorities have affirmed the existence of the gods; it is the most likely conclusion, and one to which we are all led by the guidance of nature; but Protagoras said that he was doubtful, and Diagoras the Melian and Theodorus of Cyrene thought that there were no such beings at all. Those, further, who have asserted their existence present so much diversity and disagreement that it would be tedious to enumerate their ideas separately. For a great deal is said about the forms of the gods, their locality of residence, and mode of life, and these points are argued with the utmost difference of opinion among philosophers.

요약하자면, 키케로는 신의 존재 혹은 신의 본성을 둘러싼 철학자들의 '끝장 토론'에 대해 말하고 있는 것이다. 앞서 플라톤의 대화편 『향연』에서 고대 그리스 지성인들이 에로스를 단순히 날개를 달고 애욕의 화살을 쏘아 대는 아기장수로만 생각하지 않았음을 보긴 했지만, 그래도 '그 시절' 신의 존재에 대해 이렇듯 진지한 발상을 했다는 것은 참으로 놀라운 일이다. '그 시절'이라는 친근한 표현을 쓰긴 했지만, 지금 우리는 1970년대나 1980년대를 말하고 있는 게 아니다. 기원전이다. 키케로의 생몰연대는 기원전 106년에서 43년이다. 한국 고대사에서 고조선이 한나라의 공격을 받고 멸망한 시기(기원전 108년)와 그의 출생 연도가 거의 같다. 이렇게 얘기하고 보니 '그 시절'이란 게 얼마나 아득한 옛날인지 좀 더 피부에 와 닿는 느낌이다. 아무튼 그런 그때, 신들을 구름 위에 살며 인간에게 길흉화복을 내리는 존재로 믿는 수준을 넘어 존재론적으로 탐색해 보고자 했다는 것에서 그가 얼마나 높은 식견을 가지고 있었는지를 짐작할 수 있다.

키케로의 문장은 때로 좀 길게 늘어질 때가 있지만, 그럼에도 아주 난해하지는 않으면서 깊이를 지니고 있다. 뿐만 아니라 여기서도 그는 회의주의 문파의 도반다운 자세를 잃지 않는다. 즉, 세간의 대세에 따라 성급히 결론 내리기를 거부하며, 신들의 문제를 제대로 고찰하고 토론할 것을 희망하고 있다. 더 나아가 키케로는 신의 '정체성'을 묻는 데 그치지 않고, 신이 인간에게 어떤 의미를 지니는가에 대한 질문까지 던진다.

그러나 그 논쟁에서 가장 중대한 부분은 신들이 전적으로 비활동적이고, 완전히 비생산적이며, 세상사를 보살피고 관여하는 모든 일에서 자유로운가, 혹은 반대로 만물이 태초부터 그들에 의해 만들어지고 구성되었는가, 그리고 계속해서 영원토록 그들에 의해 작동되고 통제될 것인가 하는 점이다. 이야말로 논쟁에서 지대한 논점 중 하나이며, 이에 대한 결론이 내려지지 않는 한 인류는 필시 알아야 할 가장 중요한 것에 대해 무지한, 크나큰 오류에 빠져 있어야만 한다.

But the most considerable part of the dispute is, whether they are wholly inactive, totally unemployed, and free from all care and administration of affairs; or, on the contrary, whether all things were made and constituted by them from the beginning; and whether they will continue to be actuated and governed by them to eternity. This is one of the greatest points in debate; and unless this is decided, mankind must necessarily remain in the greatest of errors, and ignorant of what is of supreme importance to be known.

이 대목에서 우리는 고대인들의 신관이 이미 상당히 복잡한 수준에 이르렀음을 알 수 있다. 키케로는 단순히 신 존재 여부에 대한 물음에서 그치지 않는다. 신이 세상사에 적극적으로 관여하는 존재인지, 세계를 창조하였으되 인간사에 개입하지 않는 방관자인지, 인간과 상관없이 자기만의 세계에 사는 별종인지를 묻고 있는 것이다. 그리고 이 질문들에는 후대 가톨릭 신학자들의 일신론에서부터 17세기 스피노자의 범신론과 18세기 계몽주의자들의 이신론에 이르기까지 다양한 생각의 씨앗들이 담겨 있다.

여기까지 읽고 나면 회의론자인 키케로가 과연 신의 본성에 대해 어떤 결론을 내릴 것인지 궁금해져 계속 책장을 넘기지 않을 수 없다. 키케로의 말처럼 철학의 여러 문제들 가운데 '가장 중요한(of supreme importance)' 신들의 본성에 대해 알고 싶지 않은가? 로마 사상 최고의 지성 키케로는 그에 대한 답을 줄 수 있을까?

키케로가 개인적으로 어떤 종교관을 가지고 있었느냐 하는 문제와는 별개로, 그는 로마라는 거대 국가를 운영하는 데 종교가 이데올로기적·제도적으로 상당히 순기능을 할 거라고 인식했던 것 같다. 그의 연설문 「점술사의 대답에 대하여 On the Responses of the Haruspices」 중 한 대목을 살펴보기로 하자. 실제 연설 내용은 제목과 달리 (그의 정적을 비롯한 여러 인물들과 연관된) 당시 로마 정치권의 복잡한 역학관계를 반영하고 있지만, 여기서는 거룩한 신의 존재를 믿은 것이야말로 로마가 융성하게 된 원동력이었다고 역설하는 부분만 소개하기로 한다.

　　원로원 의원들(Conscript Fathers)이여, 우리가 스스로를 우리가 바라는 만큼 편애(partial to)하게 해 줍시다. 그래도 우리는 숫자로는 에스파냐인들보다 많지 않고, 완력으로는 갈리아인들보다 못하며, 꾀로는 카르타고인들에게, 기예(arts)로는 그리스인들에게 뒤지고, 끝으로 국내 문제를 해결하는 타고난 지성에 있어서는 이 나라와 국토의 [토박이] 라틴인과 이탈리아인 들을 능가하지 못합니다. 하지만 우리는 경건성과 종교성, 그리고 불멸하는 신들의 권능으로 만물이 다스려지고 질서 지워진다는 것을 전적으로 인정하는 지혜에 있어서는 모든 국가와 민족을 능가했던 것입니다.

　　Let us be as partial to ourselves as we will, Conscript Fathers, yet we have not surpassed the Spaniards in number, nor the Gauls in strength, nor the Carthaginians in cunning, nor the Greeks in the arts, nor, lastly, the Latins and Italians of this nation and land, in natural intelligence about domestic matters ; but we have excelled all nations and peoples in piety and religion, and in this one wisdom of fully recognizing that all things are ordered and governed by the power of the immortal gods.

위 문단은 후대 영국의 철학자 베이컨(Francis Bacon)이 그의 『수상록 Essays』에서도 소개한 바 있는 명문이다. 이번 기회에 한글뿐 아니라 영문으로도 익혀 두면 좋을 것이다.

## 후마니타스, 인문학의 아버지

이제 와서 하는 얘기지만 키케로는 인문학의 아버지이기도 하다. 이는 단순히 키케로가 여러 분야에 걸쳐 방대한 저작을 남김으로써 인문학 발전에 지대한 공헌을 했다는 의미로 바치는 덕담이 아니다. 키케로는 문자 그대로 '인문학'이라는 용어 자체를 서구 문명의 어휘 속에 편입시킨 장본인이다. 인문학을 뜻하는 영어 'humanities'가 바로 키케로가 즐겨 사용한 라틴어 표현 '후마니타스(humanitas)'에서 유래했기 때문이다. 그렇다. 독자 여러분도 매우 귀에 익을 바로 그 '후마니타스'다! 이 단어는 '인간의, 인간적인, 교양 있는' 등을 의미하는 라틴어 형용사 '후마누스(humanus)'에서 유래했는데, 키케로가 자신의 저서와 연설문 등에서 다양한 용도로 사용하면서 라틴어 표준 어휘로 정착되었다.

말이 나온 김에 키케로가 '후마니타스'를 사용한 사례들을 몇 개만 살펴보기로 하자. 먼저 그가 절친 아티쿠스(Atticus)에게 보낸 편지 속의 한 문장이다.

> 진실로, 내게 자네의 후마니타스, 아니 차라리 극도로 뛰어난 지혜는 매력적일 뿐 아니라 그저 경탄스러운 것일세.
>
> To me, indeed, your *humanitas*, or rather your extreme wisdom, seemed not only charming, but simply admirable.

파울루수 마누티우스(Paulus Manutius)가 키케로의 서간들을 엮어 낸 책.
아티쿠스, 브루투스, 자신의 동생 퀸투스 등과 주고받은 편지들이 담겨 있다. 1544년.

　　라틴어-영어 사전을 찾아보면 *humanitas*는 'human nature(인간의
본성), character/feeling(성격/감정), kindness/courtesy(친절함/공손함),
culture/civilization(문화/문명), refinement(교양, 품위, 고상함)' 등의 뜻을
지니고 있다. 위 인용문에서는 문맥상 '교양' 정도의 의미를 지니고 있
다고 하겠다.

　　이 편지의 수신자인 아티쿠스는 키케로와 함께 법학을 공부한 동문이
다. 이들이 평생 동안 서로 교환한 편지들은 화려한 공직 생활과 저서에
가려진 키케로의 솔직한 내면세계를 알 수 있는 단서일 뿐 아니라 로마
공화정 시대의 사회상을 알려 주는 귀중한 자료이기도 하다. 위 편지는
약간 과장하며 호들갑을 떠는 면이 있지만, 어찌 보면 허물없는 '절친'
에게도 기왕 칭찬을 하려면 이렇듯 화끈하게 하는 게 나을지도 모른다.

　　두 번째 예로 「집정관의 관구에 대하여*On the Consular Provinces*」라는
연설문의 한 대목을 살펴보자.

그를 그곳에 붙잡아 두는 것은, 내 생각에, 고장들, 아름다운 도시들, 후마니타스와 매력이 가득한 나라들입니다. 그것은 승리에 대한 욕망, 그리고 우리 영토의 경계선을 확장하려는 소망인 것입니다.

What detains him there, I believe, are places, beautiful cities, countries of *humanitas* and enchantment, it is a desire for victory, and a wish to extend the boundaries of our dominon.

본문에 등장하는 '그(him)'는 다름 아닌 카이사르(Julius Caesar)를 말한다. 키케로는 이 연설에서 당시 원로원에 의해 로마로의 소환장을 받은 카이사르가 갈리아 지방에 남아 정복 전쟁을 계속하려는 의지를 피력한 것을 옹호하고 있다. 실제로 키케로는 카이사르가 브루투스 일파에게 암살될 때까지 그와 경쟁과 협력 관계를 이어 나갔다. 연설과 관련된 역사적 배경도 흥미롭지만, 여기서는 '후마니타스'가 '친절함, 공손함' 등으로 이해된다는 것만 알고 넘어가기로 하자.

세 번째 예는 키케로의 또 다른 연설문 「귀환에 즈음하여 로마 시민들에게 고함*To the Citizens after his Return*」의 한 대목인데, 굉장한 명문이다.

그리고 내 조국으로 말하면, 오 불멸의 신들이시여, 그곳이 제게 얼마나 소중하고 즐거운 곳인지를 표현하는 것은 거의 불가능할 지경입니다. 이탈리아의 아름다움은 얼마나 대단한 것인지! 그 고을들은 얼마나 이름 높은지! 그 매력적인 경관은 얼마나 다채로운지! 땅과 작물은 또 어떤지! 이 도시의 휘황함, 시민들의 후마니타스, 공화국의 존엄, 그리고 그[로마의] 고귀함이여!

And as for my country, O ye immortal gods, it is scarcely possible to express how dear, how delightful it is to me. How great is the beauty of

Italy! How renowned are its towns! How varied are the enchantments of its scenery! What lands, what crops are here! How noble is the splendour of this city, the *humanitas* of its citizens, the dignity of the republic, and your majesty!

키케로는 기원전 58년경 약 1년간 로마를 떠나 피신해 있었다. 그보다 수년 전 집정관 시절에 내렸던 정치적 결정의 여파로 궁지에 몰린 탓이었다. 그런데 위 연설은 상황이 반전되어 도피 행각을 끝내고 로마에 귀환한 뒤 원로원에서 행한 것이다. 다시 로마로 돌아온 그의 벅찬 심정이 가감 없이 드러난, 가히 키케로의 '로마 찬가'라고 할 만하다. 영문을 보면 dear, delightful, noble, splendour, dignity 등 하여간 좋은 말은 모조리 동원하고 있다. 그리고 여기서 '후마니타스'는 '문명, 문화' 등을 의미한다.

키케로는 이처럼 '후마니타스'를 다양한 의미로 사용했는데, 이 말이 후일 영어에서 humanity 형태가 되어 '인간애, 인류' 등을 뜻하게 되었으며, 그 복수형 humanities는 '인문학'을 나타내게 된 것이다. '후마니타스'와 직간접적으로 연결되는 영어 단어들을 꼽아 보면 human(인간, 인간의), humane(인도적인, 인정 있는), humanism(인문주의, 인본주의), humanist(인문주의자, 인본주의자) 등 상당수에 달한다.

그런데 'human'의 족보를 계속 캐어 올라가 보면 흥미로운 사실이 밝혀진다. 앞서 '후마니타스'가 '인간의, 인간적인' 등을 뜻하는 라틴어 형용사 '후마누스'에서 유래했다고 말했는데, 후마누스는 다시 '땅'을 뜻하는 라틴어 '후무스(*humus*)'를 뿌리로 하고 있기 때문이다. 그러니 결국 'human'이란 하늘에 사는 존재인 신들과 대비하여 '땅을 딛고 사는 존재'인 인간을 가리키는 말이었던 셈이다. 한자 '人'은 사람이 허리를 굽혀 서 있는 모습을 본뜬 상형문자이고, 우리말 '사람'은 '살다'의 어간 '살'에 접사 '암'이 붙어서 생긴 말이라고 하니, human은 이들과 사뭇 다른 사고방식을 반영하고 있는 듯하다. 한자 이야기가 나와서 하는 말인데, humanities의 한자 번역어라 할 '인문(人文)'은 『주역』에 가장 먼저 등장했다고 한다. '철학', '형이상학'과 마찬가지로 '영어/라틴어' 어휘에 가장 어울리는 번역 용어를 찾는 과정에서 선택된 것이다.

다시 문자 그대로 인문학에 '친권'을 행사할 수 있는 인물 키케로 이야기로 돌아가 보자. 아직도 할 말이 좀 남았다. 영어에는 humanities와 동의어 비슷하게 쓰이는 표현으로 'liberal arts'가 있다. 보통 한글로는 '교양, 교양과목' 등으로 번역되는데, 중세로 거슬러 올라가 이 표현의 라틴어 원형을 찾는다면 '아르테스 리베랄레스(artes liberales)'가 될 것이다. 라틴어 뜻 그대로 번역하면 '자유학예, 자유과' 정도가 되는데, 자유로운 시민 혹은 지식인이라면 배워야 할 학문 내지 교양을 의미했다. 그리고 이 학문 전통은 고대 그리스에서 시작되었다고 한다. 흥미로운 점은 키케로가 '아르티움 리베랄리움(artium liberalium)'이라는 형태로 이 표현을 가장 먼저 사용했다는 것이다. 앞에서 원전 인용을 한 바 있는 『창의성에 대하여』에 이 표현이 등장하는데, 키케로가 이 말을 처음 만들었는지는 알 수 없지만 '기록'된 것으로는 최초라고 한다.

그렇다면 직역했을 때 '자유로운 기술/예술'이 될 것만 같은 liberal arts가 왜 '교양'이 된 걸까? 단서는 liberal에 있다. liberal의 라틴어 원형은 '자유인'을 뜻하는 '리베르(liber)'다. 이탈리아어 '리베로(libero)'도 여기서 나왔다. 리베로가 무엇이던가? 공격과 수비를 '자유자재'로 넘나드는 축구 포지션이지 않은가? 뭐 아무튼, 그러니까 liberal arts, 아니 키케로가 말한 *artium liberalium*은 노예가 아닌 리베르, 즉 로마의 자유 시민이라면 기본적으로 익혀야 할 지식 및 기예, '교양'이었던 셈이

고대 그리스에서는 '아르테스 리베랄레스'를 문법, 수사학, 토론술 등 7자유과로 제시했다.
그림은 12세기 초의 백과전서 『환희의 정원 Hortus Deliciarum』에 실린 7자유과 개념도다.
가운데에 소크라테스와 플라톤이 보인다.

다. 그리고 그는 여기에 문학, 역사, 철학, 기하학 등을 포함시켰다.

이렇게 의미상 서로 밀접하게 연관되어 있는 두 용어 '*humanitas* = humanities = 인문학'과 '*atrium liberalium* = liberal arts = 교양'을 탄생시킨 키케로는 그저 인문학의 아버지인 것만이 아니라 거의 '인문학'과 '교양'을 아우르는 쌍둥이 아빠라고 불러야 할 지경이다.

## 철학자의 최후, 로마 버전

다음은 키케로의 명언으로 알려진 문구다.

철학을 연구한다는 것은 자신의 죽음을 준비하는 것 외에 아무것도 아니다.

To study philosophy is nothing but to prepare one's self to die.

사실 이 말은 16세기 프랑스의 철학자 몽테뉴(Michel de Montaigne)가 자신의 『수상록Essays』에서 인용하며 유명해졌는데(그의 책을 읽으면 여러 그리스-로마 고전 인용문을 감상하는 재미가 각별하다), 키케로의 『투스쿨란 논쟁 The Tusculan Disputations』에 등장하는 다음 문장을 약간 바꾼 것이다.

철학자의 온 생애란 (…) 죽음에 대한 명상이다.
The whole life of a philosopher is (…) a meditation on death.

멋진 말이긴 한데, 유감스럽게도 키케로의 최후는 소크라테스가 몸소 구현한 바 있는 이상적인 '철학자의 죽음'과 거리가 멀었던 것 같다.

키케로는 기원전 63년 집정관의 자리에 오르며 전성기를 구가했다. 하지만 이후 그의 정치적 운세는 카이사르의 독재적 행보에 불편한 심기를 내비치면서 삐걱대기 시작했고, 카이사르가 암살당한 후 정국을 주도하게 된 안토니우스(Mark Anthony)와 대립하면서 결정적으로 기울게 되었다. 결국 그는 기원전 43년, 안토니우스가 보낸 병사들에게 로마 교외의 별장에서 살해되었다. 물론 평생 세 치 혀로 로마를 뒤흔들었던 그가 아무 말 없이 칼을 맞았을 리 없다. 그는 마지막 순간, 자신에게 칼을 겨눈 병사에게 이런 말을 남겼다.

자네가 하고 있는 행동은 전혀 옳지 않네만, 병사여, 나를 죽이는 일만은 제대로 하게나.
There is nothing right about what you are doing, soldier, but do try to kill me right.

15세기 채색 원고 속에서 묘사된 키케로의 죽음. 작자 미상.

당부대로 키케로를 '제대로' 처치한 자객들은 그의 오른손을 잘라 갔다고 한다. 증거를 가져오라는 안토니우스의 명령에 따른 것이다. 자신을 공격하는 연설을 집필했던 키케로의 오른손을 받아 들고 회심의 미소를 지었을 안토니우스를 생각하니 약간 섬뜩한 느낌마저 든다. 하지만 다른 한편으로는 키케로의 연설 때문에 오죽이나 스트레스를 받았으면 그렇게까지 했을까 싶기도 하다.

"아무도 완벽하지 않다.(Nobody is perfect.)"는 영어 속담처럼 로마 최고의 엄친아 키케로 역시 무결점 인간은 아니었다. 독일의 역사가 테오도르 몸젠(Theodor Mommsen)은 그의 저작 『로마사*The History of Rome*』에서 키케로에 대해 다음과 같이 혹평한 바 있다.

마르쿠스 키케로는, 때로 민주파에, 때로 폼페이우스에게, 때로 꽤나 먼 거리에서 귀족들에게 추파를(flirt) 던졌던 악명 높은 정치적 기회주의자(trimmer)이며, 개인이나 당파를 가리지 않고 탄핵이 일어날 때마다 늘 영향력 있는 인사들 편에서 변호 서비스를 제공한 인물이다.

This was Marcus Cicero, notoriously a political trimmer, accustomed to flirt at times with the democrats, at times with Pompeius, at times from a somewhat greater distance with the aristocracy, and to lend his service as an advocate to every influential man under impeachment without distinction of person or party.

이쯤 되면 위대한 철학자는커녕 거의 박쥐 인간 수준이다. 물론 몸젠의 비판을 액면 그대로 받아들여야 하는 것은 아니지만, 키케로가 직접한 말을 들어 봐도 그가 이슬만 먹고 산 이상주의자는 아니었음을 알 수있다. 키케로가 절친 아티쿠스에게 보낸 편지 중에는 그의 원로원 동료로, 카이사르에게 정면 도전했던 열렬한 공화주의자 카토(Cato)에 대한 '뒷담화'가 등장한다.

그의 애국심과 정직함에도 불구하고 카토는 종종 정치적으로 부담스러운게 사실이네. 그는 마치 로물루스의 쓰레기 굴(cesspool)이 아니라 플라톤의이상 국가에 살기라도 하는 듯 원로원에서 연설한다네.

The fact remains that with all his patriotism and integrity Cato is sometimes a political liability. He speaks in the Senate as though he were living in Plato's Republic instead of Romulus' cesspool.

로물루스는 늑대 젖을 먹고 자라 로마를 세웠다고 하는 전설의 영웅이다. 철인왕들이 다스리는 플라톤의 공화국에 빗대 로마를 '쓰레기 굴'로 폄하하는 키케로에게서는 앞서 '이 도시의 휘황함, 시민들의 후마니타스, 공화국의 존엄'을 운운하며 낯간지러울 만큼 로마 찬가를 부르던모습을 찾아보기 힘들다.

하지만 유감스럽게도 명석한 현실주의자였던 키케로조차 로마에서 공화정이 통치 원리로서의 효용가치를 빠르게 상실하고 있었음을 깨닫지 못한 것 같다. 키케로가 왕성하게 활동할 당시 로마의 공화정은 이미 멈출 수 없는 몰락의 길을 걷고 있었다. 따지고 보면 키케로가 젊은 시절 법정을 누비며 정치적 위상을 높이는 계기가 된 각종 권력형 비리 사건들은 당시 로마 공화정의 부패가 거의 통제 불능 단계로 가고 있음을 반증하는 것이었다. 또한 이제 로마에는 원로원 의원들이 모여 매사에 갑론을박하는 굼뜬 합의체가 아닌, 신속한 의사결정을 위한 새로운 시스템과 리더십이 필요했다. 왜냐하면 당시 로마는 이탈리아 반도를 넘어 카르타고를 격파하고 지중해 전역을 복속시켰을 뿐 아니라 북유럽에까지 속주와 식민지를 건설하며 대제국의 길로 접어들고 있었기 때문이다. 따라서 당시 로마의 정치권력 구조는 거의 선택의 여지 없이 공화정에서 제정으로 이동해 갈 수밖에 없었다.

약간 삐딱한 시선으로 본다면, 키케로가 열렬한 공화주의자일 수밖에 없었던 이유는 그가 문장력과 말재주를 마음껏 뽐낼 수 있는 공간이 바로 원로원이었기 때문인지도 모른다. 그가 원로원의 연단을 조금만 덜 사랑했다면, 자신의 재능에 몰입하기보다 새로운 시대의 흐름을 간파하는 데 매진했다면, 자객의 칼에 맞아 죽는 대신 급변하는 시대에 좀 더 건설적인 역할을 할 수 있지 않았을까.

## 서구 문명의 '키케로앓이'

키케로가 살아생전 로마에 끼친 영향은 대단한 것이었다. 하지만 그가 사후 서구 문명에 미친 영향력에 비하면 아무것도 아니라고 할 수도 있다. 키케로 이후 유럽의 지성사는 늘 '키케로앓이'에서 헤어 나오지 못한 감이 있기 때문이다.

로마에서 그리스도교가 공인된 뒤 한동안 이 종교 사상을 전파하는 데 핵심적인 역할을 한 사람들은 바로 '교부(Church Father)'들이었다. 이들은 로마 각지의 전략 거점 도시 교구에서 포교 활동을 펼쳤는데, 그들 중에는 보통 영어로 'Ciceronian'이라고 부르는 키케로 '광팬'들이 많았다. 그중 성 히에로니무스(St. Jerome)는 키케로의 저작을 너무 즐겨 읽은 나머지 전설에 따르면 어느 날 꿈에서 하느님과 이런 대화를 나눴다고 한다.(편의상 대화 방식으로 구성했다.)

> 하느님 너는 누구냐?
>
> 히에로니무스 그리스도교도입니다.
>
> 하느님 너는 거짓말쟁이로구나. 너는 그리스도교도가 아니라 키케로 신봉자일 뿐이다.
>
> God  Who are you?
>
> Jerome  A Christian.
>
> God  You are a liar. You are not a Christian, but a Ciceronian.

여기서 하느님의 질문 "너는 누구냐?"는 분위기상 "넌 뭐하는 놈이냐?"가 맞을지도 모르겠다. 하여간 꿈에서 깨어난 히에로니무스는 크게 뉘우치고, 그때부터 키케로 탐독을 삼가며 기도와 『성서』 읽기에만 매진했다고 한다. 인문학 독서에 빠졌다가 하느님에게 '찍혀' 곤란을 겪을 뻔했던 그리스도교 성인에 관한 전설이다. 사실 중세에 라틴어로 신학 교육을 받은 사제들이 라틴어 문장의 절대 고수라 할 키케로의 글에 빠져든 것은 당연한 현상이었다고도 볼 수 있다. 하지만 그 정도가 너무 심해지자, 서기 12세기경 교황 그레고리우스 8세는 키케로의 저작들에 대해 금서 조치를 내릴 것을 신중히 고려하기까지 했다.

이탈리아에서 르네상스가 태동되던 14세기에 쓰인 단테의 『신곡 *Divine Comedy*』에도 키케로의 사상이 곳곳에 드리워져 있으며, 시인 페트라르카(Petrarch)는 답장이 올 리도 없는데 키케로에게 보내는 팬레터를 써서 자신의 애틋한 심정을 표현하기도 했다. 그가 쓴 팬레터 중에는 키케로의 글과 사상을 찬양하는 내용뿐 아니라 그가 삶에서 저지른 실수나 시행착오를 지적하며 나무라는 대목도 있지만, 그럼에도 역시 1천 년도 더 전에 살다 간 인물을 그리는 절절한 마음이 구절마다 묻어난다. '키케로앓이'는 이후 르네상스의 불길이 타올라 그리스-로마 고전에 대한 관심이 전 유럽을 뜨겁게 달구면서 더욱 극성스러워졌다. 르네상스의 기본 정신인 '인문주의(humanism)'가 키케로의 '후마니타스'와 연관되어 있다는 것에서도 알 수 있듯이, 그는 서구 르네상스에서 정신적 지주와 다름없는 역할을 했다고 봐야 할 것이다. 키케로는 르네상스 이후 유럽 계몽주의 운동(Enlightenment Movement)에도 큰 영향을 끼쳤으며, 대서양 건너 미국 건국의 아버지들 가운데도 키케로의 웅변술과 정치철학의 세례를 받은 경우가 적지 않았다.

키케로의 저술들에서 비롯된 여러 표현과 문장 들은 오늘날까지도 영미권에서 즐겨 인용된다. 법률가로서 키케로의 회의주의를 상징하는 라틴어 표현 '쿠이 보노(*Cui bono*)'가 좋은 예다. "누가 득을 보는가?(Who benefits?)"라는 의미인데, 키케로는 이 말을 법정에 고발된 피고의 결백을 주장할 때 즐겨 썼다. 배심원들에게 만약 피고가 유죄 판결을 받으면 결과적으로 누가 가장 덕을 볼 것인지 고려하라고 환기시킨 것이다. 실은 바로 그 인물이 진범일지 모른다는 의혹을 불러일으키는 전략이었는데, 이는 오늘날 법정 대결에서도 매우 효과적으로 쓰이는 방법이다. 현대 범죄학에서도 '쿠이 보노 테스트'는 용의자의 범위를 좁히는 데 쓰이는 가장 기본적인 분석 도구로 통한다.

키케로의 연설에서 유래한 유명한 표현에는 '임페리움 엣 리베르타스
(*imperium et libertas*)'도 있다. 이 말은 반란을 획책한 로마 원로원 의원
카탈리나(Cataline)를 탄핵한 유명한 연설 「반 카탈리나*Against Cataline*」에
서 가져온 것이다. 대개 '제국과 자유(empire and liberty)'라고 번역되지
만, 제맛을 느끼려면 역시 '*imperium et libertas*'라고 말하는 게 정석
이며, 특히 19~20세기 초반 대영제국 정치가들이 즐겨 사용했다. 생각
해 보면 밖으로는 전 세계에 식민 제국을 건설하면서도 국내에서는 자
유 경제와 의회 민주주의의 과실을 누렸던 영국인들이 좋아했을 말임에
틀림없다. 참고로 '제국'을 뜻하는 영어 'empire'의 원형인
'*imperium*'은 로마 공화정 시대에도 쓰이던 말이다. 원래는 일개 도시
국가로 시작한 로마가 점점 외곽으로 세력을 넓혀 나가면서, 도시 외곽
에 있지만 로마 행정권이 미치던 지역을 통틀어 가리키던 용어였다. 키
케로는 *imperium* 역시 *humanitas*만큼이나 즐겨 사용했다.

키케로의 문장은 어떤 예를 들어도 늘 '폼'이 난다. 여러분이 언젠가
영어로 연설이나 프레젠테이션을 하는 날이 온다고 상상해 보라. 이때

키케로의 카탈리나 탄핵을 묘사한 체사레 마카리(Cesare Maccari)의 프레스코화, 1882~88년.

신랄한 입담과 재치로 유명한 마크 트웨인(Mark Twain)을 인용할 경우 쉽게 웃음과 공감을 이끌어 낼 수 있을 것이고, 키케로를 인용한다면 존경과 경탄을 불러일으킬 수 있을 것이다. 물론 적절한 맥락에서, 적절한 인용문을, 적당한 분량으로 말하는 게 중요하겠지만 말이다. 그리고 키케로를 인용할 때 굳이 안 되는 라틴어를 쥐어짜느라 고민할 필요는 없다. 이렇게 시작하면 아주 자연스럽다. "키케로가 말하기를, 제 라틴어가 좀 녹이 슬어서 영어로 말하겠습니다, 키케로가 말하기를….(Cicero said, well, my Latin is a little rusty, so I will say in English, Cicero said….)" 그리고 조금 늦은 감이 있지만 영어로 Cicero는 '키케로'가 아니라 '씨쎄로'라고 발음한다는 것도 기억해 두면 좋겠다. Julius Caesar도 영어식 발음은 '율리우스 카이사르'가 아닌 '줄리어스 시이저'다.

'영어로 연설? 내가 살면서 그런 일이 있을 리가' 혹은 '토익 점수 따기도 바쁜데 무슨' 하는 식으로 생각하지 마시길. 사람 일이란 어떻게 될지 모르는 법이다. "결코 '결코'라고 말하지 말라.(Never say never.)"는 영어 속담도 있지 않은가.

# 8th Brunch Time

## 황제의 명상

## 스토아철학의 태동

'stoic'이라는 단어를 들어 본 적이 있으신지. 원래는 '금욕적인, 절제된' 등을 뜻하는데, 요즘은 거의 'cool'과 비슷한 의미로 쓰인다. 가령 친구가 애인과 결별한 뒤 혹은 '묻지 마 투자'를 했다가 큰돈을 날린 뒤에도 태연해 보인다면 이렇게 말할 수 있다. "He looked stoic.(그는 평온해 보여.)"

　stoic은 얼핏 들으면 "희로의 감정을 얼굴에 드러내지 않는다."는 의미의 한자성어 "희로불형어색(喜怒不形於色)."과도 통한다. 그런데 이 한자성어는 속으로 부글부글 끓더라도 겉으로는 다른 사람들이 눈치채지 못하게 '표정 관리'를 한다는 의미가 더 강한 것 같다. 하지만 그렇게 살다가는 스트레스가 곱절로 느는 바람에 뇌경색으로 '한 방'에 갈 수도 있다. 그러니 좀 더 근본적인 해결책은 참는 게 아니라 아예 그런 감정을 최소화하고 느끼지 않는 것일지도 모른다는 것이 'stoic'의 원조 스토아 학파(Stoicism)의 결론이었다고 해도 무리는 없을 것이다. 어떤 상황에서도 생각 자체를 '쿨'하게 유지한다면 따로 표정 관리할 필요도 없어진다.

  약간 단순화한 느낌이 없지는 않지만, 하여간 이런 사고방식을 대변했던 철학 사조가 바로 그리스 철학자 제논(Zeno of Citium, 키프로스의 제논)에서 시작된 스토아학파다. 그렇다면 '스토아(stoa)'는 그리스어로 '평온, 평정, 자제' 같은 의미를 지니는 걸까? 전혀 아니다. stoa는 '현관'을 뜻한다. 좀 더 정확히는 roofed colonnade, 지붕이 있는 콜로네이드(줄기둥이 있는 회랑으로 고대 그리스–로마에서 발달)를 의미한다. 거대한 고대 건축물의 바깥쪽에 회랑 형식으로 된 입구 내지 현관 같은 걸 의미한다고 보면 된다. 그런 연유로 스토아학파는 영어로 'The Porch', 즉 직역하면 '현관파'라고도 불린다. 제논이 활약할 당시 아테네의 중심부에는 파르테논 신전 등이 포진한 '신들의 영역' 아크로폴리스가 있었고, 아크로폴리스에서 한쪽을 내려다보면 '인간의 영역' 아고라가 있었다. 그리고 기원전 5세기경 아고라 광장 북쪽에 세워진 구조물이 '스토아 포이킬레(Stoa

복원된 아테네의 아탈로스 스토아. 아고라 동편에 위치해 있다.

*Poikile*'다. '스토아 포이킬레'는 간단히 말해 '색칠한 현관(painted porch)'이라는 뜻으로, 아테네가 치른 여러 역사적 전쟁 장면들을 묘사한 벽화로 장식되어 있었다고 한다. 제논은 바로 그 스토아 포이킬레 앞에서 제자들을 가르쳤다.

얼핏 생각하면 따로 번듯한 건물 한 채 없이 공공건물 처마 아래 옹기종기 모여 철학을 논하던 스토아학파가 약간 안쓰럽게 여겨질 수도 있겠지만, 아고라를 중심으로 삼삼오오 모여 토론과 공론을 벌이던 당시 아테네 문화를 생각하면 그다지 이상할 것도 없다. 더욱이 워낙 상징과 은유가 많았던 고대 그리스 철학계의 분위기를 생각한다면 '스토아', 즉 우리 식으로 '현관'에 그들만의 어떤 의미가 있었던 것인지도 모른다.

가령 스토아학파와 비슷한 시대에 출현한 에피쿠로스학파(Epicureanism)는 '정원파(The Garden)'로도 불렸는데, 이 역시 학파 시조인 에피쿠로스(Epicurus)가 제자들을 자기 집 정원, 그리스어로 '케포스(*kepos*)'에 모아 놓고 토론을 벌인 데서 유래했다. 고대 아테네 철학계의 '투톱'이라 할 플라톤과 아리스토텔레스가 아카데미아와 리케움이라는 번듯한 캠퍼스를 보유하고 있었던 것을 생각하면, 스승이 제자들을 '홈스쿨링' 해야 했던 에피쿠로스학파의 처지 역시 딱하게 느껴질 수 있을 것이다. 하지만 그게 그리 간단히 판단할 문제가 아니다. 정신적 쾌락주의를 추구한 에피쿠로스학파에게 정원은 개인의 행복, 평화 등을 나타내는 상징이기도 했기 때문이다. 오늘날에도 정원 손질이 취미인 사람들은 이 말을 쉽게 이해할 것이다. 따라서 스토아학파의 '현관'에도 자신들의 철학이야말로 '지혜의 길로 들어서는 입구' 혹은 '정신적 평화의 경지로 들어서는 입구'라는 식의 상징적 의미가 있었던 것인지도 모른다.

고대 그리스 철학자들의 삶을 들여다보면 한결같이 개성이 무척 강하고 흥미로운 인물들인데, 제논 역시 예외가 아니었다. 어느 날 제논은

키프로스의 제논 상(왼쪽), 에피쿠로스 상(오른쪽).

노예가 그의 물건을 훔쳤다는 것을 알아채고 추궁했다. 하지만 철학자를 주인으로 둔 노예 역시 만만치는 않았다. 그는 자신의 행동이 태초부터 운명 지어진 것이니 자기 잘못이 아니라고 변명했다. 그러자 제논은 "그래, 그리고 나도 너를 때리기로 운명 지어졌지.(Yes, and it has been my fate to beat you.)"라며 매질했다고 한다.

제논의 죽음과 관련된 일화도 흥미롭다. 그는 어느 날 스토아에서 강의를 마치고 떠나려다가 그만 발을 헛딛으며 넘어지고 말았다. 그러자 그는 몸을 일으킬 생각은 않고 땅을 한 번 치며 "갑니다, 가. 왜 그리도 재촉하십니까?(I come, I come, why do you call for me?)"라고 말한 뒤 바로 운명해 버렸다는 것이다. 이쯤 되면 불교 일화에서 종종 등장하는 고승의 입적 전설과 거의 다를 바가 없다. 실제로 스토아철학에는 마음의 평화, 안분지족, 성찰과 사색 등 선불교를 연상시키는 요소가 적지 않다.

## 황제의 철학

스토아학파는 이렇게 아테네에서 캠퍼스도 없이 공공건물 처마 밑에서 토론을 벌이던 군소 학맥이었지만, 후일 이들의 사상은 지중해 건너 이탈리아 반도로 들어가 로마 제국의 지배적인 철학 사조가 된다. 넓게 보면 키케로의 회의주의 역시 스토아학파와 인연이 있으며, 네로(Nero)의 스승 세네카(Seneca) 역시 대표적인 스토아 철학자였다. 그가 한 다음과 같은 말은 '안분지족'을 이상으로 삼는 스토아철학을 잘 드러낸다.

만약 지금 가지고 있는 것이 부족하다고 느낀다면, 온 세상을 가진다 해도 불행할 것이다.

If what you have now seems insufficient to you, then though you possess the world, you will yet be miserable.

그런데 현실의 세네카는 당대 로마의 내로라하는 자산가들 중 하나였다고 한다. 세네카는 당시 로마 식민지였던 브리타니아(Britannia, 지금의 영국)의 각종 개발 사업에 드는 자금을 고리 융자로 알선해 부를 축적했는데, 중간에서 워낙 많은 이익을 챙기다 보니 그에 대한 원성이 자자했다고 한다. 그렇다면 세네카는 분명 자신의 가르침을 몸소 실천한 인물은 아니었던 것 같다. 아무리 좋게 보려 해도 철학자와 고리대금업자는 양립할 수 있는 이미지가 아니다. 당시 세네카는 자신의 말과 행동 사이의 '갭'을 어떻게 정당화했던 것일까? 과유불급이라고 했던가? 결국 그는 고리대금업으로 자기 발등을 제대로 찍었다. 네로에게 '찍혀' 자살을 강요당한 것이다. 그가 재산을 불려 네로 암살 및 새로운 황제 옹립을 위한 자금책이 되려 한다는 소문이 돌았기 때문이다. 그게 누명인지 사실인지는 알 수 없지만, 개인적으로는 안타까운 마음보다 '인과응보', 혹은 보다 전문적인 용어로 '쌤통'이라는 생각이 더 강하게 드는 걸 보니 나는 스토아철학에서 말하는 수양을 아직 한참 더 해야 할 모양이다.

세네카 이후 로마를 대표하는 스토아철학자는 단연 마르쿠스 아우렐리우스다. 키케로, 세네카 등 로마의 다른 철학자들과 마찬가지로 아우렐리우스도 일종의 '파트타임' 철학자였다. 본업이 따로 있었다는 얘기다. 게다가 그 본업이란 게 책임이 꽤나 막중한 자리였으니, 다름 아닌 로마 제국의 황제였다. 그것도 그냥 자리만 채운 '바지' 황제가 아니었다. 우리가 흔히 '팍스 로마나(*Pax Romana*)'라고 부르는 로마의 태평성대를 주도한 다섯 성군 시대, 즉 '오현제(五賢帝, Five Good Emperors)' 시대의 마지막을 장식한 인물이다. 영화 팬이라면 아마 기억할 텐데, 〈글래디에이터*Gladiator*〉에서 주인공 막시무스(러셀 크로 분)를 총애하는 머리 허연 황제가 바로 아우렐리우스다. 영화 '해리 포터(Harry Porter)' 시리즈에서 마법 학교 교장으로 분한 배우 리처드 해리스(Richard Harris)가 맡았다.

여담이지만 〈글래디에이터〉는 1964년에 제작된 영화 〈로마 제국의 멸망*The Fall of the Roman Empire*〉을 각색해 리메이크한 것이다. 그런데 '오리지널'의 경우 비록 흥행에서는 쪽박을 찼지만, 적어도 아우렐리우스에 대한 고증 면에서는 〈글래디에이터〉보다 충실했던 것으로 기억한다. 〈로마 제국의 멸망〉에서 아우렐리우스로 분한 인물은 영국의 연기파 배우 알렉 기네스(Alec Guinness)인데, 오늘날 남아 있는 황제의 흉상을 보면 확실히 기네스가 해리스보다 더 닮았다. 또한 기네스가 제국 지도자로서의 현실과 철학자로서의 이상 사이에서 갈등하는 황제의 모습을 더 잘 그린 것 같다.

영국의 역사가 에드워드 기번(Edward Gibbon)은 『로마제국 쇠망사*History of the Fall of the Roman Empire*』에서 황제이자 사상가였던 아우렐리우스를 다음과 같이 평한 바 있다.

열둘 나이에 그는 스토아주의자들의 엄격한 사유 체계를 받아들였는데,

그 가르침은 육체를 정신에, 열정을 이성에 복속시키고, 덕을 유일한 선으로, 부도덕을 유일한 악으로 간주하라는 것이며, 외부 세계의 만물에 무관심해지라는 것이었다. 혼잡한 병영에서 쓰인 그의 명상들이 여전히 남아 있다. (…) 그의 생애는 제논의 계율에 대한 가장 고귀한 주석이었다. 그는 자신에게 엄격했고, 타인들의 결함에는 관대했으며(indulgent), 전 인류에게 공정하고 자애로웠다.

At the age of twelve years he embraced the rigid system of the Stoics, which taught him to submit his body to his mind, his passions to his reason; to consider virtue as the only good, vice as the only evil, all things external as things indifferent. His meditations, composed in the tumult of a camp, are still extant (…) his life was the noblest commentary on the precepts of Zeno. He was severe to himself, indulgent to the imperfections of others, just and beneficent to all mankind.

기번이 말한 '혼잡한 병영에서 쓰인 그의 명상들'이 바로 오늘날까지도 스토아철학의 정수를 담은 걸작으로 평가받는 『명상록Meditations』이다. 이 책은 체계적인 철학서는 아니다. 아우렐리우스가 군사 작전 중의 행궁 생활을 포함, 로마 제국을 돌보는 바쁜 와중에 틈틈이 적은 생각의 단상들을 모은 것이다.(그래서 영어 제목이 'Meditations'라는 복수형이 된 것이다.) 그런데 실은 'Meditations'라는 제목조차 후대에 붙여진 것이며, 아우렐리우스 본인은 책 제목을 구상하기는커녕 자기 내면의 사유를 가감 없이 드러내는 원고를 출판하려는 의도가 전혀 없었을 것이다. 초고가 라틴어가 아닌 그리스어로 쓰였다는 사실만으로도 그가 극히 개인적인 기록으로 남긴 것임을 알 수 있다. 하지만 아우렐리우스의 뜻과 달리 그의 죽음 뒤에도 살아남은 원고는 이후 전 세계 각국 언어로 번역되어 스

로마에 있는 마르쿠스 아우렐리우스 청동상.

토아철학의 대표작으로 남게 되었으며, 고전 애호가들에게는 지금까지도 더없는 즐거움을 선사하고 있다.

아우렐리우스가『명상록』하나로 철학과 인문학의 역사에 남긴 족적은 웬만한 사상가나 작가 들을 능가한다. 같은 로마인으로서 많은 저서들을 남겼지만 '똘똘한 한 방'이 눈에 띄지 않았던 키케로와 비교되는 대목이다. 가수로 치자면 키케로는 어떤 곡이나 잘 소화하지만 딱히 대표곡이라고 할 만한 게 없는 미국 가수 프랭크 시나트라(Frank Sinatra), 혹은 남의 노래만 부르면서도 수십 년씩 인기를 유지하는 한국 가수 조영남과 닮은꼴이다. 반면 아우렐리우스는 명곡 단 하나만을 남기고 혜성처럼 사라진, 그래서 더욱 기억에 남는 전설의 뮤지션과 비견할 만하다.

『명상록』은 시대를 초월해 사랑받는 진정한 고전 중의 고전이라고 할 책이다. 게다가 저자 아우렐리우스는 한국인들이 목매는 '스펙'도 막강하다. 그 어떤 작가가 고대 문명세계 전체를 호령한 로마 제국의 황제, 그것도 오현제 중 한 명으로 칭송받는 인물을 능가하는 스펙을 지닐 수 있겠는가. 여러 면에서 볼 때 아우렐리우스는 흔한 '엄친아'도 아닌 문자 그대로의 '엄친황' 내지 '엄친아황'(엄마 친구 아들 황제)급 인물이었던 것이다.

뭐 변죽은 이 정도만 울리기로 하고, 이제부터 영국 철학자 존 스튜어트 밀이 예수 그리스도의 '산상 수훈'과 비견하기도 했던 『명상록』 속으로 들어가 보기로 하자.

## 명상록, 지존의 자리에서 실천한 도덕률

『명상록』은 다음과 같은 '감사의 말씀'으로 시작한다.

조부인 베루스에게서 나는 선한 도덕률을, 그리고 감정을 다스리는 법을 배웠다.

부친의 명성과 추억으로부터, 나는 겸손함과 남자다운 기질을 배웠다.

모친에게서는 경건함과 자비를, 그리고 사악한 행위뿐 아니라 사악한 생각조차도 자제할 것을, 더 나아가 부유한 자의 습관에서 벗어나 소박하게 생활할 것을 배웠다.

증조부로부터는 공립학교에 가지 말 것, 집에 훌륭한 교사를 둘 것, 그리고 그것이야말로 사람이 후하게 돈을 써야 하는 일임을 자각하라고 배웠다.

가정교사로부터는 전차 경기에서 녹군에도 청군에도 가담하지 말 것, 검투사들의 경기에서 파르물라리우스 편도 스쿠타리우스 편도 들지 말 것을 배웠다. 또한 노동을 견딜 것, 적게 바랄 것, 스스로 일할 것, 그리고 타인의 일에 간섭하지 말 것, 중상모략에 귀 기울이지 말 것을 배웠다.

From my grandfather Verus I learned good morals and the government of my temper.

From the reputation and remembrance of my father, modesty and a manly character.

From my mother, piety and beneficence, and abstinence, not only from evil deeds, but even from evil thoughts; and further, simplicity in my way of living, far removed from the habits of the rich.

From my great-grandfather, not to have attended schools for the public, and to have had good teachers at home, and to realize that this is a sort of thing on which a man should spend lavishly.

From my governor, to be neither of the green nor of the blue party at the games in the Circus, nor a partizan either of the *Parmularius* or the *Scutarius* at the gladiators' fights; from him too I learned endurance of labour, and to want little, and to work with my own hands, and not to meddle with other people's affairs, and not to be ready to listen to slander.

이후에도 아우렐리우스가 주변 인물들에게서 배운 교훈들이 계속 열거되는데, 여기 소개한 몇 줄만 봐도 보통 사람으로서는 결코 실천하기 쉽지 않은 덕목들임을 직감할 수 있다. 눈에 띄는 대목이 몇 개 있는데, 우선 '부친으로부터'가 아니라 '부친의 명성과 추억으로부터' 배웠다는 게 흥미롭다. 아우렐리우스가 그렇게 말한 이유는 그의 나이 겨우 세 살 때 부친 마르쿠스 안니우스 베루스(Marcus Annius Verus)가 세상을 떠났기 때문이다. 일찍 부친을 여읜 탓에 그는 조부와 모친 손에서 자랐다.

공립학교에 가지 말라는 대목은 약간 의아하게 여겨질 수도 있다. 당시 로마 제국의 공교육 시스템이 어린 아우렐리우스를 비롯해 자라나는 꿈나무들을 돌볼 수 없을 만큼 문제를 안고 있었던 것일까? 증조부에게서 배웠다고는 하지만 결국 그도 동의한다는 것인데, 제국을 다스리는 황제 입장에서 공교육을 폄하하고 사교육에 아낌없이 투자할 것을 권하고 있는 셈이다. 고대 로마의 엘리트 계층에서 자녀들에게 가정교사를 붙이는 것은 흔한 일이었으니 그거야 그렇다 치고, 굳이 공립학교에 '가지 말라'고 한 이유가 궁금하다. 로마 제국 역시 요즘 유행하는 말로 이른바 '공교육의 위기'를 심각하게 겪고 있었던 모양이다.

아우렐리우스의 증조부가 가정교사의 중요성을 그토록 강조한 걸 보면, 당시 가정교사의 역할 또한 적지 않았을 것으로 짐작할 수 있다. 그래서인지 그는 바로 다음 단락에서 가정교사로부터 무얼 배웠는지 기술하는데, 집 안팎에서 어떻게 처신해야 하는지와 같은 비교적 상세한 덕목들이 등장한다. 그중에서도 특히 스포츠 경기와 관련된 몸가짐이 주의를 끈다. 영문의 'Circus'는 곡예단의 서커스가 아니라 로마 시내에 있던 초대형 전차 경주장 키르쿠스 막시무스(Circus Maximus)를 가리킨다. 고전 영화를 좋아하는 독자라면 영화 〈벤허Ben Hur〉에 나오는 전차 경주를 떠올릴 수 있을 것이다. 단, 〈벤허〉의 전차 경기는 로마의 키르쿠스 막시무스가 아니라 예루살렘의 경기장에서 벌어진다. 뭐 요즘으로 치면 날랜 경주용 차들이 굉음을 내며 질주하는 F1 경기와 같은 셈이다. 자기가 좋아하는 팀이나 선수를 광적으로 응원하는 팬들의 습성은 비슷했던 모양이다.

전차 경주와 함께 로마 시대 또 다른 최고의 대중 엔터테인먼트라면 단연 검투사 경기였다. 인용문에서 '파르물라리우스(*Parmularius*)'는 원형의 작은 방패를 들고 싸우는 검투사를, '스쿠타리우스(*Scutarius*)'는 장방형의 큰 방패를 들고 싸우는 검투사를 뜻하는데, 특정한 무기나 무예를 사용하는 검투사의 스타일을 중심으로 일종의 '팬덤'이 조성되어 있었던 것 같다. 아우렐리우스는 이런 각종 스포츠 이벤트에서 어느 한쪽을 응원하지 말라는 가르침을 받았다고 말하고 있는 것이다. 경기를 보며 흥분해 날뛰면 마음의 평화를 유지하는 데 방해가 될 테니, 어떻게 보면 스토아철학의 관점으로도 읽힐 수 있는 대목이다. 더욱이 '노동을 견딜 것, 적게 바랄 것, 스스로 일할 것, 타인의 일에 간섭하지 말 것'과 같은 요구들은 그의 제왕 수업이 결코 만만치 않았음을 보여 주며, 그가 어떻게 스토아철학의 거성이 될 수 있었는지를 짐작케 한다.

이렇게 『명상록』은 아우렐리우스 사유의 출발점이 된 개인사에서 시작해, 때로는 황제로서 때로는 철학자로서 그가 천착했던 여러 주제들을 망라하고 있다. 이번에는 그가 황제 아닌 철학자의 얼굴을 하고 스토아 사상의 정수를 명쾌하게 기술한 대목을 한번 읽어 보자.

이런 일이 내게 생겨서 불행하다―가 아니라, 비록 이런 일이 내게 생겼

이탈리아 로마에 남아 있는 키르쿠스 막시무스 터.

지만, 나는 현재에 위축되지도 미래를 두려워하지도 않으며 슬픔 없이 계속해 나갈 수 있으니 행복하다. 왜냐하면 이와 같은 일은 누구에게나 일어날 수 있지만, 누구나 그런 상황에서 비통해하지 않고 계속해 나갈 수 있는 건 아니기 때문이다. 그렇다면 어째서 이것이 행운이 아니라 오히려 불행이겠는가? (…) 결론을 내리자면, 이제 앞으로 어떤 일 때문에 씁쓸함을 느끼려 할 때 기억해야 할 규칙이 있다. "이거 재수 없군."이 아니라 "이를 값지게 견뎌 내는 것이야말로 행운이야."

Unhappy am I because this has happened to me—not so, but happy am I, though this has happened to me, because I continue free from grief, neither crushed by the present nor fearing the future. For such a thing as this might have happened to every man; but every man would not have continued free from grief on such an occasion. Why then is that rather a misfortune than this a good fortune? (…) To conclude; here is a rule to remember in future, when anything tempts you to feel bitter: not, "This is a misfortune," but "To bear this worthily is a good fortune."

아우렐리우스의 말은 예전에 한 직장 동료가 내게 보낸 이메일을 떠올리게 한다. 인터넷에서 읽은 글을 퍼온 것이었는데, 영어 단어 가운데 'attitude'가 유일하게 100점짜리 단어라는 내용이었다. 'a = 1, b = 2, c = 3' 하는 식으로 z까지 숫자를 부여한 뒤 'attitude'의 각 철자에 해당하는 수를 모두 합하면 100이 된다는 것이었다. 이를 통해 삶에서 긍정적인 태도를 갖는 게 얼마나 중요한지를 강조한 것이었는데, 아우렐리우스의 주장도 이와 맥락이 비슷하다고 볼 수 있다. 스토아주의 역시 무엇보다 개인의 'attitude'를 중시하는 철학이다. 단순화시키자면, 세계를 변화시킬 궁리를 하지 말고 일단 스스로 긍정적인 태도부터 취하라는 것이다. 세상을 살다 보면 피할 수 없는 상황들이 다수 발생한다. 하지만 이때 인간은 상황에 어떻게 반응할 것인지 선택할 수 있다.

그런데 여기서 약간 삐딱하게 보자면, 아우렐리우스처럼 지존의 자리에 있던 인물에게 "이거 재수 없군." 하며 불평할 일이 그리 많이 일어났을 것 같지는 않다. 또한 로마 시대 노예나 검투사 들 가운데 "이를 값지게 견뎌 내는 것이야말로 행운이야."라고 했을 사람 역시 별로 없었을 것이다. 아무튼 아우렐리우스의 무한 인생 긍정은 계속된다.

오이가 맛이 쓰면, 버려라. 길에 가시덤불이 있으면, 피해 가라. 그걸로 족하다. "왜 세상에 이런 것들이 있단 말인가?" 하고 단서를 달지 말라.

A cucumber is bitter. Throw it away. There are briars in the road. Turn aside from them. This is enough. Do not add, "And why were such things made in the world?"

아우렐리우스에 따르면 비록 부엌 바닥을 기어 다니는 바퀴벌레를 볼지라도 '왜 세상에 이런 것들이 있단 말인가' 하며 슬퍼하거나 노하지 말라는 것이다. 그냥 피해 가든가 불가피한 경우, 살충제를 뿌리면 된다. 황제인 그가 이토록 안분지족의 삶을 강조한 걸 볼 때, 스토아철학은 어쩌면 중기 로마 제국 체제 유지 전략의 일환으로 이데올로기적 측면에서 장려된 것인지도 모른다. 즉 황제는 황제대로, 귀족은 귀족대로, 노예는 노예대로 자신의 위치에 만족하고 본분에 충실하면 태평성대라는 것이다. 이렇게 신분에 따라 옹기종기 모여 '스타투스 쿠오(*status quo*)', 즉 '현상'을 유지하는 것, 이것이 '팍스 로마나'의 실체였던 것일까?

하지만 아우렐리우스는 어쩐지 철학자의 진심으로 스토아철학의 이상을 신봉했을 것 같다. 네로나 칼리굴라(Caligula), 혹은 정치공학의 귀

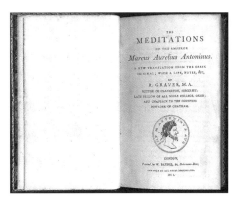

아우렐리우스 『명상록』의 1811년 영어 번역본.

재였던 초대 황제 아우구스투스(Augustus)가 그런 말을 했다면 색안경을 끼고 보겠지만, 아우렐리우스라면 신뢰하고 싶은 느낌이다. 그런 맥락에서 삶의 하찮은 면면에 집착하지 말고 보다 경건한 인생을 살기 위해 노력하라고 타이르는 다음과 같은 문장도 좋다.

당신은 조만간 재가 되거나 백골이 될 것이다. 이름만 남거나 이름조차 남지 않을 수도 있지만, 이름이란 단지 소리와 메아리일 뿐. 그리고 삶에서 매우 값지게 여겨지는 것들은 공허하고 부패하고 하찮으며, 마치 서로 물어뜯는 개들과 같고 다투다 웃다 곧바로 울어 버리는 어린아이들 같은 것들이다. 하지만 신의, 절제, 정의, 그리고 진실만은 드넓은 대지에서 올림포스까지 날아오른다.

Soon, very soon, thou wilt be ashes, or a skeleton, and either a name or not even a name; but name is sound and echo. And the things which are much valued in life are empty and rotten and trifling, and like little dogs biting one another, and little children quarrelling, laughing, and then straightway weeping. But fidelity, modesty, justice, and truth are fled up to Olympus from the wide-spread earth.

호랑이는 가죽을 남기고 사람은 이름을 남긴다고 했지만, 아우렐리우스는 이름조차 별 의미가 없다고 말한다. 그러니 우리가 살아 있을 때 집착하는 많은 것들은 그저 공허한 것일 뿐이다. 결국은 세속적인 욕심을 버리고 좀 더 경건하고 신적인 가치를 받아들이는 것이 중요하다는 거다. 이는 인간관계에서도 마찬가지다. 타인을 돕고 싶다면, 행위에 대한 보상을 기대할 필요가 없다. 그 자체가 보상이기 때문이다.

당신은 누군가에게 도움을 줄 때, 그 이상의 무언가를 원하는가? 당신의 본성에 상응하는 무언가를 한 것으로 만족하지 않고, 그에 대해 보상받으려 하는가? 마치 눈이 보는 것에 대해, 발이 걷는 것에 대해 대가를 요구하는 것과 같으니 (…) 인간은 천성적으로 선한 행동을 하도록 만들어졌기에, 그가 무언가 자애로운 일을 하거나 어떤 방식으로든 공공의 이익에 도움이 되는 행위를 했을 때, 그는 그의 기질(constitution)에 맞게 행동한 것이며 그 자신의 것을 얻은 것이다.

What more do you want when you have done a man a service? Are you not content that you have done something conformable to your nature, and do you seek to be paid for it? Just as if the eye demanded a recompense for seeing, or the feet for walking (…) as man is formed by nature to good acts, when he has done anything benevolent or in any other way conducive to the common interest, he has acted conformably to his constitution, and he gets what is his own.

구구절절 '옳은' 말이라기보다 '도덕적'인 말이다. 아우렐리우스가

『명상록』에서 기술한 대로 살았다면, 그는 황제가 아니라 거의 구도자 내지 수도승 비슷한 삶을 보냈을 것 같다. 로마라는 나라가 자그마치 천년을 버틴 것은 화끈하게 쾌락과 방종을 누린 황제들뿐 아니라 이렇게 끊임없이 자기 절제를 추구한 성군(聖君)들이 있었기에 가능한 일이었을 것이다. 아우렐리우스는 『명상록』에서 자신이 받았던 엄격한 후계자 수업에 대해 이렇게 회고한다.

> 내가 지배자이자 아버지이신 안토니누스 피우스의 휘하에 들어가게 된 것은 하늘에 감사할 일이다. 그분은 내게서 모든 자만심을 거두어 주실 수 있었고, 사람이 궁궐에서 근위병이나 수놓은 의복이나 이와 같은 종류의 어떤 허세도 없이 사는 게 가능하다는 인식을 내게 주실 수 있었기 때문이다.
>
> I have to thank Heaven that I was subjected to a ruler and a father Antoninus Pius who was able to take away all pride from me, and to bring me to the knowledge that it is possible for a man to live in a palace without either guards, or embroidered dresses, or any show of this kind.

안토니누스 피우스는 아우렐리우스 바로 앞에 군림했던 황제로 '팀 오현제' 중 4번 타자에 해당한다. 그런데 앞에서 분명 아우렐리우스의 아버지는 마르쿠스 안니우스 베루스라고 했는데, 위 인용문에는 '아버지이신 안토니누스 피우스'가 등장한다. 이게 무슨 상황일까? '팀 오현제'의 1번 타자 네르바(Nerva)에게서 시작되어 안토니누스 피우스에게까지 이어진 대권 계승 전통에 열쇠가 있다. 이들은 모두 친자가 아닌 양자에게 대권을 물려주었다. 명문가 자제들 가운데 자질이 뛰어난 젊은 이를 골라 양자로 삼은 뒤 곁에 두고 오랫동안 후계자 수업을 받게 한 것이다. 아우렐리우스의 성군 기질은 이렇게 타고난 능력과 오랜 훈련이 시너지 효과를 일으키며 탄생시킨 것이었다.

## 철인군주의 계보

앞서 기번이 아우렐리우스에 대해 "그는 자신에게 엄격했고, 타인들의 결함에는 관대했으며, 전 인류에게 공정하고 자애로웠다."고 평한 대목을 소개한 바 있다. 그럼 이번에는 19세기 영국의 시인이자 문필가인 매슈 아널드(Matthew Arnold)의 아우렐리우스 찬양을 한번 살펴보자. 분량이 꽤 되지만 내용이 좋고, 영어 문장이 상당히 유려하다.

마르쿠스 아우렐리우스는 사상 최대 제국의 지배자였으며, 가장 훌륭한 인간 중 하나였다. 그를 제외하고 역사는 훌륭함으로 따지면 성왕 루이나 알프레드 등 한두 명의 걸출한 군주들을 더 내었을 뿐이다. 그러나 마르쿠스 아우렐리우스는 우리 현대인들에게 성왕 루이나 알프레드 대왕을 뛰어넘는 지대한 관심을 받는데, 이는 그가 본질적 특성상 현대 사회와 같은 상태에서, 즉 우리와 매우 흡사한 시대에, 문명의 눈부신 중심지에서 활동했기 때문이다. 트라야누스는 마치 『타임스』에서 말하는 것처럼 입심 좋게 (glibly) '우리의 계몽된 시대'라고 말한다. 따라서 마르쿠스 아우렐리우스는 우리에게 우리 자신과 같은 인물이 되는데, 우리가 그렇듯이 만사에 유혹을 받았던 인물인 것이다. 성왕 루이는 19세기의 인간이 정말로 찬탄할지 모르며 심지어는 한번 살아 보기를 열렬히 소망할지도 모르는, 하지만 그가 소망하는 만큼 분투해도 실제로는 살 수 없는 중세 가톨릭의 분위기 속에 존재한다. 알프레드로 말하면 (…) 반쯤은 야만 상태인 사회에 속한 인물이다. 알프레드와 성왕 루이는 둘 다 도덕적으로나 지적으로나 마르쿠스 아우렐리우스만큼 우리와 가깝지 못하다.

Marcus Aurelius was the ruler of the grandest of empires ; and he was one of the best of men. Besides him, history presents one or two sovereigns eminent for their goodness, such as Saint Louis or Alfred. But Marcus Aurelius has, for us moderns, this great superiority in interest over Saint Louis or Alfred, that he lived and acted in a state of society modern by its essential characteristics, in an epoch akin to our own, in a brilliant centre of civilization. Trajan talks of "our enlightened age" just as glibly as the "Times" talks of it. Marcus Aurelius thus becomes for us a man like ourselves, a man in all things tempted as we are. Saint Louis inhabits an atmosphere of mediaeval Catholicism, which the man of the nineteenth century may admire, indeed, may even passionately wish to inhabit, but which, strive as he will, he cannot really inhabit. Alfred belongs to a state of society (⋯) half-barbarous. Neither Alfred nor Saint Louis can be morally and intellectually as near to us as Marcus Aurelius.

성왕 루이는 루이 9세로, 역대 프랑스 왕 중 유일하게 가톨릭 성인으로 추대될 만큼 신앙심이 깊었다. 미국 미주리 주의 세인트루이스(St. Louis)가 그의 이름을 딴 도시다. 한편 알프레드는 흔히 알프레드 대왕 (Alfred the Great)이라고 불리는 9세기 영국 군주로, 바이킹의 침략을 막아 낸 영웅이다. 그러나 아널드는 아우렐리우스를 성왕 루이나 알프레드 대왕보다 뛰어난 인물로 평가한다. 개인적 역량도 역량이지만, 그가 '놀던 물'의 급이 다르다는 것이다. 이후 아널드의 아우렐리우스 찬양은 로마가 영국, 영국이 로마라는 식으로 비약하는데, 실제로 19세기 당시 전 세계로 뻗어 나가던 영국은 스스로를 새로운 로마 제국으로 보는 분위기가 강했다. 키케로 편에서 소개했던 '임페리움 엣 리베르타스'뿐 아

니라 '팍스 로마나'를 본뜬 '팍스 브리타니카(Pax Britanica)' 같은 표현이
정치인과 지식인 들 사이에서 인기를 끈 것도 바로 이 시기였다.

기번과 아널드를 비롯한 후대의 평가를 생각하면, 많은 사람들이 아
우렐리우스를 플라톤의 『국가론』에 등장하는 철인왕의 현현으로 여기
는 것도 무리가 아니다. 서구 역사에서 '철인왕'은 플라톤 후대로 오면
서 사색적인 통치자나 양식 있는 군주를 가리키는 표현으로 정착했고,
동양의 전륜성왕이나 요·순 임금 같은 이상적 군주를 의미하는 말이
됐는데, 그러다 보니 역사상 실존했던 군주들에게 부여된 '철인왕'이라
는 호칭은 플라톤이 『국가론』에서 쓴 '맥락'과 약간 거리가 멀어졌다.
하지만 아우렐리우스만큼은 플라톤이 말한 것처럼 "정치적 위대함과
철학적 지성이 한 몸에서 만난" 인물이라고 해도 과언이 아니다.

말이 나온 김에 역사상 '철인군주'로 불렸던 다른 인물들을 떠올려
보는 것도 재미있을 것 같다. 대부분 아우렐리우스의 경지에는 못 미쳤
지만 말이다. 우선 아우렐리우스보다 한 시대 앞서 출현한 알렉산더 대
왕을 들 수 있다. 비록 아우렐리우스 같은 사상적 깊이는 없었지만 대사
상가 아리스토텔레스를 스승으로 모셨다는 것만으로도 자동적인 '아우
라'를 지닌다. 게다가 그는 정복 사업을 통해 단순히 영토 확장만 한 것
이 아니라 문화적으로도 동과 서를 결합시키려 했으므로 어느 정도는
철인군주로 불릴 자격이 있다.

로마를 건너뛰어 중세 유럽을 들여다보면 계몽주의자들이 '암흑시대
(Dark Age)'라 불렀을 만큼 시대적 분위기가 좋지 않았기에 철인군주의
씨가 거의 말랐다. 하지만 그래도 꼽으라면 신성로마제국 황제에 오른
샤를마뉴(Charlemagne)를 들 수 있다. 비록 읽지도 쓰지도 못하는 문맹이
었지만(중세 유럽의 제왕들 중에는 문맹이 아닌 경우가 오히려 드물었다) 서유럽의 상
당 지역을 통합한 뒤 예술가들과 학자들을 후원하면서 일부 역사가들이

'카롤링거 왕조의 르네상스'라고도 부르는 번영기를 이끌었기에, 상당히 가입 조건이 까다로운 '철인군주 클럽'에서 그런대로 말석을 차지할 자격은 된다. 근대로 넘어오면 독일의 전신인 프로이센을 유럽의 강국으로 만드는 한편, 칸트·볼테르 등 당대 지성들과도 활발하게 교류했으며, 음악과 어학에도 조예가 깊었던 계몽 군주 프리드리히 대왕(Frederick the Great)을 철인군주의 이상에 근접한 인물로 꼽을 수 있다.

동양에서는 물론 우리 조선시대의 세종대왕이 철인군주였음에 이론의 여지가 없을 것이다. 또한 중국 역사상 가장 위대한 군주로 1, 2위를 다투는 청나라 강희제(康熙帝)도 그렇게 불릴 만하다.

'철인군주'라는 표현이 비단 왕조 시대의 군왕들에게만 한정되어 사용되는 것은 아니다. 민주 국가에서 국민에 의해 선출된 지도자들 가운데도 학식이 높거나 사색적인 인물을 '철인군주'로 표현하는 일이 드물지 않다. 내 생각에 1대에서 5대까지 미국 초창기 대통령들은 죄다 철인군주 반열에 올릴 수 있다고 본다. 초대 대통령 조지 워싱턴(George Washington)은, 다른 건 다 제쳐 두더라도, 임기 만료와 동시에 미련 없이 퇴임해 권력의 정상에서 내려오는 전통을 확립한 것만으로도 철인군주라 불릴 만하다. 미국에서는 워싱턴의 생일인 2월 16일을 '대통령의 날 (Presidents' Day)'로 명명해 연방 공휴일로 지정해 놓고 있다.

워싱턴의 뒤를 이은 애덤스(John Adams), 제퍼슨(Thomas Jefferson), 매디슨(James Madison), 먼로(James Monroe) 대통령 역시 가히 '철인'이라 불러도 손색없을 지성을 지녔음은 그들의 손길이 닿은 여러 문서들, 예를 들어 「독립선언문*Declaration of Independence*」, 「연방헌법*US Constitution*」, 「연방주의자 논집*Federalist Papers*」 등을 읽어 보면 금세 느낄 수 있다. 미국 독립운동 1세대였던 이들을 로마의 '오현제'에 빗대 '오현통(Five Good Presidents)'이라 불러도 무방하다. 또한 후일 노예제를 폐지하고 남북 분

상수시 궁전에서 플루트를 연주하는 프리드리히 대왕. 그도 철인군주에 근접한 인물로 볼 수 있을 것이다. 독일 화가 아돌프 멘첼(Adolph Menzel) 작, 1852년.

열을 막아 낸 링컨 역시 철인 대통령(philosopher president)이라고 불릴 만하다. 얼마 전까지 미국 언론에서는 오바마 대통령을 'philosopher prince'라고 부르는 경우가 심심찮게 있었다. 하지만 오바마가 과연 미국 역사 속의 '오현통', 링컨 등에 필적할 만한 지적 능력과 비전을 소유한 인물인지는 의문이다. 최초의 흑인 대통령이라는 프리미엄 덕분인지 진보 언론 중심의 '오바마 떠우기'가 한동안 너무 극성스러워 보기에 민망할 정도였는데, 요즘은 그 거품도 서서히 빠지는 분위기다.

우리 현대사의 경우는 어떨까? 대한민국 역사에도 철인 지도자, 철인 대통령이 있었을까? 생각해 보니 예전에 김영삼 대통령이 취임했을 때, 모 대학 교수가 "드디어 우리나라에도 철인군주 시대가 왔다."며 감격스러워했다는 일화를 읽은 적이 있다. 이는 김영삼의 학부 전공이 철학이었음을 염두에 두고 한 말일 텐데, 유감스럽게도 지금껏 그를 '철인' 지도자로 기억하는 사람은 없으며 앞으로도 그럴 일은 없을 것 같다. 오히려 처절한 권력 투쟁을 거쳐 대권에 이른 과정이나 임기 초반 군대 사조직 해체 및 금융개혁 등을 밀어붙인 전력을 생각하면 '철인(哲人)'보다 '철인(鐵人) 대통령', 즉 'Iron President'가 더 어울리지 않을까 싶다. 뭐 그렇다고 해서 이게 나쁜 표현인 것도 아니다. 강력한 의지로 독일을 통일하고 보불전쟁에서 프랑스에게 굴욕을 안긴 비스마르크(Bismark)의 별명도 '철의 재상(Iron Chancellor)'이었고, 마가렛 대처 전 영국 수상의 별명 역시 '철의 여인(Iron Lady)'이었다.

대한민국의 짧은 역사 속에서 재임 기간 동안의 공과 문제는 별개로 하고, 사상적 깊이와 지적 내공만 두고 봤을 때는 김대중 대통령이 가장 '철인군주'에 가깝지 않았나 싶다. 생전에 방대한 독서량과 학식으로 유명했을 뿐 아니라, 그가 언젠가 이상적인 정치인이 갖추어야 할 덕목으로 언급했다는 '서생(書生)의 문제의식과 상인(商人)의 현실감각' 같은 표현은 거의 키케로나 마키아벨리의 한 구절을 연상케 할 정도다.

'철인군주'라는 말은 그렇게 불리는 당사자에게 상당히 영예로운 호칭임에 틀림없지만, 그런 만큼 아무에게나 함부로 사용할 수 없는 표현임도 분명하다고 하겠다.

## 철인 황제의 아이러니, 팍스 로마나의 종언

그런데 '원조' 철인군주로 평가받는 아우렐리우스의 실제 삶은 어땠을까? 내면이야 『명상록』에서 기술하듯 마음의 평화와 안분지족을 향해 있었는지 모르지만, 밖으로 드러난 현실의 삶은 그런 덕목들과 좀 거리가 멀었던 것 같다. 어쩌면 『명상록』이 현실에서 누릴 수 없었던 소망을 글로 표현한 작품일지 모른다는 생각이 드는 것도 그 때문이다.

그가 실제로 황제로서 내린 결정 중 약간은 '쇼킹'하게 다가오는 것이 있는데 바로 그리스도교 탄압이다. 중세 유럽 교회사 관련 책들을 보면 한결같이 초기 그리스도교 박해의 원흉 가운데 한 명으로 아우렐리우스를 꼽는다. 우리는 보통 로마 역사에서 그리스도교를 박해한 인물로 네로를 떠올리지만, 이 부문에서 아우렐리우스의 활약(?)도 만만찮았다. 흥미로운 점은 아우렐리우스의 경우 철학자답게 당시 그리스도교도들의 행태를 지적으로 비판했다는 것인데, 그 내용이 고스란히 『명상록』 속에 전해지고 있다. 만약 그의 종교 박해가 어느 정도 철학적 고뇌에 따른 산물인 거라면, 로마 대화재의 희생양을 만들기 위해 순전히 정치적 목적으로 그리스도교도들을 박해한 네로의 행태와 등가로 놓을 수는 없을 것이다. 다음은 아우렐리우스가 당시 그리스도교도들의 순교 행태를 분석하는 대목인데, 의외이면서 신선하기까지 하다.

지금 당장이라도, 필요하다면, 소멸하거나 흩어지거나 또 다른 곳에서 지속되는 방식으로 신체로부터 분리될 준비가 되어 있는 영혼이란 얼마나 복되고 행복한 것인가! 그러나 이 기꺼운 준비는 인간 스스로의 판단으로부터 비롯되어야 한다. 그리스도교도들과 같은 단순한 아집(obstinacy)에서가 아닌, 신중하게 위엄을 갖추고, 비극적 쇼 없이 타인을 납득시키는 방식으로 말이다.

That soul which is ever ready, even now presently—if need be—to be separated from the body, whether by way of extinction, or dispersion, or continuation in another place, how blessed and happy is it! But this readiness comes from a man's own judgement, not from mere obstinacy, as with the Christians, but considerately and with dignity and in a way to persuade an other, without tragic show.

아우렐리우스는 사색을 통해 결정하는 사적인 자살 행위를 높이 평가한 반면, 망설임 없이 개종보다 죽음을 택하던 그리스도교도들의 순교는 아집에서 비롯된 '쇼'로 폄하했다. 이성이 결여된 일종의 집단 히스테리 비슷하게 생각한 듯하다. 그러고 보면 세종대왕과 더불어 조선 왕조가 낳은 또 다른 철인군주라 할 정조 역시 서학, 즉 가톨릭을 박해한 사례가 있고, 프리드리히 대왕이 그리스도교에 대해 개인적으로 경멸감을 품었다는 일화가 전해 내려오는 걸 볼 때 역사상 철인군주들과 그리스도교는 친해질 기회가 별로 없었던 것 같다.

아우렐리우스는 생애의 많은 시간을 로마보다는 북방의 전쟁터에서 보냈다. 당시 본격적으로 전개되던 게르만 민족의 남하로 국경이 항상 시끄러웠기 때문인데, 그는 결국 서기 180년 지금의 오스트리아 빈 근처에 있던 군사 기지에서 전쟁 준비를 하다 사망했다. 간단히 말해 로마로부터 멀리 떨어진 곳에서 '객사'한 것이다. 마음의 평화를 강조한 철인군주였지만, 로마의 대궐에서 '폼' 나게 임종하는 호사는 누리지 못했으니 약간 안쓰럽기도 하다.

그런데 아우렐리우스의 비극은 여기서 끝나지 않았다. 그는 역사적으로 오현제의 5번 타자, 다시 말해 마지막 순번이었다. 물론 좋은 일이 영원히 계속될 수는 없는 노릇이다. 그럼에도 로마 제국이 육현제, 칠현제를 보지 못한 것은 유감스러운 일인데, 이 사태에 가장 큰 책임을 져야할 사람은 다름 아닌 아우렐리우스 자신이다. 도대체 무슨 영문이냐고 반문할 독자들도 있겠지만 조금만 인내심을 가져 주기를. 이 문제와 관련해서 다시 『명상록』을 펼쳐 보도록 하자. 그 속에는 범사에 감사하는 '태도'를 강조하는, 전형적인 아우렐리우스풍 문장이 등장한다.

좋은 조부모, 좋은 부모, 좋은 여동생, 좋은 스승들, 좋은 동료들, 좋은 친척들과 친구들, 그리고 거의 전부 좋은 것만 가졌으니 나는 신들께 은혜를 입었도다.

To the gods I am indebted for having good grandfathers, good parents, a good sister, good teachers, good associates, good kinsmen and friends, nearly everything good.

그는 계속 덧붙인다.

내 자식들이 어리석지 않고 기형이 아니었음을 (…) 신께 감사드린다.

I thank the gods (…) that my children have not been stupid nor deformed in body.

바로 이 대목에서 우리는 위대한 철인군주의 한계와 비극을 본다. 아우렐리우스는 사실 '자식 복' 운운하며 신께 감사드릴 처지가 아니었기 때문이다. 그는 모두 13명의 자녀를 두었지만, 그 가운데 청년기까지 살아남은 아들이라고는 코모두스(Comodus)가 유일했다. 그런데 아우렐리우스는 네르바 이후 선대 황제들이 지켜오던 대권 승계의 전통, 즉 능력있는 귀족 자제를 양자로 들여 후계자로 삼아 온 관행을 깨뜨렸다. 양자 대신 친아들에게 대권을 물려주면서 평생 쌓은 공덕을 모두 까먹는 악수 중의 악수를 둔 것이다. 여기가 바로 '철인군주'라는 영예로운 타이틀을 무색하게 만드는 대목인데, 엄친'황'조차도 결국 완벽한 인간일 수 없다는 평범한 진리가 드러나는 순간이기도 하다. 문제는 이 인간적 한계 때문에 로마가 치른 역사적 비용이 너무나 엄청났다는 데 있다. 이름조차 어딘가 싸이'코' 같은 '코'모두스는 심지어 칼리굴라나 네로도 능가하는 로마 역사상 최악의 폭군이자 '또라이'가 되었기 때문이다.

로마의 폭군들을 보면 저마다 특이한 짓을 한두 가지씩 했는데, 코모두스는 스스로를 헤라클레스의 환생이자 세계 최고의 검투사라고 생각했고, 따라서 왕궁보다 검투장에서 훨씬 많은 시간을 보냈다. 특정 검투사의 편조차 들지 말라고 교육받은 철인 황제의 자식이 하필 검투사를 꿈꾸는 소년이었다니 이 무슨 희비극이란 말인가. 역사가들 중에는 온갖 기행을 일삼은 코모두스가 심각한 정신분열증을 앓은 것으로 추정하는 이들도 있다. 그게 사실이라면 아우렐리우스가 『명상록』에서 자식들에게 '신체적 기형(deformed in body)'이 없음을 감사한 것이 무색하게, 코모두스는 그보다 심각한 '정신적 기형(deformed in mind)'이었던 셈이다.

그토록 현명했던 황제가 정말 아들의 광기나 이상 징후를 전혀 눈치채지 못했던 것일까? 아니면 팔은 안으로 굽는다고, 알면서도 애써 눈감으며 점점 나아질 거라는 희망을 걸었던 것일까? 등잔 밑이 어두운 거였다면 철인군주로서 그의 통찰력에 의문을 제기할 수밖에 없고, 알면서

들라크루아(Eugene Delacroix)의 작품 〈마르쿠스 아우렐리우스의 유언 *Last Words of the Emperor Marcus Aurelius*〉(1844). 침대 오른쪽에 거만하게 기대 서 있는 코모두스가 보인다.

도 모른 척한 거였다면 선대 황제들과 제국 시민들을 외면한 그의 비겁함에 혀를 찰 수밖에 없다. 진실은 어느 쪽일까?

영화 〈글래디에이터〉에는 아우렐리우스가 코모두스의 한계를 인식하고 측근인 막시무스에게 대권을 물려주려 하는 장면이 나오는데, 이는 역사적 사실과 다르다. 황제는 생전에 이미 코모두스를 공동 황제(co-emperor)로 임명하는 등 후계 구도를 명확히 해 두었고, 그의 사망과 함께 권력은 계획대로 코모두스에게 인계되었다. 또 영화는 코모두스가 대권을 잡은 지 얼마 지나지 않아 콜로세움에서 막시무스의 손에 죽고, 로마가 다시 공화정으로 돌아가는 일종의 '해피엔딩'으로 그려진다. 하지만 실제 역사에서 코모두스는 장장 11년간 제위에 있으면서 다양한 검투사 이벤트를 즐겼음은 물론, 각종 대규모 토목 공사에다 무모한 정복 전쟁까지 일삼으며 로마의 국고를 거덜 내는 '맹활약'을 펼쳤다.

결국 코모두스는 그의 광기를 보다 못한 측근들에게 암살당했지만, 때는 이미 늦었다. 역사가들은 그의 재위 기간 동안 로마 제국의 국운이 결정적으로 기울기 시작했다는 데 대체로 동의한다. 안타까운 일이다. 한국의 어느 재벌이 "골프와 자식만큼은 마음대로 안 된다."고 했다던가? 아우렐리우스의 마음은 이렇지 않았을까? '북방의 야만인들과 자식만큼은 어쩔 도리가 없다.'

아우렐리우스가 로마 제국 역사상 가장 위대한 황제이자 플라톤의 철인군주에 가장 근접한 인물이면서도, 자식 농사에 실패함으로써 로마제국 쇠락의 씨를 뿌리는 데 결정적 역할을 한 인물이라는 역사의 아이러니를 떠올리면 『명상록』을 감상하는 재미가 배가 된다. 뭐 '엄친아' 아니 '엄친황'도 별 수 없는 인간이었군, 하고 일종의 안도의 한숨을 쉴 수도 있겠고, 조금 더 심각하게 접근해 본다면 『명상록』이라는 스토아철학 최고의 걸작이 보여 주는 사상적 깊이에 더해, 행간 속에서 치열하고 고뇌에 찬 생애를 살다 간 한 인간의 내면을 읽어 내는 재미도 누릴 수 있기 때문이다. 이제 삶의 덧없음을 역설한, 내가 가장 좋아하는 한 대목을 감상하면서 철인 황제와는 일단 작별을 고하기로 하자.

삶에 끈덕지게 집착했던 자들을 검토해 보는(pass in review) 것은 천박한 일이지만, 죽음에 개의치 않는 데는 도움이 된다. 일찍 죽은 자들보다 그들이 대체 무엇을 더 얻었을까? 분명 그들도 결국에는 어딘가에서 무덤에 눕는다. (⋯) 대체로 탄생과 죽음 사이의 간격은 미세한데, 그 간격이 부지런히 흘러가는 사이 얼마만한 고난이 따르고, 어떤 종류의 인간들과 어울리며, 얼마나 허약한 신체에 속하는지를 고려해 볼 일이다. 그렇다면 삶을 어떤 가치가 있는 것으로 생각하지 말지어다. 그대 뒤에 있는 거대한 시간과 그대 앞에 있는, 또 다른 끝 모를 공간인 시간에 주의를 기울여라. 이 무한 속에서 사흘을 사는 자와 3세대를 사는 자 사이에 무슨 차이가 있겠는가?

It is a vulgar, but still a useful help towards contempt of death, to pass in review those who have tenaciously stuck to life. What more then have they gained than those who have died early? Certainly they lie in their tombs somewhere at last (⋯) Altogether the interval is small between birth and death; and consider with how much trouble, and in company with what sort of people and in what a feeble body this interval is laboriously passed. Do not then consider life a thing of any value. For look to the immensity of time behind thee, and to the time which is before thee, another boundless space. In this infinity then what is the difference between him who lives three days and him who lives three generations?

Chapter

*4*

과학 혁명과 근대 철학

메인 브런치

· 프랜시스 베이컨

· 르네 데카르트

· 블레즈 파스칼

---

원전 토핑

· 『신기관』 베이컨

· 『수상록』 베이컨

· 『방법서설』 데카르트

· 『제1철학에 대한 명상』 데카르트

· 『팡세』 파스칼

## 과학 문명의 치어리더

## 프랜시스 베이컨의 시대

엘리자베스 1세(Elizabeth I, 재위: 1558~1603)의 통치기는 영국 역사에서
특별한 의미가 있다. 특히 치세 후반기에 속하는, 스페인 무적함대
(Spanish Armada)를 격파한 1588년부터 여왕이 사망한 1603년에 이르는
기간은 영국 역사의 '황금기(Golden Age)'라 불린다. 이 시기 영국 문화
는 유럽 대륙의 여러 나라들과 분명히 다른 독특한 색깔을 지니며 찬란
하게 꽃피어 나갔다.

후기 엘리자베스 여왕 시대를 대표하는 문학가가 윌리엄 셰익스피어
(William Shakespeare)라면 대표적인 사상가는 의문의 여지 없이 프랜시스
베이컨이다. 베이컨은 과학과 기술의 진보가 인류 문명을 발전시키리라
고 굳게 믿은 선각자였으며, 이를 지원 사격하는 사상 체계로서 철학의
완성을 목표로 삼았다.

물론 영국에서 프랜시스 베이컨 이전에도 출중한 사상가들이 전혀 없

었던 것은 아니다. 프란체스코회 수도사이자 철학자였던 로저 베이컨 (Roger Bacon), 헨리 8세 때 활동한 정치가이자 사상가 토마스 모어 (Thomas More)가 대표적인 예다. 그리고 보니 로저 베이컨은 프랜시스 베이컨과 성씨가 같을 뿐 아니라, 과학적 실험과 검증에 대해 열린 자세를 갖는 등 사상적인 공통점도 적지 않다.(두 사람이 같은 가문에 속했는지는 잘 모르겠다. 아마 아닐 것이다.) 토마스 모어 역시 법률가 출신으로 정치와 학문을 병행했고, 당시 최고위 관직이라 할 대법관(Lord Chancellor)에 오르는 등 삶의 궤적이 베이컨과 비슷하다. 그러나 기본적으로 중세적 세계관을 가진 가톨릭 신자였던 로저 베이컨이나 토마스 모어와 달리, 프랜시스 베이컨은 과학과 기술 진보에 기초한 신인류의 시대를 예견한 독보적인 사상가였다.

프랜시스 베이컨은 1561년 니콜라스 베이컨 경(Sir Nicholas Bacon)의 아들로 태어났다. 니콜라스 베이컨 경은 국왕의 직인을 관리하는 중책인 '옥새상서(Lord Keeper of the Great Seal)'를 지낸 인물이었다. 동서양을 막론하고 왕조 국가에서 옥새 관리는 아무에게나 맡기는 것이 아니다. 『삼국지연의三國志演義』를 좋아하는 독자라면 동탁과 제후들의 전란 통에 사라진 '전국 옥새'의 행방을 둘러싸고 몇 차례나 피바람이 불었던 장면들을 기억할 것이다. 엘리자베스 1세의 이복동생 에드워드 6세 (Edward VI)를 모델로 한 마크 트웨인(Mark Twain)의 소설 『왕자와 거지 The Prince and the Pauper』에서도 옥새를 둘러싼 소동이 등장한다. 왕자 에드워드가 거지 톰과 옷을 바꿔 입고 궁을 빠져나가기 전 옥새를 숨기는 바람에 왕궁이 발칵 뒤집히는 장면이다.

아무튼 프랜시스 베이컨은 이렇듯 옥새상서를 지낸 인물이 아버지였을 만큼, 상당한 명문가의 자제로 자라났다. 그런 만큼 베이컨의 교육 역시 '엘리트 코스'를 착착 밟았는데, 1573년 케임브리지의 트리니티

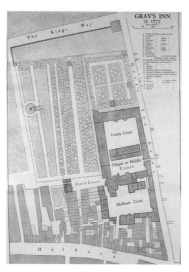

1677년의 Gray's Inn 지도.

칼리지(Trinity College)에 입학해 그리스－로마 고전을 전공했고, 1576년 런던 그레이 법학원(Gray's Inn)에 들어가 법률 공부를 했으며, 1582년 변호사(barrister) 자격을 취득했고, 1583년 의회에 진출했다. 여기서 잠시 숨 좀 돌리고 몇 가지 사항을 되짚어 보자. 우선 그레이 법학원의 영어 표현을 보면 'Gray Law School'이 아니라 'Gray's Inn'이다. 영어를 웬만큼 하는 사람이라면 inn이 '여인숙, 주막'을 뜻한다는 것을 알 텐데, 대체 주막이 법률 공부와 무슨 상관이 있다는 말인가? 그런데 실제로 당시 영국에서는 술집과 숙박업을 겸하던 inn에서 변호사들이 재판에 대해 얘기하거나 여러 주제로 토론을 벌이는 것이 유행이었다고 한다. 그러다가 개중에 특히 인기를 끈 몇몇 업소가 아예 법률가들에게 인수되어 사교 클럽 겸 법률 교육 기관으로 탈바꿈한 것이다. 당시 런던에는 이렇게 주막에서 법률가 양성 기관으로 변신한 여러 법학원들이 선의의 경쟁을 펼치고 있었는데, 프랜시스 베이컨은 그레이 법학원 출신이었고 그보다 앞선 세대인 토마스 모어는 뉴 법학원(New Inn) 출신이었다.

또한 당시 영국의 inn에서는 손님들에게 술과 음식을 제공하는 장소와 기타 공간을 막대기, 즉 'bar'로 표시해 분리했다. 이로부터 bar가 식당에서 술과 칵테일을 전문으로 파는 별도 구역을 지칭하는 말이 되었다. 그런데 더욱 흥미로운 것은 영국의 법정에서도 이 아이디어를 그대로 차용했다는 점이다. 판사석과 피고 및 변호인이 증언하고 변론을 펼치는 공간을 bar를 연상케 하는 울타리로 구분한 것이다. 이로써 bar는 '법조계, 법정'이라는 의미도 지니게 되었다. 이 때문에 미국과 영국에서는 변호사 자격시험을 'bar test' 혹은 'bar exam'이라고 한다. 또한 영국에서 변호사를 일컫는 표현 'barrister'는 재판정의 'bar'에서 난간을 붙잡고 열변을 토하는 모습 때문에 생긴 용어다.

주막 이야기가 좀 길어졌는데, 다시 베이컨의 엘리트 코스 성장기로 돌아가 보자. 그는 어려서부터 어머니에게 그리스어와 라틴어 교육을 받았다. 마치 요즘 한국 어린이들이 영어 조기 교육을 받는 것처럼 말이다. 그런 다음 그가 트리니티 칼리지에 입학한 것은 열두 살 때다. 상당히 어릴 때다. 부모의 교육열이 아무리 강했다 해도, 본인의 학습 능력이 뒷받침되지 않았다면 불가능한 일이었을 것이다. 뿐만 아니라 베이컨이 주막, 아니 법학원에 들어간 것은 그가 아직 혼자 주막에 가서 술 한 잔 얻어 마시지도 못할 나이인 열여섯 살 때였다. 이어서 변호사 자격을 딴 게 스물한 살, 의회에 진출한 것이 스물두 살 때다. 그가 얼마나 조숙한 천재였는지를 짐작케 하는 성장기다.

베이컨의 성장기 및 입신출세기를 보면 여러 면에서 키케로와 닮은 점이 있다. 인문학 조기 교육을 받았다는 점, 법률가의 길을 선택한 조숙한 천재였다는 점, 법률가이면서도 정치 활동과 철학 연구를 병행했다는 점, 그 와중에 많은 저서들을 집필했다는 점 등이 그것이다. 게다

프랜시스 베이컨의 초상. 그가 펼친 정치적, 사상적 활약은
여러 면에서 로마의 키케로를 연상시킨다.

가 베이컨은 키케로처럼 웅변과 연설에도 뛰어난 재능을 가지고 있었
다. 동시대의 극작가 벤 존슨(Ben Jonson)은 "그가 말하는 것을 들은 이
들은 모두 그가 연설을 끝마칠까 봐 걱정했다.(The fear of every man that
heard him was lest that he should make an end.)"고 평한 바 있다. 이건 정말
대단한 칭찬이다. 우리가 집회나 강연에 가면 흔히 시계를 흘깃거리며
연설이 빨리 끝나기를 바라는 경우가 많은데, 베이컨이 연설할 때는 정
반대 현상이 일어났다는 얘기다. 물론 벤 존슨이 약간 과장했을 가능성
이 있지만, 이를 감안한다 해도 베이컨이 뛰어난 연설 실력을 가진 인물
이었다는 점에는 변함이 없을 것이다.

　베이컨은 자신의 다재다능함을 적극 활용해 공직에서도 승승장구한
끝에, 엘리자베스 여왕의 뒤를 이은 제임스 1세 시대에는 드디어 대법
관 자리에 올라 가문의 영광을 이어 갔다.

# 베이컨을 아는 것이 힘

대법관에까지 오른 베이컨은 분명 공무를 돌보느라 바쁜 나날을 보냈을 것이다. 그런 그가 '틈틈이' 연구한 철학 체계는 과연 어떤 모습을 하고 있었을까? 베이컨이 생전에 발표한 저서는 60여 편에 달한다. 이는『학문의 진보*The Advancement of Learning*』,『신기관*Novum Organum*』등 두툼한 저술 외에 잡다한 논문, 소고, 연설집, 번역, 동일 저서의 개정판 등을 모두 합한 숫자이긴 하지만, 그렇다고 해도 여전히 방대한 분량이다. 게다가 그는 전업 작가도 아니었고, 한직에서 자기 연구에만 몰두하면 되는 교수도 아니었다.

오히려 베이컨은 한가함과는 거리가 먼 인생을 산 인물이었다. 눈 감으면 코 베어 갈 만큼 음모와 계략이 판치는 궁정에서 정적들에게 밀려나지 않고 계속 국왕의 신임을 받았음은 물론, 당시 웬만한 언변으로는 명함도 내밀지 못했을 영국 의회의 법안 토론 및 각종 위원회 활동에서 맹활약함과 동시에, 한때 '절친'이었으나 엘리자베스 여왕에 대한 반란 획책 혐의로 체포된 에섹스 백작 재판을 비롯해 굵직한 송사들을 직접 처리하며 법관으로서 커리어도 착착 쌓아 갔다. 이렇듯 온갖 공무에 관여하는 것만으로도 바빴던 인물이 한편으로 그토록 많은 저술을 남길 시간과 정신적 여유를 어떻게 확보할 수 있었는지 그저 놀라울 따름이다.

이렇듯 입이 떡 벌어지게 만드는 그의 이력을 고려해 본다면, 영국의 사상가 에드먼드 버크(Edmund Burke)의 다음과 같은 칭송이 단순한 호들갑으로 들리지는 않는다.

베이컨의 이름을 듣는 즉시 가장 심오한 천재성, 가장 광범위한 문학성, 가장 통렬한 발견, 인간사에 대한 가장 두드러지고 세련된 관찰력 등, 이 모

「학문의 진보」의 표지. 1640년 옥스퍼드 판.

든 것을 인정하지 않는 자 누구인가?

Who is there that hearing the name of Bacon does not instantly recognize everything of genius the most profound, of literature the most extensive, of discovery the most penetrating, of observation of human life the most distinguished and refined?

참고로 베이컨을 둘러싸고 끈질기게 제기되는 일종의 음모론이 하나 있는데, 바로 셰익스피어와 베이컨이 실은 동일 인물이었다는 주장이다. 고위 관료였던 베이컨이 정치적으로 민감한, 혹은 통속적인 주제를 다룬 희곡 작품을 발표하며 주변에 들키지 않기 위해 '셰익스피어'라는 필명을 사용했다는 것이다.(연대기적으로는 베이컨이 셰익스피어보다 세 살 연상이다.) 사뭇 흥미롭고 매력적이기까지 한 주장이지만, 나는 '베이컨＝셰익스피어' 가설을 단호히 거부한다. 이유는 너무 간단하다. 둘의 저작을 일일이 대조해 문체나 어휘 등을 비교 분석한 적도 없고 그럴 능력도 안 되지만, 그걸 따져 보기 전에 일단 물리적으로 불가능한 일이었을 것 같다. 앞에서도 말했지만, '프랜시스 베이컨'이라는 이름을 달고 나온 저작들만 해도 어떻게 그 많은 것들을 집필할 수 있었는지 믿어지지가 않을 지경이다. 그런데 여기에 더해 희곡들까지 썼다는 게 상식적으로 말이 되는가? 베이컨이 아무리 천재였다고 해도 세상이 그렇게 불공평해서는 안 된다.

아무튼 이 마당에서 베이컨의 방대한 저술들을 모두 다룰 수는 없는 노릇이니, 그의 대표적인 저술 및 개념이라 할 만한 것들을 중심으로 논의하고 본격적인 '베이컨 체험'은 독자 여러분 각자의 독서에 맡길 수밖에 없을 것 같다.

그럼 우선 철학 전공자가 아니더라도 '프랜시스 베이컨' 하면 누구나 떠올릴 명언부터 시작해 보기로 하자.

아는 것이 힘이다.

Knowledge is power.

흔히 사람들은 이 문장이 '과학의 발전'과 '인류 문명의 진보'에 대한 베이컨의 강한 신뢰를 나타내는 표현이라고 인식한다. 이 문장에서 '아는 것', 즉 '지식(Knowledge)'이 인류가 이룩한(그리고 앞으로 쌓아 올릴) 과학 지식(scientific knowledge)을 뜻한다고 보는 것이다.

그런데 사실 이 표현은 그의 종교(과학이 아니라) 저작인 『신성에 대한 명상Meditationes Sacrae』 중 '이단에 대하여(Of Heresies)'에 등장하는 문장을 약간 고친 것이다. 베이컨의 신학 사상을 잘 드러내고 있는 이 책(책이라기보다는 팸플릿 정도 분량)은 내용이 상당히 난해하고, 각 문단이 서로 긴

밀하게 연결되어 있어 전체를 다 읽지 않으면 이해하기가 힘들다.(솔직히 다 읽은 뒤에도 무슨 말인지 이해하기가 쉽지 않다.) 하지만 왜곡과 오해의 위험을 무릅쓰고 감히 요약하자면 이렇다. 베이컨은 이단이란 단순한 무신론과 달리 신의 권능을 무시 내지 왜곡하는 데서 오며, 이들은 공히 반그리스도교적 정서에서 비롯된다고 말했다. 베이컨은 이단을 그 정도에 따라 세 가지 등급으로 나누었다. 첫째 이단은 서로 반대되고 상충하는 두 가지 원리들, 다시 말해 선의 원리와 악의 원리를 모두 만들어 내고 가정하려는 자들이다. 둘째 이단은 신의 권위를 너무도 부당하게 여기는 자들이다. 그들은 신에 반대되는 또 다른 원리를 세우려고 한다. 그리고 그는 마지막 세 번째 이단을 이렇게 묘사한다.

> (…) 신의 권능보다 신의 지식, 혹은 차라리 신의 권능 중 그 부분(왜냐하면 지식 자체가 일종의 권능이기 때문에), 즉 신이 역사하는 권능보다 아는 권능에 한계를 만들어 세우려는 자들 (…)
>
> (…) those who make and set down wider limits to the knowledge than to the power of God, or rather to that part of God's power (for knowledge itself is a power) by which he knows, than to that by which he moves and acts (…)

이렇게 "아는 것이 힘이다."는 "knowledge itself is a power."라는 형태로, 신의 권능을 논하는 자리에서 등장한다. 베이컨은 신이 '역사하는(moves and acts)' 권능뿐 아니라 '아는(knows)' 권능에 대해 이야기하며 그렇게 언급한 것이다. 사람들이 "전지전능하신 하느님…" 하며 기도하는 데서 볼 수 있듯, 신의 힘은 '전능(全能)'뿐 아니라 '전지(全智)'에도 있다는 뜻이다.

그렇다면 '전지'한 신의 권능을 한계 지우려는 이단적 시도란 무엇을 의미하는 것일까? 이는 인간의 자유의지 혹은 세계의 운명과 연결된 문제 아닐까 싶다. 만약 신이 인간에게 자유의지를 주었고, 인간은 그에 따라 어떤 선택과 결정도 할 수 있는 거라면, 신은 '모든 것을 안다'고 말할 수 없지 않을까? 반대로 만약 신이 인간의 선택을 모두 알고 있다면, 인간이 가지고 있는 것은 참된 의미의 자유의지라 할 수 없을 것이다. 또한 신이 비록 우주를 창조했다 해도, 앞으로 세계와 우주의 운명이 미리 결정되어 있는 게 아니라면, 이 경우에도 신은 모든 것을 안다고 할 수 없을 것이다.

하지만 여기서는 더 깊게 들어가기보다 "아는 것이 힘이다."가 베이컨의 신학적 사색 과정에서 언급된 문장이라는 점만 기억하고 넘어가기로 하자. 그의 신학 내지 종교관에 대해서는 뒤에 다시 언급할 기회가 있을 것이다. 원래 '명언'이라는 건 세월이 흐르면서 본래 의도나 맥락을 떠나 그 자체의 새로운 의미와 생명력을 지니게 되는 법이다. 특히 철학자들의 명언에서 이런 일이 빈번하게 일어나는데, 이는 철학의 언어가 종종 다양한 해석의 공간을 제공하기 때문인지도 모른다. 좋게 말하면 다양한 스펙트럼을 지닌다는 의미이고, 나쁘게 말하면 모호하거나 난해하다는 뜻이다. 하지만 어떤 경우든, "아는 것이 힘이다."가 베이컨의 사상을 요약하는 대표적인 문장이 된 것에 대해 본인도 크게 불만은 없을 것이다. 여담인데, 종종 "아는 것이 힘이다."와 짝을 이뤄 언급되는 "모르는 게 약(축복)이다.(Ignorance is bliss.)"는 베이컨이 한 말이 아니다. 18세기 영국의 낭만주의 문학을 대표하는 시인 토마스 그레이(Thomas Grey)의 시구에 등장하는 말이다. 혹시 그레이가 베이컨의 책을 읽고 영감을 얻은 것인지도 모르겠다.

베이컨이 신학적 맥락을 떠나 순수하게 지식과 배움을 찬양하는 문장은 『과학의 발전*De Augmentis Scientiarum*』에서 찾을 수 있다. 여기서 베이컨은 아는 것이 '힘'일 뿐 아니라 '쾌락'이기도 하다고 역설한다.

알고 배우는 것의 쾌락과 기쁨이란 본질상 다른 모든 것을 능가한다. 원하는 것을 얻거나 승리를 쟁취하는 것이 노래 한 곡이나 한 끼 저녁식사보다 나은 것처럼 사랑의 쾌락은 감각의 쾌락보다 우월하지 않은가? 그렇다면 결과적으로 지력이나 이해력이 가져다주는 쾌락은 사랑의 쾌락을 능가해야 하지 않겠는가? 유일하게 참되고 자연스런 쾌락이란 결코 포만감(satiety)에 다다르지 않는 쾌락 아닌가? 지식만이 홀로 정신의 모든 동요(perturbation)를 잠재우지 않는가?

The pleasure and delight of knowledge and learning far surpasseth all other in nature. For, shall the pleasures of the affections so exceed the pleasure of the sense, as much as the obtaining of desire or victory exceedeth a song or a dinner? And must not of consequence the pleasures of the intellect or understanding exceed the pleasures of the affections? Is not that only a true and natural pleasure whereof there is no satiety? Is not that knowledge alone that doth clear the mind of all perturbations?

이 대목에서 불현듯 『논어』 첫머리에 나오는 "배우고 때때로 익히면 즐겁지 아니한가?(學而時習之, 不亦說乎)"가 생각난다. 앞에서도 언급한 바 있듯이, 대사상가들은 국적과 시대를 초월해 서로 통하는 것 같다. 깔끔한 문장 하나로 마무리한 공자에 비해 베이컨은 미사여구를 동원하며 난리를 떠는 감이 있지만, 둘 다 '배움의 즐거움'을 강조하는 데는 의견을 같이하는 것 같다. 베이컨에 따르면 지식과 배움이야말로 아무리 많이 먹어도 포만감에 이르지 않는, 즉 물리지 않는 즐거움이다.

그런데 혹시 지식을 배운다는 건 아무리 채워 넣어도 채워지지 않는, 밑 빠진 독에 물 붓기 같은 게 아닐까? 물론 베이컨은 끝없는 지식 추구의 부작용에 대해서 전혀 언급하고 있지 않지만, 뭐든 무조건 많이 아는 게 능사는 아닐 것이다. 그러나 적어도 베이컨의 사상을 '제대로 아는 것'은 힘이 될 수 있다고 본다. 그렇다면 우리는 이렇게 말할 수도 있을 것이다.

베이컨을 아는 것이 힘이다.
Knowledge of Bacon is power.

## 귀납, 돌아서 들어가기

베이컨을 흔히 '경험론(empiricism)'의 창시자라고 한다. 그리고 종종 경험론과 동전의 양면처럼 함께 언급되는 개념이 있으니, 바로 귀납법(歸納法)이다. 귀납법은 영어로 'induction, inductive method, inductive reasoning' 등으로 쓰며, 간단히 말해 경험과 관찰을 통해 얻은 실증적 증거로부터 일반적인 원리나 패턴을 도출하는 사고방식이다.

보통 귀납법과 쌍을 이뤄 함께 언급되는 개념으로 연역법(演繹法, deduction)이 있다. 아리스토텔레스가 처음 정리했다고 하는데, 전제가 되는 일반적인 명제나 개념에서 특수하고 개별적인 결론을 이끌어 내는 방식이다. 귀납법과는 개념 전개 과정이 반대인 셈이다. 아리스토텔레스의 삼단논법(syllogism)이 연역법에 속하는데, 오랫동안 '필승 공식'으로 통한 논리 구조다. 독자 여러분도 잘 알고 있을 고전적인 예는 이렇다. '모든 사람은 죽는다(대전제). →소크라테스는 사람이다(소전제). →소

1650년 판 『신기관』.
책의 풀 네임인 '학문의 신기관(*Novum Organum Scientiarum*)'이 눈에 띈다.

크라테스는 죽는다(결론).'

　그런데 내게 귀납법과 연역법의 사례나 논리보다 더 난해하게 다가오는 건 용어 그 자체다. '귀납'과 '연역'이라는 한자어 용어가 무슨 뜻인지 도통 알기가 어렵다는 얘기다. 귀납은 '돌아갈 귀(歸)'에 '들일 납(納)'이니 "돌아서 들어간다."는 뜻이고, 연역은 '펼칠 연(演)'에 '풀어낼 역(繹)'이니 "펼쳐서 풀어낸다."가 되는데, 이게 도대체 무슨 뜻인가? 그러면 이번에는 같은 개념어를 나타내는 영어 어휘를 한번 보자. induction과 deduction의 동사형은 각각 induce와 deduce인데, 두 어휘에 공통으로 등장하는 'duce'는 '이끌다, 인도하다'는 의미의 라틴어 '두케레(*ducere*)'에서 온 것이다. 여기에 '안으로'를 의미하는 접두어 'in'이 붙어 만들어진 induce는 경험과 관찰을 통해 얻은 정보들을 '안으로' 입수해 어떤 이론이나 명제의 정당성을 이끌어 낸다는 의미를 지닌다. 한편 '아래로'를 의미하는 접두어 'de'가 붙어 형성된 deduce는 기존 대전제로부터 '아래로' 내려가면서 개별 사안들의 정당성을 이끌어 낸다는 의미를 지닌다.

다른 철학·논리학 용어들과 마찬가지로 '귀납법'과 '연역법' 역시 일본인들이 서양의 학문 용어들을 수입하면서 만들어 낸 표현들일 텐데, 영어에 비하면 확실히 의미가 좀 애매하다. 나는 볼펜을 '돌돌붓', 비행기를 '날틀'이라고 불러야 한다는 식의 한글전용론자는 아니지만, '귀납'이나 '연역'은 뭔가 대체 표현이 있어야 하는 것 아닌가 하는 생각이 든다.

한편 베이컨 자신은 『신기관』에서 귀납법과 연역법을 다음과 같이 정리하고 있다.

진리를 탐색하고 발견하는 데는 오직 두 가지 방법만이 있을 수 있다. 하나는 감각들과 개별적 사례들로부터 가장 일반적인 공리들로 날아올라, 안정적이고 움직일 수 없는 진리로 여겨지는 이 원리들로부터 중간 단계의 공리들에 대한 판단과 발견으로 진행해 가는 것이다. 그리고 이 방법은 지금 유행 중이다. 또 다른 하나는 감각들과 개별적 사례들로부터 공리들을 도출하고, 점진적이면서도 지속적으로 상승해, 최종적으로 가장 일반적인 공리에 다다르는 것이다. 이것이야말로 참된 방법이지만, 아직 시도된 적이 없다.

There are and can be only two ways of searching into and discovering truth. The one flies from the senses and particulars to the most general axioms, and from these principles, the truth of which it takes for settled and immovable, proceeds to judgment and to the discovery of middle axioms. And this way is now in fashion. The other derives axioms from the senses and particulars, rising by a gradual and unbroken ascent, so that it arrives at the most general axioms last of all. This is the true way, but as yet untried.

베이컨이 "지금 유행 중이다."라고 한 것은 연역법을 가리키며, "참된 방법이지만 아직 시도된 적이 없다."고 한 것은 귀납법을 지칭한다. 물론 베이컨이 둘 중 어느 방법을 지지하는지는 문맥상 의문의 여지가 없다.

하지만 현실을 사는 우리들에게는 귀납법과 연역법이 모두 필요하지 않을까? 귀납법처럼 개별 사례들의 경험과 관찰을 중시할 경우, 만약 환경이 제한되어 있다면 도출해 낸 결론을 일반적인 공리로 받아들이는 데 문제가 있을 것이다. 반면 일반론이나 대전제에 기대는 연역법만으로 세상을 바라보면, 현실을 이론에 맞추는 편견과 독단에 빠질 수 있을 것이다. 새가 좌우 날개로 날듯, 인간의 사고도 '돌아서 들어가기(귀납)'와 '펼쳐서 풀어내기(연역)'를 병행해야 균형이 맞는다. 이렇게 말하고 보니 내가 무슨 철학자라도 된 느낌이지만, 사실 이는 누구나 할 수 있는 상식적인 수준의 인식일 뿐이다. 이를 그럴듯한 개념과 용어로 정리해 낸 게 어찌 보면 철학이라고 할 수 있다. 더 나아가 문학과 역사를 비롯한 인문학의 여러 분야들 역시 어떤 의미에서는 이미 존재하는 사실이나 상황에 새롭고 그럴싸한 이름을 붙여 주는 지적 게임이라고 볼 수 있지 않을까.

## 『수상록』, 셰익스피어에 비견되는 탁월한 언어

눈치 빠른 독자들은 알아챘겠지만, 지금까지 소개한 베이컨의 저작들 원제를 잘 보면 그가 영국인임에도 라틴어로 된 것들이 많다.(이 책에서 소개하는 철학자들의 저서는 기본적으로 원제를 영어로 표기했지만, 베이컨의 저작들은 영어 저작이냐 라틴어 저작이냐에 따라 구분해 원제를 병기했다.) 이는 베이컨이 어려서부터 외국어 조기 교육을 받아 라틴어에 유창했기 때문이기도 하지만, 그가 자신의 저작을 영국뿐 아니라 전 유럽에서 읽히고자 하는 야심을 지니고 있었기 때문이기도 하다. 다시 말해 베이컨 당대, 즉 서로마 제국이 멸망한 지 1,000년도 더 지난 16세기까지도 전 유럽의 공용어는 여전히 라틴어였던 것이다. 당시 베이컨만 튀는 행동을 한 것도 아니다. 토마스 모어를 비롯한 인문학자들뿐 아니라 과학자들 역시 라틴어로 책을 쓰는 데 익숙했다. 이는 마치 우리 선조들이 한글 창제 뒤에도 여전히 한자로 책을 쓰고 공부한 것과 비슷하다.

하지만 세상은 변해, 우리는 라틴어 대신 영어가 전 세계 언어 권력의 중심에 있는 시대에 살고 있다. 베이컨의 라틴어 저작들 역시 이제는 영어 버전으로 읽는 것이 대세다. 그러니 이제 우리는 베이컨의 유명한 격언을 다시 고쳐 이렇게 말할 수도 있겠다.

영어로 아는 것이 힘이다.
Knowledge in English is power.

그런데 베이컨의 수많은 저작들 가운데 우리가 죽기 전에 꼭 읽어야 할, 즉 버킷 리스트에 반드시 포함시켜야 할 책을 하나만 고르라면 주저할 것 없이 『수상록*Essays*』을 꼽아야 할 것이다. 이는 다른 저작들이 『수상록』에 못 미치기 때문이라기보다 이 책이 너무나 많은 장점들을 지니고 있기 때문이다. 또한 『수상록』은 베이컨의 작품들 가운데 몇 안 되는, 애초에 영어로 쓰인 책이다. 라틴어에서 영어로의 언어 권력 이동이라는 면에서도 상징적인 책인 셈이다.

『수상록』은 역사상 영어로 쓰인 산문 작품들 중 몇 손가락 안에 꼽히

「수상록」의 1696년 판 표지.
「수상록」은 영어로 쓰인 최고의 산문 작품으로 종종 거론된다.

는 걸작이며, 지금까지도 영어권은 물론 전 세계에서 애독하는 책이다. 진리, 죽음, 무신론, 교육, 양육, 국가 경영 등 다양한 주제를 다룬 이 책은 깊은 통찰력, 뛰어난 문장력, 분명한 메시지로 독자들에게 크나큰 즐거움을 선사한다. 말 그대로 독서의 재미, 즉 '읽기의 쾌락(pleasure of reading)'이 무엇인지를 알게 해 준다. 앞에서 베이컨이 '배움의 쾌락'을 찬양했음을 언급한 바 있지만, 독서도 배움의 일환임을 생각한다면 그의 책이야말로 최고의 쾌락을 선사해 준다고 할 수 있다.

나아가 인문학 독서를 통해 정신을 살찌우려는 독자뿐 아니라 영어 실력을 향상시키려는 분들에게도 『수상록』은 최고의 텍스트다. 『철학 이야기 The Story of Philosophy』의 저자 윌 듀런트(Will Durant)는 『수상록』의 문장을 "셰익스피어의 운문만큼이나 탁월한 산문 언어(language as supreme in prose as Shakespeare's is in verse)"라고 극찬한 바 있다. 따라서 자고로 영어를 잘하려는 사람들에게 『수상록』은 선택이 아니라 필수 코스에 가깝다. 플라톤의 '대화편' 영어 원전에 도전해 본 독자라면 『수상록』 원전 읽기 역시 그리 어렵지만은 않을 것이다. 다양한 주제의 에세이들이 각각 한두 쪽을 넘지 않는 분량으로 구성되어 있으므로 하루에 한 편씩 차근차근 도전해 보는 것도 좋은 방법이다.

음식에 비유하자면, 베이컨의 『수상록』을 한두 쪽씩 읽는 것은 베이컨 한두 조각을 섭취하는 것과 같은 일이다. 뭐든 과하면 탈이 날 수도 있겠지만, 매일 베이컨 한두 조각 정도를 먹으면 식욕을 돋울 수 있을 뿐 아니라 풍부한 단백질과 칼슘도 공급할 수 있다. 철학자 베이컨도 매일 조금씩 섭취해 보자. 마음의 양식을 공급할 수 있을 뿐 아니라 영어 문장의 진수를 만끽할 수 있을 것이다. 또한 그의 명문을 아예 외워 버리면 영어 실력이 일취월장하게 될 것이다. 말 그대로 "베이컨 섭취는 영어 숙달에 좋다.(Taking Bacon is good for English proficiency.)" 이쯤에서 베이컨의 유명한 경구를 한 번 더 비틀어 볼 시점이다.

베이컨의 『수상록』을 아는 것이 힘이다.

Knowledge of Bacon's *Essays* is power.

베이컨은 1597년 『수상록』 초판이 나온 시점부터 1625년 총 58편 에세이로 엮인 결정판이 나올 때까지 무려 30여 년에 걸쳐 새로운 에세이를 추가하고 기존 에세이를 수정하며 꾸준히 다듬어 나갔다. 단순 비교는 어렵지만, 마치 레오나르도 다 빈치(Leonardo Da Vinci)가 10여 년간 〈모나리자*Mona Lisa*〉를 조금씩 그리고 다시 고치며 계속 손을 떼지 않은 것과 비슷하다. 유려한 문체로 깔끔하게 구성된 각 에세이는 저마다 정교한 공예품을 방불케 하며, 어느 문단 어느 문장 하나 그냥 지나칠 수 없을 만큼 빛난다. 이는 베이컨이 철학자, 정치가, 작가가 한 몸에 깃든 통찰력 있는 인물이었기 때문이기도 하지만, 그만큼 그가 글쓰기에 공을 들인 덕분이기도 하다.

별 영양가 없는 인스턴트식품 같은 책들보다 오늘이라도 당장 베이컨의 『수상록』을 펼쳐 보는 게 어떨까? 아직도 망설여지는가? 독자 여러분의 의사결정에 조금이라도 도움을 주고자 이제부터 『수상록』의 몇몇 대목을 샘플 삼아 소개해 보도록 하겠다.

## 명품 철학 에세이의 맛

먼저 감상할 내용은 에세이 「죽음에 관하여 *Of Death*」의 한 대목이다. 철학을 연구하는 것은 죽음을 준비하는 것이라던 키케로의 말처럼 '죽음'은 철학자들이 다루는 궁극의 테마 중 하나다. 철학자이자 근대 과학의 챔피언인 베이컨은 죽음의 문제를 어떻게 이해했을까?

어린아이들이 어둠 속으로 들어가는 것을 무서워하듯, 사람들은 죽음을 두려워한다. 어둠에 대한 어린아이들의 타고난 두려움이 이런저런 이야기들을 듣고 더 증폭되듯이 다른 하나도[죽음에 대한 두려움도] 마찬가지다. 확실히, 죄의 대가 및 다른 세계로 가는 통로로서의 죽음에 대한 사색은 성스럽고 종교적이다. 하지만 죽음에 대한 공포란, [그러한] 본성에게(unto) 마땅히 부여해야(due) 할 찬사로서는 약하다. (…) 죽는다는 것은 태어나는 것만큼이나 자연스러운 것이며, 갓난아기에게는 아마도 태어나는 것이 죽는 것만큼이나 고통스러운 것일지 모른다.

Men fear death, as children fear to go in the dark; and as that natural fear in children, is increased with tales, so is the other. Certainly, the contemplation of death, as the wages of sin, and passage to another world, is holy and religious; but the fear of it, as a tribute due unto nature, is weak. (…) It is as natural to die, as to be born ; and to a little infant, perhaps, the one is as painful, as the other.

죽음 자체보다 죽음에 이르는 과정이나 이를 둘러싼 분위기가 더 죽음을 두렵게 만든다고 역설하는 부분에서 실질적인 관찰과 분석에 능한 베이컨의 성향을 느낄 수 있다.

이번에는 베이컨의 종교관을 들여다볼 수 있는 「무신론에 대하여Of Atheism」의 첫 대목이다.

이 세상의 틀이 정신(지성) 없이 존재한다고 믿느니 차라리 전설과 탈무드와 코란 속에 나오는 우화들을 죄다 믿겠다. 그러므로 신은 무신론자를 설득하기 위해 기적을 일으킬 필요가 없다. 왜냐하면 그분이 일상에서 행하는 역사들이 그것을 확증하기 때문이다. 얕팍한 철학은 인간의 마음을 무신론으로 기울게 하지만, 심오한 철학은 인간의 마음에 종교를 불러일으킨다. 인간의 정신이 산재한 제2원인들을 바라볼 때, 종종 그것들에 원인이(rest in) 있을지 모른다고 여기면서도 더 이상 나아가려 하지 않지만, 서로 연결되고 연합된 그것들의 연결고리를 보게 되면, 신의 섭리와 신에게로 날아올라가지 않을 수 없기 때문이다.

I had rather believe all the fables in the Legend, and the Talmud, and the Alcoran, than that this universal frame is without a mind. And therefore, God never wrought miracle, to convince atheism, because his ordinary works convince it. It is true, that a little philosophy inclineth men's mind to atheism ; but depth in philosophy bringeth men's minds about to religion. For while the mind of man looketh upon second causes scattered, it may sometimes rest in them, and go no further ; but

when it beholdeth the chain of them, confederate and linked together, it
must needs fly to Providence and Deity.

베이컨이 말하는 '제2원인들'이란 쉽게 말해 우리가 자연현상에서
'인과관계'를 논할 때 꼽는 원인들을 의미한다. 이에 비해 제1원인은 모
든 원인들의 원인, 즉 신을 말한다.

"얄팍한 철학은 인간의 마음을 무신론으로 기울게 하지만, 심오한 철
학은 인간의 마음에 종교를 불러일으킨다."는 말은 베이컨『수상록』에서
유명한 문장들 가운데 하나이며, 당연한 얘기겠지만 종교인들 사이에서
인기가 그만이다. 이번 기회에 아예 한글과 영어로 동시에 외워 버려도
좋을 것 같다. 베이컨은 이어지는 문단에서 신 존재를 믿는 것이 현실적
으로 어떤 이점을 가져다주는지 제시한다. 경험론의 시조다운 대목이다.

신을 부정하는 자들은 인간의 고귀함을 파괴한다. 확실히 인간이란 육체
적으로는 야수에 가깝고, 만약 정신적으로 신과 가깝지 못하면 야비하고 무
지한 피조물이기 때문이다. 그것은〔신을 부정하는 것은〕관용 및 인간 본성의
고양 또한 파괴한다. 개를 예로 들어 보면, 개가 자신이 인간에 의해 양육됨
을 알게 되었을 때, 얼마만큼의 관대함과 용기를 보일지 주목하라. 그에게
〔개에게〕인간은 신을 대신하는, 혹은 '우월한 본성(melior natura)'을 지닌 존
재다. 용기란 명백히 피조물로서 자신보다 뛰어난 본성을 지닌 존재에 대한
확신 없이는 결코 획득할 수 없는 것이다. 그리하여 인간은 신의 가호와 호
의에 대해 스스로 안심하고 확신할 때, 인간의 본성만으로는 얻을 수 없는
힘과 믿음을 끌어모았던 것이다. 따라서 무신론은 모든 측면에서 그런 것처
럼, 인간이 인간적 나약함을 넘어서서 인간 본성을 그 자체로 승격시키는
(exalt) 수단을 앗아간다는 점에서도 혐오스럽다.

They that deny a God, destroy man's nobility; for certainly man is of kin to the beasts, by his body; and, if he be not of kin to God, by his spirit, he is a base and ignoble creature. It destroys likewise magnanimity, and the raising of human nature; for take an example of a dog, and mark what a generosity and courage he will put on, when he finds himself maintained by a man; who to him is instead of a God, or *melior natura*; which courage is manifestly such, as that creature, without that confidence of a better nature than his own, could never attain. So man, when he resteth and assureth himself, upon divine protection and favor, gathered a force and faith, which human nature in itself could not obtain. Therefore, as atheism is in all respects hateful, so in this, that it depriveth human nature of the means to exalt itself, above human frailty.

베이컨이 신과 인간의 관계를 인간과 개의 관계에 비유하는 대목을 읽다 보면 좀 묘한 느낌이 든다.(멍멍!) 하지만 이를 통해 그가 무엇을 말하고자 하는지는 비교적 분명히 알 수 있다.

마지막으로 에세이 「학문에 대하여*Of Studies*」의 대목들이다. 다양한 분야에서 당대 최고의 학식을 지녔던, 아는 것이 '힘'이자 '쾌락'이라고 믿었던 베이컨은 학문 그 자체에 대해서 어떤 생각을 품고 있었을까?

학문에 너무 많은 시간을 쓰는 건 태만이다. 치장하는 데 학문을 너무 많이 쓰는 건 가식이다. 전적으로 학문의 법칙에 따라 판단을 내리는 건 학자의 기질(humor)이다. 학문은 [사람의] 본성을 완성시키고, 경험에 의해 완성된다. 타고난 능력이란 자연의 식물과도 같아서 학문으로 가지치기를 해 줄 필요가 있다. 그리고 학문 자체도 경험에 의해 한계 지어지지 않으면, 대체로 너무 많은 방향을 공표하게(give forth) 된다. 교활한 사람들은 학문을 경멸하고, 단순한 사람들은 그것을 숭배하며, 현명한 사람들은 그것을 이용한다. 학문이 그것 자체의 유용성을 가르쳐 주는 것은 아니다. 그것은 학문과 관계없이, 학문을 넘어서서 관찰을 통해 획득되는 지혜다.

To spend too much time in studies is sloth; to use them too much for ornament, is affectation; to make judgment wholly by their rules, is the humor of a scholar. They perfect nature, and are perfected by experience: for natural abilities are like natural plants, that need pruning, by study; and studies themselves, do give forth directions too much at large, except they be bounded in by experience. Crafty men contemn studies, simple men admire them, and wise men use them; for they teach not their own use; but that is a wisdom without them, and above them, won by observation.

언제나 베이컨의 글은 명쾌하고 날렵하면서도 깊이가 있다. 베이컨의 『수상록』을 읽다 보면 삶이 마치 산들바람 같다고 할까. 모든 것이 명료해지는 느낌이다. 그는 학문에 너무 많은 시간을 쓰지 말라고 충고한다. 그보다 중요한 건 경험이다. 말 그대로 '경험론자'다운 발상이다. 그에 따르면 학문은 숭배하기보다 잘 이용해야 할 대상이다. 학문을 대하는 그의 실용적인 태도는 곧 이어지는 독서에 대한 충고에서도 그대로 드러난다. '베이컨의 독서론'이라고 할 만한 다음 대목은 매우 유명하다.

부인하거나 논박하기 위해 독서하지 말라. 믿거나 당연한 것으로 받아들이기 위해 [독서하지도] 말라. 이야깃거리와 담론거리를 찾기 위해 [독서하지도] 말라. 가늠하고 숙고하기 위해 독서하라. 어떤 책들은 맛볼 만하고, 또 다른 것들은 삼킬 만하며, 드물게 어떤 것들은 씹고 소화시킬 만하다. 즉, 어떤 책들은 오직 일부만 읽을 만하고, 또 다른 것들은 읽을 만하지만 정밀하게는(curiously) 아니고, 드물게 어떤 것들은 충실하고 주의 깊게 통독할 만하다. 또한 어떤 책들은 다른 누군가가 대신(by deputy) 읽고 만들어 준 발췌문만 읽을 수도 있지만, 그것은 오직 대수롭지 않은 논증이나 저급한 종류의 책일 때뿐이며, 그 밖의 정제된(distilled) 책들은 흔한 증류수(distilled water)와 같아서, 허울만(flashy) 좋은 것들이다.

Read not to contradict and confute; nor to believe and take for granted; nor to find talk and discourse; but to weigh and consider. Some books are to be tasted, others to be swallowed, and some few to be chewed and digested; that is, some books are to be read only in parts; others to be read, but not curiously; and some few to be read wholly, and with diligence and attention. Some books also may be read by deputy, and extracts made of them by others; but that would be only in the less important arguments, and the meaner sort of books, else distilled books are like common distilled waters, flashy things.

베이컨은 가능한 한 요약본을 읽지 말라고 한다. 책의 본질을 파악하여 자기 것으로 만드는 데 한계가 있기 때문이다. 그의 말에 따르면 동서양 고전들을 요점 정리해 놓은 이른바 '클리프 노트'를 읽는 건 '증류수'를 마시는 행위와 다를 바 없다. 증류수가 무엇인가? 증발시켜 얻은 물이다. 무색, 무취, 무미하며 물 안에 어떤 미네랄도 들어 있지 않다.

베이컨의 『수상록』은, 그가 말한 3가지 독서법 중 어떤 것을 적용해도 좋은 보기 드문 책이다. 즉 맛만 보기에도(to be tasted), 통째로 삼키기에도(to be swallowed), 꼭꼭 씹어 소화시키기에도(to be chewed and digested) 적합하다는 뜻이다. 물론 가장 좋은 방법은 '충실하고 주의 깊게' 통독 하는 것일 테지만 말이다.

## 베이컨의 유산

제임스 1세 치세에 대법관에까지 올랐던 베이컨은 곧 수뢰 사건에 연루 되어 정적들의 집중 공격을 받은 끝에 정계 은퇴를 강요당하는 굴욕을 맛봤다. 천하의 베이컨도 나무, 아니 권력에서 미끄러질 때가 있었던 것 이다. 왕의 배려로 겨우 옥살이를 면한 베이컨은 런던을 떠나 시골에서 조용히 저술과 연구에 몰두하다가 1626년 겨울 사망했다. 그는 평생 지 위에 걸맞은 품위 유지를 하느라 버는 족족 남김없이 돈을 썼고, 그 때 문인지 은퇴 후에는 경제적으로 꽤 곤궁하게 산 모양이다. 하지만 그 와 중에도 철학 연구와 저술 활동만은 멈추지 않았다고 한다.

여기서 베이컨의 죽음을 둘러싼 일화를 한번 언급하지 않을 수 없다. 그의 철학과 연구 방식에 대해 생각해 볼 거리를 제공하기 때문이다. 그 는 어느 겨울날 마차를 타고 가다가 문득 소금처럼 눈으로도 육류를 오 래 보존할 수 있지 않을까 하는 생각을 했다. 이 가설을 바로 실험해 보 고 싶어진 그는 시골 농가에서 내장을 발라낸 닭을 구입한 뒤 몸통에 눈 을 채워 넣었다. 하지만 그는 이 실험을 하느라 혹한에 바깥바람을 너무 오래 쐬고 말았다. 결국 그는 폐렴에 걸렸고, 몇 주 뒤 세상을 떠나고 말 았다. 향년 65세였다.

과학과 학문의 진보를 위한 치어리더를 자청했던 철학자답게 생의 마 지막 순간까지 과학 실험을 하며 보낸 것이 인상적이다. 그런데 여기서 잠깐 그가 '닭'을 상대로 한 실험 방법에 대해 생각해 보자. 그가 채택한 방식은 귀납법도 연역법도 아니었다. 그의 사고 과정을 되짚어 보자. 그는 차가운 눈이 고기의 부패를 늦추지 않을까 하는 '가설(hypothesis)'을 세웠다. 그런 다음 이를 '증명(prove)'하기 위해 닭의 몸통에 눈을 채우는 '실험(experiment)'을 했다. 그가 옹호했던 '귀납법'과는 무언가 다른 구석이 있다. 눈을 채워 넣은 다음 상황이 어떻게 되는지 관찰하고 경험해 보려 했다는 점에서는 분명 구체적인 사례를 통해 일반론을 도출하고자 하는 귀납법과 닮았다. 하지만 그가 행한 것은 단순 귀납이 아니다. 그저 현실에 존재하는 여러 사례들을 수집한 것이 아니다. 그는 '가설'을 세웠다. 가설이 무엇인가? 일련의 검증 과정을 통해 타당성이 인정되면 일종의 진리로 받아들여지게 되는 명제다. 그런 의미에서는 오히려 연역법의 대전제에 가깝다. 그는 가설을 세우고 실험을 통해 해당 가설의 타당성을 증명하는, '가설 및 실험' 방식을 도입했다. 이 방식은 사실 베이컨이 제시한 귀납법의 한계를 극복하고자 후대 철학자와 과학자 들이 제시한 '가설연역법(hypothetical deductive method)'에 가깝다. 오늘날까지도 과학 이론 성립의 정설로 받아들여지는 방법이며, 귀납법과 연역법이 혼합된 다소 복잡한 사고 체계다. 그러니 그는 자신도 모르게 '가설연역'이라는 제3의 방식을 도입한 셈이 되는데, 당시 그가 이를 깨달았던 것 같지는 않다.

앞서 말했듯이 베이컨은 자신의 철학을 과학의 진보와 인류 문명의 발전을 위한 서곡 내지 변론으로 생각했다. 하지만 그의 철학이나 저서가 당대 과학과 기술 발전에 실제로 보탬이 되었는가에 대해서는 긍정의 답을 내놓기가 망설여진다. 내 생각에, 당대 과학자들은 관찰하고 실험하는 일상만으로도 너무 바빠서 베이컨의 저작들을 섭렵할 틈이 없었을 것이다. 베이컨 본인 역시 코페르니쿠스(Nicolaus Copernicus), 케플러(Johannes Kepler), 베살리우스(Andreas Vesalius), 길버트(William Gilbert), 하비(William Harvey) 등 당대 과학 혁명의 선두 주자들이 여러 분야에서 제시한 이론과 발견에 대해 거의 아는 바가 없었거나 알았더라도 대부분 무시했던 것으로 보인다. 더군다나 당대로서는 가히 혁명적 개념이었던 '혈액순환이론'을 제시한 하비의 경우는 베이컨의 개인 주치의였음에도 그의 이론에 대해 두 사람이 대화를 나누었다는 증거가 전혀 남아 있지 않다. 요즘으로 치면, 베이컨은 미래 기업 전략과 트렌드에 대해 일갈하는 베스트셀러 작가이면서도 정작 구글, 애플, 아마존 등 혁신 기업들의 활약과 성취에 대해서는 무지한(혹은 무시하는) 인물과 유사하다고 하겠다.

하지만 그럼에도 베이컨은 분명 선구자적 인물이었고, 그도 그런 자신의 역할에 대해 명확히 인식했던 모양이다. 그는 유서에 이런 말을 남겼다고 한다.

내 이름과 기억을, 사람들의 자애로운 연설을 위해, 다른 나라들을 위해, 그리고 후세를 위해 남긴다.

For my name and memory, I leave it to men's charitable speeches, and to foreign nations, and the next ages.

물론 그의 유언은 뜻대로 이행되었다. 베이컨 사후 400년에 근접한 지금까지 우리가 그에 대해 논하고 있다는 것만으로도 유언이 얼마나 충실하게 집행되고 있는지를 알 수 있다. 그런데 베이컨은 유서에서 그가 후대에 남긴 가장 값진 보물에 대한 언급을 그만 빠뜨리고 말았다. 그것은 바로 『수상록』이다. 이 책이야말로 비단 인문학도들뿐 아니라 전 인류의 보물이기 때문이다.

10th Brunch Time

# 과학적 인식론의 선구자

## 근대 철학의 창시자

이번에는 영불 해협을 건너, 흔히 '근대 철학의 창시자(Founder of Modern Philosophy)'라고 불리는 프랑스 철학자 르네 데카르트(René Descartes)를 만나 보도록 하자.

미국에서나 한국에서나 언론과 대중은 정치인, 연예인, 운동선수 등 유명인사들 가운데 서로 견줄 만한 인물들을 묶어 '라이벌' 관계를 만들기 좋아하는데, 철학 분야에서 종종 이런 관계 설정에 놓이는 인물들이 바로 베이컨과 데카르트다. 사람들이 영국 철학을 대표하는 베이컨과 대륙 철학을 대표하는 데카르트를 종종 비교하는 것이다. 하지만 두 사람은 국적도 다를뿐더러 데카르트가 30년 이상 연하이기 때문에 완전히 다른 세대다. 둘이 만나 무슨 토론을 벌인 일도 없거니와 편지조차 나눈 적도 없다.

또한 베이컨은 비록 과학 혁명의 치어리더이기를 자처했다 하더라도

프란스 할스(Frans Hals)가 그린 데카르트의 초상.

과학자는 아니었으며, 그를 죽음에 이르게 한 '닭고기 보존 실험'을 제외한다면 생전에 이렇다 할 과학 연구를 한 것도 없다. 반면 데카르트는 철학자임과 동시에 과학의 언어라고 할 수학, 특히 기하학에서 상당한 업적을 남긴 수학자였다. 또한 생리학과 해부학에 대해 해박한 지식을 갖고 있었을 뿐 아니라 인지과학과 이론물리학의 선구자 같은 모습을 보이기도 하는 등 과학 자체에 깊이 발을 담그고 있었다. 따라서 데카르트와 베이컨을 직접 비교하는 것은 약간 무리가 있다. 이 둘은 삼겹살과 갈매기살처럼 부위도, 맛도, 씹히는 질감도 완전히 다르다.

데카르트는 프랑스인이지만 생의 대부분을 네덜란드에서 보냈다. 이는 당시 신생 국가였던 네덜란드가 유럽에서도 언론과 사상의 자유가 가장 잘 보장된 나라였다는 것과 무관하지 않다. 데카르트는 예수회 사제들이 운영하는 학교에서 수학과 자연과학을 공부한 뒤 법학으로 학위를 받았지만, 졸업 후에는 법률가가 아니라 네덜란드 직업 군인이 되는 의외의 커리어를 택해 10여 년간 장교로 복무했다. 그의 철학 연구 중 상당 부분은 군 생활 동안 이루어진 것이다.

데카르트를 근대 철학의 창시자라고까지 부르는 가장 큰 이유는 그가 '인식론(epistemology)'을 개척했기 때문이다. 인식론은 이후 독일 관념론을 거쳐 다시 현상학으로 이어지며 근대 철학의 매우 중요한 부분으로 자리 잡았다. 물론 후대에 이르러 데카르트의 이론은 여러 철학자들에게 비판당하며 너덜너덜해지기도 했지만, 이는 전혀 문제 삼을 게 없다. 그가 근대 철학의 창시자라 불릴 만큼 존중받는 까닭은 완전무결한 이론을 만들었기 때문이 아니라 후대 철학자들이 갑론을박할 가치가 있는 논점들을 제공했기 때문이다. 위대한 플라톤이 후학들의 '동네북'이 된 것과 비슷한 경우다. 스승, 아버지란 흔히 극복의 대상으로서 의미가 큰 법이다.

## 진리 추구를 위한 올바른 사고 방법

과학과 학문의 방법에서, 베이컨이 귀납법의 창시자라면 데카르트는 연역법의 챔피언이라 할 만하다. 물론 이런 단순화에는 오해의 여지가 있다. 우선 다시 말하지만 두 사람이 방법론을 놓고 직접 논쟁을 벌인 일은 없다. 둘의 '라이벌' 관계는 여러모로 대조적인 이들의 사상을 비교하기 위해 후대 사람들이 연출한 구도에 지나지 않는다. 그리고 무엇보다 데카르트의 연역법은 베이컨이 공격 대상으로 삼은 아리스토텔레스식 삼단 논법과 상당히 다르다. 그의 연역법이 대체 어떤 모양새를 하고 있는지 제대로 알려면 유명한 『방법서설Discourse on Method』을 펼쳐 들어야 한다.

그런데 '방법서설'이라는 제목은 좀 뜬금없게 느껴진다. 도대체 뭐에 대한 방법인지 알 수 없기 때문이다. 비밀의 열쇠는 '풀 네임' 원제에 담겨 있다. 바로 'Discourse on the Method of Rightly Conducting the

*Reason and Seeking Truth in the Sciences*'다. 제목이 너무 길다 보니 앞부분만 따서 회자되고 있었던 것이다. 해석해 보면 무엇에 대한 방법인지 비교적 명확하게 이해할 수 있게 된다. '올바르게 이성을 사용해 학문의 진리를 추구하는 방법에 관한 서설.'

베이컨이 『신기관』을 통해 아리스토텔레스 전통을 대체하는 새로운 학문 연구 방법론을 제시하려 한 것처럼, 데카르트는 『방법서설』을 통해 어떻게 사고하는 것이 진리 추구를 위한 올바른 방법인지 제시하려 한 것이다. 『방법서설』은 다음과 같은 분석으로 시작한다.

> 활기찬 정신을 소유하는 것만으로는 충분치 않다. 주요 필수 조건은 그것을 올바르게 적용하는 것이다. 위대한 지성들은, 고도의 탁월함을 지닌 만큼 종종 엄청난 일탈에 빠지기도 쉽다. 그래서 똑바른 경로만 유지한다면, 매우 천천히 여행하는 자들이 뛰다가 그만두는(forsake) 자들보다 훨씬 큰 진척을 이룰 수 있는 것이다.
>
> To be possessed of a vigorous mind is not enough ; the prime requisite is rightly to apply it. The greatest minds, as they are capable of the highest excellences, are open likewise to the greatest aberrations ; and those who travel very slowly may yet make far greater progress, provided they keep always to the straight road, than those who, while they run, forsake it.

즉, 학문의 진리를 추구할 때 재기발랄하지만 꾸준히 집중하지 못하는 천재보다 비록 느리더라도 똑바른 경로, 즉 올바른 방법론으로 뚜벅뚜벅 걸어가는 범재가 더 큰 업적을 남길 수 있다는 것이다. 나처럼 범재도 못 되는 '둔재'에게는 복음과도 같은 말이다. 그렇다면 그 올바른

'방법'이란 과연 무엇일까? 데카르트는 본론으로 들어가지 않고 잠시 뜸을 들인다.

겹겹이 쌓인 법률들은 종종 정의를 방해만 하기 때문에, 국가는 극소수 법률들을 엄격히 집행할 때 가장 잘 다스려진다. 마찬가지로, 논리를 구성하는 수많은 수칙들 대신, 나는 다음 네 가지가 내게 더할 나위 없이 충분하다는 걸 증명하리라고 믿었다. 그것들을 준수하는 데 단 한 차례도 실패하지 않겠다는, 굳건하고 변함없는 결의만 지녔다면 말이다.

As a multitude of laws often only hampers justice, so that a state is best governed when, with few laws, these are rigidly administered; in like manner, instead of the great number of precepts of which logic is composed, I believed that the four following would prove perfectly sufficient for me, provided I took the firm and unwavering resolution never in a single instance to fail in observing them.

이렇게 좋을 수가 있나. 책 제목도 장황한 데다 그 유명한 데카르트 선생이 제시한 방법이라고 해서 엄청 긴장했는데 말이다. 데카르트 선생의 말마따나 '비법'이 너무 장황하고 복잡하면 배우는 사람이나 가르치는 사람이나 고역이다. 간단할수록 좋다. 드디어 데카르트가 터득한 4단계 진리 추구의 방법이 공개될 차례다.

첫째는 내가 확실히 그러하다고 알지 못하는 것은 어떤 것도 진실로 받아들이지 않는 것이었다. 말하자면, 속단과 편견을 신중하게 피하고, 의혹의 근거를 모두 배제할 수 있을 만큼 명백하고 확실하게 내 정신에 제시된 것 이외에는 그 어떤 것도 내 판단 안에 포함시키지(comprise) 않는 것이다.

The first was never to accept anything for true which I did not clearly know to be such; that is to say, carefully to avoid precipitancy and prejudice, and to comprise nothing more in my judgement than what was presented to my mind so clearly and distinctly as to exclude all ground of doubt.

둘째, 검토 중인 각 난점들을 적절한 해결책을 위해 필요한 만큼 가능한 한 많은 부분들로 나누는 것이다.

The second, to divide each of the difficulties under examination into as many parts as possible, and as might be necessary for its adequate solution.

셋째, 이해하기에 가장 단순하고 용이한 대상들을 가지고 시작함으로써 (by commencing), 조금씩, 말하자면(as it were), 한 걸음씩 더 복잡한 지식으로 상승해 갈지도 모르는, 그러한 순서로 내 사유를 수행하는 것이다. 그것들 자체의 본성상 선행과 시퀀스(연속성을 지닌 사건—옮긴이)의 관계에 있지 않은 대상들에게조차 사고 안에서 어떤 질서를 부여하면서 말이다.

The third, to conduct my thoughts in such order that, by commencing with objects the simplest and easiest to know, I might ascend by little and little, and, as it were, step by step, to the knowledge of the more complex; assigning in thought a certain order even to those objects which in their own nature do not stand in a relation of antecedence and sequence.

그리고 끝으로, 어떤 경우라도 열거는 완벽하게, 검토는 보편적으로 수행하여 빠진 것이 아무것도 없다고 확신할 수 있도록 하는 것이다.

And the last, in every case to make enumerations so complete, and reviews so general, that I might be assured that nothing was omitted.

맨 마지막 단계의 '열거(enumerations)'와 '검토(reviews)'를 '매거(枚擧)'와 '통관(通觀)'이라고 번역하기도 하는데, 말만 들어도 너무 어렵다. 그저 각 대상들을 매우 많은 부분으로 나눠 일일이 빠트리지 않고 검토하라는 얘기인 셈인데, 이걸 '매거와 통관'이라고 하면 무슨 고대 중국의 관직명처럼 들리기도 한다.

위 네 가지 원칙을 보고 '정말 너무나 간단한 방법이다. 이걸 여태 몰랐다니!' 하는 생각이 든다면, 더 이상 데카르트의 『방법서설』에 의지할 필요 없이 원칙을 적용해 학문적 업적을 성취하면 된다. 하지만 나처럼 이 원칙들이 실제 학문 연구에서 어떻게 적용돼야 하는지 아직도 잘 모르겠다는 사람은 좀 더 데카르트를 따라가 봐야 한다. 그가 『방법서설』

뉴욕 공공 도서관으로 가는 길에 있는 '라이브러리 워크(Library Walk).' 바닥에 문학가나 철학자들의 명언을 새겨 놓았다. 사진은 데카르트의 명언. "좋은 책을 읽는 것은 지나간 세기 최고의 인물들과 대화를 나누는 것과 같다."

에서 네 가지 원칙을 어떻게 적용해야 하는지, 보다 구체적인 사례와 함께 제시하고 있기 때문이다. 우리는 여기서 그 가운데 제1단계에 주목해 보기로 하자.

## 생각하는 나는 무엇이어야만 한다

데카르트의 네 원칙 중 첫 번째가 "확실히 그러하다고 알지 못하는 것은 어떤 것도 진실로 받아들이지 않는 것"이라는 점에 주목하자. '데카르트' 하면 거의 조건반사적으로 생각나는 전설의 명언 "나는 생각한다, 고로 존재한다."가 바로 이 첫 원칙을 더욱 깊이 파고드는 대목에서 등장하기 때문이다.

"나는 생각한다, 고로 존재한다."는 아마도 "너 자신을 알라.", "아는 것이 힘이다."와 함께 철학 사상 3대 명언에 꼽힐 만큼 유명세가 있다고 하겠는데, 여기서 잠깐 이 문장을 5개 국어로 정리해 보자. 갑자기 이 무슨 쓸데없는 짓이냐고 할지도 모르지만, 지금 알아 두면 나중에 분명 알차게 쓰일 날이 올 것이다.

> 한국어 나는 생각한다, 고로 존재한다.
>
> 영어 I think, therefore I am.
>
> 라틴어 *Cogito, ergo sum.*
>
> 프랑스어 Je pense, donc je suis.
>
> 독일어 Ich denke, also bin ich.

물론 이들 중 지금까지 세계적으로 유명한 것은 라틴어와 영어 버전이다. 영어권에서도 이 두 버전은 어느 쪽이 우위라고 할 수 없을 만큼

골고루 쓰인다. 덧붙여 데카르트 철학을 중심으로 학파를 이룬 데카르트학파 혹은 데카르트주의자를 일컬어 'Cartesian'이라고 하는데, 이 역시 데카르트의 라틴어 이름인 '카르테시우스(Cartesius)'에서 왔다고 한다. 『방법서설』의 원전은 프랑스어지만, 데카르트 역시 베이컨처럼 대부분의 저술 및 학술 활동을 라틴어로 했다.

"나는 생각한다, 고로 존재한다."라는 문장이 도대체 어떤 맥락에서 나온 것인지를 이해하기 위해, 우선 데카르트가 감각과 이성의 한계를 지적하는 부분을 조금 읽어 보자.

따라서 감각이 종종 우리를 기만하는 것을 보면, 나는 우리에게 드러나는 것처럼 실제로 그렇게 존재하는 것은 아무것도 없다고 기꺼이 가정할 수 있었다. 그리고 어떤 이들은 심지어 기하학의 가장 단순한 문제들에서조차 추론에서 실수를 범하고 잘못된 논리(paralogism)에 빠지기 때문에, 나는 다른 사람들처럼 나 역시 실수할 여지가 있었다고 확신했고, 내가 그때까지 (hitherto) 증명을 위해 채택했던 모든 추론들을 거짓으로서 거부했다. 그리고 마지막으로, 나는 우리가 깨어 있을 때 경험하는 바로 그 생각들(표상들)은 우리가 잠들어 있을 때도 경험할 수 있으며, 그때는 그것들 중 어느 것도 진실이 아닌데, 나는 깨어 있을 때 내 정신에 들어온 모든 대상들(표상들)이 내 꿈속의 환상보다 더 진실한 것도 아니라고 생각했다.

Accordingly, seeing that our senses sometimes deceive us, I was willing to suppose that there existed nothing really such as they presented to us; and because some men err in reasoning, and fall into paralogisms, even on the simplest matters of geometry, I, convinced that I was as open to error as any other, rejected as false all the reasonings I had hitherto taken for demonstrations; and finally, when I considered that the very same thoughts(presentations) which we experience when awake may also be experienced when we are asleep, while there is at that time not one of them true, I supposed that all the objects(presentations) that had ever entered into my mind when awake, had in them no more truth than the illusions of my dreams.

이렇게 데카르트에 따르면 감각도 이성도 100퍼센트 신뢰할 수가 없다. 세상에 확실한 것은 아무것도 없다. 지금 이 책을 읽고 있는 순간이 현실인지 꿈인지도 확신할 수 없다. 그래서 데카르트는 그때까지 자신이 채택했던 모든 추론들을 거짓이라고 거부하기까지 했다. 그렇다면 대체 무엇이 진실이고 무엇이 환상이란 말인가. 그러나 이 모든 것을 회의했음에도, 그에게조차 의심할 수 없이 명백한 진리가 하나 있었다.

그러나 내가 이를 깨닫자마자, 따라서 내가 모든 것이 거짓이었다고 생각하려 했을 때, 그렇게 생각한 나는 무엇이어야만 한다는 것이 절대적으로 필연적이었다. 그리고 나는 이 "나는 생각한다, 고로 존재한다."는 진리가 터무니없는(extravagant) 방식으로라도 그것을 뒤흔들 수 있는 회의론자들에 의해 제기될지도(allege) 모를, 의심의 근거조차 없는 너무나 확실한 증거라는 걸 알았다. 나는 그것을 아무런 거리낌(scruple) 없이 내가 추구한 철학의 제1원리로 받아들일 수 있다고 결론지었다.

But immediately upon this I observed that, whilst I thus wished to think that all was false, it was absolutely necessary that I, who thus thought, should be somewhat; and as I observed that this truth, *Cogito, ergo sum*(I think, therefore I am), was so certain and of such evidence that no ground of doubt, however extravagant, could be alleged by the sceptics capable

of shaking it, I concluded that I might, without scruple, accept it as the
first principle of the philosophy of which I was in search.

이렇게 해서 "나는 생각한다, 고로 존재한다."는 데카르트가 제시하는
방법론의 주춧돌이 된다. 이런 데카르트의 사유 방식은 어쩐지 소설『네
개의 서명The Sign of Four』에서 셜록 홈스가 왓슨에게 했던 말을 연상케
한다. 그러고 보니 셜록 홈스의 추리 기법을 '홈스식 연역(Holmesian deduc-
tion)'이라고 부르는 것도 우연만은 아닌 것 같다.

"불가능한 것을 제거했을 때 어쨌든 남는 것은 아무리 개연성이 없어 보
여도 진실일 수밖에 없다고 내가 몇 번이나 말했나?"
"How often have I said to you that when you have eliminated the
impossible, whatever remains, however improbable, must be the truth?"

셜록 홈스의 말을 데카르트에게 적용한다면, 의심의 여지가 있는 추
론들을 모두 제거하는 과정을 거쳐 더 이상 부정할 수 없었던 것이 바로
'생각하는 존재로서의 나'였던 셈이다. 데카르트의 방법론이 베이컨의
그것과 결정적으로 다른 부분이 바로 이것이다. 베이컨은『신기관』에서
다음과 같은 유명한 선언을 한 바 있다.

자연의 종복이자 해석자인 인간은, 자연의 질서에 관하여 그가 사실과 지
적 활동에 따라 관찰한 만큼만 행동하고 이해한다. 그 너머에 관해서 인간
은 어떤 지식도 능력도 없다.
Man, the servant and interpreter of nature, does and understands only
as much as he has observed, by fact or mental activity, concerning the

order of nature; beyond that he has neither knowledge nor power.

즉 베이컨의 관심은 어디까지나 외부 세계를 이해하고 정복하는 데 있었으며, 그에게 철학이란 그러한 정복 사업, 즉 과학과 기술 문명의 발전을 촉진하기 위한 논리적 사고의 틀을 제공하는 수단이었다. 이에 비해 데카르트는 객관적 외부 세계를 제대로 이해하고 정복하려면, 그 세계를 인식하는 '나'라는 존재의 정체부터 확실히 밝혀야 한다고 주장한다.

어찌 보면 베이컨의 사고 체계는 당대 영국이 해양 국가로서 한창 세계로 뻗어 나가고 있었다는 점, 나아가 베이컨이 그런 나라에서 고위 관리였다는 점을 반영한다고도 볼 수 있다. 하지만 데카르트는 달랐다. 그는 비교적 부유한 집안에서 태어났지만 어린 시절부터 병약했기에 몽상가처럼 자기만의 사유에 곧잘 빠져들곤 했다. 직업 군인 시절에도 그는 전투병과가 아니라 '머리'를 쓰는 엔지니어로서 복무했다. 베이컨과는 사뭇 다른 배경 때문인지, 데카르트는 인간의 내면으로 깊이 파고들어가 사유와 존재의 본질에 대해 천착한 끝에 형이상학과 인식론에서 상당한 성과를 거두었다. 이런 배경들을 종합해 보면, 우리가 단순히 '베이컨＝경험론, 데카르트＝합리론' 하며 기계적으로 외울 경우 얼마나 많은 사실들을 놓치게 되는지 알 수 있다.

## 육체와 별개로 존재하는 정신

데카르트는 "나는 생각한다, 고로 존재한다."에서 한 걸음 더 나아가 그러면 '나'란 도대체 무엇인가를 논하기 시작한다. 『방법서설』의 한 대목을 살펴보자.

이어서, 나는 나란 무엇이었나를 주의 깊게 숙고했다. 그리하여 나는 내게 육체가 없었고, 세계도 없었으며, 내가 깃들여 있을 그 어떤 장소도 존재하지 않았다고 가장할(feign) 수는 있어도, 내가 있지 않았다고 가장할 수는 없음을 알았다. 이에 반하여, 내가 다른 사실들에 대해 의심하는 생각을 했다는 단순한 사실로부터, 내가 존재했다는 것이 분명하고도 확실하게 따라 나왔다. 다른 한편으로, 만약 내가 그저 의식하기를 멈추었다면, 설령 내가 상상했던 다른 모든 것이 다 사실이었다고 하더라도, 나는 내가 여전히 존재했어야 했다고 믿을 이유가 전혀 없었다. 이로부터 나는 내가 장소를 필요로 하지도 않고 물질적인 것에 기대지도 않는, 의식하는 것이 전적인 본질이자 본성인 실체임을 인식했다. 따라서 나는 나임(I am what I am)에 따른 이 자아, 말하자면 정신은 전적으로 내 육체와 별개이고, 더욱 용이하게 파악되며, 심지어 육체가 없었다 해도 어쨌든 정신은 있는 그대로 존재했을 것이다.

I then considered attentively what I was; and I saw that while I could feign that I had no body, that there was no world, and no place existed for me to be in, I could not feign that I was not; on the contrary, from the mere fact that I thought of doubting about other truths it evidently and certainly followed that I existed. On the other hand, if I had merely ceased to be conscious, even if everything else that I had ever imagined had been true, I had no reason to believe that I should still have existed. From this I recognized that I was a substance whose whole essence and nature is to be conscious and whose being requires no place and depends on no material thing. Thus this self, that is to say the soul, by which I am what I am, is entirely distinct from the body, and is even more easily known; and even if the body were not there at all the soul would be just what it is.

여기서 특히 "심지어 육체가 없었다 해도 어쨌든 정신은 있는 그대로 존재했을 것이다."라는 마지막 문장은 의미심장하다. 데카르트는 '생각하는 나'에 대한 확신으로부터 육체와 정신을 별개의 것으로 보는, 이른바 '데카르트식 이원론(Cartesian Dualism)'을 탄생시켰다. 그가 위 인용문에서 제기하는 논리를 정리하면 다음과 같다.

1) 육체를 포함해서, 존재하는 모든 물질적인 실체들을 의심할 수 있다.
2) 그러나 생각하는 나의 존재는 의심할 수 없다.
3) 따라서 생각하는 자아, 즉 내 정신의 존재는 내 육체와 전혀 다른 성질의 것이다.

데카르트는 신의 존재와 영혼불멸의 문제를 정면으로 다룬 저서 『제1철학에 대한 명상Meditations on First Philosophy』에서도 비슷한 논리를 반복한다.

(…) 비록 나는 분명히 내가 밀접하게 연결되어 있는 육체를 소유하고 있지만, 그럼에도 불구하고, 한편으로 나는 오직 생각하되 연장되지는(unextended) 않는 것인 한에서, 나 자신이라는 명백하고 확실한 관념을 가지고 있고, 다른 한편으로, 나는 오직 연장되되 생각하지 않는 것인 한에서, 육체라는 별개의 관념을 소유하고 있기 때문에, 나는(말하자면 나는 나임에 따른 나의 정신은), 전적으로 그리고 참되게 내 육체와는 별개로, 육체 없이도 존재할 수 있을 것이다.

(…) although I certainly do possess a body with which I am very *closely conjoined; nevertheless, because, on the one hand, I have a clear and distinct idea of myself, in as far as I am only a thinking and unextended thing, and as, on the other hand, I possess a distinct idea of body, in as far as it is only an extended and unthinking thing, it is certain that I, [that is, my mind, by which I am what I am], is entirely and truly distinct from my body, and may exist without it.*

원전 속의 용어 하나를 정리하자면, unextended는 말 그대로 연장되지 않는, 그러니까 공간을 점유하지 않는다는 뜻이다. 정신은 물질적인 공간을 점유하지 않고, 육체는 그 반대라는 점을 말하고 있다. 데카르트는 위와 같은 논리로 '정신(영혼)'과 '육체'를 완전히 다른 것으로 분리할 수 있었다. 물론 그 역시 정신과 육체가 완전히 따로 노는 것은 아니며, 분명 '연결되어(conjoined)' 있다는 것을 인정하고 있기는 하다.

자연은 내게 고통, 허기, 갈증 등의 감각을 통해, 내가 마치 배 안의 조타수처럼 내 육체 안에 세 들어(lodge) 살 뿐 아니라 [육체와] 매우 밀접하게 연결되어 있으며, 말하자면 그것과 섞여 있기에, 내 정신과 육체는 하나의 확실한 결합체를 이루고 있음을 가르쳐 준다.

*Nature teaches me by these sensations of pain, hunger, thirst, etc., that I am not only lodged in my body as a pilot in a vessel, but that I am besides so intimately conjoined, and as it were intermixed with it, that my mind and body compose a certain unity.*

하지만 그 감각이란 것도 실은 사고와 인식의 또 다른 방식일지 모른다.

(…) 내 육체가 음식이나 음료를 필요로 할 때, 나는 이에 대한 분명한 인식을 가질 것이다. 허기와 갈증이라는 혼란스러운 감각에 따라 자각하는 것이 아니라 말이다. 왜냐하면 사실 허기, 갈증, 통증 등 모든 감각들이란 정신과 육체의 결합과 분명한 융합으로부터 발생하는, 어떤 혼란스러운 사고방식에 지나지 않기 때문이다.

(…) when my body has need of food or drink, I should have a clear knowledge of this, and not be made aware of it by the confused sensations of hunger and thirst: for, in truth, all these sensations of hunger, thirst, pain, etc., are nothing more than certain confused modes of thinking, arising from the union and apparent fusion of mind and body.

이렇게 정신(영혼)과 육체의 구별 내지 분리가 가능하다는 '데카르트식 이원론'은 이후 존 로크(John Locke)와 데이비드 흄(David Hume) 등 영국 경험주의 철학자들을 필두로 수많은 후대 철학자들의 공격 대상이 되었으며, 특히 19세기 말에서 20세기 초에 이르러서는 완전히 구시대의 유물이 되는 듯했다. 왜냐하면 현대 과학과 의학, 특히 생화학과 정신의학이 발달하면서 이전까지는 정신(영혼)의 작용이라고 믿었던 감정과 인식이 실은 뇌의 전기화학적 작용에 따른 것이라는 설명이 갈수록 설득력을 얻었기 때문이다. 정신이 두뇌의 전기적인 활성도 혹은 화학물질의 분비 내지 결핍에 따라 작용하는 것이라면, 다시 말해 정신이 육체와 별개로 존재하는 것이 아니라면, 논리적으로 볼 때 육체의 소멸과 함께 정신도 사라진다는 결론이 나온다.

하지만 데카르트의 이원론은 1990년대 말부터 다시 새롭게 조명을 받기 시작했는데, 이는 컴퓨터 기술의 발달과 밀접한 관계가 있다. 우선

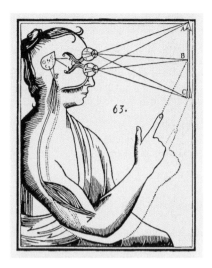

데카르트가 이원론을 설명하기 위해 그린 그림.
그의 『인간에 대한 논의Treatise of Man』(1664)에 실려 있다.

정신과 육체의 분리 구도 자체가 소프트웨어와 하드웨어로 이루어지는 컴퓨터와 닮아 있다. 뿐만 아니라 최근 인지과학(cognitive science)이 발달하면서, 뇌의 각 부분이 어떤 기능을 하는지를 분류한 이른바 뇌지도 (brain map)가 완성되어 가고 있다. 이렇게 되자 적어도 이론상으로는 뇌속에 담긴 모든 것, 즉 신경세포들의 분포 및 구성, 세포들의 망이 특정 정보를 저장하는 방식 등을 간단히 말해 CD나 USB 같은 디바이스에 담는 것이 가능해지고 있다. 다시 말해 정신과 육체가 분리되는 데카르트식 이원론이 비록 완전히 똑같은 맥락에서는 아니라 해도 첨단 기술의 힘을 빌려 부활하고 있는 것이다.

바야흐로 일본 만화 〈공각 기동대〉에서 물질세계를 탈출해 전 세계 정보 통신망 속으로 들어가 버리는 '고스트', 〈2001 스페이스 오디세이 2001 Space Odyssey〉나 〈스타 트렉Star Trek〉 같은 SF영화에 등장하는 '순수한 의식 형태의 존재'가 황당무계한 일만은 아닌 세상이 온 셈이다. 2014

년에 개봉한 할리우드 영화 〈트랜센던스Transcendence〉 역시 치명상을 입은 과학자의 정신을 컴퓨터 속에 업로드시키는 이야기다. 이렇게 육체에서 정신을 분리할 수 있다면 이론적으로는 '영생'도 가능해진다. 게다가 만약 영화 〈아바타Avatar〉에서처럼 한 인간의 정신(영혼)을 디스크에 담아 유전공학으로 만들어 낸 별도의 유기체 속에 입력시킬 수 있다면 이른바 '부활'이나 '윤회'를 과학적으로 실현할 수도 있다. 한편으로는 가슴이 두근거리고, 다른 한편으로는 머리가 지끈거리는 상상인데, 아무튼 오늘날 데카르트의 이원론이 새롭게 주목받는 이유가 여기에 있다.

## 인형의 전설

데카르트는 평생 독신이었지만, 자신을 돌봐 주던 하녀와의 사이에서 낳은 프랑신느(Francine)라는 딸이 하나 있었다. 그는 중년에 어렵사리 얻은 딸을 무척 사랑했다고 하는데, 이 아이는 1640년 불과 다섯 살 나이로 병에 걸려 사망했다. 데카르트의 상심은 이만저만이 아니었다. 그런데 이때 데카르트가 상실감을 극복하고자 취한 조치가 좀 엽기적이면서도 시사하는 바가 매우 크다. 딸을 너무나 그리워한 나머지 아이의 생전 모습을 본뜬 정교한 인형을 만들어 어딜 가든 데리고 다닌 것이다.

1649년, 데카르트는 평소 그의 명성을 흠모하며 스승으로 모시기를 원하던 스웨덴 크리스티나 여왕(Christina, Queen of Sweden)의 초청을 받고 암스테르담에서 스톡홀름으로 향하는 배에 올랐다. 그때도 그 인형을 가지고 갔음은 물론이다. 그런데 항해 도중 그만 유감스러운 사건이 벌어지고 만다. 데카르트가 자리를 비운 사이 객실을 찾은 선원 한 명이 마침 바닥에 놓여 있던 큼지막한 상자를 발견하고 호기심에 뚜껑을 열었는데, 거기에 문제의 인형이 들어 있었던 것이다. 얼핏 진짜 사람처럼

스위스 기계 박물관에 있는 자동인형.
자동인형까지는 아니었지만, 데카르트도 자신의 딸과 꼭 닮은 인형을 만들어 가지고 다녔다.

보이는 인형에 놀란 선원은 즉시 선장에게 돌아가 상황을 보고했다. 선장은 그 인형이 사악한 마술에 쓰이는 도구라고 판단해 즉시 바다에 버릴 것을 명령했다. 선실에 돌아온 데카르트는 선원들이 한 짓을 알고 크게 상심했다.

유감스럽게도 데카르트는 스톡홀름에 도착한 지 얼마 지나지 않은 1650년 2월 향년 54세로 사망했는데, 그의 갑작스런 죽음이 바로 친딸처럼 애지중지하던 인형을 잃은 충격을 이기지 못했기 때문이라고 주장하는 호사가들도 있었다. 데카르트의 인형 이야기는 비록 야사 수준이긴 하지만, 그가 주장했던 이원론과 연결 지어 생각해 보면 예사롭지 않게 느껴진다. 데카르트의 인형을 단순히 죽은 딸을 추억하기 위한 대용품 정도로만 생각하면 별 의미가 없어 보인다. 하지만 거기서 한 걸음 내딛으면 약간 섬뜩한 시나리오에 도달하게 된다. 즉, 데카르트는 자신이 주장한 이론대로 정신이 육체와 분리될 수 있다는 믿음 때문에 인형을 만든 게 아니었을까? 혹시라도 죽은 딸의 영혼이 인형에 깃들 수 있다는 믿음 때문에 말이다. 만약 그랬다면, 언젠가 딸의 영혼이 돌아올 둥지라 할 인형을 잃어버렸을 때 말할 수 없이 큰 상심을 느꼈을 것이다. 명색이 근대 철학의 창시자인 데카르트를 '전설의 고향' 주인공처럼 만들어 버린 듯하지만, 애틋한 부성애와 철학적 신념이 만나 시너지를 일으켰다고 가정한다면 전혀 터무니없는 이야기만은 아닐 것이다.

그래도 역사적 사실은 사실 그대로 말해야 하는바, 데카르트의 직접적 사인은 상심이 아니라 폐렴이었다. 하필이면 그가 스톡홀름을 방문하던 해 스웨덴의 겨울이 유난히 추웠다고 한다. 게다가 데카르트는 이전까지 밤늦도록 연구와 집필을 하는 올빼미형 인간이었는데, 아침형 인간이던 크리스티나 여왕의 요청으로 매일 꼭두새벽에 일어나 칼바람을 맞으며 궁전에 다녀와야 했다. 역시 사람이란 너무 갑작스럽게 습관을 바꾸면 탈이 난다. 그러고 보니 후대 사람들이 인위적으로 '라이벌' 관계를 만든 베이컨과 데카르트가 모두 폐렴으로 사망한 것이 공교롭다. 또한 한 사람은 과학 실험을 하다가, 다른 한 사람은 그를 흠모하던 학생(뭐 여왕이긴 하지만)을 가르치다가 병을 얻었으니, 둘 다 학문을 위해 매진하다 희생됐다는 점에서도 공통적이다. 서로 만나기는커녕 편지 한 장 주고받은 적 없는 사이지만, 죽는 날까지 학자로서의 소임을 다한 면에서는 귀감이 되는 '라이벌'이라 할 만하다.

# 수학자의 콧대, 철학자의 갈대

## 천재의 개심

데카르트는 육체가 영혼의 조종을 받는 잘 조직된 기계라고 여긴 데 더해, 세계 역시 치밀하게 돌아가는 시계 같은 하나의 시스템으로 설명하는 게 가능하다고 믿었다. 그리고 데카르트의 이런 발상은 영국의 과학자 뉴턴(Isaac Newton)에 의해 큰 조명을 받게 된다. 뉴턴은 그의 기념비적 저서 『자연철학의 수학적 원리*Mathematical Principles of Natural Philosophy*』에서 지구와 천체를 비롯한 만물의 운동 법칙을 수학적으로 증명하려고 했는데 그 근저에는 바로 데카르트적 우주관이 자리 잡고 있었던 것이다.

뉴턴은 계량 가능한 우주의 조화와 균형이야말로 신이 존재한다는 강력한 증거라고 믿었다. 다시 말해 신은 우주라는 정교한 기계를 설계하고 창조한 뒤, 이 영구적인 운동의 작동 스위치를 누른 존재라는 것이다. 말하자면 데카르트와 뉴턴에게 신은 '세계'라는 명품 시계를 만든

'시계공(watchmaker)' 같은 존재였다. 그런데 이런 종교관을 다음과 같이 강한 어조로 비판한 인물이 있었다.

나는 데카르트를 용서할 수 없다. 그의 모든 철학에서 그는 기꺼이 신을 생략할(dispense with) 용의가 있었는지도 모른다. 그는 그분으로 하여금 세계가 작동하도록 자극하게(give a fillip) 해야 했지만, 이를 넘어서자, 그는 더 이상 신을 필요로 하지 않는다.

I cannot forgive Descartes. In all his philosophy he would have been quite willing to dispense with God. But he had to make Him give a fillip to set the world in motion; beyond this, he has no further need of God.

이렇듯 과감하게 근대 철학의 창시자를 비판한 인물은 누구일까? 바로 17세기 프랑스의 대표적인 그리스도교 옹호론자, 블레즈 파스칼(Blais Pascal)이다.

파스칼은 1623년, 프랑스 클레르몽에서 회계사의 아들로 태어났다. 그는 그리스도교 옹호론자나 철학자이기에 앞서 1~2세기에 한 번 나올까 말까 한 수학의 천재이기도 했다. 열여섯 살 때 발표한 논문 「원뿔 곡선론Essay on Conic Sections」에서는 유클리드 기하학을 뛰어넘는 새로운 기하학 이론을 주창했는데, 이를 읽은 데카르트는 혁신적인 내용에 충격을 받은 나머지, 어린 파스칼이 아니라 그의 아버지가 쓴 논문일 거라고 의심하기도 했다. 한편 파스칼은 '페르마의 마지막 정리(Fermat's Last Theorem)'로 유명한 수학자 피에르 페르마(Pierre de Fermat)와 함께 '확률 이론(probability theory)'을 체계화한 것으로도 잘 알려져 있다.

파스칼은 효자로도 유명했다. 당시 파스칼의 아버지는 회계사라는 직업상 복잡한 계산을 많이 해야 했다. 이를 본 파스칼이 아버지의 부담을 덜어 주고자 용돈을 모아 고급 전자계산기를 사 드렸다—고 하면 말이 안 된다. 17세기에 전자계산기가 있었을 리 만무하다. 그런데 비록 전자계산기는 아니었지만, 파스칼은 실제로 아버지를 위해 계산기를 만들었다. 역시 천재는 뭘 해도 천재인 법이다. 그는 열아홉 살이던 1642년부터 계산기 개발에 착수해 수년 뒤 999,999 단위까지 연산이 가능한 기계식 계산기를 완성했다. 이를 기려, 스위스의 컴퓨터 과학자 니클라우스 비르트(Niklaus E. Wirth)는 1970년대 초 자신이 개발한 프로그래밍 언어를 '파스칼(PASCAL)'이라고 명명하기도 했다. 한편 파스칼은 진공 실험에 성공함으로써 "자연은 진공을 싫어한다."는 아리스토텔레스의 명제도 뒤집어 보였다. 베이컨이 말과 글로 극복하려 했던 아리스토텔레스를, 파스칼은 과학 실험으로 보기 좋게 무너뜨린 것이다.

사실 파스칼이 태어난 지 약 3년 뒤에 사망한 베이컨과 파스칼보다 30여 년 연상인 데카르트는 이론가 범주에서 크게 벗어나지 않았다. 비록 한 사람은 과학의 진보를 격려한 치어리더였고, 다른 한 사람은 수학을 비롯한 자연과학 분야에서 해박한 지식을 자랑했다고는 하지만 말이다.

파스칼이 직접 발명한 수동 계산기 '파스칼린(Pascaline).'

반면 파스칼은 과학 현장에 나가 직접 뛴 현역 선수, 그것도 엄청난 성적을 낸 스타급 선수였다.

한편 독실한 가톨릭 집안에서 태어난 파스칼은 어려서부터 자연스럽게 신앙을 갖게 되었다. 일종의 모태 신앙이었던 셈이다. 이는 바꿔 말해 사적인 계기, 혹은 왜 신앙을 가져야 하는지에 대한 깊은 영적 고뇌 없이 주변 상황에 따라 자동적으로 그리스도교 신자가 되었다는 얘기다. 하기야 중세 이후 근대까지, 유럽에서 그리스도교를 '필수' 아닌 '선택'으로 믿기 시작한 이가 몇 명이나 되겠는가.

파스칼이 한때나마 신앙심보다 세속적인 욕심을 앞세운 시절이 있음을 보여 주는 일화도 있다. 회계사였던 파스칼의 부친은 사망하면서 적지 않은 재산을 자식들에게 남겼는데, 신앙심이 깊었던 파스칼의 누이는 수녀가 되기로 결심하고 자기 몫의 유산을 모두 수도원에 기부하겠다는 의사를 나타냈다. 이때 펄쩍 뛰며 반대하고 나선 이가 다른 사람도 아닌 파스칼이었다. 그런데 또 그 이유라는 게, 결혼하고 가정을 꾸리는 대신 고된 수도원 생활을 선택하는 누이를 염려해서라기보다는, 당시 누이와 함께 살던 파스칼이 혼자 지내게 되면 방세, 식대, 기타 생활비 면에서 비용이 늘어날 것을 우려했기 때문이었다. 분명 한동안 신앙이 그의 삶에서 최우선 순위는 아니었던 것이다.

하지만 그랬던 파스칼은 서른한 살 때인 1654년 겨울 신비한 영적 체험을 하면서 완전히 새로운 신앙인으로 거듭나게 된다. 그해 11월의 어느 날 밤, 파스칼은 자가용 마차를 타고 외출 중이었다. 이때 말과 마차의 연결 부위가 헐거워지더니 마차가 떨어져 나가 다리 난간을 들이받고 아슬아슬하게 걸리는 구사일생의 경험을 하게 된다. 간신히 마차에서 빠져나온 파스칼은 혼미한 상태로 영적 영상을 목도하는 신비한 체험을 한다. 당시 파스칼은 구체적으로 무엇을 봤는지에 대해 끝까지 침묵했다. 그런데 파스칼이 사망한 뒤, 지인들이 유품을 정리하는 과정에서 고인이 즐겨 입던 외투 안쪽 깃에 꿰매져 있던 쪽지 하나를 발견했고, 여기에 쓰인 문구가 막연하게나마 그의 체험이 어떤 것이었는지를 짐작케 한다.

불! 철학자와 학자들의 신이 아닌 아브라함의 신, 이삭의 신, 야곱의 신.

Fire! The God of Abraham, the God of Isaac, the God of Jacob, not of philosophers and scholars.

실은 병약한 파스칼이 구사일생으로 목숨을 건진 뒤 헛것을 본 것이라는 주장도 있지만, 그날 밤 파스칼의 내면에 엄청난 '임팩트'를 준 사건이 발생한 것만은 분명해 보이며, 적어도 파스칼 자신은 이를 신의 계시로 굳게 믿었던 듯하다. 파스칼이 자신의 재능 활용 방향을 돌려, 본격적으로 철학과 종교 문제에 천착하기 시작한 것도 이 무렵이었다.

파스칼의 대표작이자 유고이기도 한 『팡세』는 영어로도 프랑스어 원제인 'Pensées'라고 불리는데, 굳이 번역하자면 'Thoughts', 즉 '생각들'이 된다. 그런데 그 '생각들'이란 게 세속적인 주제에 대한 것이 아니라, 인간 존재와 신에 대한 묵직한 고뇌와 사색을 의미하는 것이니 '명상'이라고 번역해도 손색이 없다. 『팡세』는 파스칼이 그리스도교를 한번 '제대로' 옹호하는 책을 출판할 생각으로 틈틈이 써 둔 메모와 습작 들을 그의 사후에 모아 정리한 것이다. 따라서 영원한 미완성 작품이며, 본래 파스칼이 구상했던 제목은 무엇인지조차 불분명하다. 그런 연유로 지금 남아 있는 『팡세』는 훌륭한 건축물을 완성하기 위해 준비해 둔 대리석 기둥, 각종 장식물들, 프레스코 벽화로 채운 벽, 건물 곳곳에 배치하려고 마련한 조각상 등이 아무렇게나 놓여 있는 모습과 비슷하다. 파스칼이 최종적으로 완성하려던 건축물이 정확히 어떤 모습인지는 알 길이 없다. 그가 사망한 뒤, 지인들과 후대 출판인들은 저마다 고인의 의도가 무엇이었는지를 추측해 다양한 버전의 『팡세』를 출간하기도 했다.

파스칼의 『팡세』는 베이컨의 『수상록』과 마찬가지로 어느 부분을 먼저 펼쳐 읽어도 크게 상관이 없는 책이다. 짧게는 한두 줄, 길게는 한두 쪽으로 된 수백 개 생각의 조각들이 담겨 있는데, 철학, 신학, 윤리학, 정의론 등에 더해 데카르트, 몽테뉴 등 다른 사상가들에게 날리는 '잽' 등 다양한 내용이 포함되어 있다. 그저 그런 평범한 내용이 아주 없는 것은 아니지만, 매 쪽마다 거의 예외 없이 놀라운 지혜와 식견을 보여 주는 아주 귀한 책이다.

## 생각하는 갈대

일단 파스칼의 트레이드마크 비슷하게 되어 버린 표현부터 하나 정리하고 넘어가도록 하자. 바로 '생각하는 갈대'다. '인간은 생각하는 갈대'라는 말은 『팡세』를 읽어 보지 않은 사람들도 대개 한 번쯤 들어 보았음 직하다. 그런데 어쩌면 독자 여러분들 가운데 파스칼의 의도를 약간 오해하고 있는 경우도 있지 않을까 싶다(나도 그랬다). 일단 이 말이 등장하는 문단 전체를 한 번 보기로 하자.

인간은 자연에서 가장 연약한 것, 갈대에 불과하다. 하지만 그는 생각하는 갈대다. 그를 으스러뜨리는 데 전 우주가 무장할 필요는 없다. 그를 죽이는 데 한 줌의 증기, 한 방울의 물이면 충분하다. 하지만 만약 우주가 그를 으스러뜨린다 해도, 그는 여전히 그를 살해한 그것보다 고귀하리라. 왜냐하면 그는 그가 죽는다는 것을 알고, 우주가 그보다 유리한(우월한) 위치에 있

프랑스 조각가 오귀스탱 파주(Augustin Pajou)가 만든 파스칼 상.
1785년에 만들어졌으며 루브르 박물관에 소장되어 있다.

다는(have advantage over) 걸 알지만, 우주는 이에 대해 아무것도 모르기 때문이다.

그러므로 우리의 존엄성은 전부 사유 안에 있다. 그것으로 우리는 스스로를 고양해야 한다. 우리가 채울 수 없는 공간과 시간에 의해서가 아니라. 그러니 제대로 사유하도록 노력하자. 여기에 도덕의 원리가 있다.

Man is but a reed, the most feeble thing in nature; but he is a thinking reed. The entire universe need not arm itself to crush him. A vapour, a drop of water suffices to kill him. But, if the universe were to crush him, man would still be more noble than that which killed him, because he knows that he dies and the advantage which the universe has over him: the universe knows nothing of this.

All our dignity consists, therefore, in thought. By it we must elevate ourselves, and not by space and time which we cannot fill. Let us endeavour, then, to think well; this is the principle of morality.

나는 『팡세』를 읽기 전까지 '인간은 생각하는 갈대'라는 말을 오해하고 있었다. 그 말을 인간이란 워낙 생각이 많아 갈대처럼 갈피를 못 잡는 우유부단한 존재라는 뜻 정도로 이해했던 것 같다. 독자들 중에도 분명 그런 식으로 생각했던 분들이 있을 것이다. 하지만 실제로 파스칼이 '갈대'를 통해 전하려 한 메시지는, 인간이란 사유하는 능력 외에 아무 힘도 없는 연약한 존재라는 것이었다.

그런데 파스칼의 '갈대론'은 "나는 생각한다, 고로 존재한다."던 데카르트의 선언에서 한 걸음 더 나아간 주장이라고도 볼 수 있다. 데카르트는 '생각'이 '존재'를 확증한다고 했지만, 파스칼은 여기에 더해 '생각'이 인간 존재를 '존엄'하게 만든다고 했기 때문이다. 그의 주장을 데카르트 식으로 요약하면 이렇게 될 것이다.

나는 생각한다, 고로 존귀하다.
I think therefore I am noble.

파스칼은 '인간은 생각하는 갈대'라는 선언 뒤, 바로 다음 문단에서 사유하는 존재로서 인간에 대한 논의를 더욱 밀고 나간다. 나는 개인적으로 이 부분을 매우 좋아한다.

생각하는 갈대. ─나는 공간을 통해서가 아니라 생각의 다스림을 통해서 나의 존엄성을 추구해야 한다. 나는 토지를 소유하는 것으로는 어떤 이득도 누릴 수 없을 것이다. 공간을 통해서라면 우주는 나를 하나의 원자처럼 포괄하고 집어삼킨다. 생각함으로써 나는 세계를 포괄한다.

A thinking reed. —It is not from space that I must seek my dignity, but from the government of my thought. I shall not have any advantage by possessing land. By space the universe comprehends and swallows me up like an atom ; by thought I comprehend the world.

참으로 멋진 말이다. 현실의 우주 공간 안에서는 한 점에 불과한 인간이지만, 생각의 힘으로는 우주를 모두 포괄할 수 있다는 것, 너무나 황홀하지 않은가.

참고로 이렇게 멋진 문장들을 써 내려간 파스칼 본인은 '생각하는 갈대' 정도가 아니라 완전히 '생각하는 종합 병동'이었다. 태어날 때부터 약골이었던 데다가 만성 두통, 복통, 관절염 등 갖가지 증상을 달고 살았다고 한다. 생각은 우주의 비밀을 추론하는 수준이었지만, 몸은 지팡이가 없으면 제대로 서 있지도 못할 지경이었다. 인간이 육체적으로 얼마나 연약한지, 하지만 생각의 힘은 얼마나 위대한지 깨닫기 위해서 그는 멀리까지 갈 필요가 없었던 셈이다.

## 내기의 신학, 혹은 신학의 내기

파스칼은 문제의 영적 체험이 있기 전까지는 이런저런 세속적 쾌락을 마다하지 않는 평범한 청년이었다. 도박도 종종 즐겼던 모양이며, 친구들 가운데는 직업적인 도박사도 있었다. 앞에서 파스칼이 '확률 이론'을 연구한 적이 있다고 했는데, 이 연구에는 실제 도박판에서 이길 확률을 분석하는 현실적인 목적도 포함되어 있었을 것이다. 그런 배경 때문인지 『팡세』에는 다음과 같은 문장이 있다는데….

도박의 성공은 70퍼센트의 운과 30퍼센트의 기술에 달려 있다.
Success in gambling depends on 70% chance and 30% skill.

여기서 바로 우리가 흔히 알고 있는 '운칠기삼'이라는 말이 탄생했으니—는 아니고, 잠시 독자 여러분의 주의를 환기시키고자 농담 한번 해봤다. 물론 『팡세』에는 이런 말이 나오지 않는다. 하지만 파스칼 자신의 확률 이론에서 아이디어를 가져온 것이 분명해 보이는, 신앙의 선택을 '판돈 걸기'에 비유하는 대목이 등장하는 것은 사실이다. 이번에는 농이 아니다. '갈대'만큼 유명하지는 않지만, 도무지 어울릴 것 같지 않은 종교와 도박이 만난 초유의 발상이다. 자, 그럼 그의 '내기 이론'이 요약되어 있는 대목을 한번 감상해 보자. 이 부분은 『팡세』에서 보기 드물게 분량이 많고 호흡도 길어, 파스칼이 각별히 공을 들였음을 알게 한다. 그 중 일부만 인용한다.

신이 존재한다는 데 걸 경우의 득실을 따져 보자. 이 두 가능성들을 추산해 보자. 당신이 딴다면, 모든 것을 얻는다. 당신이 잃는다 해도, 아무것도 잃는 게 없다. 그렇다면 주저 없이 그분이 존재한다는 데 걸어라. (…) 유한한 수의 손실 가능성에 맞서 획득 가능성이 있는, 무한히 행복한 삶을 가져다줄 무한성이 여기에 있다. 당신이 거는 것은 유한하다. 다 나뉘어 있는 것이다. 어떤 경우든 무한한 것이 있고, 얻을 가능성에 비해 잃을 가능성은 무한하지 않은 것이라면, 주저할 시간이 없다. 당신은 모든 것을 걸어야 한다. 따라서 누군가 내기에 참여하기를 강요받았을 때, 그는 아무런 손실도 일어날 것 같지 않은 무한성을 얻기 위해 도박하기(risk it)보다 자신의 목숨을 유지하려는 이유를 단념해야 한다.

Let us weigh the gain and the loss in wagering that God is. Let us estimate these two chances. If you gain, you gain all; if you lose, you lose nothing. Wager, then, without hesitation that He is. (…) there is here an infinity of an infinitely happy life to gain, a chance of gain against a finite number of chances of loss, and what you stake is finite. It is all divided; wherever the infinite is and there is not an infinity of chances of loss against that of gain, there is no time to hesitate, you must give all. And thus, when one is forced to play, he must renounce reason to preserve his life, rather than risk it for infinite gain, as likely to happen as the loss of nothingness.

위 문단의 핵심은 "당신이 딴다면, 모든 것을 얻는다. 당신이 잃는다 해도, 아무것도 잃는 게 없다."는 문장에 있다. 이보다 좋은 거래가 있을까? 파스칼에 따르면 그리스도교 귀의는 밑져야 본전이 아니라 '밑질 일이 아예 없는' 완벽한 거래다.

그의 주장을 다시 정리해 보자. 우리가 거는 현실의 삶은 유한하다. 하지만 그리스도교에서는 무한성을 약속한다. 그러니 신의 존재 여부에 대한 내기는 유한한 것을 무한한 것에 거는 일이며, 따라서 절대적으로 유리한 베팅이라고 파스칼은 말한다. 만약 잘못되더라도 잃을 것이 없다. 인간은 어차피 죽을 것이기 때문이다. 이렇듯 무한한 '득'과 유한한 '실'이 있는 내기에서는 '다' 걸어야 한다. 말 그대로 '올인'하라는 얘기다. 그런데 파스칼의 '올인'은 라스베이거스나 마카오까지 갈 필요도 없다. 바로 지금 이 순간 무릎 꿇고 신께 진심 어린 기도를 올리기만 하면 되는 것이다.

하지만 조금 시니컬하게 말하면, 파스칼의 주장은 마치 고수익을 보장하면서 위험은 전혀 없다고 선전하는 금융 상품 비슷하게 들리기도 한다. 우리는 주변에서 그런 금융 상품에 '몰빵' 했다가 큰 낭패를 겪은 경우를 종종 보고 듣지 않았던가? 이 세상에 '고수익, 저위험'의 투자 기회란 거의 존재하지 않는다. 하지만 물론 파스칼이 제안하는 거래는 이 세상에 관한 것이 아니다. 파스칼의 내기 공식이 과연 옳은지 아닌지는 독자 여러분의 판단에 맡기겠다. 다만 지금 이 '기똥찬' 거래를 제안하는 상대는 역사상 최고의 천재 수학자 중 하나라는 점만은 염두에 두시기 바란다.

## 믿으라, 시간이 얼마 남지 않았다

파스칼은 '내기론'에서 그치지 않는다. 『팡세』에는 그보다 더 다급하고 절실한 어조로 신앙에의 귀의를 촉구하는 대목이 계속 등장한다. 몇 개만 더 예를 들어 보자. 우선 감옥과 죄수의 비유다.

지하 감옥에 갇힌 한 남자가 그에 대한 선고가 내려졌다는 것도 그것을 알게 되기까지 오직 한 시간만 남았다는 것도 모르지만, 만약 그가 선고가 내려진 것을 알기만 하면, 그것을 취소(repeal)받기 위해 한 시간으로 족할 경우, 선고를 확인하는 데 그 시간을 쓰지 않고 피켓(카드놀이의 일종—옮긴이)이나 하는 데 쓰는 것은 부자연스런 행동일 것이다. (…) 따라서 그분을 찾는 자들의 열성뿐 아니라 그분을 찾지 않는 자들의 무지 또한 신을 증명한다.

A man in a dungeon, ignorant whether his sentence be pronounced, and having only one hour to learn it, but this hour enough, if he know that it is pronounced, to obtain its repeal, would act unnaturally in spending that hour, not in ascertaining his sentence, but in playing piquet. (…) Thus not only the zeal of those who seek Him proves God, but also the blindness of those who seek Him not.

언뜻 보면 약간 복잡한 논리 구조다. 하지만 파스칼이 무슨 얘기를 하려는 건지는 알 수 있다. 결국 "시간이 얼마 남지 않았어."라는 절박한 호소다. 그에 비하면 다음 대목은 거의 노골적인 협박 수준이다.

순서.—나는 잘못 판단했다가 그리스도교가 진리임을 알게 되는 게 훨씬 더 두렵다. 그것이 진리라는 걸 믿어서 잘못 판단하지 않기보다 말이다.

Order.—I would have far more fear of being mistaken, and of finding that the Christian religion is true, than of not being mistaken in believing it true.

신의 존재와 그리스도교에 대해 잘못된 판단을 내렸다가 나중에 진리임이 밝혀지면 어쩔 거냐는 얘기다. 살아 있는 동안 믿지 않았는데 죽고 난 다음에야 '예수 천국, 불신 지옥'이 진실인 걸 알게 되면, 그때 기차는 이미 떠난 뒤고 팔짝 뛰어 봐야 늦는다는 거다. 그러니 아직 기회가 있을 때 빨리 그리스도교에 귀의하라는 주문이다. 예전에 미국의 유명한 선교사 빌리 그레이엄(Billy Graham)이 이와 비슷한 얘기를 하는 것을 TV에서 본 기억이 난다. 그런가 하면 파스칼의 다음과 같은 역설적인 주장도 참신하고 흥미롭다.

무신론자들.—그들은 무슨 근거로 우리가 죽음에서 부활할 수 없다고 말하는가? 태어나는 것과 부활하는 것 중 무엇이 더 어려운가? 존재하지 않았던 것이 존재하는 게 어려운가, 아니면 존재했던 것이 다시 존재하는 것이 어려운가? 존재하게 되는 것이 존재로 되돌아가는 것보다 더 어려운가? 관습이 우리에게 하나를 쉬워 보이게 하고, 관습의 부족이 다른 하나를 불가능하게 만든다. 흔한 사고방식!

Atheists.—What reason have they for saying that we cannot rise from the dead? What is more difficult, to be born or to rise again; that what has never been should be, or that what has been should be again? Is it more difficult to come into existence than to return to it? Habit makes the one appear easy to us; want of habit makes the other impossible. A popular way of thinking!

이 대목은 앞서 베이컨이 『수상록』에서 "죽는다는 것은 태어나는 것만큼이나 자연스러운 것"이라던 문장과도 통한다. 또한 초기 그리스도교 시대 교부 테르툴리아누스(Tertullian)의 "불가능하기 때문에 확실하다.(It is certain because it is impossible.)"는 유명한 말과도 연결된다. 사실 예수의 기적과 부활 등 그리스도교의 핵심 교리들은 상식적으로는 납득하기가 어려운데, 테르툴리아누스는 오히려 불가능하기 때문에 더욱 확실하다는 역설을 펼친 것이다. 말도 안 되기 때문에 말이 된다. 얼토당토않기 때문에 더 확실하다. 이쯤 되면 상식과 개연성은 오히려 그리스도교로의 귀의를 방해하기 위해 악마가 쳐 놓은 덫이 된다. 영어 관용구 'leap of faith(믿음의 도약, 맹신)'가 괜히 나온 게 아니다.

## 팡세로 팡세하기

파스칼은 1662년 불과 서른아홉 나이로 사망했다. 그의 때 이른 죽음으로 『팡세』는 완결된 책이 되지 못한 채 수백 개 메모로 남아 버렸지만, 오히려 그래서 더 매력적이기도 하다. 파스칼의 『팡세』는 그리스도교 신

파스칼이 묻혀 있는 생테티엔 뒤 몽 성당(왼쪽).
파스칼의 묘비(오른쪽).

학과 철학 사이를 넘나들며 절묘한 사유의 곡예를 펼치는 책이다. 파스칼이 이 책에서 자신의 논리와 철학을 기꺼이 그리스도교 옹호를 위해 봉사시키고 있는 것은 사실이지만, 그럼에도 사색이 결여된 광신이 아닌 철학적 사고에 기초한 신앙을 제시했다는 데 의의가 있다. 현대 철학자들 중에는 종교 귀의가 비판적 사유를 포기한 일종의 '철학적 자살' 행위라고 보는 이들도 있지만, 판단은 독자 개개인의 몫일 것이다.

『팡세』가 온통 호교론으로 가득 찬 신앙 서적인 것만은 아니다. 책의 곳곳에서 수학자이자 과학자에서 철학자로 변신한 천재의 통찰력이 드러난다. 『팡세』는(나는 『성서』도 마찬가지라고 보는데) 그리스도교도들뿐 아니라 다른 종교를 갖고 있거나 종교를 가지고 있지 않은 사람들도 읽을 만한 가치가 있는 책이다.

말이 나온 김에 『팡세』에 등장하는, 비교적 종교적인 색채가 덜한 문장을 몇 개 감상해 보자. 그중에는 '갈대론' 정도는 아니라고 해도 워낙 유명한 까닭에 이미 어디선가 들어 본 내용도 있을 것이다.

먼저 파스칼이 마치 컴퓨터의 출현을 예견하고 쓴 것만 같은 문장을 보자. 이미 정교한 계산기를 발명한 전력이 있었기 때문일까? 그는 후대에 더 뛰어난 계산 기계가 출현하리라는 걸 예상한 것 같다.

계산 기계는 모든 동물의 행위보다 사고에 더 근접한 효과를 낳는다. 하지만 그것은 동물의 경우와 마찬가지로 우리가 그것에게 의지 덕분이라고 할 수 있을 만한 어떤 것도 하지 않는다.

The arithmetical machine produces effects which approach nearer to thought than all the actions of animals. But it does nothing which would enable us to attribute will to it, as to the animals.

그런가 하면 다음 문장에서는 예술을 '짝퉁의 짝퉁'이라며 경멸한 플라톤이 연상된다.

우리가 찬탄하지도 않는 원본을 닮았다고 해서 감탄을 이끌어 내는 그림이란 얼마나 쓸모없는 것인지!

How useless is painting, which attracts admiration by the resemblance of things, the originals of which we do not admire!

다음 문장도 매우 유명하다.

인간은 천사도 야수도 아니다. 그런데 불행한 것은 천사처럼 행동하려던 자가 야수처럼 행동한다는 것이다.

Man is neither angel nor brute, and the unfortunate thing is that he who would act the angel acts the brute.

여기서 "인간은 천사도 야수도 아니다."는 원래 몽테뉴가 『수상록』에서 한 말인데, 파스칼이 약간의 부연설명을 덧붙인 것이다. 마지막으로 파스칼이 '정의(justice)'와 '힘(might)'을 비교하는 문단을 감상해 보자. '파스칼의 정의론'이라고 이름 붙일 만한 내용이다.

정의, 힘.—정의로운 것에 복종하는 것은 옳은 일이며, 강한 것에 복종하는 것은 필요한 일이다. 힘없는 정의는 무력하고, 정의 없는 힘은 폭압적이다. 힘없는 정의는 늘 범법자들이 있기에 부정되며(gainsaid), 정의 없는 힘은 비난받는다. 따라서 우리는 정의와 힘을 결합해야 하며, 이 목적을 위해 정의로운 것은 강하게, 강한 것은 정의롭게 만들어야 한다.

Justice, might.—It is right that what is just should be obeyed; it is necessary that what is strongest should be obeyed. Justice without might is helpless; might without justice is tyrannical. Justice without might is gainsaid, because there are always offenders; might without justice is condemned. We must then combine justice and might, and for this end make what is just strong, or what is strong just.

이처럼 삶의 다양한 측면에 대해 독특한 의견을 제시하는 『팡세』는 우리가 스스로 '팡세(생각)'하는 데도 도움이 된다. 파스칼의 『팡세』를 읽으며 그의 '생각에 대한 생각'을 책 모퉁이에 적어 내려가 보는 것도 '팡세하기'의 좋은 시작이 될 것이다.

Chapter

5

독일 관념론 산책

메인 브런치

· 임마누엘 칸트

· 프리드리히 헤겔

· 아르투르 쇼펜하우어

---

원전 토핑

· 『순수이성비판』 칸트

· 『실천이성비판』 칸트

· 『도덕 형이상학의 기초』 칸트

· 『보편적인 자연사와 천체론』 칸트

· 『정신현상학』 헤겔

· 『역사철학』 헤겔

· 『법철학』 헤겔

· 『의지와 표상으로서의 세계』 쇼펜하우어

· 『여록과 보유』 쇼펜하우어

# 이성과 비판의 철학

## 관념론 혹은 형이상학

관념론(觀念論)은 영어로 'idealism'이라고 한다. idealism의 뿌리를 더 듬어 올라가 보면 결국 플라톤의 이데아에 가 닿는다. 이러니 서양 철학이 계속 플라톤에 대한 주석이라는 소리를 듣는 거다. 플라톤을 다루면서 언급한 바 있듯이, '이데아'는 그의 이원론에서 현실계와 대비되는 이상계를 의미하는 용어로 쓰였으며, 그리스어에서는 원래 '형태, 본성, 원형' 등을 뜻한다. 영어에서 idea가 플라톤 철학의 '이데아'와 함께 '생각, 관념'이라는 뜻을 지니는 것처럼, idealism 역시 '이상주의'와 '관념론'이라는 두 가지 의미를 지닌다는 걸 기억해 두자. 따라서 idealism의 의인형인 idealist에도 '이상주의자'와 '관념론자'라는 두 가지 뜻이 있다. 하기야 관념론이나 이상주의나 이 세계에 존재하지 않는 다른 무엇을 추구한다는 점에서는 비슷하다고 하겠다.

관념론이 현실 세계를 초월한 것에 대한 연구라 할 형이상학과 사실상 거의 동의어처럼 취급되는 것도 이 때문이다. 플라톤의 이데아론을 고대 철학의 대표적인 형이상학이라고 본다면, 이를 한 단계 더 정교하고 체계적인 철학으로 끌어올린 것이 임마누엘 칸트(Immanuel Kant)를 필두로 한 18~19세기 독일 관념론자들(German Idealists)이다. 우리는 그 중 칸트와 그의 대표적인 저서들을 가장 먼저 살펴볼 것이다. 그는 어떤 의미에서 형이상학계의 주력 부대라 할 독일 관념론을 개척한 인물이며, 18세기에 그가 남긴 사상들은 19세기 유럽 철학을 좌지우지했다고 해도 과언이 아니다.

칸트는 1724년 동프로이센의 항구 도시 쾨니히스베르크(Königsberg)에서 태어났다. 쾨니히스베르크는 1945년 구소련에 편입되면서 '칼리닌그라드(Kaliningrad)'로 이름이 바뀌어 오늘에 이르고 있다. 칸트는 평생 쾨니히스베르크와 그 인근 지역을 벗어난 적이 없다고 하며, 규칙적인 생활 습관으로도 유명해 동네 사람들이 그의 산책 시간을 보고 시계를 맞췄다는 전설이 전해져 온다. 칸트는 평생 쾨니히스베르크 대학에서 학생들을 가르쳤는데, 그가 대학에서 맡은 직책이 바로 논리학 및 형이상학 담당 교수였다. 형이상학 담당 교수라고 하니 미국의 영화인 우디 앨런(Woody Allen)이 제작, 각본, 감독, 주연(그는 대개 이렇게 1인 4역을 한다)을 맡은 영화 〈애니 홀Annie Hall〉의 한 장면이 생각난다. 영화 속에서 우디 앨런이 분한 인물 아이작은 스탠드 업 코미디언(무대에서 단독 연기하는 코미디언)인데, 한 장면에서 그는 다음과 같은 농담을 한다.

"나는 형이상학 기말고사에서 부정행위를 했다는 이유로 뉴욕대학 1학년 때 학교에서 쫓겨났습니다. 그게 말이죠, 내 옆 자리에 앉은 녀석의 영혼을 들여다봤거든요."

"I was thrown out of NYU my freshman year for cheating on my metaphysics final. You know, I looked within the soul of the boy sitting next to me."

그렇다면 형이상학 담당 교수였던 칸트도 시험 때 옆 자리에 앉은 친구의 영혼을 들여다보는 아이작 같은 녀석들을 잡아내곤 했을까? 그거야 알 수 없지만, 칸트는 학생들을 가르치는 틈틈이 근대 형이상학의 양상을 바꿀 프로젝트를 착착 준비하고 있었다.

당시 유럽에서는 베이컨의 계승자라 할 영국의 경험론자(empiricist)들과 데카르트주의의 세례를 받은 대륙 합리론자(rationalist)들 사이에서 일대 논전이 벌어지고 있었다. 존 로크와 데이비드 흄 등 경험론자들은 정신이란 물질을 떠나서 존재할 수 없으며 현실 세계를 통해 경험되고 축적되는 데이터의 반영일 뿐이라는 과격한 주장을 펼쳤다. 합리론자들역시 만만치 않았다. 그들은 육체와 정신의 이원론에 더해 물질세계란오직 인간의 인식 속에서만 존재한다는 극단적인 주장을 내놓았다. 감각 경험 지식은 불확실하고 혼란스러운 것일 뿐이며, 타고난 인간 이성을 바탕으로 인식된 지식만이 믿을 만하다는 것이다. 칸트는 비록 합리론 전통을 바탕에 둔 관념론을 우위에 두긴 했지만, 두 주장을 통합하는새로운 철학 체계를 만들려 한 인물이었다.

칸트의 저작들은 난해하기로 악명이 높다. 그의 저술들이야말로 철학책이란 어렵기 마련이라는 선입견을 확증해 주기에 안성맞춤이다. 하지만 아무리 어렵다 해도 서양 철학에서 칸트를 피해 갈 수는 없다. 데카르트에서 본격 시작된 근대 서양 철학은 독일 관념론을 완성시킨 거인칸트의 어깨를 딛고 한 단계 더 높은 차원으로 나아가려던 쟁투의 역사였다고도 할 수 있다. 마치 오디세우스가 고향으로 돌아가는 뱃길에서사이렌과 스킬라를 피해 갈 수 없었던 것처럼, 19세기 서양 철학의 흐름

칼리닌그라드(옛 쾨니히스베르크)에 있는 칸트 동상(왼쪽).
칸트 기념물. 칸트의 모자, 지팡이, 원고 등이 벤치에 놓여 있다(오른쪽).

을 제대로 이해하려면 한 번은 통과해야 하는 '마법의 성'이다.

그렇다고 여기서 큰 욕심을 부리려는 것은 아니다. 칸트를 통해 유명해진 철학적 개념, 용어, 그리고 몇몇 원전 샘플들을 소개함으로써 향후 독자들이 칸트에 정식으로 도전할 경우를 대비한 '워밍업 서비스'를 제공하는 것으로 만족할 것이다. 다시 말해 이 제한된 지면을 통해 칸트의 원전에 한 번 도전해 보고 싶다는 욕구를 불러일으킬 수만 있다면 충분하다.

## 순수이성의 세계 이해

칸트는 『순수이성비판*Critique of Pure Reason*』(1781), 『실천이성비판*Critique of Practical Reason*』(1788), 『판단력비판*Critique of Judgment*』(1790)으로 이루어지는 비판 3부작을 낸 바 있는데, 그중 대표작으로 꼽히는 것은 단연 『순수이성비판』이다. 칸트가 이 저술을 탈고하기까지 총 15년이 걸렸다고 한다.

대표선수란 원래 만만치 않은 공력을 가지고 있는 법. 그래서인지 『순수이성비판』은 칸트의 책들 가운데서도 가장 난해하다. 말 그대로 정말 '순수하게' 어려운 책이다. 칸트 자신도 책이 너무 어렵다고 생각했는지 1판이 나온 지 수년 뒤에 일종의 해설서를 내놓았는데, 그게 『학문으로 표현될 수 있는 미래의 형이상학을 위한 서설Prolegomena to Any Future Metaphysics That Will Be Able to Present Itself as a Science』이다. 그런데 이건 뭐 『순수이성비판』보다 더 기를 죽일 만큼 길고 혼란스러운 제목이다. 독자의 이해를 돕겠다고 선보인 안내서가 이 모양이니 본편은 오죽하랴.

여기서 잠깐 영어 원제에 등장하는 단어 'critique(독일어로는 kritik)'를 짚고 넘어가자. 이를 번역한 것이 '비판(批判)'인데, 무언가 좋지 못한 것을 '비판'한다는 의미로 쓰이는 'criticism'과 구분해야 한다. 'critique'는 단순히 공격적으로 비판한다는 의미를 지니는 것이 아니라, 비판적으로 고찰하고 독창적으로 분석한다는 뜻을 담고 있다. 그래서인지 칸트는 자신의 책에서 'critique' 대신 'critical investigation(비판적 조사)', 'critical inquiry(비판적 탐구)' 등을 사용하기도 한다. 정작 『순수이성비판』은 순수이성을 비판하기는커녕 적극 옹호하는 내용으로 가득 차 있다. 순수이성의 한계를 지적하기도 하니 완전히 찬양 일변도인 것은 아니지만, 이를 감안한다 해도 책 제목은 '순수이성비판'보다 '순수이성옹호'가 더 솔직할 뻔했다. 이것이 칸트가 붙인 제목에 대한 나의 '건설적 비판,' 즉 'critique'라고나 할까?

『순수이성비판』은 서문으로도 유명하다. 1판과 2판의 두 버전으로 나뉘는데, 둘 다 작품 전체의 오리엔테이션 역할을 톡톡히 하고 있기 때문이다. 칸트는 서문에서 우선 이렇게 선언한다.

나는 여기서 해결되지 않거나 적어도 해결의 단서가 제공되지 않는 형이 상학적 문제가 단 하나도 있어서는 안 된다고 감히 주장하는 바다.

I venture to maintain that there ought not to be one single meta-physical problem that has not been solved here, or to the solution of which the key at least has not been supplied.

어느 작가는 칸트가 결혼 문제에조차 너무 신중하다 보니 결국 평생 독신으로 지냈다고 평했는데, 그런 칸트치고는 상당히 대담한 문장인 셈이다. 약간 오만하게 들리기까지 하는데, 그럼에도 이 문장에서는 오랜 연구 끝에 얻은 성과를 세상에 내놓는 학자의 자부심과 확신이 묻어 난다. 하지만 자신의 주장에 경악하는 독자들이 있을 것을 예상한 듯, 그는 곧 슬쩍 한 발을 뺀다.

이렇게 말하면서도 나는, 명백히 너무나 득의양양하고 과장된 우쭐거림 들(pretensions)에 대해, 경멸 어리고 분개한 표정을 한 내 독자들을 면전에 서 보는 것 같다. 그렇지만 그것들은 사실 영혼의 단순한 본성이나 세계 기 원의 필연성을 증명했다고 천명하는 범상하기 짝이 없는 글을 쓴 저자의 주 장보다 훨씬 온건한 편이다. 왜냐하면, 그는 인간의 지식을 가능한 모든 경 험의 한계를 넘어 확장시키는 척하지만, 나는 이것이 전적으로 내 능력을 넘어서는 일임을 너무도 겸손하게 고백하기 때문이다. 내가 의도하는 것은 이성과 그것의 순수한 사고를 다루려는 것일 뿐인데, 이는 나 자신 안에서 발견될 수 있다는 점을 고려한다면, 그리 멀리 가서 찾지 않아도 되는 지식 인 셈이다.

While I am saying this I fancy I observe in the face of my readers an expression of indignation, mixed with contempt, at pretensions apparently so self-glorious and extravagant; and yet they are in reality far more moderate than those made by the writer of the commonest essay professing to prove the simple nature of the soul or the necessity of a first beginning of the world. For, while he pretends to extend human knowledge beyond the limits of all possible experience, I confess most humbly that this is entirely beyond my power. I mean only to treat of reason and its pure thinking, a knowledge of which is not very far to seek, considering that it is to be found within myself.

여기서 칸트는 자신의 주장이 다른 저자들에 비해 그리 과격한 것도 아니라고 주장한다. 칸트가 '영혼의 본성과 세계 기원의 필연성'을 증명했다며 '과장광고'한 것으로 비판(이 경우는 critique가 아니라 criticism)한 인물은 아마도 영국의 철학자 로크일 것이다. 로크는 베이컨의 경험론을 계승한 사상가답게 인간의 정신이란 신체와 분리되어 존재하는 성질의 것이 아니며, 경험이 축적되지 않은 인간의 의식은 라틴어로 '타불라 라사(tabula rasa)', 즉 백지 상태에 불과하다고 주장했다. 로크의 뒤를 이어 등장한 흄은 한 술 더 떠서 아예 '정신(mind)'이란 외부 세계를 인지하는 감각 기관에서 보낸 데이터가 뇌 속에 모여 이루어진 덩어리에 지나지 않는다고까지 주장하며 데카르트의 이원론을 공격했다.

칸트가 이렇듯 경험론자들의 맹공으로부터 관념과 정신세계를 방어하기 위해 제시한 개념이 바로 '순수이성(pure reason)'이다. 순수이성이란 간단히 말해 인간이 세계를 인식하는 도구인 '선험적(先驗的, a priori)' 이성 혹은 선험적 지식을 가리킨다. 선험적 지식이란 삶에서 경험으로 얻은 지식이 아니라 본래부터 가지고 있는, 그래서 경험의 때를 묻히지 않은 채 그 자체로 성립하는 순수한 지식이다. 선험적 지식의 대표적인 예는 바로 수학이다. 칸트는 『순수이성비판』에서 다음과 같이 말한다.

우리가 모든 경험으로부터 독립해 선험적 지식에서 얼마나 멀리 나아갈 수 있는지는 수학의 눈부신 예로 드러난다. 수학이 오직 직관으로만 표상될 수 있는 대상과 지식을 다룬다는 것은 사실이다. 하지만 직관 자체가 선험적으로 주어졌으며 순수 개념과 구별하기 어려운 까닭에, 이 사실은 쉽게 간과된다.

How far we can advance independent of all experience in a priori knowledge is shown by the brilliant example of mathematics. It is true they deal with objects and knowledge so far only as they can be represented in intuition. But this is easily overlooked, because that intuition itself may be given a priori, and be difficult to distinguish from a pure concept.

또한 인간에게는 세계 인식을 돕는 훌륭한 추상 개념이 있으니, 그것은 바로 '시간'과 '공간'이다. 시간과 공간이 인간의 인식과 지각에서 어떤 역할을 하는지를 논하는 다음 대목은 매우 흥미롭다.

따라서 시간과 공간은 선험적이고 종합적인 인식을 다양하게 도출할 수 있는 지식의 양대 원천이다. (…) 그것들은 둘 다 감각 직관의 순수 형식이기 때문에, 선험적으로 종합 명제를 제공하는 것이 가능하다. 그러나 (오직 우리 감성의 조건인) 이들 선험적 지식의 원천들은 그것들이 대상들을 현상으로 인식하는 한에서만 대상들을 나타낼 수 있을 뿐이지, 그것들 홀로 있는 것으로는 대상들을 표상할 수 없다는 점에서 그것들 자체의 한계를 짓는다. 그것이야말로 그것들이 타당성을 가지는 유일한 영역이며, 이를 넘어서는 어떤 객관적인 적용도 허용되지 않는다.

Time and space are therefore two sources of knowledge from which various a priori synthetical cognitions can be derived. (…) As they are both pure forms of sensuous intuition, they render synthetical propositions a priori possible. But these sources of knowledge a priori (being conditions of our sensibility only) fix their own limits, in that they can refer to objects only in so far as they are considered as phenomena, but cannot represent things as they are by themselves. That is the only field in which they are valid; beyond it they admit of no objective application.

어떤가? 흥미로운가? 혹 마음속으로 이런 비명을 지르지는 않았는가? '흥미로운 것 좋아하네. 이게 도대체 무슨 소리야?' 그렇다면 마이클 잭슨의 옛 노래 제목처럼 "You're not alone.(그대는 혼자가 아닙니다.)"

칸트를 읽는 것은 확실히 추리 소설이나 연애 소설을 읽는 것하고는 다른 경험이다. 아니 소설까지 갈 필요도 없고, 플라톤의 '대화편' 같은 텍스트와도 너무나 거리가 멀다. 여러분과 같은 배를 타고, 칸트의 난해한 문장들 사이를 허우적거리는 '동지'로서 내가 이해한 바를 조금이나마 함께 나누자면 이렇다. 칸트는 시간과 공간을 인간의 의식과 별개로 존재하는 객관적 형식이 아니라 인간이 사물과 세계를 지각하고 인식하는 데 필요한 주관적 형식으로 이해하고 이를 '감각 직관의 순수 형식(pure forms of sensuous intuition)'이라고 표현한 것이다. 시간과 공간은 우리가 실제로 존재하는 것처럼 취급하지만 눈에 보이지도 않으며 손으로 만질 수도 없는 무엇이다. 즉, 시간과 공간은 세계의 인식을 위해 인간에게 주어진 선험적 도구 같은 것이다. 칸트의 시간과 공간에 대한 해설

1781년에 나온 『순수이성비판』 1판.

은 이후로도 한동안 계속되지만 지금까지 소개한 내용만으로도 무엇을 말하고 있는 것인지 대충 짐작은 했으리라 믿는다.

이미 말했듯이 『순수이성비판』은 문자 그대로 '순수하게' 난해하다. 그래서 마지막 장까지 완독하기가 여간 어려운 게 아니다. 하지만 그 지난함을 뚫고 지나가면, 심지어 그 과정에서 오역과 오독이 다소 발생한다 하더라도, 나름대로 가치 있는 경험이 될 것이다. 때로는 예기치 않은 생산적 결과를 얻게 될지도 모른다. 따라서 지금 당장이 아니더라도 언젠가 기회가 닿으면 한국어 번역본이든 영어 원전이든 한번 일독해 보시기를 권한다. 원전의 난해함을 고려했을 때 철학 전공자가 아닌 다음에야 독일어 원전까지 권하는 것은 무리일 듯하다. 다만 칸트가 사용한 '개념어'들의 의미를 좀 더 정확히 이해하려면 번역어만으로는 부족할 수도 있다. 예를 들어 위 원전 인용에서 언급된 '감성'은 영어로 'sensibility', 독어로 'Sinnlichkeit'를 번역한 것인데, 칸트는 이를 '대상에 의해 촉발되는 방식으로 표상을 받아들이는 능력'이라는 의미로 사용한다. 우리가 일상적으로 '감성'이라는 단어를 쓸 때 의미하는 바와는 확연히 다른 셈이다.

칸트가 인간이 세계를 인식하고 지각하기 위해서는 시간과 공간이라는 직관의 형식이 있어야 한다고 했다면, 사고하기(thinking/understanding) 위해서는 '범주(category)'라는 선험적 개념이 있어야 한다고 했다. 총체성(unity), 실재성(reality), 실체(substance), 인과관계(causality), 가능성(possibility) 등 12가지 선험적 범주를 제시한 것이다. 쉽게 말해, 인간에게 '인식'된 대상은 이러한 범주들을 통해 '생각'이라는 프로세스를 거치게 된다는 것이다.

다시 말하지만 칸트가 이렇게 인간의 순수이성만이 사용하는 다양한 선험적 도구들을 제시한 까닭은 경험론자들이 주장한, 거의 유물론에 가까운 인식론의 한계를 극복하기 위해서였다. 칸트는『순수이성비판』에서 로크와 흄의 기계적 경험론, 즉 인간의 정신은 감각 기관을 통해 경험된 정보의 축적일 뿐이라는 주장을 여러 차례 강하게 반박하는데, 그중 한 대목을 감상해 보자. 이 부분은 시공에 대한 설명보다는 더 이해하기 쉽고 명쾌하다.


우리는 우리의 직관이란 항상 감각적인 것이어야 하고, 우리가 사물에게 영향을 받는 방식으로 구성되어야 하는 것으로 여긴다(constitute). 우리로 하여금 우리의 감각 직관 대상들을 생각할 수 있게 해 주는 것은 이해력이다. 이러한 자질들 혹은 기능들 중 어느 것도 다른 것보다 나은 것은 아니다. 감성 없이는 대상들이 우리에게 주어질 수 없고, 이해력 없이는 그것들이 우리에게 사유될 수 없을 것이다. 내용 없는 생각은 공허하고, 개념 없는 직관은 맹목적이다. (…) 이들 두 능력 혹은 기능 들은 그들의 역할을 맞바꿀 수 없다. 이해력으로는 볼 수 없고, 감각으로는 생각할 수 없다. 지식은 그것들의 통합에 의해서만 산출될 수 있다.

We are so constituted that our intuition must always be sensuous, and consist of the mode in which we are affected by objects. What enables us to think the objects of our sensuous intuition is the understanding. Neither of these qualities or faculties is preferable to the other. Without sensibility objects would not be given to us, without understanding they would not be thought by us. Thoughts without contents are empty, intuitions without concepts are blind. (…) These two powers or faculties cannot exchange their functions. The understanding cannot see, the senses cannot think. By their union only can knowledge be produced.

여기서 칸트는 경험론자들의 주장이 반쪽짜리 진리일 뿐이라고 말하고 있다. 외부 세계의 정보가 감각 기관을 통해 인지되는 것은 사실이지만, 그 정보를 수집하고 정리하고 취사선택하는 능력, 즉 이해력(사고력)이 뒷받침되어야 비로소 유의미한 정보가 된다는 것이다. 이는 마치 데이터베이스 프로그램 없이는 아무리 방대한 자료가 있다 한들 가치 있는 지식을 창출하지 못하는 것과 같은 원리다. 하지만 칸트는 "이러한 자질들 혹은 기능들 중 어느 것도 다른 것보다 나은 것은 아니다."라고 말한다. 둘 다 필요하다는 것이다. 그래서 드디어 그의 유명한 문구 "내용 없는 생각은 공허하고, 개념 없는 직관은 맹목적이다."가 등장한다.

그런데 곰곰 생각해 보면 칸트의 주장은 별로 참신한 발상이 아니다. 적어도 오늘날의 관점에서 보면 그렇다. 어쩌면 너무 빤한 소리를 한다고 볼 수도 있고, 실제로 후대 철학자들 중에는 칸트의 철학이 경험론, 관념론, 신학 등 모든 분야의 비위를 맞추기 위해 이것저것 섞어서 적당히 타협한 칵테일에 불과하다고 비판한 이들도 있다.

하지만 칸트에게 맡겨진 시대적 소명이란 18세기 당시 다양한 양상으로 분출하던 철학적 담론들을 생산적으로 비판하고 종합해 내는 것 아니었을까 싶다. 애초부터 철학계의 이단아가 되어 판을 뒤흔들 운명은 아니었다는 얘기다.(정말 판을 '흔든' 철학자라면 이번 장 마지막에 나오는 쇼펜하우어를, 그 판조차 '깨 버린' 철학자라면 다음 장에서 소개할 니체를 주목하시라.)

## 별이 빛나는 밤의 정언명령

이번에는 칸트의 또 다른 대표작 『실천이성비판』을 잠깐 들여다보자. 그가 주 전공인 형이상학만큼이나 심혈을 기울인 또 다른 분야, '윤리학'의 문제를 집대성한 작품이 바로 『실천이성비판』이다. 단순화의 위험을 무릅쓰고 말한다면, 『순수이성비판』이 '순수이성이란 무엇인가?' 혹은 '인간의 정신이란 무엇인가?'에 대한 성찰이라고 할 때 『실천이성비판』은 그렇게 파악한 순수이성으로 이제 '인간은 어떻게 살아야 하는가?'를 탐구한 책이라고 할 수 있다.

『실천이성비판』은 『순수이성비판』보다 약 7년 뒤에 출판됐지만, 칸트가 윤리 문제에 천착한 시간은 이보다 훨씬 길었다. 칸트에 대해 알고 있는 사람들은 대부분 『실천이성비판』 하면 '정언명령(categorical imperative, 지상명령이라고도 함)'을 떠올린다. 그런데 원래 이 말은 『순수이성비판』보다도 출판 시기가 훨씬 앞서는 『도덕 형이상학의 기초Groundwork of the Metaphysics of Morals』에 처음 등장한다. 우선 이 책에서 정언명령과 가언명령(hypothetical imperative)에 대해 설명하는 대목을 살펴보자.

이제 모든 명령은 가언적으로 혹은 정언적으로 명령한다. 전자는 있을 법한 행위의 실천적 필연성을 우리가 바라는 (혹은 적어도 누군가 바라는 것이 가능할) 다른 어떤 것을 위한 수단으로서 나타낸다. 정언명령은 어떤 행위를 다른 목적과 상관없이 그것 자체가 필연적인 것으로서, 즉 객관적으로 필연적인 것으로서 나타낸다.

Now all imperatives command either hypothetically or categorically. The former represent the practical necessity of a possible action as means to something else that is willed (or at least which one might possibly will). The categorical imperative would be that which represented an action as necessary of itself without reference to another end, i.e., as objectively necessary.

여기서 칸트가 말하는 '가언명령'과 '정언명령'의 차이점을 확실히 해둘 필요가 있다. 먼저 가언명령이란 어떤 조건이나 가정을 충족시키기 위해 필요한 수단으로서 나타난다. 즉 "독일 관념론을 이해하려면 칸트를 읽어야 한다." 혹은 "변호사가 되려면 변호사 시험을 통과해야 한다." 등이 가언명령에 속한다. 반면 정언명령은 가정이나 전제조건이 필요 없는, 인간으로서 당연히 따라야 하는 당위 내지 불문율 비슷한 개념이다. 칸트는 『도덕 형이상학의 기초』에서 일종의 '필승 공식' 비슷한 세 가지 정언명령을 제시한다. 먼저 첫 번째 정언 명령.

동시에 오직 네가 의지(意志)하는 격률에 따라 그것이 보편적 법칙이 되도록 행동하라.

Act only according to that maxim whereby you can at the same time will that it should become a universal law.

이게 무슨 뜻일까? 가령 내가 돈을 벌기 위해서는 사기를 쳐야 한다는 믿음을 갖고 있다고 치자. 그런데 이것을 모든 인류에게 보편적인 법칙이 되도록 권장할 수 있을까? 혹은 내가 연애는 필수지만 결혼은 선택이라고 믿는다면, 이를 전 인류에게 권장 내지 강제할 수 있을까? 이렇게 보편적 법칙으로 적용할 수 없는 것들은 정언명령이 되지 못한다. 칸트가 제시한 기준으로 본다면, 인간이 살아가면서 당위적으로 받아들일 수 있는 정언명령이란 그리 많지 않음을 알 수 있다. 칸트는 첫 번째 정언명령에 이어 스스로 '실천명령(practical imperative)'이라고도 부른 두 번째 정언명령을 규정한다.

너 자신에게 있어서나 다른 사람에게 있어서나, 인간을 결코 목적을 위한 수단으로가 아니라 언제나 동시에 목적으로서 대하는, 그러한 방식으로 행동하라.

Act in such a way that you treat humanity, whether in your own person or in the person of any other, never merely as a means to an end, but always at the same time as an end.

이 두 번째 정언 명령은 『성서』「누가 복음」의 "남에게 대접받고자 하는 대로 너희도 남을 대접하라."는 예수의 말씀과도 맞닿아 있다. 사실 우리는 (평소 자각하지 못해서 그렇지) 자기 자신은 목적이자 상수로 두면서, 타인은 내 목적을 실현시키기 위한 수단이자 변수로 간주하곤 한다. 따라서 우리가 타인을 목적 그 자체로 본다면 삶에 일대 변혁이 일어날 게 분명하지만, 이를 몸소 실천하는 게 그리 간단한 일은 아니다. 칸트는 이어서 세 번째이자 마지막 정언명령을 제시한다.

따라서 모든 이성적 존재는 마치 자신이 자신의 격률에 따라 언제나 보편적인 목적의 왕국의 입법 성원인 것처럼 행동해야 한다.

Therefore, every rational being must so act as if he were through his

'목적의 왕국'이란 칸트가 자신의 윤리 이론을 실현시키기 위해 가정한 세계로, 주민들 모두가 서로를 수단이 아닌 목적으로 여기는 이상향이다. 플라톤의 아름다운 도시, 모어의 유토피아보다 실현되기 어려우면 어렵지 쉽지는 않을 것 같은 왕국이다.

그런데 이 세 가지 정언명령은 단계별 완전정복 시리즈라기보다 본질적으로 동일한 주제를 세 번 변주한 것 같은 느낌이다. 즉, 우리 모두가 누구에게나 통용되는 보편적 법칙에 따라 행동한다면 타인을 수단으로 간주하기는 어려울 것이며, 그런 세상이 존재한다면 당연히 보편적 입법의 왕국일 테니 말이다. 역으로 생각해 봐도, 이 세 명령은 한 세트로 묶일 수밖에 없다. 세상에 인간을 수단으로 생각하는 보편적 법칙이 있을 수 있겠는가? 단 한 명의 희생으로(그러니까 수단으로) 전 인류의 안전을 보장하는 법칙이 있다고 한들, 희생되는 그 한 명에게만큼은 전혀 보편성을 지니지 못하는 법칙일 것이다.

이렇게 『도덕 형이상학의 기초』에서 사전 정지 작업을 한 칸트는 『실천이성비판』에서 정언명령 개념을 확장해 구체적으로 '어떻게 살 것인가', '어떻게 사는 것이 가치 있는 삶인가' 하는 문제를 본격적으로 논의한다. 다음은 칸트가 우리에게 행복에 대한 태도를 바꿀 것을 요구하는 대목이다. 매우 유명한 문장이니 외워 두는 것도 좋겠다.

도덕이란 우리가 어떻게 하면 우리 자신을 행복하게 만들 수 있을까가 아니라 어떻게 하면 우리 자신을 행복해질 자격이 되게 만들 수 있을까에 대한 원칙이다.

Morality is not properly the doctrine of how we may make ourselves happy, but how we may make ourselves worthy of happiness.

얼핏 보면 말장난 같지만, 분명 '어떻게 하면 행복해질 수 있는가'와 '어떻게 하면 행복해질 자격을 지닐 수 있는가'는 전혀 다른 의미를 지닌다. 칸트에 따르면 도덕은 행복에 이르는 수단이 아니라 목적 그 자체가 되어야 한다. 다시 말해 도덕적 삶을 산다는 것은 인간에게 주어진 정언명령이다.

칸트의 말에서 미국 정치인들이 지금도 종종 인용하는, 남북전쟁 당시 링컨이 한 것으로 알려져 있는 다음과 같은 말이 연상된다. "나의 관심사는 신이 우리 편이냐는 것이 아닙니다. 내 가장 큰 관심사는 우리가 신의 편이냐는 것입니다.(My concern is not whether God is on our side; my greatest concern is to be on God's side.)" 이는 "주께서 우리와 같은 편이시기를 바랍니다.(I hope God is on our side.)"라고 한 어느 목회자의 말에 대한 링컨의 화답이었다고 한다. 미국이 남과 북으로 갈려 처절한 내전을 치르던 당시, 지도자로서 그의 고민과 사색가로서의 내공이 함께 느껴지는 문장이다. "신이 우리 편이다."와 "우리가 신의 편이다."는 비록 한 끗 차이지만, 그 속에 함축된 의미와 자세는 엄청나게 다르다. 전자에는 신이 어떤 경우든 우리를 용납해 주리라는 일종의 선민의식과 오만함이 숨어 있지만, 후자에는 나의 선택과 행동이 떳떳하고 올바른 것이라야 신의 뜻에 부합하리라는 성찰적인 태도가 반영되어 있다.

2014년 현재 미국의 국무 장관인 존 케리(John Kerry)는 10년 전인 2004년 민주당 대통령 후보로 지명된 바 있는데, 당시 전당 대회의 지명 수락 연설에서 이렇게 말한 바 있다. "나는 신께서 우리 편이라고 주장하고 싶지 않습니다. 에이브러햄 링컨이 우리에게 말했듯이, 나는 겸허하게 우리가 신의 편이기를 기원하고 싶습니다.(I don't want to claim that

God is on our side. As Abraham Lincoln told us, I want to pray humbly that we are on God's side.)" 오바마 역시 대통령에 당선되기 전, 한 인터뷰에서 미국이 세계 곳곳에서 펼치는 테러와의 전쟁과 관련해 '신이 미군 편'이라고 생각하느냐는 질문을 받자 링컨의 말을 인용한 바 있다. 역사가들 사이에서는 링컨이 정말 이런 말을 했는지 논란이 있기도 하지만, 누가 했건 멋진 말이기는 마찬가지다. 나는 개인적으로 링컨이 했으리라고 믿는 쪽이다.

다시 '실천이성'으로 돌아가서, 기본적으로 칸트는 정언명령과 인간의 선험적 윤리 의식은 초월자, 즉 신에게서 왔다고 본 것 같다. 그는 『순수이성비판』에서 신에 대해 거의 불가지론에 가까운 조심스런 자세를 펴기도 했지만, 『실천이성비판』에서는 나름 단호한 어조로 정언명령의 발신지인 신을 상정한다.

> 도덕률은 내게 한 세계에서 가능한 최고선을 내 행위의 궁극적 목표로 삼으라고 명령한다. 하지만 나는 나의 뜻을 성스럽고 선한, 세계의 조물주(Author)의 뜻에 조화시키지 않고서는 이 명령을 수행하기를(effect) 바랄 수 없다. (…) 최고의 행복이란 최고도의 도덕적 완성과 가장 정비례해 결합하는 것으로 여겨진다.
>
> The moral law commands me to make the highest possible good in a world the ultimate object of all my conduct. But I cannot hope to effect this otherwise than by the harmony of my will with that of a holy and good Author of the world. (…) the greatest happiness is conceived as combined in the most exact proportion with the highest degree of moral perfection.

사회가 만든 법률에 선행하는 자연법과 도덕에 관한 인식이 어디서 비롯되었는지는 철학, 특히 윤리학의 오래된 질문들 가운데 하나다. 그런데 칸트는 그 근원을 절대자의 존재와 연결시키고 있는 것이다. 계속되는 그의 말이다.

우리는 단순히 선에 입각한 어떤 목적을 두고 [이것이] 독립적인 지고의 지혜 덕분이라고 할 수는 없다. 왜냐하면 우리는 신의 신성한 의지와 조화를 이룬다는 제한된 조건하에서를 제외하고는, 이 (이성적인 존재의 행복이라는 측면에서) 선한 행위를 본래의 최고선에 부합한다고 여길 수 없기 때문이다.

We cannot attribute to a supreme independent wisdom an end based merely on goodness. For we cannot conceive the action of this goodness (in respect of the happiness of rational beings) as suitable to the highest original good, except under the restrictive conditions of harmony with the holiness of God's will.

다시 말해 정언명령으로서의 도덕률, 신이라는 최고선을 상정하지 않고서는 설명할 수 없는 도덕률을 실천할 때를 제외한다면, 우리가 일상적으로 행복을 추구하기 위해 벌이는 선한 행위를 모두 신과 결부시킬 수는 없다는 얘기다. 이는 '선의지'라고 하는 인간의 자유의지와 연관된 것이다. 이제 『실천이성비판』이 어떤 내용을 다루고 있는지 어느 정도 감이 잡혔는지? 독자들이 『순수이성비판』과 함께 『실천이성비판』에도 도전해 주기를 바라는 마음으로 『실천이성비판』에서 가장 유명하다고 할 대목을 소개하고자 한다. 맺음말의 서두에 나오는 문장이다. 이 역시 외워 두면 분명 보람이 있을 것이다.

칼리닌그라드 대성당 근처에 있는 칸트의 묘지(왼쪽).
칸트의 묘비. 유명한 「실천이성비판」의 '별이 빛나는 하늘' 문구가 새겨져 있다(오른쪽).

두 가지 것들이 점점 더 내 마음을 경탄과 경이로 채우며, 더욱 빈번하게 그리고 더욱 강렬하게 사유의 정신을 그것들 쪽으로 끌어당긴다. (그것들은) 내 위에서 별이 빛나는 하늘과 내 안의 도덕률이다.

Two things fill the mind with ever-increasing admiration and awe, the more often and the more intensely the mind of thought is drawn to them; the starry heavens above me and the moral law within me.

위의 문장은 '이거 칸트 맞아?' 하는 생각이 불쑥 들 만큼 난해하다기보다는 오히려 아름답다고 할까, 심지어 시적이기까지 하다. 잘게 끊어 재구성하면 한 편의 시로서 부족함이 없을 정도다. 말이 나온 김에 한번 해 볼까?

점점 더 경탄과 경이로
내 마음을 채우는 두 가지 있어
더욱 빈번하고 강렬하게
사유의 정신은 그리로 끌리니

내 위에서 별이 빛나는 하늘과

내 안의 도덕률이 바로 그것

Two things fill the mind

With ever-increasing admiration and awe

The more often and the more intensely

The mind of thought is drawn to them

The starry heavens above me and

The moral law within me

## 쾨니히스베르크에서 우주를 품다

칸트가 '별이 빛나는 하늘'을 언급한 것은 따지고 보면 우연이 아니다. 그에게 별이 빛나는 하늘, 즉 우주는 영감의 원천이었다. 칸트는 16세기 코페르니쿠스에서 시작돼 갈릴레오와 뉴턴에 이르러 급진전을 보인 천문학에 지대한 관심을 갖고 있었다. 칸트는 평생 쾨니히스베르크를 벗어나지 않은 인물이었지만, 사고력과 상상력을 통해 유럽을 넘어 지구마저 초월한 우주여행을 다녀오곤 했던 것이다. 칸트는 1787년 『순수이성비판』 2판 서문(문제의 과장광고가 실린 1판 서문과 별개로 쓰였음)에서 자신의 형이상학 연구가 실은 코페르니쿠스 가설에서 힌트를 얻었음을 고백한 바 있다. 그 유명한 '코페르니쿠스적 전회(Copernican Turn)'라는 표현을 낳은 대목을 잠깐 감상해 보자.

우리는 여기서 코페르니쿠스의 최초 생각과 똑같은 경우를 대하는데, 그는, 모든 별들이 관측자의 주위를 돈다고 가정하는 한 천체의 운동을 제대로 설명할 수 없게 되자, 관측자가 돌고 별들은 정지되어 있다고 가정함으로써 보다 나은 성과를 거둘 수는 없는지 시도한 바 있다. 대상에 대한 직관에 관해서라면, 형이상학에서도 비슷한 실험이 시도될 수 있을 것이다. 만약 직관이 대상에 따라야(conform to) 한다면, 나는 어떻게 우리가 그것을 선험적으로 알 수 있는지 이해하지 못한다. 하지만 만약 (감각 대상으로서) 대상이 우리 직관력에 따라야 한다면, 나는 그러한 가능성을 매우 잘 인식할 수 있다.

We have here the same case as with the first thought of Copernicus, who, not being able to get on in the explanation of the movements of the heavenly bodies, as long as he assumed that all the stars turned round the spectator, tried, whether he could not succeed better, by assuming the spectator to be turning round, and the stars to be at rest. A similar experiment may be tried in metaphysics, so far as the intuition of objects is concerned. If the intuition had to conform to the constitution of objects, I do not see how we could know anything of it a priori; but if the object (as an object of the senses) conforms to the constitution of our faculty of intuition, I can very well conceive such a possibility.

칸트에 따르면, 우리가 외부 세계를 인식하는 것은 오직 우리의 의식 체계, 즉 선험적 직관이 외부 세계를 인식하는 독특한 방식을 통해서뿐이다. 그는 물질세계가 인간의 의식을 구성하고 규정한다는 경험론자들의 주장에 맞서, 세계 인식을 인간의 내면과 연결시킨다. 그리고 이를 코페르니쿠스의 발상 전환에서 착안했다고 말한다. 참고로 '코페르니쿠스적 전회'는 20세기 미국의 과학철학자 토마스 쿤(Thomas Kuhn)의 '패러다임 전환(paradigm shift)'과 함께 영어를 비롯한 여러 언어에서 발상의 혁명적 전환을 의미하는 단골 표현이 된 바 있다.

지금이야 인류가 한때 천동설을 믿었다는 것이 어처구니없게 여겨질지 모르지만, 자고로 남이 풀어 놓은 퍼즐은 쉽게 느껴지는 법이다. 지금과 같은 최첨단 장비가 없던 시절, 코페르니쿠스처럼 기존의 통념을 뒤집는 생각을 한다는 것이 결코 쉬운 일은 아니었을 것이다. 말 그대로 혁명적인 발상의 전환이었던 셈이다. 희대의 천재 아리스토텔레스, 더 나아가 과학혁명의 치어리더였던 베이컨조차 지동설을 부인했다는 것은 결코 우연이 아니다. 일단 다른 건 다 제쳐 두더라도, 데카르트가 말한 '생각하는 존재'인 '내'가 매일 똑똑히 목격하는 것은 동쪽에서 떠올라 서쪽으로 지는 해다. 해가 우리 별 주위를 움직인다고 믿지 않을 이유가 없는 것이다. 영화 〈매트릭스〉의 주인공 네오가 그동안 컴퓨터가 만든 가상현실 속에서 살았다는 걸 깨달은 것도 일종의 '코페르니쿠스적 전회'다.

　칸트는 『순수이성비판』을 출간하기 20여 년 전인 1755년에 발표한 논문집 『보편적인 자연사와 천체론 Universal Natural History and Theory of the Heavens』에서 우주의 본성에 대한 자신의 의견을 다양한 형태로 개진했다. 특히 우리가 속한 태양계 같은 시스템이 은하계에 무수히 존재하리라는 가정, 현재 태양계를 구성하는 물질들은 원래 구름과 같이 퍼져 있다가 모여 행성이 되고 태양이 되었다는 '성운설(nebular hypothesis)' 등은 거의 현대 천문학적 관점을 반영하고 있어 놀랍기까지 하다. 그의 '비판' 시리즈에 비하면 그리 알려져 있지 않은 책이지만, 그 가운데 한 대목을 감상해 보자. 수려한 문장에다 내용도 워낙 좋아서 다른 저작들보다 이해하기 쉬운 편이다.

　만약 지구가 속한 행성계의 규모가 한 알의 모래처럼 거의 보이지 않는다는 경이로운 이해로 가득 찬다면, 은하계 전체를 채우고 있는 무한한 세계들(천체들)과 〔행성〕계들의 무리를 조사할 때 우리는 얼마나 유쾌한 놀라움에 빠지겠는가. 하지만 이 경이로움은 우리가 이 모든 헤아릴 수 없는 별들의 배열이 다시금 헤아려 갈 개체, 우리가 그 끝을 알지 못하고, 아마도 이전의 것과 마찬가지로 상상할 수 없을 만큼 크지만 다시금 새롭게 헤아려 갈 〔행성〕계의 개체를 창조해 낸다는 걸 알게 될 때 또 얼마나 더 커지겠는가. 우리는 세계들(천체들)과 〔행성〕계들의 연속적인 관계에서 첫 연결 고리들을 보고 있고, 그 끝없는 연쇄의 첫 부분이 이미 우리로 하여금 우리가 전체에 대해 가정하는 걸 인식하는 게 가능케 한다. 여기에 끝이란 없으며, 수학의 도움으로 고양될(uplifted) 때조차도, 인간의 모든 사고능력이 가라앉는, 진정한 무한성의 심연이 있을 뿐이다. 지혜, 선, 그리고 그 스스로 계시하는 권능은 무한하며, 이와 정확히 똑같은 정도로 생산적이고 분주하다. 그러므로 계시의 구상이란 바로 그와 같이 경계가 없고 무한한 것이어야 한다.

If the size of a planetary system in which the Earth is hardly seen as a grain of sand fills the understanding with astonishment, how delightfully astounded we will be when we examine the infinite crowd of worlds and systems which fill the totality of the Milky Way. But how much greater this wonder when we know that all these immeasurable arrangements of stars once again create a numbered unity, whose end we do not know and which is perhaps, like the previous one, inconceivably large and yet, once again, only a unit in a new numbered system. We see the first links of a progressive relationship of worlds and systems, and the first part of this unending progression already allows us to recognize what we are to assume about the totality. Here there is no end, but an abyss of a true infinity, in which all capacity of human thought sinks, even when it is uplifted with the help of mathematics. The wisdom, goodness, and power which has revealed itself are limitless and, to exactly the same extent, fruitful and busy. The plan of its revelation must, therefore, be, just like it, infinite and without borders.

그런데 칸트에 따르면 이렇게 측량 불가능한 무한성 속에서 신의 존재는 '심연' 속으로 실종되는 것이 아니라 더욱 분명해진다.

우리가 제안한 이론은 우리에게 무한한 창조의 현장에 대한 관점을 열어주며, 위대한 조물주의 무한한 본성에 적합한 신의 역사에 대한 관념을 제공한다.

The theory which we have proposed opens up for us a view of the infinite field of creation and offers an idea of the work of God appropriate to the infinite nature of the Great Master Builder.

흥미로운 것은, 이러한 칸트의 우주적 상상력이 관념론과 형이상학은 물론 천문학 및 이론물리학 등과도 교차점을 지니고 있다는 점이다. 어찌 보면 영혼과 과학의 거리는 그리 멀지 않은 것인지도 모른다.

# 13th Brunch Time

# 절대정신의 날개를 펼쳐라

## 절대정신과 세계정신

칸트가 활짝 열어젖힌 형이상학의 문을 통과해, 그의 뒤를 이어 독일 관념론의 불꽃을 살려 나간 대표적인 인물들로 헤겔과 쇼펜하우어가 있다. 그중 먼저 헤겔을 만나 보자.

헤겔은 이름에서부터 남다른 포스가 느껴진다. 그의 '풀 네임'은 게오르크 빌헬름 프리드리히 헤겔(Georg Wilhelm Friedrich Hegel)인데, 니체 식으로 표현하자면 '독일적인, 너무나 독일적인' 이름이다. 슈투트가르트에서 태어난 그는 튀빙겐 신학교에서 신학과 철학을 공부했고, 이후 예나 대학과 베를린 대학에서 오랫동안 교수로 재직하며 연구와 집필에 몰두했다. 사상가로서 헤겔의 명성은 시간이 흐를수록 점점 높아져, 말년에는 독일 제도권 철학의 최고 권위자로 대접받았다.

헤겔은 생전에 많은 저서들을 남겼고, 사후에도 그의 제자들이 강의노트 등을 모아 책으로 출간했다. 하지만 유감스럽게도 지금까지 널리 읽히는 책은 그리 많지 않다.(물론 철학 전공자들 사이에서는 얘기가 달라지겠지만 말이다.) 일이 이렇게 된 데는 인류의 지적 게으름을 탓하기 전에 헤겔 자신에게 책임을 물어야 할 부분이 있다. 우선 그의 저작은 분량이 상당하다. 어떻게 보면 독일 관념론계의 아리스토텔레스라 할 만하다. 무슨 말인고 하니, 아리스토텔레스가 온갖 분야를 넘나들며 다양한 연구를 했던 것처럼, 헤겔도 관념론과 형이상학의 세부 항목들을 들쑤시고 다니며 저술한 탓에 그 종류가 많고, 이를 통해 그의 사상이 정확히 무엇이었는지 그려 내기도 쉽지 않다.

또한 가장 결정적인 문제가 있는데, 헤겔의 글은 너무 난해하다는 것이다. 난이도로만 따지면 칸트보다 더하면 더했지 못하지는 않다. 그의 대표작이라 할 『정신현상학*Phenomenology of Spirit*』만 해도, 읽다 보면 '정신'이 아득해지는 '현상'이 발생하기 때문에 생긴 제목이라고 믿고 싶어질 정도다. 책 제목에 보이는 '현상학'은 세계가 인간의 의식 안으로 인식되는 현상 자체를 분석하는 학문이다. 하지만 철학사 전체를 놓고 볼 때는 학자들마다 약간씩 다른 개념으로 사용해 왔다. 이 용어를 처음 사용한 철학자는 람베르트(Johann Heinrich Lambert)였지만, '현상학'이라는 철학 사조를 창시한 인물은 후설(Edmund Husserl)로 알려져 있다. 칸트도 이 말을 사용한 적이 있는데, 물자체(物自體, thing-in-itself, 독일어로는 Ding an Sich)에 관한 학문과 구별되는, 경험적 현상에 관한 학문을 일컬었다. 말이 나온 김에 잠깐 옆길로 새자면, 칸트의 '물자체'란 그 자체로서 현상의 궁극적 원인이 되는 선험적 대상을 말한다. 쉽게 말하자면, 플라톤의 이데아 비슷한 개념이다. 칸트에 와서 더 정식화되긴 했지만, 그로부터 '까임'을 당했던 로크가 'things-in-themselves'라는 말로 먼저 사용한 바 있다. 칸트는 우리가 경험하고 인식하는 것은 현상이고, 현상의 본질로서 존재하는 물자체는 인식할 수 없다고 했다. 『순수이성비판』에서 칸트가 신에 대해 거의 불가지론에 가까운 태도를 취했다고 했던 것 역시 바로 이 물자체 개념과 연관되어 있다.

다시 헤겔로 돌아가서, 『정신현상학』의 영어 제목 'Phenomenology of Spirit'에서 'Spirit'에 대해 좀 생각해 보자. 독일어로는 'Geist'인데, 원시 게르만어인 'ghoizdoz'에 뿌리를 두고 있으며 영어 'ghost'도 여기서 나왔다. 그러니까 헤겔이 말하는 '정신'이란 단순한 인간의 두뇌 작용이 아니라 일종의 '정령(精靈)'에 가깝다. 여기서 잠시 개념을 정확히 하고 넘어가야 할 게 있는데, 영어 ghost는 우리가 보통 생각하는 '고스트', 즉 '잡귀'가 아니라 더 고차원적인 '영적 존재'를 지칭하기도 한다. 예를 들어 Holy Ghost의 올바른 번역은 '신성한 귀신'이 아니라 '성령'이 된다. 성부(Holy Father), 성자(Holy Son)와 함께 그리스도교 삼위일체의 한 축을 담당하는 성령 말이다.

독일 슈투트가르트에 있는 헤겔 생가.

헤겔은 『정신현상학』에서 우리의 의식이 즉자 존재인 대상을 받아들이는 감각(Sensation)으로부터 시작해 대상을 의식하는 두 번째 단계인 지각(Perception), 개념을 지적으로 인식하는 단계인 오성(Understanding), 그리고 다시 의식의 주체인 자기 자신에 대해 인식하는 자기의식(Self-Consciousness)을 거쳐 이성(Reason), 주관적 정신(Subjective Spirit)과 객관적 정신(Objective Spirit), 절대정신(Absolute Spirit)에 이르기까지 정신 현상의 흐름을 단계별로 정리한다. 헤겔은 기본적으로 세계의 역사가 '정신'의 이상이 완전히 실현되는 지점을 향해 계속 전진한다는 직선적 역사관을 지녔던 것 같다. 그의 직선적이고 결과론적인 관점은 『정신현상학』의 다음과 같은 문장에서도 잘 드러난다.

진리는 전체다. 그러나 전체란 그저 그것 자체의 발전 과정을 통해 완전함에 이르는 데 핵심적 본질이 있다. 절대자에 관해서라면 그것은 본질적으로 결과라고 말할 수 있다. 즉 그것은 마지막에 이르러서야 바로 진리가 되는 것이다.

The truth is the whole. The whole, however, is merely the essential nature reaching its completeness through the process of its own development. Of the Absolute it can be said that it is essentially a result, that only at the end is it what it is in very truth.

헤겔이 말한 '정신'이 정확히 무엇인지를 파악하기란 그리 쉬운 일이 아니다. 그나마 자기의식이나 이성 단계에서야 어떤 개념인지 대략 짐작해 볼 수 있지만, 주관적 정신과 객관적 정신, 급기야 절대정신에 이르면 그 실체가 정확히 무엇인지 파악하기 쉽지 않다. 헤겔의 '정신'에서는 때로 심리학자 융(Carl Jung)의 '집단 무의식(collective unconscious)'

야코프 슐레징거(Jakob Schlesinger)가 그린 헤겔 초상, 1831년.

이 연상되기도 하며, 때로는 Geist라는 문자에서 느껴지는 바대로 영적이고 신성한 존재처럼 여겨지기도 한다.

『정신현상학』에서 '절대정신'을 제시했던 헤겔은 『역사철학*Philosophy of History*』에서는 아예 '세계정신(World-Spirit, 독일어로는 Weltgeist)'이라는 개념을 내놓기에 이른다. 사실 『정신현상학』에서 이미 '절대정신(혹은 절대자)은 결과'라고 선언한 만큼, 이제 인류의 역사 자체를 세계정신이 서서히 구현되는 과정으로 파악하는 것은 예정된 수순이라고 볼 수 있다. 그는 세계정신과 역사의 관계를 이렇게 설명한다.

세계의 역사는 정신의 이상 실현이라는, 보편적인 목표와 함께 시작된다. (…) 역사의 전 과정은 (이미 목격했듯이) 이 무의식적인 충동을 의식적인 것으로 만들도록 방향 지어진 것이다. 따라서 단순히 육체적 갈망, 충동, 열정, 사적 이익, 그리고 또한 [사적] 견해와 주관적 개념 같은, 흔히 주관적 측면이라고 불리어 온 자연적 의지와 자연적 존재의 형식으로 나타나는 것은 그 시작(commencement)부터 자발적으로 스스로를 드러낸다. 이러한 자유의지, 이해관계, 행동의 거대한 집적은 세계정신이 획득하고자 하는 목표, 즉 의식으로 가져와 실현시키고자 하는 목표를 위한 도구이자 수단이 된다.

The History of the World begins with its general aim—the realization of the Idea of Spirit (…) the whole process of History (as already observed) is directed to rendering this unconscious impulse a conscious one. Thus appearing in the form of merely natural existence, natural will—that which has been called the subjective side—physical craving, instinct, passion, private interest, as also opinion and subjective conception—spontaneously present themselves at the very commencement. This vast congeries of volitions, interests and activities, constitute the instruments and means of the World-Spirit for attaining its object: bringing it to consciousness, and realizing it.

역사 속에서 '세계정신'의 구현에 봉사하는 도구이자 수단은 결국 인간을 말한다. 헤겔은 그중에서도 우리가 종종 영웅이라고 부르는 인물들이야말로 '세계정신'이 인간의 모습으로 현현한 것이라고 믿었다. 헤겔은 그가 '역사적 인간(historical man)' 혹은 '세계사적 개인(world-historical individual)'이라고 명명한 영웅들이 (비록 스스로는 깨닫지 못한다 하더라도) '이성의 간계(Ruse of Reason)'에 따라 세계정신 구현이라는 대승적 목표에 봉사한다고 생각했다. 그가 『역사철학』에서 '역사적 인간'의 역할에 대해 설명하는 대목을 살펴보자.

역사적인 인간들, 세계사적인 개인들은 그렇게 더 높은 보편성을 확보하고, 그들 자신만의 목적을 만들고, 이 목적을 드높은 정신의 법칙에 따라 실현시키는 자들이다.

The historical men, world-historical individuals are those who grasp just such a higher universal, make it their own purpose, and realize this purpose in accordance with the higher law of the spirit.

헤겔은 카이사르를 '역사적 인간'의 전형적인 예로 소개한다. 그가 로마의 전통적 공화정을 사실상 해체하고, 황제정의 기초가 된 독재정치를 시작한 일은 '이성의 간계'에 따른 '절대정신'의 작용이라는 것이다.

카이사르는 자신의 지위, 명예, 안전을 지키기 위해 싸웠다. 그러나 로마의 모든 속주들에 대해 지배력을 가지고 있던 그의 적들에 대한 승리는 동시에 제국 전체를 정복하는 [결과가] 되었다. 따라서 카이사르는, 헌법의 형태를 바꾸지는 않고, 국가의 유일한 통치자가 되었다. 그의 본래 부정적인 목적—로마에 대한 독재정—을 성취하면서, 그는 동시에 로마와 세계의 필연적인 역사적 운명을 달성했다. 따라서 그는 자신의 사적 이익에 자극받은 것뿐만이 아니라, 본능적으로 시대가 요구하는 것을 달성하기(bring to pass) 위해 행동한 것이다. 그것은 모든 위대한 역사적 개인들에게 공통된 것이다. 그들 자신들만의 특정 목적들이 세계정신에 대한 상당한 의지를 포함하고 있다.

Caesar fought to keep his position, honor, and safety. But victory over his enemies, who held the power over all the Roman provinces, became at the same time conquest of the entire empire. Thus Caesar, without changing the form of the constitution, became the sole ruler of the state. In accomplishing his originally negative purpose—the autocracy over Rome—he at the same time fulfilled the necessary historical destiny of Rome and the world. Thus he was motivated not only by his own private interest, but acted instinctively to bring to pass that which the times required. It is the same with all great historical individuals: their own particular purposes contain the substantial will of the World Spirit.

즉 헤겔은 카이사르가 비록 사적 이익 때문에 독재를 시작했는지는 모르지만, 결과적으로는 로마 역사, 나아가 인류 역사를 한 단계 발전시키는 데 기여했다고 본 것이다. 『역사철학』에는 이와 같은 역사적 사례들이 풍부하게 등장하는데, 그 덕분에 헤겔의 저작들 중 그나마 가장 읽는 재미가 있는 책이다.

헤겔은 자신이 몸담고 산 당대에도 카이사르처럼 '인간의 탈을 쓴 세계정신'이 출현했다고 봤다. 그 인물은 바로 나폴레옹이었다. 1806년, 헤겔은 자신이 살던 예나를 점령한 나폴레옹의 모습을 본 뒤 친구에게 쓴 편지에서 이렇게 말했다.

나는 황제—세계정신—가 점령지를 시찰하려고 도시를 나서는 것을 보았네. 말을 타고, 한 가지 일에 집중하여, 세계를 넘어서서 그것을 정복하는, 그런 개인을 목격하는 것은 진실로 놀라운 경험이라네.

I saw the Emperor—this world-spirit—go out from the city to survey his realm. It is a truly wonderful experience to witness such an individual, on horseback, concentrating on a single point, reaching over the world and mastering it.

'마상의 세계정신(the world spirit on horseback)'이라는 유명한 표현이 여기서 탄생했다. 헤겔은 나폴레옹이 적국의 지배자였음에도 극찬을 마다하지 않았다. 그가 프랑스혁명의 핵심 이념인 자유, 평등, 박애의 정

예나에서 친위대를 시찰하는 나폴레옹.
당시 예나에 거주하던 젊은 헤겔은 황제의 모습을 벅찬 감동으로 바라보았다.

신을 유럽 전체에 전파하는 에이전트(agent)라고 봤기 때문이다. 당시 헤
겔은 프랑스혁명이 세계정신 실현을 향한 중요한 터닝 포인트라고 생각
했다. 하지만 이는 어디까지나 헤겔이 비교적 젊었을 때 얘기다. 그는
나이가 들수록 점점 보수적이고 국수적인 민족주의자로 변해 갔다.

## 무적의 정반합 변증법

많은 이들이 '헤겔' 하면 떠올리는 또 다른 용어는 바로 '변증법'이다. 변
증법은 영어로 dialectic(때로는 복수형 dialectics로 쓰임)이다. 어원은 '담론,
대화, 변론술' 등을 뜻하는 그리스어 '디아렉티코스(*dialektikos*)'다. 소크
라테스의 대화 기법 역시 때로는 'dialectic'이라고 부르며, 아리스토텔
레스도 이 용어를 사용한 바 있다. 고대 그리스 이후 근대 유럽 철학에서
변증법을 적극 활용한 인물로는 칸트가 있다. 그는 『순수이성비판』에서

'초월적 변증법(Transcendental dialectic)'이라는 개념을 도입한 바 있다. 하지만 오늘날 우리는 '변증법'이라고 하면 먼저 헤겔을 떠올린다.

변증법은 간단히 말해 '두 개념의 모순을 해소, 통합시키는 과정'이지만, 좀 더 정확하고 상세하게 따지다 보면 골치가 아파진다. 헤겔은 『정신현상학』에서 변증법에 대해 다음과 같이 '친절하게' 설명한다.

사실, 비사변적 사고 역시 정당화될 권리가 있지만, 명제를 진술하는 사변적 방식에서는 무시된다. 명제의 형식 폐기는 단지 명제의 내용을 통한 직접적 방식으로만 일어나서는 안 된다. 그와 반대로, 우리는 이 말소 과정에 대해 명시적 표현을 부여해야 한다. 그것은 단지 그것 자체의 실체 안에서 사고를 내적으로 제한하고 억제하는 것뿐이어서는 안 된다. 그것 자체로 되돌아가는 개념의 전환이 분명하게 발표되고(bring out) 언급되어야 한다. 이전에는 증명으로 성취되어야만 했던 것으로 여겨지는 이 과정은 명제 자체의 내적인 변증법적 운동이다. (…) 사변적 진리의 본질에 대한 통찰을 충실히 따라가는 철학적 설명은 변증법적 형태를 유지해야 하며, 개념적으로 파악되지 않는 모든 것을 배제해야 한다.

As a matter of fact, non-speculative thinking has its rights too, which are justifiable, but are disregarded in the speculative way of stating a proposition. Abolishing the form of the proposition must not take place only in an immediate manner, through the mere content of the proposition. On the contrary, we must give explicit expression to this cancelling process; it must be not only that internal restraining and confining of thought within its own substance; this turning of the conception back into itself has to be expressly brought out and stated. This process, which constitutes what formerly had to be accomplished by proof, is the internal dialectical movement of the proposition itself. (…) Philosophical exposition, faithfully following its insight into the nature of speculative truth, must retain the dialectical form, and exclude everything which is not grasped conceptually.

정말 친절하고 명쾌한 설명이지 않은가—라기보다는 솔직히 (좀 불경스럽긴 하지만) 헤겔 자신조차 무슨 얘기를 하고 있는지 알기는 한 걸까 의문이 들 정도다. 하지만 참을성 있게 몇 번 더 되풀이해서 읽어 보면, 변증법의 공식, 즉 모르는 사람이 들으면 우리 전통 공예품 이름 같은 '정반합(正反合)' 개념이 이미 모양을 갖춰 가고 있음을 알 수 있다. '정반합'은 일종의 기본 공식처럼 되어 있는, 변증법의 3단계 스텝이다. 요약하자면, 어떤 명제가 있을 때(정), 이를 반박하는 반대 명제가 등장하며(반), 이 둘은 결국 하나로 통합되어 새로운 명제를 도출한다(합). 영어로는 'thesis(정명제)−antithesis(반명제)−synthesis(합명제)'라고 하는데, 변증법을 공부하는 사람들은 독일어 발음 그대로 '테제(These)−안티테제(Antithese)−진테제(Synthese)'라고 부르는 경우가 더 많다.

위에서 '명제'라고는 했지만, 거기에 이론, 사상, 주장, 시스템 등 무슨 말을 넣어도 상관없다. 독일어 These에도 '명제'라는 뜻 외에 '주장, 주제, 강령' 등 다양한 뜻이 담겨 있다. 무얼 집어넣어도 '무적의 정반합 과정'은 문제없이 적용된다. 그런데 이게 사실 변증법의 치명적 약점이기도 하다. 자고로 보편성이 증가하면 특수성, 혹은 집중력은 약해지는 법이다. '만인의 연인'이란 말은 알고 보면 누구의 연인도 아니라는 소리다. 칸트의 예를 들어 보자. 칸트의 최고 걸작으로 뽑히는 『순수이성비판』은 대륙의 합리론(정)과 영국의 경험론(반)에 대한 비판적 성찰과 융합(합)의 결과라고 말할 수 있다. 헤겔은 심지어 변증법의 개념을 자연

현상에까지 끌어들였다. 『정신현상학』의 한 대목이다.

> 꽃눈은 꽃이 피어날 때 사라지는데, 우리는 전자가 후자에 의해 반박되었
> 다고 말할 수 있을 것이다. 같은 방식으로 열매가 맺힐 때, 꽃은 식물의 현존
> 에서 거짓된 형태라고 설명될 수도 있는데, 열매가 꽃을 대신하는 참된 본
> 성으로 여겨지기 때문이다.
>
> The bud disappears when the blossom breaks through, and we might
> say that the former is refuted by the latter; in the same way when the fruit
> comes, the blossom may be explained to be a false form of the plant's
> existence, for the fruit appears as its true nature in place of the blossom.

식물이 꽃을 피우고 열매를 맺는 과정을 '꽃눈(정)-꽃(반)-열매(합)'로
설명한 것인데, 이를 읽은 괴테(Goethe)에게 기형적인 궤변이라며 엄청
두들겨 맞았다고 한다. 물론 진짜로 맞았다는 게 아니고 강력한 비판을
받았다는 얘기다.

## 미네르바의 부엉이

헤겔은 '세계정신'과 '변증법'만큼이나 유명한 말을 하나 더 남겼다. 바
로 '미네르바의 부엉이'다. 헤겔의 『법철학*Philosophy of Right*』 서문에는
다음과 같은 문장이 등장한다.

> 미네르바의 부엉이는 황혼이 내릴 때에야 날개를 편다.
>
> The owl of Minerva spreads its wings only with the falling of the
> dusk.

고대 그리스의 4드라크마 은화. 기원전 480∼420년 것으로 추정되며
아테나(미네르바)의 부엉이가 새겨져 있다. 프랑스 리옹 미술관 소장.

헤겔이 쓴 문장 중 이토록 멋들어지면서도 깊은 뜻을 함축하고 있는
게 또 있을까? 적어도 내게는 칸트의 '별이 빛나는 하늘'만큼이나 문학
적이고 서정적이게 느껴진다. 미네르바는 로마 신화에 등장하는 '학문,
지혜, 기예'의 여신이다. 간단히 말해 그리스 신화 속 아테나 여신의 로
마 버전이다. 미네르바 여신을 묘사한 조각이나 그림에는 종종 부엉이
가 함께 등장한다. 어둠 속에서도 모든 것을 꿰뚫어 보는 부엉이를 통해
미네르바의 지혜와 통찰력을 나타낸 것이다. 그렇다면 헤겔이 이 문장
을 통해 말하려는 것은 무엇일까? 이를 제대로 이해하려면 해당 문장 앞
에 등장하는 내용을 함께 읽어 봐야 한다.

세계에 관한 사유로서의 철학은 현실이 그 형성 과정을 거쳐 완료된 상황
에 이르기(attain) 전까지는 나타나지 않는다. 따라서 역사는 이러한 개념의
가르침을 확증한다(corroborate). 다시 말해 현실에 반하는 이상이 나타나, 현
실 세계의 본질을 파악하여 지적 왕국의 형태로 재구성하는 것은 오직 현실
이 성숙해졌을 때인 것이다. 철학이 그 잿빛에 잿빛을 더할 때, 삶의 모습은

노쇠해져 버리고, 잿빛을 써서 그것은 젊음의 활력을 되찾는 게 아니라 다만 이해될 뿐이다. 미네르바의 부엉이는 황혼이 내릴 때에야 날개를 편다.

As the thought of the world, philosophy does not appear until reality has gone through its formative process and attained its complete status. History thus corroborates the teaching of this concept, namely that it is only when reality has reached maturity that the ideal appears opposite the real and reconstructs this real word, which it has grasped in its substance, in the shape of an intellectual kingdom. When philosophy paints its grey in grey, one form of life has become old, and by means of grey it cannot be rejuvenated, but only known. The owl of Minerva spreads its wings only with the falling of the dusk.

역시 헤겔답게 심오하고 난해하긴 하지만, 그래도 앞서 소개한 변증법 관련 텍스트에 비하면 양반에 속한다. 마르크스의 용어를(혹은 실제 뜻과 상관없이 문자 그대로 용어만) 빌려 감히 요약해 보자면, 헤겔에게 철학은 현실이라는 하부구조가 존재한 뒤에야 비로소 나타나는 것이다. 따라서 철학은 좋게 말하면 상부구조, 좀 나쁘게 말하면 숙명적인 '뒷북'인 셈이다. 헤겔이 이 문장을 쓰면서 의식했는지는 모르겠지만, 결국 현실 세계와 철학적 관념 중 전자에 우선순위를 두었으니, 어떻게 보면 관념론자치고 뜻밖의 고백을 한 셈이랄까?

헤겔의 말 속에는 자기 자신의 철학에 대한 은근한 자부심도 묻어난다. 무슨 말인가 하니, 19세기 당시 세계 역사에서 독일을 정점으로 이미 세계정신이 구현되었다고 보고, 이렇게 완성된 세계에서 최고의 명성을 누리는 자신의 철학이야말로 완성된 역사를 해석할 자격이 있다는, 즉 하부구조 위에 마지막으로 밥숟가락을 얹을 만하다는 자신감이 담겨 있다는 것이다.

아무튼 헤겔에게 철학은 결국 완성된 세계를 이해하는 지혜, 즉 '해석'과 다르지 않았다. 그리고 이러한 입장에 거세게 반발한 이가 바로 칼 마르크스였다. 마르크스가 『포이어바흐 테제*Theses On Feuerbach*』에서 한 유명한 선언은 기존 철학에 대한 일종의 선전포고였다.

철학자들은 여러 방식으로 세계를 해석해 왔을 뿐이다. 요점은 세계를 바꾸는 것이다.

The philosophers have only interpreted the world, in various ways;
the point is to change it.

헤겔의 사후, 그의 사상은 헤겔 좌파와 헤겔 우파로 갈렸다. 마르크스와 엥겔스로 대표되는 좌파는 주로 헤겔의 젊은 시절 관심사였던 변증법적 사유를 계승해 '변증법적 유물론(dialectical materialism)'으로 발전시켰다. 반면 우파는 헤겔이 말년에 보인 신비주의와 보수적인 면에 주목했으며, 이후 게르만 민족주의, 나아가서는 나치즘 및 전체주의와도 맥이 닿는 과격성을 보인다. 좌파와 우파는 저마다 자신들이 헤겔의 적자임을 주장했지만, 정말 그가 살아 있었다면 어느 쪽 손을 들어 주었을지는 미지수다. 하지만 굳이 나더러 고르라면 마르크스를 꼽겠다. 헤겔의 관념론적 세계관을 뒤집어 만든 변증법적 유물론을 들고 날아오른 마르크스야말로 진정한 의미에서 '헤겔의 부엉이' 아니었을까 싶다. 갑자기 부엉이 한 마리 기르고 싶어지는 밤이다.

14th Brunch Time

# 뜻밖의 스타 탄생

## 헤겔에게 도전한 재야의 고수

헤겔의 명성이 독일 제도권 철학에서 절정을 구가하던 시절, 그에게 겁도 없이 도전장을 내민 인물이 있었다. 그는 헤겔보다 열여덟 살 연하로, 당시 독일 철학에서는 낯선 개념이었던 '비관주의(pessimism)'를 들고 나온 아르투르 쇼펜하우어(Arthur Schopenhauer)다.

쇼펜하우어는 단치히에서 부유한 상인의 아들로 태어났다. 독일 작가 귄터 그라스(Günter Grass)의 소설 『양철북 *The Tin Drum*』의 무대이기도 한 단치히는 당시 반(半)독립적 지위를 누리던 일종의 도시국가였다가 막 프로이센에 합병된 상태였다. 그런데 쇼펜하우어의 아버지 하인리히 쇼펜하우어는 정치적으로 프로이센을 좋아하지 않았다. 프로이센보다 의회민주주의가 확립된 영국을 더 이상적인 국가로 생각한 그는 결국 어린 아들을 영국의 기숙학교로 유학 보냈다. 프로이센에 대한 하인리히의 혐오가 어느 정도였느냐 하면, 그는 수년 뒤 영국으로 건너가 오랜

쇼펜하우어의 생가.
그가 태어날 당시에는 단치히였으나, 지금은 폴란드 그단스크에 속한다.

만에 만난 아들이 독일어를 거의 못하게 된 것을 알고서는 무척 기뻐했
다고 하니, 이쯤 되면 뭔가 약간 뒤틀렸다는 느낌이다. 혹시 21세기를 사
는 한국 기러기 아빠들 가운데도 미국이나 영국에서 공부하는 자녀가 한
국어보다 영어를 더 잘하게 되었다고 은근히 기뻐하는 경우가 있을까?

하지만 유감스럽게도 하인리히는 영어가 유창해진 아들 자랑을 하고
다닐 틈도 없이 쇼펜하우어가 열일곱 살 되던 해에 사망했고, 영국 유학
에서 돌아온 쇼펜하우어는 어머니를 따라 당시 독일 문화의 중심지였던
바이마르로 주거지를 옮겨 성장했다. 예술적 감각이 뛰어났던 쇼펜하우
어의 어머니는 당대의 유명한 작가 및 예술가들과 교류했는데, 덕분에
그는 그들의 언행을 어깨 너머로 보고 배우며 자랐다. 쇼펜하우어의 책
에 등장하는 풍부한 문학적 표현과 역사적 사례, 그리고 앞서 소개한 다
른 관념론자들에 비해 훨씬 읽는 재미가 있고 깔끔한 문장은 이렇게 어
려서부터 예술적 소양을 쌓은 덕분이라고 봐도 좋다.

쇼펜하우어가 헤겔과 정면충돌한 것은 그가 철학 박사 학위를 받은 뒤인 1820년, 서른두 살 나이로 베를린 대학 강사가 되었을 때의 일이다. 당시 베를린 대학에는 헤겔이 재직하고 있었는데, 쇼펜하우어는 일부러 헤겔과 같은 시간대에 강좌를 개설했다. 결과는 참담했다. 헤겔의 강의는 매 학기 정원이 초과될 만큼 인기를 누렸지만, 쇼펜하우어의 강의실에는 빈자리가 더 많았다. 동양 철학에 정통했던 쇼펜하우어였지만 미처 『손자병법』을 읽어 볼 기회는 없었던 모양이다. 그가 "적을 알고 나를 알면 백 번 싸워 위태롭지 않다(知彼知己, 百戰不殆)."는 말씀을 알았더라면 그렇게 무모한 도전을 벌이지 않았을 것이다. 당시 독일 강단 철학에서 헤겔의 '파워'는 너무나 막강했기 때문에, 신진 학자로서 그와 정면 승부를 벌여 이기는 것은 거의 불가능한 일이었다. 쇼펜하우어는 『도덕의 기초에 관하여 On the Basis of Morality』에서 헤겔과 그를 추종하는 강단 철학자들에 대해 이렇게 말한다.

우선 피히테와 셸링이 이 시기의 영웅으로 두각을 나타냈는데, 이들을 계승한 자는 심지어 그들만큼의 가치도 없고 재능에 관해서는 상당히 열등한 인물이다.─그 우매하고 어설픈 협잡꾼 헤겔 말이다. (그를 위한) 코러스는 무한성, 절대자, 그리고 그들이 절대 알 리 없는 다른 많은 문제들에 관해 유행하는 담론을 근엄한 자세로 대중들에게 펼치는, 잡다한 철학 교수 무리들로 구성된다.

At first Fichte and Schelling shine as the heroes of this epoch; to be followed by the man who is quite unworthy even of them, and greatly their inferior in point of talent—I mean the stupid and clumsy charlatan Hegel. The Chorus is composed of a mixed company of professors of philosophy, who in solemn fashion discourse to their public about the

Endless, the Absolute, and many other matters of which they can know absolutely nothing.

이 정도면 '도덕의 기초'가 아니라 거의 '인신공격의 기초'에 가깝다. 피히테와 셸링은 칸트와 헤겔의 중간 시기에 활약한 독일 관념론 사상가들이다. 쇼펜하우어에 따르면 이들도 어쭙잖지만 역시 최악은 헤겔이라는 거다. 사실 쇼펜하우어는 기회가 있을 때마다 헤겔에 대해 열을 올리는데, 한 에세이에서는 이렇게도 말하고 있다.

독일 철학에서, 칸트의 빛나는 시대에 이어 곧바로 확신을 주기보다 오히려 강요하기를 목표로 삼은 시기가 따라왔다. 철저하고 명료하기는커녕, 현혹적이고, 과장되며, 특정 정도는 이해할 수 없는 것이 되고자 했다. 진리를 추구하지 않고 술책을(intrigue) 부렸다. 철학은 이렇게 유행하는 방식으로 발전을 이룰 수 없었다. 결국 그 전체 유파와 방법론은 파산했다. 헤겔과 그 동료들의 뻔뻔함 때문에 그런 길에 이른 것이다.

In German philosophy, the brilliant epoch of Kant was immediately followed by a period which aimed rather at being imposing than convincing. Instead of being thorough and clear, it tried to be dazzling, hyperbolical, and, in a special degree, unintelligible: instead of seeking truth, it intrigued. Philosophy could make no progress in this fashion: and at last the whole school and its method became bankrupt. For the effrontery of Hegel and his fellows came to such a pass.

헤겔의 신비주의와 난해함을 감안하면 쇼펜하우어의 혹평을 이해할 만하지만, 그래도 확실히 그의 말에는 '감정'이 실려 있다. 학계에서 현실 권력을 거머쥔 헤겔과 그 추종자들, 그리고 그들의 주장에 따라 부화뇌동하는 대중들에게서 느낀 좌절감이 배어나는 것이다. 하지만 동시대 철학자들을 모두 열등한 존재로 치부하며 경멸감을 감추지 않았던 그 역시 스스로 학계의 '왕따'가 된 데 대한 책임에서 자유롭지 못할 것이다.

쇼펜하우어는 그렇게 베를린 대학에서 거의 아무도 듣지 않는 강의를 몇 년 계속하다가 결국 학교를 떠났고, 이후로는 평생 '재야 철학자'로 살았다. 오늘날에도 학문의 여러 분야에 걸쳐 제도권에서 안정된 지위를 누리며 무사안일에 빠져 있는 학자들보다 훨씬 내공이 높은 재야의 고수들을 심심찮게 목격할 수 있는데, 쇼펜하우어가 바로 그런 경우였다. 그런데 문제는 그때나 지금이나 재야의 고수는 실력을 알릴 기회가 별로 없다는 것이다. 학계에서 밀려나 초야에 묻혀 지내다 보니, 심혈을 기울인 저술을 선보인다 한들 읽는 사람이 거의 없다. 학생들을 가르칠 기회가 없고 책을 써도 읽어 주는 사람이 없다면, 그는 사실상 세상에서 잊힌 인물인 셈이다.

그런데 다행히도 쇼펜하우어는 아주 운이 나쁜 경우는 아니었다. 1848년 프랑스의 2월 혁명부터 시작해 전 유럽을 휩쓴 계급 혁명과 사회분열의 여파로 세상이 뒤숭숭해지자 대중들은 쇼펜하우어의 철학을 재평가하기 시작했고, 그는 말년에 자신의 철학이 독일은 물론 전 유럽의 철학, 문학, 기타 예술계에까지 퍼져 나가는 것을 지켜보며 숨을 거두었다. 뿐만 아니라 오늘날 헤겔의 저서들은 철학 전공자나 극소수 '마니아(영어로는 maniac, 어학 공부는 역시 복습이 중요하다)'를 제외하고는 찾는 사람들이 거의 없는 반면, 쇼펜하우어의 책들은 동서양을 막론하고 제법 탄탄한 독자층을 유지하고 있다. 당대에 헤겔과 그의 추종자들이 거침없이 도전하던 쇼펜하우어를 요샛말로 '듣보잡' 취급했던 것을 생각하면 격세지감을 느낄 만하다.

# 의지와 표상으로서의 세계

쇼펜하우어의 대표작은 역시 『의지와 표상으로서의 세계』다. 철학자의 저서치고는 자극적이고 도발적인 제목이 우선 눈길을 끈다. 『의지와 표상으로서의 세계』의 영문판 제목에는 두 종류가 있다. 한동안은 *The World as Will and Idea*가 주를 이루었는데, 언제부터인가는 *The World as Will and Representation* 쪽이 대세가 되었다. 이는 독일어 원제 *Die Welt als Wille und Vorstellung*에서 '심상, 관념, 표상, 표현' 등 다양한 의미를 지닌 'Vorstellung'을 어떻게 해석하느냐에 따른 차이다. 내 생각으로는 'representation' 쪽이 확실히 쇼펜하우어가 염두에 두었던 본래 의미에 가까운 선택인 듯하다.

『의지와 표상으로서의 세계』는 매우 장황한 서문으로 시작되는데, 여기서 쇼펜하우어는 자못 오만함이 묻어나는 어투로 이렇게 말한다.

> 나는 여기서 이 책을 완전히 이해하려면 어떻게 읽어야만 하는지에 대해 언급할 것을 제안한다. 그것(이 책—옮긴이)으로 나는 오직 단 하나의 사상을 전하려고 의도할 뿐이다. 하지만 나의 모든 노력에도 불구하고, 나는 이 책 전체보다 더 짧게 그것(단 하나의 사상—옮긴이)을 전할 방법을 찾을 수 없었다. 나는 이 사상이 철학이라는 이름 아래 오랫동안 추구되어 온 것이며, 따라서 역사를 잘 아는 이들이 현자의 돌을 발견하는 것만큼이나 불가능하리라고 여기는 발견이라고 주장한다. 비록 플리니우스가 이미 "실제로 이루어지기 전까지는 얼마나 많은 것들이 불가능하다고 판단되는가?"라고 말한 바 있기는 하지만.
>
> I propose to point out here how this book must be read in order to be thoroughly understood. By means of it I only intend to impart a single

1819년에 간행된 『의지와 표상으로서의 세계』.

thought. Yet, notwithstanding all my endeavors, I could find no shorter way of imparting it than this whole book. I hold this thought to be that which has very long been sought for under the name of philosophy, and the discovery of which is therefore regarded by those who are familiar with history as quite as impossible as the discovery of the Philosopher's Stone, although it was already said by Pliny : *Quam multa fieri non posse, priusquam sint facta, judicantur*(How many things are judged impossible until they are actually done?)

여기서는 우선 두 가지가 눈에 띈다. 하나는 "모든 노력에도 불구하고, 나는 이 책 전체보다 더 짧게 그것을 전할 방법을 찾을 수 없었다."라는 대목이다. 자기 나름대로 노력은 했지만 현재 분량보다 더 줄일 수 없었다는 얘긴데, 그렇게 줄이고 줄였다는 것이 거의 1,000쪽에 달한다.

다른 하나는 '현자의 돌(Philosopher's Stone)'이다. 현자의 돌은 황금 제조법을 찾던 중세 연금술사들에게 꿈의 물질로 통하던 것이다. 연금술사들은 현자의 돌만 있으면 평범한 금속을 황금으로 만들 수 있고, 불로

장생 능력도 얻을 수 있다고 믿었다. 황금을 만들 때 부족한 '2퍼센트'를 채워 주는 신비의 물질이라는 얘긴데, 까놓고 말해 일이 뜻대로 풀리지 않으니까 일종의 '그림의 떡' 같은 허수를 상정해 놓고 위안을 삼은 셈이라고도 볼 수 있다. 연금술사들이 인위적으로 황금을 만들겠다는 덧없는 목표에 매달린 건 사실이지만, 그 과정에서 오만 가지 실험을 하며 근대 화학 발전에 기여했으니 완전히 '헛발질'만 한 건 아니었다.

어쨌거나 우리가 쇼펜하우어의 '오만방자한' 서문을 다 읽고 나면 드디어 책의 도입부와 마주치게 된다. "세계는 나의 표상이다."라는 유명한 문장으로 시작되는 도입부를 잠시 감상해 보자.

"세계는 나의 표상이다."―이것은 비록 인간만이 성찰적이고 추상적인 의식 안으로 가져올 수 있긴 하지만, 살아 있고 [우리가] 알고 있는 모든 것들에게 유효한(hold good) 진리다. 만약 그가 실제로 그렇게 한다면, 그는 철학적 지혜를 얻는다. 그러면 그가 아는 것은 태양과 대지가 아니라 오직 태양을 보는 눈, 대지를 느끼는 손뿐이라는 것, 그를 둘러싼 세계는 오직 표상으로서만 존재한다는 것, 즉 오직 그 밖의 어떤 것과의 관계, 그 자신이라는 의식과의 관계에서만 존재한다는 것이 그에게 분명하고 확실해진다. 만약 선험적으로 주장될 수 있는 어떤 진리가 있다면, 바로 이것이다. 왜냐하면 이것이 [발생] 가능하고 생각 가능한 모든 경험의 가장 보편적인 형식, 시간이나 공간이나 인과관계보다도 더욱 보편적인 형식이기 때문이고, 그것들이 모두 그것을 상정하고 있기 때문이다. 그리고 이들 각각은 너무나 많은 양상의 충족이유율(principle of sufficient reason)로 인식되어 왔으며, 오직 특정 종류의 표상들에 대해서만 타당하다. 반면 주체와 객체(대상)라는 안티테제는 이러한 모든 종류들에 대해 보편적인 형식이며, 추상적이든 직관적이든, 순수한 것이든 경험에 의거한 것이든, 그것이 어떤 종류의 관념일지라도 그 형식 아래에서 [발생] 가능하고 생각 가능하다. 따라서 어떤 진리도 다른 모든 것들보다 더 확실하고 더 독립적인 것은 아니며, 앎을 위해 존재하는 모든 것보다 증명의 필요성이 덜한 게 아니다. 따라서 이 모든 세계는 오직 주체와 관련된 객체(대상)로, 지각하는 자에 대한 지각으로, 한마디로 말해 표상으로 존재한다.

"The world is my representation."—this is a truth which holds good for everything that lives and knows, though man alone can bring it into reflective and abstract consciousness. If he really does this, he has attained to philosophical wisdom. It then becomes clear and certain to him that what he knows is not a sun and an earth, but only an eye that sees a sun, a hand that feels an earth; that the world which surrounds him is there only as representation, i.e., only in relation to something else, the consciousness, which is himself. If any truth can be asserted a priori, it is this: for it is the expression of the most general form of all possible and thinkable experience: a form which is more general than time, or space, or causality, for they all presuppose it; and each of these, which we have seen to be just so many modes of the principle of sufficient reason, is valid only for a particular class of representations; whereas the antithesis of object and subject is the common form of all these classes, is that form under which alone any idea of whatever kind it may be, abstract or intuitive, pure or empirical, is possible and think-able. No truth therefore is more certain, more independent of all others, and less in need of proof than this, that all that exists for knowledge, and therefore this whole world, is only object in relation to subject, perception of a perceiver, in a word, representation.

이렇게 읽어 나가다 보니 잠시 숨을 돌려야 시점을 한참 지난 것 같다. 흔히 쇼펜하우어의 문장이 명쾌하고 쉽다고들 하는데, 적어도 이 도입부에는 해당되지 않는 말인 것 같다. 고난도 어휘가 등장하는 건 아닌데, 문장이 길고 수식 형식이 복잡한 탓에 종종 어느 주어가 어떤 동사에 걸리는지 파악하기조차 쉽지 않다. 한마디로 독자의 인내심과 이해력(영어로 읽을 경우에는 독해력까지)을 시험하는 무대다. 쇼펜하우어가 '철학의 비밀'을 풀었다고 호언장담한 필생의 역작이 독자들에게 철저히 외면당한 데는 이렇듯 호흡이 길고 난해한 도입부가 한몫했을 것이다. 약간 낯선 '충족이유율'이라는 용어도 등장하는데, 본래는 라이프니츠(Gottfried Wilhelm Leibniz)가 처음 제시한 개념이고, 쉽게 말해 어떤 것이 왜 이렇게 있고 다르게 있지는 않은가에 대한 충분한 이유가 있어야 한다는 원리라는 것 정도만 이야기하고 넘어가도록 하겠다.

더군다나 이 도입부는 책 제목과도 약간 '싱크로율'이 떨어지는 느낌이다. 제목은 '의지와 표상으로서의 세계'라면서 도입부를 보면, '의지'가 아니라 '표상'에 대해 중점적으로 언급하고 있다. 아예 "세계는 나의 표상이다."로 시작한다. 사소한 꼬투리를 잡는 것으로 여길 수도 있겠지만, 나라면 책의 도입부를 제목에 좀 더 걸맞게 구성했을 것 같다. '의지'에 대해서는 아예 언급하지 않고 있으니 말이다. 차라리 책 제목을 아예 '표상과 의지로서의 세계'로 하든가, 그도 아니면 도입 문장을 "세계는 의지로 지배된다.(The world is ruled by the Will.)"는 식으로 시작했더라면 어땠을까? 어찌 됐건, 현재의 제목과 구성으로 독자의 혼란을 부추기는 면이 없지 않다. 그럼 문제의 '의지'는 언제쯤 등장할까? 그가 의지와 표상의 관계를 좀 더 명확하게 설명하는 부분은 300쪽을 훌쩍 넘긴 지점에 등장한다.

본질적으로(in itself) 순수하게 인식되는 의지는, 지식이 없고, 그저 맹목적이고 끊임없는 충동이며, 우리가 알듯이 그것은 조직화되지 않고 단조로운(vegetable) 본성으로 나타나고, 그것들만의 법칙으로 나타나며, 또한 우리 삶에서 〔식물과 같이〕 생장하는(vegetative) 부분에서 나타나고, 그것에 대해 복종하면서 드러나는 표상으로서의 세계의 추가를 통해, 그 스스로 의지하는 것에 대한 인식과 의지하는 그것이 무엇인지에 대한 인식을 통해 받아들여진다. 그리고 이것은 표상, 생, 정확하게는 생이 존재하는 것으로서의 세계 이외에 그 어떤 것도 아니다. 그러므로 우리는 현상 세계를 의지의 반영이자 그것의 객관적 실재라 부른다. 그리고 의지가 의지하는 것은 항상 생이기 때문에, 생이란 단지 관념에 대한 의지의 표상 이외의 것이 아니므로, 간단하게 '의지'라고 말하는 대신 우리가 '살려는 의지'라고 말한다면, 그것은 그저 매한가지로 수사적 사족(pleonasm)일 뿐이다.

The will, which, considered purely in itself, is without knowledge, and is merely a blind incessant impulse, as we see it appear in unorganized and vegetable nature and their laws, and also in the vegetative part of our own life, receives through the addition of the world as representation, which is developed in subjection to it, the knowledge of its own willing and of what it is that it wills. And this is nothing else than the world as representation, life, precisely as it exists. Therefore we called the phenomenal world the mirror of the will, its objectivity. And since what the will wills is always life, just because life is nothing but the representation of that willing for the idea, it is all one and a mere pleonasm if, instead of simply saying "the will," we say "the will to live."

루트비히 룰(Ludwig Sigismund Ruhl)이
1815년에 그린 쇼펜하우어의 초상화.

쇼펜하우어는 플라톤이 '이데아'라고 부르고, 칸트가 '물자체'라고 부른, 형이상학에서 뜬구름 잡듯 뭉뚱그려 말하는 개념에 '의지'라는 새로운 이름을 부여했다고도 볼 수 있다. 또한 그는 단지 이름을 부여하는 데 그치지 않고, 의지의 '역할'에 대한 집중 분석을 시도했다. 칸트는 우리가 감각적으로 인식하는 세계를 실체로 볼 수 없다고 했지만, 그렇다고 해서 참된 본질이 무엇인지를 똑 부러지게 말해 준 것도 아니었다. 즉, '물자체'라는 개념을 상정하긴 했지만 그 정체가 무엇인지에 대해서는 말을 아꼈다는 얘기다. 하지만 쇼펜하우어는 과감하게 세계의 본질(물자체)은 바로 의지이며, 의지는 그저 인간이 '순수이성'으로 인식해 주기만을 기다리는 수동적인 존재가 아니라 오히려 인간의 삶과 인식을 지배하는 '보스'라고 주장했다. 생명체라는 것도 결국은 의지가 스스로 의지를 표출하는 현상에 불과하다는 것이다. 상당히 참신한 발상이라고 할 수 있다.

# 삶은 고통의 바다

그런데 쇼펜하우어가 단지 참신·독특하다 못해 '문제의 철학자'가 된 이유는 그 '의지'의 기능을 부정적으로 보았다는 데 있다. 우리는 일상 생활에서 '의지'라는 말을 대개 긍정적인 맥락으로 사용한다. 병자에게는 '살려는 의지'가 있어야 하고, 수험생에게는 '시험에 합격하려는 의지'가 있어야 하며, 결혼 적령기의 청춘남녀에게는 '영혼의 반쪽을 만나겠다는 의지'가 있어야 한다. 이처럼 '의지'는 삶을 추동하는 긍정적인 의미로 쓰이기 때문에 역으로 '의지박약'은 매우 나쁜 것으로 간주된다.

그런데 쇼펜하우어는 삶은 근본적으로 고통스러운 것이며, 이 고통은 바로 '의지' 때문에 생겨나는 거라고 주장한다. 여기서 우선 『의지와 표상으로서의 세계』에서 삶이 고통의 연속임을 지적하는 대목을 살펴보자. 그의 책에서 매우 유명한 대목들 가운데 하나인 데다가 별로 난해하지도 않아 읽는 재미가 쏠쏠하다.

첫 청춘의 꿈에서 깨어나, 자신의 경험과 타인들의 경험에 대해 숙고하고, 그 스스로 삶에 대해, 과거와 당대의 역사에 대해, 그리고 마침내 위대한 시인들의 작품들에 대해 연구한 사람들은 누구나, 자신의 판단이 지울 수 없이 각인된 어떤 편견에 의해 마비된 것이 아니라면, 분명히 이 인간의 세계는 크고 작은 것들에 대한 자비란 없이 지배하고, 이와 더불어 몽매함과 사악함이 재앙을 내리는, 우연과 오류의 왕국이라는 결론에 도달하게 될 것이다. 따라서 더 나은 모든 것들은 오직 고난을 뚫고 나아가 투쟁할 뿐이라는 것, 고귀하고 현명한 것은 좀처럼 [스스로를] 드러내고, 효력을 발생시키고, 관심을 끄는 데 이르지 못하지만, 사유의 영역(sphere)에서 불합리하고 왜곡된 것, 예술의 영역에서 따분하고 무미건조한 것, 행동 영역에서 못되고 기만적인 것은 오직 잠깐씩 중단될 뿐 실제로는 우위를 드러낸다는 점이 나타난다.

Every one who has awakened from the first dream of youth, who has considered his own experience and that of others, who has studied himself in life, in the history of the past and of his own time, and finally in the works of the great poets, will, if his judgment is not paralysed by some indelibly imprinted prejudice, certainly arrive at the conclusion that this human world is the kingdom of chance and error, which rule without mercy in great things and in small, and along with which folly and wickedness also wield the scourge. Hence it arises that everything better only struggles through with difficulty; what is noble and wise seldom attains to expression, becomes effective and claims attention, but the absurd and the perverse in the sphere of thought, the dull and tasteless in the sphere of art, the wicked and deceitful in the sphere of action, really assert a supremacy, only disturbed by short interruptions.

쇼펜하우어에 따르면 지옥이란 게 별것 아니다. 우리가 발 딛고 있는 현실이 바로 지옥이다. 그는 단테의 『신곡: 지옥 편 *Divine Comedy : Inferno*』이 이를 분명하게 증명한다고 주장한다.

단테가 그의 지옥을 위한 소재를 우리의 현실 세계로부터가 아니라면 어디서 취했겠는가? 그러면서도 그는 그것으로 매우 적절한 지옥을 만들어 냈다. 그리고 다른 한편에서 그가 천국과 그 복락을 묘사하는 과제에 도달했을 때, 그 앞에는 극복할 수 없는(insurmountable) 난관이 놓인 셈이었는데, 왜냐하면 우리의 세계는 이를 위한 소재를 제공하지 못하기 때문이었다. 따라서 그에게 남은 것이라곤 낙원의 열락을 묘사하는 대신, 그의 조상들, 베아트리체, 그리고 여러 성인들에게서 그에게 주어진 가르침(instruction)을 우리에게 반복하는 것뿐이었다.

Whence did Dante take the materials for his hell but from this our actual world? And yet he made a very proper hell of it. And when, on the other hand, he came to the task of describing heaven and its delights, he had an insurmountable difficulty before him, for our world affords no materials at all for this. Therefore there remained nothing for him to do but, instead of describing the joys of paradise, to repeat to us the instruction given him there by his ancestor, by Beatrice, and by various saints.

단테의 『신곡』을 읽다 보면 역시 그 정점은 '지옥 편'이라 할 수 있고, '낙원 편'에는 뭔가 알맹이가 빠져 있는 느낌이 강하게 드는데, 쇼펜하우어는 바로 그 점을 지적하고 있는 것이다. 그렇다면 삶을 지옥으로 만드는 근본 원인은 무엇일까? 그는 조금의 놀라움도 표하지 않고 담담하게 '유주얼 서스펙트(usual suspect)', 즉 유력한 용의자를 제시한다.

고통을 겪는 자는 덧없이 신에게 도움을 요청하지만, 그는 은총 없는 운명에 노출된 채 있을 뿐이다. 그러나 이 돌이킬 수 없음(irremediableness)은 오직 그의 의지라는 불굴의 본성을 반영하는 것이며, 그의 인격이 객관적 실재임을 반영하는 것이다. 외부에서 작용하는 힘이 이러한 의지를 바꾸거나 억제할 수 없는 것만큼이나, 어떤 이질적인 힘도 의지의 현상적 발현인 생명에서부터 진행되는 고통들로부터 그것을 구해 줄 수 없는 것이다.

In vain the sufferer then calls on his gods for help; he remains exposed to his fate without grace. But this irremediableness is only the mirror of the invincible nature of his will, of which his person is the objectivity. As little as an external power can change or suppress this will, so little can a foreign power deliver it from the miseries which proceed from the life which is the phenomenal appearance of that will.

이렇게 해서 '의지가 만들어 낸 현상인 생명' → '생명 활동의 부산물인 고통' → '고통을 심화 확대시키는 생명의 의지'라는 가열한 순환의 고리가 완성된다. 즉, 쇼펜하우어에 따르면 이 세계는 헤겔이 말한 '이성의 간계'가 아닌 '의지의 간계'에 따라 움직이는 셈이다.

그런데 문제는 의지란 본질적으로 밑 빠진 독과 같다는 점이다. 즉 의지는 채우면 채울수록 더욱 더 채우기를 '의지'하기 때문에 만족이나 행복이란 달성 불가능한 목표가 된다. 지식도 마찬가지다. 앎에 대한 의지는 알면 알수록 더욱 많이 알기를 '의지'한다. 의지의 허기는 채워지지 않는다. 쇼펜하우어는 우리가 '행복'이라고 부르는 것들이 사실은 일시적인 거품과 같은 것이며, 다음 고통으로 넘어가기 전에 잠시 숨 쉴 공간을 주려는 교활한 장치에 불과하다고 주장한다. 가령 '영혼의 반쪽'을 만나 결혼에 성공했다고 치자. 결혼하는 순간만큼은 당사자들이 행복감에 젖을지도 모른다. 하지만 결국 결혼 생활에서 비롯되는 온갖 고통, 즉 출산, 육아, 권태, 배우자의 부정 등을 거쳐 종국에는 맞이하게 될 배우자의 죽음을 피해 갈 수 없다. 정말로 불운한 경우에는 자신의 삶이 다하기 전에 자식을 잃는 고통까지 겪어야 한다. 문학 작품에서도 행복이나 즐거움은 대개 추상적인 개념에 머무는 데 비해 고통은 매우 구체적으로 표현된다. 또 우리는 대개 동화가 매우 관습적인 마지막 문장, "그리고 그들은 그 후로 쭉 행복하게 살았습니다."로 끝난다는 걸 알고 있다. 왕자와 공주가 결혼한 이후의 '실제' 삶(고통스런 현실의 삶)에 대해서는 알려 주지 않은 채 그저 추상적인 행복만을 암시할 뿐이다.

사실 쇼펜하우어의 발상은 동양인들에게 별로 낯선 개념이 아니다. 삶을 생로병사가 되풀이되는 고해로 본 것은 고대 인도철학 및 불교사상의 관점과 비슷하다. 사실 이는 우연이 아니다. 쇼펜하우어는 1816년 바이마르에 머물 때 알게 된 동방학자 프리드리히 마이어(Friedrich Mayer)를 통해 고대 불교사상과 인도철학에 눈떴다고 한다. 그래서인지 그의 '염세주의' 철학은 인도의 지혜로부터 슬쩍 가져온 개념들로 가득하다. 인도 사상은 평생 동안 그에게 영향을 미쳤다. 자신이 기르던 개의 이름을 '자아'를 뜻하는 산스크리트어 '아트만(Atman)'이라고 지었을 정도였다. 엘비스 프레슬리(Elvis Presley)가 미국 남부 흑인 음악을 로큰롤이라는 장르로 소화해 낸 백인이었다면, 쇼펜하우어는 동양, 특히 고대 인도의 지혜를 서구의 언어로 풀어낸 유럽 철학자였던 셈이다.

그렇다면 쇼펜하우어는 고통으로 가득 찬 세계를 벗어나는 방법으로 어떤 해결책을 제시했을까? 일종의 반전이라면 반전이지만, 그는 많은

프랑크푸르트 시립 묘지에 있는 쇼펜하우어의 무덤.
삶을 고통의 바다로 이해했던 그였지만, 그렇다고 자신의 죽음을 재촉하지는 않았다.

사람들이 생각하듯 '자살'을 해결책으로 '강추'한 적이 없다. 예전에 어디선가 쇼펜하우어의 책을 읽고 감명을 받은 유럽 젊은이가 자살을 택했다는 이야기를 들은 적이 있는데, 그의 책에는 생의 고통을 타개하려면 스스로 목숨을 끊으라며 대놓고 요구하는 내용이 전혀 나오지 않는다. 그저 그의 철학이 '염세주의'를 표방하고 있다는 점 때문에 생긴 오해 아닐까 싶다. 만약 쇼펜하우어의 책을 조금 읽다가 비관적인 세계관에 절망해 죽음을 택한 이가 있다면, 그는 좀 더 꼼꼼히 그리고 끝까지 책을 읽어야 했는지도 모른다. 왜냐하면『의지와 표상으로서의 세계』에서 그는 자살을 옹호하기는커녕 왜 자살이 고통스런 삶을 벗어나는 탈출구가 되지 못하는지에 대해 설명하고 있기 때문이다. 이 대목은 쇼펜하우어가 '의지'에 대해 어떤 생각을 품고 있었는지에 대해서도 시사해 주는 바가 많다.

죽음이란 해가 지는 것과 같아서 오직 명백하게 밤에 의해 삼켜지는 것 같지만, 실제로는 그 자체로 쉼 없이 타오르고, 새로운 세계에 새로운 날들을 가져오고, 항상 떠오르고 지는, 모든 빛의 원천이다. 시작과 끝은 오직 관념을 위한 현상의 형식인 시간을 통해서만 개인과 관련이 있을 뿐이다. 시간의 바깥에는 오직 의지, 칸트의 물자체, 그리고 이를 적절히 대상화한 플라톤의 이데아만이 있을 뿐이다. 따라서 자살은 탈출구를 제공하지 못한다. (…) 의지의 부정과는 거리가 먼, 자살은 의지의 강력한 행사로 나타나는 현상이다. 왜냐하면 부정의 본질은 이것, 즉 삶의 슬픔이 아니라 기쁨이 멀어지는 데 있기 때문이다. 자살은 삶을 의지하고, 오직 그에게 그것을(자살을—옮긴이) 겪게 하는 상황에 대한 불만을 표출하는 것일 뿐이다. 따라서 그는 개인적 현현을 파괴한다는 점에서, 결코 살려는 의지를 포기하는 것이 아니며 단지 삶을 포기하는 것이다. 그는 삶을 의지한다.—구속받지 않는 현존을, 신체의 행사를 의지한다. 그러나 복잡한 상황이 이를 허락하지 않아서, 그에게 큰 고통이 일어나는 것이다.

Death is like the setting of the sun, which is only apparently swallowed up by the night, but in reality, itself the source of all light, burns without intermission, brings new days to new worlds, is always rising and always setting. Beginning and end only concern the individual through time, the form of the phenomenon for the idea. Outside time lies only the will, Kant's thing-in-itself, and its adequate objectification, the Idea of Plato. Therefore suicide affords no escape. (⋯) Far from being denial of the will, suicide is a phenomenon of strong assertion of will; for the essence of negation lies in this, that the joys of life are shunned, not its sorrows. The suicide wills life, and is only dissatisfied with the conditions under which it has presented itself to him. He therefore by no means surrenders the will to live, but only life, in that he destroys the individual manifestation. He wills life—wills the unrestricted existence and assertion of the body; but the complication of circumstances does not allow this, and there results for him great suffering.

다시 말해 자살은 삶에 대한 의지를 부정하기는커녕 이를 강하게 인정하는 행위다. 생각해 보자. 너무 행복해서 자살하는 사람은 없다. 사람이 자살을 시도하는 이유는 대개 삶이 뜻대로 되지 않아서인데, 이는 바꿔 말하면 모든 게 의지한 대로 잘 풀리면 자살할 이유가 없다는 얘기다. 결국 자살이란 의지에 대한 항복 선언에 불과하다. 의지가 투사된 현상에 불과한 개인의 삶을 소멸시킬 뿐 의지 자체를 소멸시키는 것은 아니다. 자살해 봐야 삶을 향한 의지는 다시 불타오를 뿐이다. 이 대목은 거의 불교의 윤회전생을 연상케 하는데, 어쨌든 이로써 쇼펜하우어가 당대 젊은이들의 자살에는 직접적 책임이 없다는 게 분명해졌다.

자살조차도 고통의 바다를 탈출하는 해결책이 되지 못한다면, 이제는 아무런 방법이 없는 것일까? 쇼펜하우어는 이에 대해 대략 3가지의 탈출구를 제시한다. 첫째, 천재(genius)의 출현이다. 그는 천재야말로 표상들의 원형을 직관할 수 있는 성찰의 힘을 가진 이들이라고 말한다. 이들은 의지에 휘둘리지 않고 시간에 얽매이지 않는 순수한 인식주관을 가지고 있다. 둘째, 예술(art)이다. 예술은 시간과 공간을 초월하고 속박에서 완전히 벗어난 경험을 제공해 주는데, 이런 예술을 구현할 수 있는 것이 천재들이다. 셋째, 의지 자체를 최소화시키는 것이다. 즉, 의지가 나 자신을 너무 추동하지 않도록 견뎌 내는, 일종의 금욕주의(asceticism)적인 의지의 부정 상태를 말한다. 이렇게『의지와 표상으로서의 세계』에서 천재, 예술, 의지의 문제를 연관시켜 논하는 대목은 상당히 흥미롭다. 하지만 이 지면에서는 더 이상 '스포일러'성 인용을 하지 않을 참이니 독자 여러분 스스로 원전을 구해 감상해 보기를 바란다.

쇼펜하우어의 글은 약간 주저하고 조심스러워하는 듯한 칸트의 어조, 몽롱하고 난해하게 다가오는 헤겔의 문체에 비해 논점을 팍팍 밀어붙이는 힘이 있다. 물론 그 논지가 얼마나 타당한지는 별개의 문제지만 말이다.『의지와 표상으로서의 세계』는 뒤쪽으로 갈수록 점점 재미있어지는 책이기도 하다. 역시 진짜 알맹이는 깊숙이 들어가야 있는 법이다.

## 인생, 끝날 때까지 끝난 게 아니다

쇼펜하우어는 결국 서양 철학사에서 '무명용사'로 남은 채 한 줌의 재가 될 수도 있었다. 하지만 앞서 언급한 바 있듯이, 말년에 이르러 대중들에게 주목받기 시작했다. 말 그대로 갑자기 '뜬' 셈인데, 이 과정에서 혁혁한 공을 세운 작품이 바로 1851년에 출간한 『여록과 보유Parerga und Paralipomena』다. 영어판으로는 보통 『에세이와 격언들Essays and Aphorisms』로 나와 있다. '여록(餘錄)'은 어떤 책이 출간된 뒤 그와 관련된 부수적 내용을 따로 정리한 것을 말하며, '보유(補遺)'는 이런저런 이유로 삭제된 내용을 보태 넣는 것을 말한다. 쇼펜하우어에게 『여록과 보유』란 『의지와 표상으로서의 세계』를 쓰면서 어쩐지 포함시키기에 애매했던 글들을 따로 모아 엮은 것이었다.

원래 쇼펜하우어에게는 원대한 구상이 있었다. 『의지와 표상으로서의 세계』가 날개 돋친 듯 팔려 나가 사람들이 책 내용에 대해 이런저런 궁금증을 가지게 되면, 일종의 '서비스' 차원으로 『여록과 보유』를 출간한다는 것이었다. 하지만 주저 자체가 아무도 읽지 않는 '저주받은 걸작'이 되어 버리자, 당연히 '서비스' 원고도 빛을 보지 못한 채 사장될 위기에 놓였던 것이다. 그러다가 1851년 이미 예순을 넘긴 그가 생을 정리한다는 의미로 일종의 고별사처럼 책을 낸 것이었는데, 그 후 독일이 아닌 바다 건너 영국의 문학잡지 등에 인용되면서 큰 인기를 끌었고, 이를 계기로 전 유럽에서 그의 책에 대한 수요가 급증하기 시작했다. 또한

쇼펜하우어의 『여록과 보유』 1851년 판.

『여록과 보유』의 인기가 치솟자 덩달아『의지와 표상으로서의 세계』에
대한 관심도 높아졌다. 말년에 갑자기 유럽 각계 유명 인사들에게서 팬
레터를 받는 베스트셀러 작가가 되었으니, 인생이란 미국 야구 선수 요
기 베라(Yogi Berra)의 말처럼 "끝날 때까지 끝난 게 아니다.(It's not over
until it's over.)"

『여록과 보유』는 그의 주저보다 비교적 쉬운 문장으로, 인생의 여러
가지 대소사를 잔잔하게 풀어 나간다. 한국어 번역본에 보통 '쇼펜하우
어 인생론'이라는 제목이 붙는 것도 그 때문이다. 영어권에서는 한술 더
떠 'Wisdom of Life(삶의 지혜)'라는 이름을 붙이기도 한다.

『여록과 보유』는『의지와 표상으로서의 세계』를 읽은 독자들이 그의
철학을 실제 삶에서 어떻게 적용시킬지를 가르쳐 주는 안내서, 혹은 구
체적인 생활 속의 예를 들어 설명한 사례집이라고 볼 수 있다. 그렇다면
과연 어떤 내용으로 구성되어 있는지 궁금해지지 않을 수 없는데, 먼저
「재산, 혹은 남자가 소유한 것Property, or What a Man Has」이라는 에세이
중 일부를 살펴보자.


　　좋은 환경에서 태어나고 양육된 사람들은 요행수로 급작스럽게 빈곤에서
　부로 옮겨 간 사람들보다 대체로 미래에 대해 더 신중하며, 사실 더욱 알뜰
　하다. 이는 마치 가난이 실제로는 멀리서 보는 것만큼 그렇게 비참한 것은
　아닌 것처럼 보이게 한다. 하지만 진짜 이유는 오히려 부자로 태어난 자는
　공기 없이는 살 수 없는 것만큼이나 그것(부—옮긴이) 없이는 살 수 없는 무
　엇으로 그것을 간주한다는 사실에 있다. 그는 그것을 그 자신의 목숨인 양
　지키며, 따라서 그는 대개 질서를 사랑하고, 신중하고, 검약한 인물이다. 그
　러나 가난하게 태어난 자는 그것을 자연스러운 일로 간주하며, 만약 우연히
　횡재를 하더라도, 그는 그것을 여분의 것, 즐기며 낭비하는 어떤 것으로 간

주한다. 그것이 끝나고 나면, 그는 그저 예전처럼 지내면 되기 때문이다.

People who have been born and bred in good circumstances are as a rule much more careful about the future, more economical, in fact, than those who by a piece of good luck, have suddenly passed from poverty to wealth. This looks as if poverty were not really such a very wretched thing as it appears from a distance. The true reason, however, is rather the fact that the man who has been born into a position of wealth comes to look upon it as something without which he could no more live than he could live without air; he guards it as he does his very life; and so he is generally a lover of order, prudent and economical. But the man who has been born into a poor position looks upon it as the natural one, and if by any chance he comes in for a fortune, he regards it as a superfluity, something to be enjoyed or wasted, because, if it comes to an end, he can get on just as well as before.

부자일수록 돈 문제에 대해 더 신중하고 알뜰하다는 말에 우리는 대체로 수긍할 수 있을 것이다. "요행수로 급작스럽게 빈곤에서 부로 옮겨 간 사람들"이란 요즘으로 치면 복권 당첨자라 할 수 있을 텐데, 이들 중 대다수가 대박이 터진 지 불과 수년 만에 당첨금을 탕진한 채 빈털터리로 돌아간다고 하니, 쇼펜하우어의 주장에는 나름대로 타당성이 있다.

하지만 쇼펜하우어의 『여록과 보유』는 여러 출판사들에서 광고하듯 '인생의 지혜'를 주는 '아포리즘'이라기보다 19세기 유럽의 한 남성이 평생 독신으로 살며 세상을 관찰하고 느낀 주관적 견해와 편견 등을 모아 놓은 책이라고 보는 것이 맞을 것이다. 그럼에도 나는 그의 사상이나 견해에 동의하느냐를 떠나서, 한 사람이 이렇듯 독창적인 발상을 할 수 있다는 것 자체에 점수를 주고 싶다. 그가 제시하는 것과 같은 다양한 관점이 우리의 지적 삶을 풍요롭게 만들기 때문이다. 종종 엉뚱한 발상을 내놓기도 하지만 현실 세계를 바라보는 그의 통찰력은 도처에서 번뜩인다. 가령 명성과 명예의 차이에 대해 논한 다음 대목을 보자.

명성(fame)과 명예(honour)는 쌍둥이 형제다. 그리고 둘 중 하나는 죽어야 할 운명이었고 다른 하나는 그렇지 않았던 카스토르와 폴록스 같은 쌍둥이다. 명성은 덧없는(ephemeral) 명예의 영원한 형제다. 물론 나는 가장 고귀한 종류의 명성, 즉 그 단어에 담긴 참되고 진정한 의미에서의 명성을 말하는 것이다. 확실히 명성에도 여러 종류가 있으며, 그중 어떤 것은 겨우 하루만 지속될 뿐이기 때문이다. 명예는 단지 모든 사람이 비슷한 상황에서 보여 줄 것으로 기대되는 자질들과 관련되어 있다. 명성은 오직 누구에게나 요구될 수 없는 자질들에 관한 것이다. 명예는 누구나 스스로에게 부여할 권리를 가진 자질들에 대한 것이다. 명성은 오직 다른 사람들이 부여하도록 남겨질 자질들에 대한 것이다. (…) 모든 사람이 명예를 얻을 권리(a claim to)가 있지만, 명성을 〔얻을 권리가 있는 자는〕 매우 드물다. 명성은 오직 비범한 성취 덕분에(in virtue of) 획득될 수 있는 것이기 때문이다.

Fame and honour are twins; and twins, too, like Castor and Pollux, of whom the one was mortal and the other was not. Fame is the undying brother of ephemeral honour. I speak, of course, of the highest kind of fame, that is, of fame in the true and genuine sense of the word; for, to be sure, there are many sorts of fame, some of which last but a day. Honour is concerned merely with such qualities as everyone may be expected to show under similar circumstances; fame only of those which cannot be required of any man. Honour is of qualities which everyone has a right to attribute to himself; fame only of those which should be left to others to attribute. (…) Every one can make a claim to honour; very few to fame, as being attainable only in virtue of extra-ordinary achievements.

'명예'는 보편적인 가치를 따른 사람에게 주어진다. 가령 '명예롭게 전사한 군인', '명예롭게 은퇴한 공무원', '명예롭게 소임을 다한 소방관'이란 각자의 자리에서 마땅히 해야 할 일을 다한 사람이라는 뜻이다. 이에 비해 '명성'은 뭔가 비범하고 특별한 것을 이룬 사람에게 주어진다. 예를 들어 팝의 제왕 마이클 잭슨이 이룬 것은 명예라기보다 명성이다. 물론 명성에는 악명도 포함된다. 1970년대 미국의 연쇄 살인마 테드 번디나 9·11 참사의 배후로 지목된 테러범 오사마 빈 라덴 역시 명예가 아닌 명성(악명)을 획득한 경우다. 뭐 어쨌든 평소 '명예와 명성의 차이는 무엇인가' 하는 문제에는 그다지 관심을 두지 않고 살아가는 이들에게 생각거리를 던져 주고 있는 셈인데, 다음에 살펴볼 대목에서는 '독서'를 주제로 또 다른 관점을 제공한다.

「책과 독서에 관하여On books and reading」라는 에세이에 등장하는 이 글 역시 쇼펜하우어의 내공을 짐작케 한다. 9th Brunch에서 감상했던 베이컨의 '독서론'과 비교해 읽어 보는 것도 괜찮겠다. 그는 우리가 왜 다른 책들보다 소위 '고전'들을 읽어야 하는지, 말하자면 독서에서 왜 '잡식'보다 '편식'이 중요한지 역설한다.

따라서 독서에 관한 한 자제할 수 있다는 것이 매우 중요한 일이다. 그렇게 하는 기술은 단지 그 시기에 널리 읽힌다는 이유만으로 어떤 책을 손에 넣지 않는 데 있다. 정치적 혹은 종교적 팸플릿, 소설, 시집, 기타 등등의 책들은 화젯거리가 되기도 하고, 심지어 그것들이 존재하게 된 첫해부터 마지막 해까지 몇 차례 판을 거듭하기도 한다. 어리석은 자들을 위해 〔책을〕 쓰는 사람은 오히려 늘 광범위한 독자(audience)를 〔확보하리라고〕 확신한다는 점을 고려하라. 독서를 위한 시간을 조심스럽게 제한하라. 그리고 그 시간을 오직(exclusively) 전 시대와 국가들에서 나머지 모든 인류를 능가하는(o'ertop =overtop) 위대한 정신들의 작품을 읽는 데 바치도록 하라. (…) 나쁜 작품은 아무리 적게 읽어도 모자라지 않으며, 좋은 작품은 아무리 많이 읽어도 지나치지 않다. 나쁜 책들은 지적인 독약이다. 그것들은 정신을 파괴한다. 사람들은 항상 모든 시대를 통틀어 최고의 작품 대신 새로운 것만 읽으려 하기 때문에, 작가들은 당대에 만연하는 편협한 사고 범위 안에 머물고, 따라서 그 시대는 점점 더 깊이 수렁 속으로 빠져든다.

Hence, in regard to reading, it is a very important thing to be able to refrain. Skill in doing so consists in not taking into one's hands any book merely because at the time it happens to be extensively read; such as political or religious pamphlets, novels, poetry, and the like, which make a noise, and may even attain to several editions in the first and last year of their existence. Consider, rather, that the man who writes for fools is always sure of a large audience; be careful to limit your time for reading, and devote it exclusively to the works of those great minds of all times and countries, who o'ertop the rest of humanity. (…) You can never read bad literature too little, nor good literature too much. Bad books are intellectual poison; they destroy the mind. Because people always read what is new instead of the best of all ages, writers remain in the narrow circle of the ideas which happen to prevail in their time; and so the period sinks deeper and deeper into its own mire.

문득 내가 여러분에게 선보이는 이 책은 어떤 책일까 하는 생각이 든다. 쇼펜하우어가 말하듯 시대를 초월한 위대한 정신의 작품은 분명 아니지만, 최소한 오늘날 만연하고 있는 편협한 사고에 머문 책은 아니기를 바란다. 아무튼 무조건적인 다독이 중요한 게 아니라, 어떤 책을 읽느냐가 중요하다는 그의 주장은 꼭 새겨 둘 필요가 있다.

이번에는 「심리학적 관찰*Psychological Observations*」이라는 에세이에 등장하는 대목을 한번 읽어 보자. 이 역시 무릎을 치게 하는데, TV 프로그램 〈동물의 왕국〉이 왜 그토록 장수할 수 있는지를 명쾌하게 설명해 준다고나 할까?


어떤 자유로운 동물이 방해받지 않으며 제 할 일을 계속하고, 먹이를 찾거나 새끼를 돌보거나 같은 무리 속에서 어울리는 등, 언제나 정확히 그래야만 하고 그럴 수 있는 존재로 나타나는 광경은 우리에게 얼마나 기묘한 즐거움을 선사하는 것인지! 심지어 고작 새 한 마리라고 해도, 나는 오랫동안 즐겁게 관찰할 수 있다. 물쥐나 고슴도치, 혹은 족제비, 암사슴이나 수사슴이면 더 좋다. 우리가 동물들을 바라보는 데서 그토록 큰 즐거움을 누리는 주된 이유는 우리가 우리 자신의 본성을 그렇게 단순화한 형태로 보기를 좋아하기 때문이다. 인간이야말로 이 세상에서 허위로 가득 찬 유일한 존재다. 다른 모든 것들은 참되고 진실하며, 그것이 무엇인지를 감추려 들지 않고, 있는 그대로의 감정을 표현한다.

The sight of any free animal going about its business undisturbed, seeking its food, or looking after its young, or mixing in the company of its kind, all the time being exactly what it ought to be and can be,— what a strange pleasure it gives us! Even if it is only a bird, I can watch it for a long time with delight; or a water rat or a hedgehog; or better still, a weasel, a deer, or a stag. The main reason why we take so much pleasure in looking at animals is that we like to see our own nature in such a simplified form. There is only one mendacious being in the world, and that is man. Every other is true and sincere, and makes no attempt to conceal what it is, expressing its feelings just as they are.

동물은 내숭 떨지 않고 본성을 표현한다. 즉, 동물은 순수한 형태로 의지의 명령을 수행한다. 이 에세이는 '심리학'이 들어가는 제목에서부터 예사롭지 않은 느낌을 준다. 조금 과장해서 말한다면, 제목에서나 내용에서나 약 1세기 뒤에 등장할 프로이트의 '정신분석(psychoanalysis)' 이론의 전조마저 느껴진다. 문명이라는 것이 실은 '짐승'으로서 인간의 본성, 특히 종족 보존 '의지'의 자연스러운 '표상'이라고 할 '성욕'을 억압해 점점 내면으로 꾸겨 넣으며 성립된 것이고, 이것이 결국은 정신적 문제를 야기한다는 프로이트 사상의 기본 전제가 거의 예고편처럼 등장하는 것이다.

인생은 끝날 때까지 끝난 게 아니고, 『여록과 보유』도 여기가 끝은 아니다. 하지만 더 많은 이야기들은 원전을 직접 만나 확인해 보는 게 어떨까? 그래도 아쉬운 마음에 『여록과 보유』를 통해 유명해진 문장을 몇 개만 더 소개한다. 메시지가 워낙 명쾌하기에 군이 부연 설명을 달지는 않겠다.

재능은 누구도 달성할 수 없는 목표를 달성하는 것이다. 천재성은 누구도 알 수 없는 목표를 달성하는 것이다.

Talent hits a target no one else can hit; genius hits a target no one else can see.

하루하루가 작은 인생이다. 매일 깨어나 일어나는 것은 작은 탄생이요, 매일의 신선한 아침은 작은 청춘이요, 매일 휴식과 수면을 취하러 가는 것은 작은 죽음이다.

Each day is a little life; every waking and rising a little birth, every fresh morning a little youth, every going to rest and sleep a little death.

자살을 하나의 실험으로, 인간이 자연 앞에 놓고 대답을 요구하는 하나의 질문으로 볼 수도 있다. 그것은 인간 존재와 사물에 대한 지식이 죽음을 통해 어떻게 변화하느냐고 묻는 것이다. 하지만 그것은 대답을 기다리는 의식 자체를 파괴하기 때문에, 시행하기 곤란한(awkward) 실험이다.

Suicide may also be looked upon as an experiment, as a question which man puts to Nature and compels her to answer. It asks, what change a man's existence and knowledge of things experience through death? It is an awkward experiment to make; for it destroys the very consciousness that awaits the answer.

## 철학자의 '의지', 연금 생활자의 '표상'

쇼펜하우어 자신은 『여록과 보유』에서 설파한 깨달음을 얼마나 실천하며 살았을까? 쇼펜하우어에 대해 논하는 20세기 저작들을 읽어 보면, 그의 위선 내지 이율배반을 꼬집는 경우가 많다. 즉, 쇼펜하우어가 의지란 사악한 것이고, 의지를 소멸시키는 것이야말로 해방의 길이라고 떠들면서, 정작 자신은 그것을 별로, 아니 사실상 전혀 실천하지 않았다는 것이다. 쇼펜하우어가 개인적으로 '의지' 내지 '욕망'의 공격에 맞서 살았다는 증거는 거의 없다. 평생 결혼하지 않았지만, 그건 진리를 찾는 구도자의 길을 걷기 위해서가 아니었다. 그저 결혼에서 오는 현실적 번거로움과 책임에 대한 두려움 때문이었다고 말하는 게 더 설득력 있어 보인다. 왜냐하면 그는 결혼을 하지 않았을 뿐이지 몇몇 여자 친구를 둔 바 있기 때문이다.

또 그는 성격적으로도 약간 문제가 있었다. 하루는 자신이 사는 아파트 층계에서 한 노파가 시끄럽게 떠드는 것을 보다가 갑자기 '버럭' 성질을 내며 밀어 넘어뜨리는 바람에 소송에 걸리기도 했다. 쇼펜하우어가 19세기 독일이 아니라 오늘날 한국의 아파트에 산다면 어떨까? 층간 소음 때문에 분노의 의지에 사로잡혀 불미스러운 행동을 벌일지도 모른다. 쇼펜하우어는 문제의 사건으로 재판에 회부되어 피해 여성에게 정기적으로 일정액의 보상금을 지불하라는 명령을 받았다. 10여 년 뒤 그 노파가 죽은 날, 쇼펜하우어는 가계부에 라틴어로 이렇게 썼다고 한다. "노파가 죽었다. 부담이 사라졌다.(*Obit anus, abit onus* = The old woman dies, the burden departs.)"

말이 나왔으니 하는 얘기지만『여록과 보유』에는 돈 얘기가 꽤 빈번하게 등장한다. 이는 쇼펜하우어의 개인사와 밀접한 관련이 있는 것 같다. 쇼펜하우어는 아버지가 사망하면서 그의 몫으로 남겨 둔 유산에서 나오는 이자에 기대 거의 평생을 살았다. 비록 말년에는 그의 책들이 대중적 인기를 얻으면서 상당한 인세 수입이 들어오기는 했지만, 이전까지는 수십 년 동안 매월 고정된 금액으로 살아왔던 것이다. 그러니 그에게는 금전 문제가 늘 커다란 관심사일 수밖에 없었다. 게다가 젊은 시절에는 아버지의 바람대로 회계사 사무실에서 잠시 수습 사무원으로 일한 경험도 있었으니, 돈 문제에 대해 더 깐깐하고 예민했을 것임을 쉽게 추측할 수 있다. 이렇게 수입은 한정되어 있는데, 순간의 실수로 노파에게 꼬박 꼬박 보상금을 지불해야 하는 상황이 닥쳤을 때 얼마나 스트레스를 받았을까. 이렇게 '경리(bookkeeper)'와 '철학자'의 정신이 한 몸에서 만나면 다음과 같은 탁월한 견해가 나온다.

> 돈은 인간의 추상적인 행복이다. 따라서 더 이상 구체적으로 인간의 행복을 즐길 능력이 없는 자는 자신의 마음을 온통 돈에 쏟게 된다.
>
> Money is human happiness in the abstract : he, then, who is no longer capable of enjoying human happiness in the concrete, devotes his heart entirely to money.

삶의 다양한 측면을 즐기며 행복감을 누릴 줄 모르는 '패배자'들은 오로지 돈에만 집착한다는 얘기다. 역시 마음껏 돈을 뿌리고 다닐 형편은 안 되고 대충 먹고살 만큼의 수입만 유지했던 인물이 생각해 냈을 법한 문장이지만, 그 배경을 떠나서 온통 '자본'이 지배하는 오늘날에 새겨둘 만한 메시지임은 분명하다. 그런가 하면 다음과 같은 대목은 가히 편견의 극치라 할 만하다.

> (…) 결혼 전에 가난했던 여성들은 남편에게 넉넉한 지참금을 가지고 온 여성들보다 종종 더 많은 것을 요구하며, 더욱 사치스럽다. 왜냐하면 대체로 부잣집 여성들은 가난한 여성들보다 단지 재산뿐 아니라 그것을 보존하려는 더 강한 열망, 아니(nay) 대대로 물려받은 더 강한 본능을 함께 가지고 오기 때문이다. (…) 충고하자면 가난한 여성과 결혼하려는 사람은 어떤 경우라도 그녀에게 원금이 아니라 이자만을 허락해야(leave) 하며, 아내가 자녀들의 재산을 관리하지 못하도록 특별히 신경 써야 한다.
>
> (…) women who were poor before their marriage often make greater

claims, and are more extravagant, than those who have brought their husbands a rich dowry; because as a rule, rich girls bring with them, not only a fortune, but also more eagerness, nay, more of the inherited instinct, to preserve it, than poor girls do. (⋯) in any case let me advise anyone who marries a poor girl not to leave her the capital but only the interest, and to take especial care that she has not the management of the children's fortune.

가난한 집안 출신 여자는 돈을 불리기는커녕 원금까지 까먹으니 이자만 쓸 수 있게 하라고? 아마 대부분의 여성 독자들은 '아니 뭐 이런 인간이 있어, 여자를 어떻게 보는 거야?' 하며 '이러니 평생 결혼도 못했지.' 하는 생각이 들 것이다. 게다가 계급 차별 의식까지 있다. 가난한 자는 평생 무능하고 대책 없는 행동만 하리라고 결론짓는다.

그런데 나는 이 대목에서 '쇼펜하우어의 현실'을 봤다. 얼마 안 되는 한정된 수입을 갖고 살면서, 경제적 이유로 결혼에 대한 꿈을 접은 '새 가슴' 남자의 비애를 본 것이다. 더 정확히는 '열등감'에 사로잡힌 한 '찌질한' 남자의 맨 얼굴이라고 얘기하는 게 맞을지도 모르겠다.

사실 이번 장에서 쇼펜하우어에게 가장 많은 지면을 할애했고, 아직도 하고 싶은 얘기, 인용하고 싶은 내용이 많지만 여기서 줄인다. 쇼펜하우어를 계속 다루고 싶은 '의지'를 이쯤에서 꺾음으로써 '의지의 소멸'을 주장했던 그에 대해 존경심을 표하고 싶은 것이다.

Chapter
6
이렇게나 재미있는 철학도 있다

메인 브런치

· 볼테르
· 프리드리히 니체

---

원전 토핑
·『영국인들에 대한 편지』 볼테르
·『미크로메가스』 볼테르
·『캉디드』 볼테르
·『철학사전』 볼테르
·『비극의 탄생』 니체
·『즐거운 학문』 니체
·『차라투스트라는 이렇게 말했다』 니체
·『우상의 황혼』 니체
·『반그리스도』 니체

# 시대를 비웃은 '깐족' 마왕

## 철학이 재미있다?

영어에 'oxymoron'이라는 말이 있다. 상반되는 두 개념을 지닌 어휘를 한자리에 모아 구(phrase)를 만드는 것인데, 보통 '모순어법'이라고 번역된다. 영어에서 모순어법의 대표적인 예로는, thundering silence(우레와 같은 침묵), open secret(공공연한 비밀), useful idiot(쓸모 있는 얼간이), sweet sorrow(달콤한 슬픔) 등이 있다. 이중 몇 가지는 어디선가 한 번쯤 들어 보았을 것이다. 그럼 이런 모순어법은 어떤가?

entertaining philosophy
재미있는 철학

대표적인 모순어법이라고 생각되지 않는가? 철학이 재미있다고? 더구나 우리는 바로 앞 장에서 칸트와 헤겔이 짜 놓은 언어의 그물을 헤쳐 나오느라 말 그대로 '개고생'을 한 마당이다. 그런데 여기서 내가 "사실 철학도 재미있을 수 있어."라고 말한다면, 여러분은 아마 코웃음을 칠 것이다. 하지만 진실을 말하건대, 철학책들 중 말 그대로 '흥미진진한' 것들도 적지 않다. 우리는 이미 플라톤의 '대화편'을 통해 철학책을 한 편의 희곡이자 서사시처럼 읽을 수 있다는 걸 알게 되지 않았는가. 또한 쇼펜하우어의 『의지와 표상으로서의 세계』도 앞부분만 '무사히' 넘기면 읽는 재미가 쏠쏠한 책이었다. 그런데 그 정도는 별것 아니다. 마치 무협 소설이나 추리 소설처럼 한번 펼쳤다 하면 도대체 손을 놓을 수 없게 만드는 철학책도 있다면 믿으시겠는지? 이번 장에서 만날 두 철학자들이 바로 그 주인공이다.

먼저 소개할 인물은 프랑스 계몽주의가 낳은 스타, 볼테르(Voltaire)다. 키케로가 웅변으로 로마를 평정했듯이, 볼테르는 18세기 전 유럽의 사교계와 궁정에서 말솜씨 하나로 젊은 귀부인부터 절대 군주에 이르기까지 모든 이를 매혹시킨 인물이었다. 물론 볼테르 역시 키케로나 베이컨과 마찬가지로 스마트폰은커녕 녹음기도 없던 시대의 인물인지라 그의 '말발'이 실제로 얼마나 환상적이었는지는 정확히 알 수 없지만, 지금까지 남아 있는 그의 '글발'을 통해 어느 정도 유추해 볼 수는 있다.

흔히 플라톤은 시인과 철학자가 한 몸에 깃든 예라고들 하는데, 볼테르는 코미디언과 철학자, 거기에 천재적인 이야기꾼이 한 몸에 깃든 정말이지 특이한 경우라 할 수 있다. 그의 초상화를 보면 큼직한 눈동자를 반짝이며 입가에 싱글벙글 미소를 띤 모습인데, 마치 금방이라도 입을 열고 뭔가 재치가 듬뿍 담긴 말 한마디를 날릴 것 같은 인상을 준다. 그럼 이제부터 철학과 재미, 철학과 위트의 만남이라는, 마치 모순어법처럼 들리는 희귀한 현상이 벌어진 현장으로 가 보자.

# 볼테르의 수업 시대

볼테르의 본명은 프랑수아 마리 아루에(François-Marie Arouet)다. 1694년 파리에서 변호사의 아들로 태어났다. 루이 14세가 설립하고 예수회가 운영하던 왕립 학교에서 고전 교육을 받은 그는 20대 초반 파리에서 인기 극작가로 활약하며 '볼테르'라는 필명을 사용하기 시작했다.

당시 프랑스는 태양왕으로 불린 루이 14세의 시대가 끝나고 루이 15세가 뒤를 이은 시기였는데, 새로 즉위한 군주가 너무 어린 탓에 왕의 삼촌뻘 되는 오를레앙 공(Duke of Orléans)이 섭정을 하고 있었다. 그런데 볼테르의 사회 풍자적인 발언과 작품 활동이 오를레앙 공의 심기를 건드렸고, 그는 결국 바스티유 감옥에 약 1년간 수감되는 신세가 됐다. 당시 바스티유는 주로 정치범 내지 사상범들을 가두는 곳이었기에 수감자들 중 귀족이나 상류층 인사들이 적지 않았다. 따라서 이들에 대한 대우가 그리 나쁘지 않았으며, 예술가들에게는 오히려 걸작을 쓸 기회가 되기도 했다. 사회와 격리되어 시간적 여유가 생긴 덕분이었다. 볼테르 역시 집필 활동을 계속할 수 있었을 뿐 아니라 이따금 교도소장과 와인을 곁들인 식사를 함께 하기도 했다.

감옥에서 풀려난 뒤에도 계속 집권 실세의 견제를 받던 볼테르는 결국 서른두 살 때인 1726년 프랑스를 떠나 영국에서 3년간 망명 생활을 했다. 그리고 이때의 경험은 두고두고 그의 사상에 영향을 끼치게 된다. 언론과 사상의 자유를 통제하는 절대왕정 체제에서 자란 볼테르에게 의회 민주주의와 함께 언론과 사상의 자유를 만끽하던 런던의 지식 사회는 충격과 부러움의 대상이었다. 그는 당대 최고의 천재답게 빠른 속도로 영어를 익힌 뒤 곧 영국의 지식인들과 적극 교류하는 한편, 유명 작가와 사상가의 저작을 영어로 읽는 등 가능한 한 많은 것을 배우려고 노

볼테르의 초상.
볼테르를 묘사한 그림에서 항상 두드러지는 것은 그의 맑은 눈이다.

력했다. 여담인데, 18세기의 천재 볼테르도 영어 공부를 그렇게 열심히 했다고 하니, 영어가 대세인 오늘날을 살아가는 평범한 이들이 어떻게 해야 할지는 불을 보듯 빤한 일 아닌가 싶다.

볼테르는 영국에 머무는 동안 『걸리버 여행기』를 프랑스어로 번역했는가 하면, 유명한 사회 풍자극 〈거지의 오페라 *Beggar's Opera*〉 초연을 관람했고, 뉴턴의 장례식에 참석하기도 했다. 그리고 영국 문화에 대한 다양한 경험을 바탕으로 쓴 작품이 바로 『영국인들에 대한 편지 *Letters on the English*』다. 영국 여행기이자 일종의 문화비평서라고 할 이 책에서, 볼테르는 당대 영국 사회와 문화를 애정 어린 시선으로 바라보고 있다. 또한 영국에 대한 그의 찬양은 프랑스를 포함한 유럽 대륙의 절대왕정 국가들에 대한 우회적인 비판이기도 했다. 다음과 같은 대목이 이를 잘 드러낸다.

영국인들은 의심의 여지 없이 그들의 자유를 매우 비싼 대가를 치르고 얻었으며, 전제적(arbitrary) 권력의 우상을 침몰시키기 위해 피의 바다를 헤치고 나아갔다(wade). 다른 나라들도 그만 한 재앙에 휘말려 그만큼의 피를 흘리기는 했으나, 자유를 수호하기 위해 그들이 흘린 피는 그들을 더욱 예속시켰을 뿐이다. (…) 프랑스인들은 이 섬나라 정부가 그것을 둘러싼 바다보다 더 혼란스럽다고 생각하는데, 이는 실제로 사실이기는 하지만, 그것은 오직 국왕이 소란(storm)을 일으킬 때―1등 조타수(chief pilot)에 불과한 그가 배를 장악하려 할 때뿐인 것이다. 프랑스의 내전들(civil wars)은 영국의 그것보다 오래 지속되었고, 더욱 잔혹했으며, 훨씬 많은 악을 불러일으켰다(productive). 하지만 이러한 내전들 중 그 무엇도 현명하고 신중한 자유를 목표로 삼은 것은 없었다.

The English have doubtless purchased their liberties at a very high price, and waded through seas of blood to drown the idol of arbitrary power. Other nations have been involved in as great calamities, and have shed as much blood; but then the blood they spilt in defence of their liberties only enslaved them the more. (…) The French are of opinion that the government of this island is more tempestuous than the sea which surrounds it, which indeed is true; but then it is never so but when the king raises the storm―when he attempts to seize the ship of which he is only the chief pilot. The civil wars of France lasted longer, were more cruel, and productive of greater evils than those of England; but none of these civil wars had a wise and prudent liberty for their object.

영국은 1628년, 의회가 국왕 찰스 1세에게 의회의 권리를 보장하라고 요구한 권리청원(Petition of Rights)에서부터 시작해 청교도 혁명(Puritan

Revolution), 찰스 1세 처형(Execution of Charles I), 왕정복고(Restoration), 명예혁명(Glorious Revolution), 권리장전(Bill of Rights)에 이르기까지 약 60년간 절대 왕정에서 입헌 군주제로 숨 가쁘게 달려온 바 있었다. 따라서 볼테르가 방문한 시점의 영국은 이미 의회 민주주의가 깊이 뿌리 내린 상태였고, 이에 감명 받은 그가 영국의 정체(政體)를 찬양한 것이다. 특히 영국인들에게 국왕이란 배의 주인이 아닌 '1등 조타수'에 불과하다고 지적한 대목에서는 "짐이 곧 국가다."라고 선언한 절대 군주 루이 14세의 나라로부터 온 그의 부러움이 묻어난다. 이번에는 그가 영국의 지적 전통에 대해 존경심을 표한 대목을 한번 살펴보자.

(…) 만약 참된 위대함이 하늘로부터 강력한 재능을 부여받는 데 있다면, 그리고 그것을 우리 자신과 타인들의 정신을 계몽하기 위해 쓰는 데 있다면, 지난 천 년간 필적할 대상을 거의 찾을 수 없는 아이작 뉴턴 경 같은 사람이야말로 진정 위대한 인물이다. 그리고 정치인들과 정복자들(모든 시대가 얼마간 만들어 내는 자들)은 대개 저명한 악한들이다. 우리의 존경을 얻는(claim) 자는 세계의 나머지 사람(mind)들을 통솔하는 자이지, 동포들을 노예로 만드는 자들이 아니다. 그는 우주를 알고 있는 자이지, 그것을 훼손하는 자들이 아니다.

(…) if true greatness consists in having received from heaven a mighty genius, and in having employed it to enlighten our own mind and that of others, a man like Sir Isaac Newton, whose equal is hardly found in a thousand years, is the truly great man. And those politicians and conquerors (and all ages produce some) were generally so many illustrious wicked men. That man claims our respect who commands over the minds of the rest of the world by the force of truth, not those who enslave their fellow-creatures: he who is acquainted with the universe, not they who deface it.

이후 볼테르는 베이컨, 로크, 뉴턴 등 위대한 영국인들의 사상과 업적을 소개하는데, 쉬운 문체 속에서도 묵직한 통찰력이 빛난다. 깊이 있는 글이 꼭 어려워야 하는 것은 아님을 정확히 보여 주는 책이랄까? 『영국인들에 대한 편지』는 볼테르의 다른 저작들에 비해 많이 알려져 있지는 않지만 막상 읽어 보면 흥미로운 내용으로 가득 차 있다. 또한 그가 조국 프랑스가 아닌 영국의 지적 성취를 통해 철학에 눈떠 가는 과정을 관찰하는 재미도 있다.

## 미크로메가스, 우주적 관점에서 본 지구인의 삶

볼테르는 영국에서 3년을 보낸 뒤 파리로 돌아왔다. 하지만 프랑스는 여전히 그의 자유로운 정신을 감당할 준비가 되어 있지 않았다. 또한 영국으로 떠나기 전부터 이미 구체제에 대해 삐딱한 시각을 가지고 있다가 거의 '문화 충격'에 가까운 자유를 경험하고 돌아온 볼테르 역시 더 이상은 프랑스 정부의 검열과 사상 통제를 견딜 수가 없었다. 결국 볼테르는 파리를 떠나 연인 샤틀레 후작부인(Marquise du Châtele)과 시레이 성(Château de Cirey)에서 동거하며 저술과 연구 활동을 했다. 시레이 성은 샤틀레 부인의 저택이라는 점에서 마음 편히 지낼 수 있는 곳이기도 했거니와, 스위스 국경과 가까워 혹시라도 그를 체포하려는 낌새가 보이면 도주하기에 용이하다는 이점도 지니고 있었다. 볼테르는 샤틀레 부인이 사망할 때까지 약 20년 동안 그곳에서 지내며 비교적 평화롭게 집필과 연구에 몰두할 수 있었다.

볼테르의 오랜 연인이었던 샤틀레 후작부인.
볼테르는 항상 미모와 지성을 겸비한 여인을 좋아했다.

한편 볼테르의 명성은 해가 갈수록 점점 높아져만 갔다. 유럽 각국의 고위 인사들 중에도 그의 팬들이 형성되었는데, 그중에는 프로이센의 프리드리히 2세와 러시아의 여제 예카테리나 2세 등 이른바 계몽군주들도 포함되어 있었다. 흔히 '프리드리히 대왕'이라고도 불리는 프리드리히 2세는 절대군주였지만, 이와 동시에 계몽주의 시대를 대표하는 계몽군주이자 철인군주이기도 했다. 그는 앞서 잠깐 소개한 모순어법의 연장(혹은 극치라고 해야 하나?)이라고 할 '자유전제군주제(liberal despotism)'를 적극 실험했으며, "짐은 국가의 제1공복이다.(I am the first servant of the state.)"라는 명언으로 유명하다. 이는 '짐이 곧 국가'라는 루이 14세의 슬로건과 극명하게 대조되다 못해 약간은 위선적으로까지 들린다.

당시 프리드리히 2세는 포츠담에 자신이 직접 설계까지 맡아 '상수시(Sans-Souci)'라는 아름다운 궁전을 지은 다음 전 유럽의 인재들을 초대했는데, 특히 볼테르에게는 거의 '스토커'급 편지 공세를 퍼부으며 초청에

프리드리히 대왕이 상수시 궁전에 인재들을 초대했을 때를 묘사한 아돌프 멘첼의 그림.
그림 왼쪽에 몸을 약간 앞으로 빼고 있는 볼테르의 옆모습이 보인다.

응해 주기를 간청했다고 한다. 아첨이야 누구에게 받아도 나쁠 게 없는
데, 볼테르는 당대 최고의 계몽군주에게서 간절한 '구애'를 받았으니 차
마 청을 거절할 수가 없었다. 애인 샤틀레 후작부인이 사망한 지 약 1년
만인 1750년, 드디어 볼테르는 프리드리히의 요청을 받아들여 포츠담
으로 거처를 옮겼다. 어렵사리 성사된 프리드리히 2세와 볼테르의 만남
은 당사자들뿐 아니라 전 유럽의 화젯거리였다. 당시 사교계 호사가들
은 둘의 만남이 성사되자 마치 알렉산더 대왕과 아리스토텔레스가 다시
나타나기라도 한 것인 양 호들갑을 떨었다. 하지만 유감스럽게도 개성
이 강했던 둘의 관계는 시작부터 삐걱거렸고 이런저런 사건을 거치면서
곧 냉담하게 식어 버렸다.

볼테르가 포츠담에 머무는 동안 쓴 저작들 가운데 『미크로메가스
*Micromegas*』라는 짧은 소설이 있다. 그는 『걸리버 여행기』로부터 영향을
받은 것으로 보이는 이 작품에서 뉴턴의 팬답게 당시로서는 놀라운 우

주적 상상력을 발휘했다. 극소를 뜻하는 'micro'와 극대를 뜻하는 'mega'를 합쳐서 만든 '미크로메가스'는 작품 속 주인공의 이름이다. 시리우스 은하계에서 온 이 외계인은 신장이 자그마치 2만 피트에 달한다. 우주를 여행하던 미크로메가스는 태양계에 도달하여 토성에 착륙한다. 미크로메가스와 그의 동료들이 토성에 대해 느낀 첫인상을 밝히는 대목을 잠깐 읽어 보자.

미크로메가스는 여러 곳을 여행한 후 토성이라는 행성에 도착했다. 새로운 것들을 보는 데 익숙해진 그였지만, 그 행성과 그곳 주민들의 왜소함을 보고는 간혹 우리 중 가장 현명한 자들에게서조차 벗어나는[가장 현명한 자들조차 참지 못하는] 우월감에 미소 짓지 않을 수 없었다. 왜냐하면 결국 토성은 지구보다 거의 아홉 배 정도밖에 되지 않고, 이 나라의 시민들은 1,000패덤(fathom) 정도밖에 되지 않거나 대략(somewhere) 그 정도의 난쟁이들이기 때문이다. 그와 그의 동료들은 처음에 그들을 조롱했다. (…) 하지만 그 시리우스인은 건강한 마음을 지니고 있었던지라, 생각하는 존재란 단지 그가 6,000피트밖에 안 되기 때문에 필연적으로 웃음거리가 되는 것은 아님을 매우 빨리 이해했다.

Micromegas, after having toured around, arrived at the planet Saturn. As accustomed as he was to seeing new things, he could not, upon seeing the smallness of the planet and its inhabitants, stop himself from smiling with the superiority that occasionally escapes the wisest of us. For in the end Saturn is hardly nine times bigger than Earth, and the citizens of this country are dwarfs, no more than a thousand fathoms tall, or somewhere around there. He and his men poked fun at them at first. (…) But, as the Sirian had a good heart, he understood very quickly that a thinking being is not necessarily ridiculous just because he is only 6,000 feet tall.

1패덤은 약 6피트고, 미터 단위로는 약 1.83미터다. 그러니 미크로메가스가 만난 토성 시민들의 키는 1,830미터다. 가히 고질라 급이지만, 키가 2만 피트에 달하는 시리우스인들에게는 그조차도 난쟁이로 보였던 것이다. 이후 미크로메가스는 토성 학술원장과 친해지는데, 다음은 이들이 나누는 대화의 일부다. 미크로메가스가 먼저 질문한다.

"당신네 행성 사람들이 몇 개의 감각을 가지고 있는지 말해 주시죠."

"오직 72개뿐이랍니다." 학자가 말했다. "그래서 우리는 늘 불평한답니다. 우리의 72개 감각, 우리 〔행성의〕 띠, 우리의 5개 위성만으로는 우리가 너무 제약되어 있다는 걸 알았죠."

"그 말씀 믿을 수 있습니다." 하고 마크로메가스가 말했다. "왜냐하면 우리 행성에서 우리는 거의 1,000개 감각을 가지고 있는데, 그럼에도 여전히 심지어 우리보다 더 완벽한 존재가 있을 거라고 경고하는, 일종의 걱정이랄까, 막연한 느낌 같은 것을 가지고 있답니다. 내가 여행을 좀 했는데요, 그때 우리를 능가하는, 그중 몇몇은 훨씬 뛰어난 인간들을 만나기도 했답니다. 하지만 오직 진정으로 필요한 만큼만 욕망하는, 그리고 몰두할 수 있는 것만 필요로 하는 존재는 만나 보지 못했군요. 언젠가는 아무런 부족함이 없는 나라를 우연히 발견할지도(happen upon) 모르겠지만, 지금까지는 그와 같은 곳에 대해 말해 준 사람이 없답니다."

"Tell me how many senses the men of your planet have."

"We only have 72," said the academic, "and we always complain about it. We find that with our 72 senses, our ring, our five moons, we are too restricted."

"I believe it," said Micromegas, "for on our planet we have almost 1,000 senses; and yet we still have a kind of vague feeling, a sort of worry, that warns us that there are even more perfect beings. I have traveled a bit; and I have seen mortals that surpass us, some far superior. But I have not seen any that desire only what they truly need, and who need only what they indulge in. Maybe someday I will happen upon a country that lacks nothing; but so far no one has given me any word of a place like that."

기가 찰 노릇이다. 우리는 기껏해야 오감에 하나 더해 이른바 식스 센스(six sense), 즉 육감에 대해 이야기하곤 하는데, 72개 감각을 가진 토성인과 1,000개 감각을 가진 시리우스인이 자신들의 '한계'에 대해 한탄하고 있는 것이다. 계속해서 미크로메가스와 학술원장은 수명을 주제로 한 대화를 이어 나간다.

"당신네들은 얼마나 오래 사나요?" 시리우스인이 말했다.

"오, 아주 짧습니다." 토성의 소인(小人)이 답했다.

"우리도 마찬가지입니다." 시리우스인이 말했다. "우리는 늘 그것에 대해 불평하죠. 자연의 보편적 법칙임에 틀림없습니다."

"아아! 우리는 겨우 태양을 500번 도는 동안만 산답니다." 하고 토성인이 말했다.(이는 우리 기준으로는 약 15,000년으로 해석된다.) "아시다시피 이것은 거의 태어나는 순간 죽는 셈이죠. 우리의 존재는 한 점이고, 우리의 수명은 한 순간, 우리의 행성은 원자에 불과합니다. 어떤 경험을 하기도 전에, 조금 배우기 시작하자마자(Hardly) 죽음이 도착하는 것이죠. 나로 말하면, 감히 무슨 계획을 세우지도 않는답니다. 스스로를 거대한 바다에 떨어지는 물 한 방울로 여기니까요."

미크로메가스가 대답했다. "만약 당신이 철학자가 아니었다면, 나는 우리의 수명이 당신네보다 700배 더 길다고 말하는 것이 당신에게 부담을 줄까 봐 두려워했을 겁니다. 하지만 당신은 당신의 육체가 원소로 돌아가, 또 다른 형태의 자연으로 되살아날(reanimate) 필요가 있는 때를 잘 알고 계십니다. 우리는 그것을 죽음이라고 부르지요. 이 변신의 순간이 오면, 영원을 살았건 하루를 살았건 정확히 똑같은 것이 될 뿐이죠. 우리보다 1,000배 더 오래 사는 자들의 나라들도 갔었는데, 그들도 역시 죽더군요."

"How long do you live?" said the Sirian.

"Oh! For a very short time," replied the small man from Saturn.

"Same with us," said the Sirian. "we always complain about it. It must be a universal law of nature."

"Alas! We only live through 500 revolutions around the sun," said the Saturnian. (This translates to about 15,000 years, by our standards.) "You can see yourself that this is to die almost at the moment one is born; our existence is a point, our lifespan an instant, our planet an atom. Hardly do we begin to learn a little when death arrives, before we get any experience. As for me, I do not dare make any plans. I see myself as a drop of water in an immense ocean."

Micromegas replied, "If you were not a philosopher, I would fear burdening you by telling you that our lifespan is 700 times longer than yours; but you know very well when it is necessary to return your body to the elements, and reanimate nature in another form, which we call death. When this moment of metamorphosis comes, to have lived an eternity or to have lived a day amounts to precisely the same thing. I have been to countries where they live a thousand times longer than we do, and they also die."

볼테르는 토성인 학자가 '태양을 500번 도는 동안'이라고 말한 것에 대해 '우리 기준으로는 약 15,000년'이라고 친절하게 설명을 덧붙인다. 토성의 공전 주기가 지구의 약 30배에 달하기 때문에 나오는 계산인데, 여기서도 우리는 그가 뉴턴의 천문학에 정통해 있었음을 짐작할 수 있다. 지금까지 드러난 정보를 종합해 보면, 미크로메가스는 신장 2만 피트(약 6,000미터)에 1,000개 감각을 지니고 있으며, 수명은 10,500,000년(15,000×700)에 이른다. 이후 이야기는 미크로메가스가 지구를 방문하는 내용으로 이어지는데, 신장 6,000피트에 15,000년을 사는 토성인도 딱하게 여긴 그가 6피트 될까 말까 한 키에 100년도 채 못 사는 지구인들을 보며 무슨 생각을 했을까?

짐작했겠지만, 『미크로메가스』는 우주적 관점에서 보면 한 점에 불과할 뿐 아니라 찰나를 살다 갈 뿐인 인간들이 작은 별 지구촌에서 전쟁과 갈등으로 서로를 해치며 삶을 낭비하는 현실을 외계인의 시각으로 풍자한 작품이다. 어쩌면 모처럼 포츠담에까지 와서 프리드리히 2세의 포로가 된 것만 같은 기분에 사로잡힌 볼테르가 자신의 답답한 심정을 표출한 작품이라고도 볼 수 있다. 결국 볼테르는 당시 궁정에서 벌어진 일종의 금융 투자 스캔들에 연루되는 등 완전히 스타일을 구기며 프리드리히의 눈 밖에 난 끝에 도망치듯 포츠담을 떠나 스위스 제네바에 정착하게 된다.

# 『캉디드』로 낙천적 세계관을 비웃다

젊은 시절 극작가이자 시인으로서 명성을 날렸고, 이후에는 정치, 사회, 역사, 자연과학에 관심을 가졌던 볼테르가 철학에 본격적으로 눈을 돌린 것은 중년 이후의 일이었다. 하지만 그가 이렇게 '철학 늦둥이'였던 것이 후학들에게는 오히려 행운이었다고 할 만하다. 그 덕분에 젊은 시절 개척한 문학 형식을 적용한, 뛰어난 철학 작품을 많이 만들어 냈기 때문이다.

문학과 철학을 통틀어 그의 최고 걸작으로 꼽히는 작품이 바로 소설 『캉디드Candide』다. 주인공의 이름이기도 한 프랑스어 'candide'는 '순진무구한, 솔직한' 등을 뜻하며, 영어 단어 'candid'도 철자나 뜻이 이와 거의 비슷하다. 책은 캉디드의 출신 배경을 밝히는 것으로 시작된다.

툰더-텐-트롱크 남작의 소유인 웨스트팔리아(베스트팔렌—옮긴이)의 한 성에는 지극히 점잖은 태도를 본성으로 타고난 한 젊은이가 살았다. 그의 얼굴은 그의 영혼을 진실하게 묘사하고 있었다. 그는 진실한 판단력과 단순한 영혼을 겸비했는데, 내가 알기로는 그가 캉디드라고 불리게 된 이유가 거기에 있다. 가문의 나이 지긋한 하인들은 그가 남작의 여동생과 이웃의 착하고 정직한 신사 사이에서 난 아들이라고 생각했다. 그 젊은 숙녀가 그와 결혼하지 않은 까닭은, 그가 가문의 문장(quartering)을 오직 71번째까지만 증명할 수 있었고 나머지 가계도는 시간의 피해로 잃어버렸기 때문이었다.

In a castle of Westphalia, belonging to the Baron of Thunder-ten-Tronckh, lived a youth, whom nature had endowed with the most gentle manners. His countenance was a true picture of his soul. He combined a true judgment with simplicity of spirit, which was the reason, I apprehend, of his being called Candide. The old servants of the family suspected him to have been the son of the Baron's sister, by a good, honest gentleman of the neighborhood, whom that young lady would never marry because he had been able to prove only seventy-one quarterings, the rest of his genealogical tree having been lost through the injuries of time.

애인이 자기 가문의 문장을 71번째 대까지밖에 증명하지 못해 캉디드의 어머니가 그와 결혼하지 않았다는 것은 볼테르 특유의 과장이 드러난 대목인데, 파리 사교계 데뷔 초기에 중인 계급 출신이라는 이유로 귀족들에게 일종의 '갈구임'을 당했던 자신의 경험을 녹여 넣은 것 아닌가 싶다. 계속해서 이야기는 사생아 캉디드가 얹혀사는 성의 주인 가족에 대한 묘사로 이어진다.

남작은 베스트팔렌에서 가장 강력한 영주 중 하나였다. 그의 성에는 출입구뿐 아니라 창문도 있었으니 말이다. (…) 남작 부인은 체중이 약 350파운드 나갔으며, 따라서 매우 사려 깊은 사람이었다. (…) 그녀의 딸 퀴네공드는 열일곱 나이로, 싱싱한 혈색에, 어여쁘고, 통통하고, 탐스러웠다. 남작의 아들은 모든 면에서 그의 아버지에 상응하는(worthy of) 것 같았다.

The Baron was one of the most powerful lords in Westphalia, for his castle had not only a gate, but windows. (…) The Baron's lady weighed about three hundred and fifty pounds, and was therefore a person of great consideration. (…) Her daughter Cunegonde was seventeen years of age, fresh-coloured, comely, plump, and desirable. The Baron's son seemed to be in every respect worthy of his father.

성에 창문까지 있는 걸 보니 강력한 영주일 거라고 말하는 대목이나, 몸무게가 많이 나가는 것만큼 생각도 깊을 거라고 말하는 부분에서 볼테르의 깐족거림이 느껴진다. 소설에서 캉디드는 집안의 가정교사이자 현자인 팡글로스 교수를 따랐으며, 그의 가르침을 경청하곤 했다.

팡글로스는 형이상학적−신학적−우주론적−학문의 교수였다. 그는 원인 없는 결과란 없으며, 가능한 모든 세계 중 최선인 이곳에서, 남작의 성이야말로 가장 장려한 성이며, 그의 부인은 가능한 모든 남작부인 중 최고임을 훌륭히 증명했다. 그는 말했다. "만물은 〔지금〕 있는 그대로가 아닌 다른 방식으로 있을 수 없음을 입증할 수 있네. 왜냐하면 모든 존재는 하나의 목적을 위해 창조되었고, 모든 것은 필연적으로 최선의 목적을 위해 존재하기 때문이네. 코가 안경을 지탱하기 위한 형태로 만들어졌고, 따라서 우리가 안경을 쓰게 되었음을 보게. 다리는 분명 스타킹을 위해 설계되었기에, 우리는 스타킹을 신게 되었지. 돌은 쪼개져서(hew), 성을 지을 수 있게 만들어졌기에, 나의 영주께서 장려한 성을 가지시게 되었지. 이 지방에서 가장 훌륭한 남작께서는 최고의 거처에서 지내셔야 하니 말일세. 돼지는 먹으라고 만들어졌네. 따라서 우리는 돼지고기를 연중 내내 먹는다네. 결론적으로 모든 게 괜찮다고 주장하는 자들은 바보 같은 말을 한 걸세. 그들은 모든 것이 제일 좋다고 말했어야 한다네."

Pangloss was professor of metaphysico-theologico-cosmolo-nigology. He proved admirably that there is no effect without a cause, and that, in this best of all possible worlds, the Baron's castle was the most magnificent of castles, and his lady the best of all possible Baronesses. "It is demonstrable," said he, "that things cannot be otherwise than as they are; for all being created for an end, all is necessarily for the best

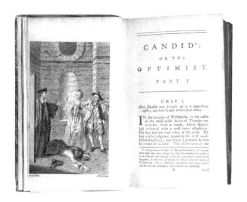

1762년 스몰렛(T. Smollett)이 영어로 번역한 『캉디드』의 1장 맨 앞 쪽.

end. Observe, that the nose has been formed to bear spectacles—thus we have spectacles. Legs are visibly designed for stockings—and we have stockings. Stones were made to be hewn, and to construct castles—therefore my lord has a magnificent castle; for the greatest baron in the province ought to be the best lodged. Pigs were made to be eaten—therefore we eat pork all the year round. Consequently they who assert that all is well have said a foolish thing, they should have said all is for the best."

볼테르가 팡글로스의 전공 분야를 '형이상학적—신학적—우주론적—학문'이라고 한 것은 물론 말장난이지만, 종종 현실과 동떨어져 뜬구름 잡는 식으로 변질되는 철학적 담론에 대한 그의 경멸을 읽을 수 있다.

'가능한 모든 것 중 최선(best of all possible)'이라는 표현은 이야기 속에서 팡글로스가 즐겨 사용하는 문구인데, 이는 볼테르가 『캉디드』를 통해 비판하려는 논점의 핵심을 나타내는 것이기도 하다. 18세기 중엽까지 유럽에서는 라이프니츠의 철학이 크게 유행했다. 라이프니츠는 이 세계를 '가능한 모든 세계 중 최선의 것(the best of all possible worlds)'이라고 불렀다. 그의 논리는 전지전능한 신이 열등한 세계를 창조했을 리 없으므로, 이 세계는 그가 최선의 의도를 가지고 만든 결과물일 수밖에 없다는 것이었다. 그런데 볼테르는 이에 반기를 든 것이다. 볼테르는 특히 1755년에 발생해 무려 10만 명 넘는 사망자를 낳은 포르투갈의 리스본 대지진에 크게 자극받았다고 한다. 그는 이처럼 무고한 인명을 앗아가는 천재지변을 비롯해 전쟁, 질병, 기아 등 비극이 끊이지 않는 이 세상이 '가능한 최선의 세계'라는 데 동의할 수 없었다. 따라서 라이프니츠의 주장을 비판 내지 마음껏 조롱해 주리라고 마음먹고 『캉디드』를 쓰기 시작했다. 따라서 작품 속 팡글로스는 바로 라이프니츠를 희화화한 인물이라고도 할 수 있다.

팡글로스의 낙관주의 세례를 받은 캉디드도 처음에는 세상을 아주 긍정적으로 바라본다. 하지만 유감스럽게도 불미스런 일에 엮여 남작의 성에서 쫓겨나게 된다.

어느 날 퀴네공드는 성 근처를 걷다가 그들이 공원이라고 부르는 작은 숲속의 덤불 사이에서 팡글로스 박사가 그녀 어머니의 침실 시종인, 매우 예쁘고 유순하며 옅은 갈색 피부를 지닌 처자에게 실험적으로 자연철학을 가르쳐 주고 있는 것을 보았다. 퀴네공드 양은 그 과학에 대해 너무 많은 관심이 있었던 터라, 목격자가 되어 반복되는 실험을 숨죽이고 관찰했다. 그녀는 박사가 말한 원인과 결과라는 사유의 힘을 분명히 인식하고 있었다. 그녀는 무척 허둥대며 뒤로 돌아섰고, 배우고자 하는 욕망에 가득 차서, 그녀가 젊은 캉디드를 위해, 그리고 그가 그녀를 위해 충족이유(sufficient reason)가 될 수 있지 않을까 상상했다.

One day Cunegonde, while walking near the castle, in a little wood which they called a park, saw between the bushes, Dr. Pangloss giving a lesson in experimental natural philosophy to her mother's chamber-maid, a little brown wench, very pretty and very docile. As Miss Cunegonde had a great disposition for the sciences, she breathlessly observed the repeated experiments of which she was a witness; she clearly perceived the force of the Doctor's reasons, the effects, and the causes; she turned back greatly flurried, and filled with the desire to be learned; dreaming that she might well be a sufficient reason for young Candide, and he for her.

14th Brunch 쇼펜하우어 부분에서 '충족이유율' 개념을 처음 제시한 것이 라이프니츠라고 말했던 것 기억하는가? 그러니 위 대목에서도 볼테르는 라이프니츠에 대해 우회적으로 비판, 아니 비아냥대고 있는 것이다. 어쨌든 소설에서 퀴네공드는 이제 '충족이유'를 가지고, 팡글로스 박사로부터 어깨 너머(?)로 배운 그 '자연철학'을 캉디드에게 시도해 보기로 한다.

다음 날 저녁 식사 후, 식탁에서 벗어났을 때, 퀴네공드와 캉디드는 장막 뒤에서 만났다. 퀴네공드는 손수건을 떨어뜨렸고, 캉디드는 그것을 주웠으며, 그녀는 순진하게 그의 손을 잡았고, 젊은이는 유난스런 활기, 정감, 그리고 우아함을 가지고 천진하게 젊은 숙녀의 손에 키스했다. 그들의 입술이 만났으며, 눈에는 불꽃이 일었고, 무릎은 떨렸으며, 손은 허우적거렸다. 장막 근처를 지나다가 이 원인과 결과를 지켜본 툰더-텐-트롱크 남작은 캉디드의 엉덩이를 힘차게 걷어차고는 성에서 내쫓아 버렸다. 퀴네공드는 기절하고 말았는데, 정신이 들자마자 남작 부인에게 따귀를 얻어맞았다(box on the ear). 이 모든 것이 가능한 모든 성들 중에서 가장 장려하고도 쾌적한 (agreeable) 이곳에서 [벌어진] 경악스러운 일이었다.

The next day after dinner, as they went from table, Cunegonde and Candide found themselves behind a screen; Cunegonde let fall her handkerchief, Candide picked it up, she took him innocently by the hand, the youth as innocently kissed the young lady's hand with particular vivacity, sensibility, and grace; their lips met, their eyes sparkled, their knees trembled, their hands strayed. Baron Thunder-ten-Tronckh passed near the screen and beholding this cause and effect chased Candide from the castle with great kicks on the backside; Cunegonde fainted away; she was boxed on the ears by the Baroness, as soon as she came to herself; and all was consternation in this most magnificent and most agreeable of all possible castles.

이렇게 성에서 쫓겨난 캉디드에게는 바야흐로 다채로운 모험이 펼쳐진다. 그의 여행에는 곧 문제의 팡글로스 박사가 가세하는데, 그는 물론 매 사건마다 잊지 않고 '가능한 모든 것들 중 최선'이라는 긍정적 해석을 덧붙인다. 참고로 여기서 유래한 '팡글로스식 관점(Panglossian view)'이란 표현은 '순진한 생각, 비현실적인 세계관' 등을 뜻하는 영어 관용구로 언론 헤드라인에도 종종 등장한다. 아무튼 온갖 모험을 겪은 끝에 구사일생으로 살아남은 캉디드는 터키에서 팡글로스와 함께 조용히 농사를 지으며 살 수 있게 된다. 작품 맨 마지막 부분에서 팡글로스는 캉디드가 겪은 온갖 고비와 모험 사이의 인과관계를 다음과 같이 명쾌하게(?) 설명한다.

"가능한 모든 세계들 중 최선인 이곳에서는 연속된 사건들이 있다네. 만약 자네가 퀴네공드 양과의 사랑 탓에 그 훌륭한 성에서 쫓겨나지 않았더라면, 만약 자네가 종교 재판에 회부되지 않았더라면, 만약 자네가 아메리카를 누비고 다니지 않았더라면, 만약 자네가 남작을 찌르지 않았더라면, 만약 자네가 엘도라도라는 낙원에서 가져온 양들을 모두 잃어버리지 않았더라면, 자네가 여기서 이렇게 설탕에 절여 둔 시트론(레몬같이 생긴 과일—옮긴이)과 피스타치오 열매를 먹지는 못했을 거야."

"There is a concatenation of events in this best of all possible worlds : for if you had not been kicked out of a magnificent castle for love of Miss Cunegonde : if you had not been put into the Inquisition : if you had not walked over America : if you had not stabbed the Baron : if you had not lost all your sheep from the fine country of El Dorado : you would not be here eating preserved citrons and pistachio nuts."

나라면 이런 말을 태연하게 지껄이는 팡글로스의 '주둥이'에 주먹을 꽂아 넣을 경우 어떤 일이 생기는지 '자연철학적'으로 증명해 보고 싶은 생각이 들 것 같은데, 과연 캉디드는 어떤 반응을 보였을까? 궁금하다면 직접 『캉디드』를 읽어 보기를 바란다.

『캉디드』는 무려 250여 년 전에 쓰였음에도 매 쪽마다 거의 현대적인 유머 감각이 느껴지는 귀한 책이다. 또한 볼테르가 책을 통해 전달하려던 메시지, 즉 종교적·현학적 위선에 빠지지 말고 세계의 모순을 있는 그대로 직시하라는 충고는 오늘날까지도 유효하다. 볼테르가 프랑스 혁명의 촉매를 제공한 정신적 대부로 존경받는 이유는 그의 사상이 특별히 심오했기 때문이라기보다는 그가 명료한 필체로 인간 사회, 나아가 세계에 내재되어 있던 모순들을 시원하게 꼬집어 낸 덕분이다.

『캉디드』는 부연설명 없이 직접 다가가 바로 읽으면 그것으로 족한 책이지만, 그럼에도 이 책에 대한 '명해설'을 하나 추천해 볼까 한다. 바로 레너드 번스타인(Leonard Bernstein)의 〈캉디드 서곡 Overture of Candide〉이다. '해설'이라더니 느닷없이 웬 음악을 소개하나 싶을 것이다. 그런데 나는 이 한 곡의 음악이 그 어떤 평론이나 코멘트보다 『캉디드』의 본질을 가장 잘 표현해 냈다고 생각한다. 미국의 대표적 교향악단 뉴욕 필의 지휘자로 활약했던 번스타인은 작곡가로도 상당한 업적을 남겼는데, 20세기에 활동한 음악가답지 않게 전통적인 화성을 사용해 대중성과 예술성이라는 두 마리 토끼를 함께 잡은 인물로, 뮤지컬 〈웨스트 사이드 스토리 The West Side Story〉 역시 그의 작품이다.

번스타인의 오페라 전체를 감상해도 좋지만, 특히 경쾌하고 리드미컬한 서곡은 그 어떤 소개 글보다 원작 『캉디드』의 정서를 잘 드러내고 있다. 말 그대로 듣다 보면 어깨가 들썩거린다. 기회가 닿으면 독자 여러분들도 한번 감상해 보기를 권한다. 책을 아직 읽지 않은 독자들에게는 일종의 오리엔테이션을 제공할 것이고, 이미 읽어 본 독자라면 흥겨운 멜로디와 리듬을 타고 책 속의 여러 장면들이 떠올라 입가에 절로 미소가 번질 것이다.

## 『철학사전』의 탈을 쓰고 시대를 비판하다

『철학사전 Philosophical Dictionary』은 볼테르의 작품들 중에서도 매우 독특한 책이다. 책의 형식은 말 그대로 '사전'이다. 철학 및 종교 용어 들을 알파벳순으로 정리하고 해설을 단 것이다. 프리드리히 대왕의 초청으로 포츠담에 머물 때부터 구상한 것이지만, 실제로 출판된 것은 그의 나이 일흔한 살 때인 1764년이다. 프랑스 정부가 책의 내용을 문제 삼

노년의 볼테르를 묘사한 1843년 판 『철학사전』의 삽화.
역시 나이가 들어서도 반짝이는 눈빛과 장난기 어린 표정은 여전하다.

아 계속 출판을 저지했기 때문이다.

18세기 중반 디드로(Denis Diderot), 달랑베르(Jean Le Rond d'Alembert)
등 프랑스의 과격파 계몽주의 지식인들은 민중을 각성시키려면 그들에
게 가능한 한 많은 지식을 빨리, 효과적으로 전달해야 한다고 생각했으
며, 그런 지식 전달의 매개체로 백과사전을 편찬하는 것이 급선무라고
여겼다. 당시 이러한 추세에 따라 다양한 분야의 지식과 용어 들을 알파
벳순으로 정리한 책들이 많이 출판되었는데, 볼테르는 이 형식을 철학
에 적용한 것이다. 물론 볼테르의 기질로 볼 때, 그것이 문자 그대로 철
학 용어를 딱딱하게 설명한 보통의 사전이었을 리는 없다. 그는 각종 철
학 용어를 화두 삼아 종횡무진 자신의 독특한 견해를 펼친다. 하지만 이
책은 볼테르의 다른 여러 책들과 마찬가지로 출판과 동시에 많은 유럽
국가에서 금서가 되었으며, 특히 가톨릭계에서는 거의 사탄의 작품인
양 저주하는 분위기까지 퍼져 있었다.

도대체 어떤 내용이 들어 있기에 그런 물의를 빚은 것일까? 샘플로 몇 가지만 감상해 보자. 참고로 『철학사전』의 영어판은 각 용어를 프랑스 원전 순서에 따라 배치한 것과 영어로 번역된 용어의 알파벳 순서에 따라 배치한 것 두 가지가 있다. 아래는 A 항목의 첫머리에 나오는 'Abbe(신부, 사제, 수도원장)'이다.

'Abbe'라는 단어가 아버지를 의미한다는 것을 아시는지? (…) 고대의 수도사들은 그들이 뽑은 우두머리에게 이 칭호를 수여했다. 신부(수도원장)는 그들의 영적인 아버지였다. 시대가 달라지니 같은 단어도 다른 것을 의미하는구나! 영적인 신부(수도원장)는 한때 똑같이 가난한 자들의 맨 앞에 서 있는 또 하나의 빈자였다. 하지만 이후 가난한 영적 아버지들은 20만 혹은 40만 파운드에 달하는 수입을 얻어 왔는가 하면, 독일에는 경호 부대를 거느린 가난한 영적 아버지들도 있다. 청빈의 서약을 한 빈자가 그 결과 군주가 되다니?

Are you aware that the word abbe signifies father? (…) The ancient monks gave this name to the superior whom they elected. The abbe was their spiritual father. What different things the same words signify at different times! The spiritual abbe was once a poor man at the head of other equally poor. But the poor spiritual fathers have since acquired incomes of two hundred or four hundred thousand pounds, and there are poor spiritual fathers in Germany who have regiments of guards. A poor man, making a vow of poverty and, in consequence, becoming a sovereign?

볼테르는 당시 사회의 정신적 지도자이자 청빈의 상징이 되어야 할 성직자가 돈과 권력을 탐하는 풍속을 꼬집은 것이다. 그런가 하면 B 항목에서는 *beau*(beauty, 아름다움)에 대한 해설이 눈길을 끈다. 그 앞부분을 잠깐 감상해 보자.

두꺼비에게 아름다움—위대한 미 '토 칼론'(고대 그리스 철학자들이 상정한 육체적으로나 도덕적으로나 완벽한 아름다움—옮긴이)이 무엇이냐고 물어보라. 그는 작은 머리에서 튀어나온 두 개의 커다랗고 둥근 눈알, 크고 납작한 입, 누런 배, 갈색 등을 가진 암컷이라고 답할 것이다. 기니의 흑인에게 물어보라. 그에게 미인이란 검고 기름진 피부, 움푹 들어간 눈, 그리고 납작한 코를 가진 존재다. 악마에게 물어보라. 그는 당신에게 미인이란 한 쌍의 뿔, 네 개의 발톱, 그리고 꼬리로 이루어졌다고 말할 것이다. 이어서 철학자들과 상의하면, 그들은 당신에게 이해할 수 없는 말(jargon)로 답할 것이다.

Ask a toad what is beauty —the great beauty *To Kalon*; he will answer that it is the female with two great round eyes coming out of her little head, her large flat mouth, her yellow belly, and brown back. Ask a negro of Guinea; beauty is to him a black, oily skin, sunken eyes, and a flat nose. Ask the devil; he will tell you that the beautiful consists in a pair of horns, four claws, and a tail. Then consult the philosophers; they will answer you with jargon.

맨 마지막에 나온 'jargon'은 전문 분야 종사자들이 자기들끼리만 아는 말, 보통 사람들이 들어서는 도무지 이해할 수 없는 용어를 뜻한다. 철학자라는 사람들이 고담준론을 펼친답시고 난해한 말만 지껄이는 걸 조롱한 셈인데, 볼테르로 말하자면 쉽고 명쾌한 언어로 자신의 생각을 펼친 쪽이었기 때문에 기존 철학자들의 현학적인 표현에 비판적인 태도를 취한 것이다.

이렇게 미인을 바라보는 시각은 천차만별일 수밖에 없다고 지적한 볼테르는 이어지는 대목에서 자신이 어느 철학자와 벌인 '미의 정의'에 대한 토론을 소개하는데, 그 대목은 마치 소크라테스의 문답법을 연상케 한다. 궁금하다면 이 역시 직접 확인해 보시기 바란다.

『철학사전』에 담긴 용어 설명을 보면, 아주 간략한 것들이 있는 반면 때로는 매우 장황한 경우도 있다. 예를 들어 C 항목에 있는 'Christianisme (Christianity, 그리스도교)'는 장장 20여 쪽에 달하는데, 그 내용이 거의 18세기에 쓰인 『다빈치 코드The Da Vinci Code』라 할 만하다. 다음과 같은 대목을 보면, 왜 당시 유럽 가톨릭계가 이 책을 금기시했는지 알 수 있다.

몇몇 학자들은 역사가 플라비우스 요세푸스에게서 예수 그리스도에 대한 어떤 언급도 찾아낼 수 없다는 것에 대해 놀라움을 나타냈다(testify). 제대로 배운 사람들이라면 이제 누구나 그 역사책에서 그와 관련된 짧은 구절은 삽입된 것이라는 데 동의한다. 그러나 플라비우스 요세푸스의 아버지는 예수의 기적을 틀림없이 모두 목격했을 것이다. 요세푸스는 사제 집단(race)에 속했으며, 헤로데의 아내 마리암네와도 혈족이었다. 그는 군주의 모든 행적에 대해 길고 상세하게 전해 주지만, 예수의 삶과 죽음에 대해서는 한마디도 하지 않는다. 뿐만 아니라 이 역사가는 헤로데의 잔학함에 대해 아무것도 숨기지 않으면서도, 유대인의 왕이 태어났다는 소식을 듣고 그가 명령을 내린 유아 전면 대학살에 대해서는 한마디도 하지 않는다.

Several learned men have testified their surprise at not finding in the historian, Flavius Josephus, any mention of Jesus Christ; for all men of true learning are now agreed that the short passage relative to him in that history has been interpolated. The father of Flavius Josephus must, however, have been witness to all the miracles of Jesus. Josephus was of the sacerdotal race and akin to Herod's wife, Mariamne. He gives us long details of all that prince's actions, yet says not a word of the life or death of Jesus; nor does this historian, who disguises none of Herod's cruelties, say one word of the general massacre of the infants ordered by him on hearing that there was born a king of the Jews.

위에서 언급되고 있는 요세푸스는 유대인 출신으로서 로마의 대표적인 역사가 중 하나가 된 독특한 이력의 소유자다. 그런데 그가 저술한 역사책에는 예수의 행적이 거의 기록되어 있지 않다. 이는 지금까지도 신학자들과 역사학자들을 곤혹스럽게 하는 문제인데, 볼테르는 그 점을 지적하고 있는 것이다. 그나마 『유대 민족 고대사Antiquities of the Jews』에 예수에 대한 짤막한 언급이 나오기는 하지만, 볼테르가 언급했다시피 후대에 조작되었는지 여부가 아직도 논란거리다. 사실 『성서』를 제외하면, 역사상 예수의 행적을 기록한 고대 문헌은 찾아보기 힘들다. 이는 비단 후대의 역사책뿐 아니라 예수의 생존 기간과 겹치는 티베리우스 황제 시대의 로마 공식 문서에서도 마찬가지다. 볼테르는 『성서』에 묘사된 헤로데의 유아 대학살이 동시대를 기록한 요세푸스의 저서에서는 전혀 언급되지 않은 것 역시 꼬집고 있다.

이번에는 E 항목으로 가 보자. enfer(hell, 지옥)에 대한 견해가 아주 재미있다. 볼테르는 이승에서 지은 죄의 경중에 관계없이 모두 지옥에 떨어져 영원한 형벌을 받는다는 믿음이 얼마나 터무니없는지를 꼬집으며 다음과 같은 일화를 소개한다.

얼마 전에 어느 선량한 위그노 목회자가 지옥에 떨어질 사람들(the damned)

은 미래의 어느 시점에 사면 받을 것이며, 죄와 형벌 사이에는 어느 정도의 비례관계가 있어야만 하는지, 일시적인 죄는 끝없는 형벌을 받는 데 있어서 아무런 이점이 없는 것인지에 대해 설교하고 글로 쓴 일이 있었다. 그가 속한 종파의 다른 목회자들은 이 관대한 판관을 파문했다. 그들 중 하나가 그에게 말했다. "내 좋은 친구여, 나 역시 자네만큼이나 영원한 지옥이란 걸 믿지 않네. 하지만 아마도 자네의 하인, 자네의 재단사, 그리고 자네의 변호사가 그렇게 믿는 건 나쁜 일이 아니리라는 걸 기억하게."

Not long ago a good Huguenot minister preached and wrote that the damned would at some future period be pardoned, that there must be some proportion between the sin and the penalty, and that a momentary trespass can in no way merit an infinite punishment. The rest of the ministers of his association expelled this indulgent judge. One of them said to him: "My good friend, I no more believe in the eternity of hell than yourself; but recollect that it may be no bad thing, perhaps, for your servant, your tailor, and your lawyer to believe in it."

여기서 볼테르는 지옥에 대한 공포를 이용해 무지한 민중들을 착취하는 성직자들을 꼬집고 있다. 사실 이성적으로 따져 보면 지옥과 관련된 담론이나 믿음은 터무니없는 경우가 많다. 생각해 보라. 만약 정말로 살아서 지은 선행과 악행의 비율에 따라 천당행과 지옥행이 결정된다면, 정확히 어떤 '룰'이 적용되는 것일까? 가령 사후 심판에도 일종의 점수제가 있다고 가정해 보자. 희대의 폭군이나 연쇄 살인마의 경우에는 낙제점을 받는 것이 확실하다고 치더라도, 살면서 착한 일도 꽤 하고 나쁜 짓도 좀 한 인간이 말 그대로 '한 끗 차이'로 지옥에 떨어지게 된다면 이게 정말 공정한 것일까? 논리적으로만 따져 본다면, 분명 지옥에도 패자

부활전 내지 구제 조항이 있어야 하는 것 아닌가 모르겠다.

또 흔히 말하는 '예수 천국, 불신 지옥'의 경우는 어떨까? 수십 명의 무고한 목숨을 앗아간 살인마가 죽기 직전 "믿습니다!" 한마디만 하면 천국에 가는 걸까? 반대로 일생을 대체적으로 선량하게 산 사람이 죽을 때까지 신자가 되지 않았다는 이유로 지옥에 떨어져야 하는 걸까? 요즘이야 이런 의문을 제기한다고 해도 크게 문제될 것이 없지만, 지금보다 그리스도교의 영향력이 훨씬 강했던 18세기 유럽에서 볼테르가 펼친 비판적 사고는 분명 상당한 용기가 필요한 일이었다.

이제 『철학사전』에서 딱 한 구절만 더 소개하려고 한다. 바로 H 항목의 *Homme*(Man, 인간)에 나오는 구절이다. 여러 곳에서 종종 인용되는 유명한 대목이다.

인간을 엄마 자궁 속에 있을 때의 식물 상태와 유아기의 상당 부분에 해당하는 순수한 동물 상태에서부터 성숙한 이성이 나타나기 시작하는 상태로 이끄는 데는 20년이 필요하다. 인간의 구조에 대해 어느 정도 아는 데만 3,000년이 필요했다. 그의 영혼에 대해 무엇이라도 알아내려면 영원이 필요할 것이다. 그를 죽이는 데는 순간이면 족하다.

It needs twenty years to lead man from the plant state in which he is within his mother's womb, and the pure animal state which is the lot of his early childhood, to the state when the maturity of the reason begins to appear. It has needed thirty centuries to learn a little about his structure. It would need eternity to learn something about his soul. It takes an instant to kill him.

볼테르 특유의 통찰력이 묻어나는 대목이다. 사실 볼테르의 예리한 식견과 박학다식함은 그의 책 도처에서 넘쳐흐른다. 그리스-로마 고전은 물론 심지어 중국의 고대 문헌까지 소개한다. 볼테르가 중국 문헌까지 거론한 것은 단지 지적 호기심이나 허영 때문이 아니고, 중국의 사상이나 종교를 거울삼아 그리스도교 중심의 유럽 사회 체계를 비판하고자 하는 데 목적이 있었다. 상당히 영리한 발상인데, 더 자세한 이야기는 스포일러를 피하기 위해 생략하기로 하겠다. 아무튼 『철학사전』은 이렇게 철학뿐 아니라 신학, 역사, 문학, 사회문제에 이르기까지 광범위한 주제를 다루며, 볼테르 특유의 '깐족거림'이 살아 있는 책이다. 매우 신랄하게 필봉을 휘두르는 이 책은 사전의 탈을 쓴 문명 비판서라 할 만하다.

## 신과의 화해

볼테르를 비롯한 계몽주의 사상가들 중에는 이신론자(deist)가 많았다. 이신론(理神論, deism)은 신이 세계를 창조하기는 했지만 그 후에 일어난 인간사에는 전혀 관여하지 않는다고 믿는다. 우주가 정밀한 스위스 시계처럼 작동한다고 믿은 뉴턴과 데카르트의 세례를 받은 데다 인간 이성에 대해 거의 절대적인 신뢰를 가졌던 계몽주의 시대가 만든 독특한 종교관이라 할 수 있다. 유럽 계몽주의자들의 영향을 받은 미국 건국의 아버지들 중에도 이신론자들이 적지 않았던 것으로 알려져 있다. 아무튼 볼테르가 한 다음과 같은 말은 그의 종교관을 간략하게 요약한다.

> 신은 웃기를 매우 두려워하는 청중에게 연기하는 희극 배우다.
> God is a comedian playing to an audience too afraid to laugh.

프랑스 파리 팡테옹에 있는 볼테르의 무덤.

이 세상에서 벌어지는 온갖 어처구니없는 일들에 모두 신의 '깊은 뜻'이 깃들어 있다고 믿는 것은 얼마나 비논리적인 일인가. 하지만 볼테르는 어처구니없는 세계와 터무니없는 인간을 그저 혐오스럽게만 본 것이 아니라, 때로는 장난기 어리고 따뜻한 시선으로 포착했다. 따라서 우리는 그의 작품을 읽으며 두려움 없이 마음껏 웃어도 된다.

천하의 볼테르에게도 죽음은 찾아왔다. 말년에 제네바를 떠나 파리로 돌아온 볼테르는 국민들에게 열렬한 환영을 받았다. 하지만 기쁨도 잠시, 얼마 지나지 않아 병상에 누워 죽음을 기다리는 처지가 되었다. 이때 가톨릭 신부가 그를 찾아와 마지막 고해성사를 하라고 종용했는데, 이때 나눈 대화가 유명하다.

"사탄과의 관계를 끊겠습니까?"

"신부님, 지금은 적을 만들 때가 아니랍니다."

"Do you renounce Satan?"

"Father, now is no time to be making enemies."

볼테르는 1778년 여든넷 나이로 영면했다. 말년에 그는 어느 친구에게 보낸 편지에서 다음과 같이 말했다.

> 나는 신께 단 하나, 아주 짧은 기도밖에 드리지 않았다네. '주여, 내 적들을 우스꽝스럽게 만드소서.' 그리고 신께서는 그것을 들어 주셨지.
>
> I have never made but one prayer to God, a very short one: 'O, Lord, make my enemies ridiculous.' And God granted it.

평생 동안 기성 권력과 지식 체계를 비판하고 조롱했던 그에게 이보다 더 간절한 기도는 없었을 것이다. 그리고 그의 말대로 그 소원은 어느 정도 성취되었다.

미국 격언에 "충만한 삶을 살아라.(Live a full life.)"라는 말이 있다. 삶이 제공하는 온갖 재미란 재미는 다 누렸으면서도, 방대한 규모의 지적 업적까지 이룩해 낸 볼테르야말로 정말 충만하게 살다 간 인물 아닐까 싶다. 부러워하면 지는 거라지만, 그런 마음이 드는 건 어쩔 수가 없다.

# 차라투스트라가 날리는 '돌직구'의 힘

## 전무후무한 새로운 철학

혁명 전 프랑스를 달구던 볼테르의 시대로부터 약 1세기를 건너뛰어 19세기 말의 독일로 가 보자. 우리는 거기서 칸트, 헤겔, 쇼펜하우어로 이어지는 독일 관념론의 물결이 지나간 자리에 새롭게 등장한, 철학계의 문제아이자 이단아 니체(Friedrich Nietzsche)를 만나게 된다. 니체는 볼테르와는 또 다른 종류의 즐거움을 제공하는데, 뭐 재미의 강도로만 따진다면 둘 다 막상막하라고 할 수 있다. 볼테르가 비판의 대상을 희화화하는 '공포의 깐족거림'을 통해 즐거움을 준다면, 니체가 제공하는 '엔터테인먼트'의 본질은 요샛말로 '돌직구 날리기'에 있다고나 할까?

독일 철학 전통 안에서 탄생한 니체이건만, 그의 철학은 칸트나 헤겔처럼 형이상학의 고담준론으로 빠지지도 않으며, 그가 한동안 정신적 스승으로 모시기까지 했던 쇼펜하우어처럼 삶의 허무를 한탄하지도 않는다. 거의 2천 년간 유럽을 지배해 온 그리스도교적 세계관을 뒤흔드는 새로운 가치 체계를 수립하려 한 니체의 철학은 간단히 말해 '우지끈 뚝딱, 화끈' 그 자체다. 실제로 그가 구사하는 문장은 별도의 해석이 필요 없을 만큼 명료하다.

니체의 책들은 일단 제목부터 매우 자극적이다. 그의 저작들 중에는 '~학'이니 '~입문'이니 하는 고리타분한 제목을 가진 작품이 하나도 없다. 나아가 일단 제목을 보면 도대체 무슨 내용인지 궁금해서 들춰 보지 않을 수가 없다.

『비극의 탄생 *The Birth of Tragedy*』

『인간적인, 너무나 인간적인 *Human, All Too Human*』

『차라투스트라는 이렇게 말했다 *Thus Spake Zarathustra*』

『우상의 황혼 *Twilight of Idols*』

『반그리스도 *The Antichrist*』

『도덕의 계보 *Genealogy of Morals*』

『이 사람을 보라! *Ecce Homo!*』

『권력에의 의지 *Will to Power*』

어떤가? 보통 '철학책'이라고 했을 때 상상하던 제목과는 완전히 다르지 않은가? 제목뿐만이 아니다. 근대 철학 성립 이후 나온 철학자들의 저작들 중 상당수가 500~600쪽에 달하는 부담스런 분량을 자랑하는데, 니체의 경우 『차라투스트라는 이렇게 말했다』를 제외한다면 그리 두껍지도 않은 편이다. 또한 그의 문장은 말년으로 갈수록 점점 더 짧아지는 경향을 보였다. 예를 들어 칸트라면 최소 10쪽(그것도 종종 문장 하나가 한 쪽에 이르는)을 할애해 설명할 것을 니체는 단 한 문장으로 매듭지어 버리는 식이다.

독일 화가 한스 올데(Hans Olde)가 그린 니체 초상,
1899년 중반.

한편 나는 니체의 삶에 대해 알면 알수록 그의 책 제목이 그가 살아온 삶의 여러 굴곡을 상징하는 느낌이 들곤 한다. 나는 문학 작품을 읽을 때 작가의 사생활에 대해 그다지 궁금해하지 않는 편이다. 시나 소설 등 작품 자체에 약간 자전적 요소가 있긴 하지만, 대개 작가의 개인사와 어느 정도 거리를 두고 만들어진 가공의 산물인 경우가 많기 때문이다. 반면 철학 작품에 대해서는 생각이 약간 다르다. 철학자의 개인사 및 그가 살았던 당대의 역사적·사회적 배경을 이해하는 것이 그의 철학을 이해하는 데 큰 도움이 된다고 보는 편이다. 철학은 여러 의미에서 삶에 대한 태도라고도 할 수 있다. 따라서 어떤 사상을 설파한 철학자가 과연 자신의 주장과 일치하는 삶을 살았는지, 즉 유명한 영어 표현대로 '설교한 바를 실천했는지(if he practiced what he preached)' 알고 싶은 것이다.

물론 우리는 현실에서 한 사람의 사상과 삶이 동떨어져 있는 경우를 심심찮게 목격하곤 한다. 하지만 이런 경우 실망감도 실망감이지만, 그의 사상 자체를 불신할 수밖에 없어지는 게 사실이다. 예를 들어, 미국의 패권주의를 비판하는 글과 강연으로 명성을 얻은 유명 인사가 있다고 하자. 그런데 그 사람이 알고 보니 자식들을 모두 미국에 유학 보낸 기러기 아빠라거나, 심지어 자식들이 미국 시민권을 획득하도록 힘을 쓴 전력이 있다면 과연 그의 반미적인 주장을 신용할 수 있을까? 자식들에게 비밀 임무를 주어 '적(미국)'의 심장부에 첩보원으로 보낸 것이 아닌 다음에야 그의 반미 주장은 위선적으로 보일 수밖에 없다.

사상가는 아니지만 태평양 전쟁 직후 재판에 회부된 도조 히데키 등 1급 전범들을 떠올릴 수도 있다. 이들은 전쟁 말기 전황이 극도로 불리해졌을 때 일선 장병들에게 옥쇄와 자살 공격을 강요하며 항복조차 하지 못하게 만들었다. 그런데 정작 자신들은 패전 뒤 스스로 목숨을 끊기는커녕 재판정에서 갖은 궤변을 늘어놓으며 목숨을 부지하려 발버둥 쳤다. 도쿄 군사 재판을 전후해 이들이 보인 행태는 실소를 금할 수 없게 만든다.

니체는 어땠을까? 앞에서 나는 그의 책 제목이 삶의 굴곡을 상징하는 것 같다고 말했는데, 그것이 꼭 실천적인 측면을 말하는 것은 아니다. 사실 니체의 삶과 철학은 지행일치나 언행일치와는 좀 거리가 멀다. 어떤 의미에서는 거리가 먼 정도가 아니라 어이없을 만큼 서로 충돌하고 모순되는 측면이 있다. 그런데 흥미롭게도 그 둘 사이의 괴리를 목격하고 있자면 배신감보다는 '아이러니의 미학' 같은 걸 느끼게 된다. 시종일관 남성성, 강함, 초인의 철학을 설파한 사상가로서 니체와 섬세하다 못해 종종 여성적이기까지 한 보통 사람으로서 니체 사이의 괴리, 이러한 분열의 흔적을 따라가다 보면 우리는 어느새 그의 팬이 되고 만다.

## 인문학 스타의 탄생, 혹은 비극의 탄생

평생 그리스도교를 '공공의 적' 비슷하게 규정했던 니체는 사실 목회자의 아들로 태어났다. 니체는 당시 프로이센의 군주였던 프리드리히 빌헬름 4세(Friedrich Wilhelm Ⅳ)와 생일이 같았다. 그래서 그의 부친이 이를 기념해 아들의 이름을 '프리드리히'로 지었다고 한다. 어려서부터 문학과 음악 등에 재능을 나타낸 니체는 기숙학교에서 청소년기를 보낸 뒤 본 대학과 라이프치히 대학에서 고전 문헌학(classical philology)을 전공했다.

대학 시절, 젊은 니체는 전공 공부와는 별개로 이후 자신의 삶에 깊은 영향을 준 여러 사건들을 경험했다. 우선 니체는 1865년 어느 날 서점에 들렀다가 우연히 쇼펜하우어의 『의지와 표상으로서의 세계』를 발견해 읽었고, 이는 이후 그의 철학에 두고두고 영향을 주었다. 니체는 독일 철학이 칸트의 '순수이성'이 아니라 '인간 쇼펜하우어(Schopenhauer the Man)'를 전범으로 삼아야 한다고 주장하기까지 했다.

니체의 삶과 철학에 큰 영향을 끼친 두 번째 사건은 크림 전쟁 참전이었다. 당시 비스마르크의 지도 아래 부국강병을 추구하던 프로이센에서는 징병제를 채택하고 있었다. 따라서 니체 역시 스물세 살 때 징집되어 참전하게 된 것이다. 니체는 후방에서 의무병으로 근무했는데, 그가 부상당해 후송되어 온 군인들이 흘리는 피를 보고 종종 까무러쳤다는 일화도 있다. 하지만 이는 니체가 주장한 '근육질 철학'과 그의 연약하고 섬세한 기질 사이의 '갭'을 더 극적으로 과장해 꾸며 낸 이야기일 가능성이 높다. 오히려 니체는 후방에서 근무한 덕분인지 전쟁에 대해 상당히 낭만적인 인상을 가졌던 것으로 보이며, 비교적 빨리 제대하여 학업을 이어 갈 수 있었다.

청년 니체의 삶에 지대한 영향을 준 세 번째 사건은 음악가 바그너(Richard Wagner)와의 만남이다. 수준급 피아노 연주 실력을 갖추고 직접 소나타를 작곡할 만큼 뛰어난 음악적 식견을 지녔던 니체는 라이프치히에서 공연된 바그너의 오페라 〈트리스탄과 이졸데*Tristan and Isolde*〉를 보고 큰 감명을 받았다. 이후 니체는 1868년 스위스에 머물던 바그너를 직접 대면하는 기회를 갖게 되었다. 두 사람은 대화를 시작하자마자 서로가 쇼펜하우어 철학의 신봉자임을 알게 되면서 의기투합했고, 이때부터 니체는 한동안 바그너의 '절친'이자 '광팬'이 되었다. 훗날 니체는 "바그너의 음악 없이는 결코 젊은 시절을 버텨 내지 못했을 것이다."라고 술회했다. 끝으로 니체의 삶을 규정하는 중요한 사건이 또 하나 발생했는데…, 이 부분은 나중에 얘기하도록 하자.

군복무를 마치고 학교로 돌아온 니체는 그리스 고전과 문헌학 연구에서 나이에 비해 경이적일 만큼 두각을 나타냈다. 그러다가 불과 스물다섯 살 때인 1868년, 박사학위는커녕 석사학위조차 없는 상태에서 그의 은사이자 당대 최고의 문헌학자인 리츨(Friedrich Wilhelm Ritschl) 교수의 추천으로 바젤 대학 그리스 고전 및 문헌학 교수로 초빙된다. 스물다섯 살짜리 교수가 한 취임 기념 강연 제목은 '호메로스와 고전 문헌학(Homer and the Classical Philology)'이었다. 변변한 학위도 없이 나이 지긋한 교수

영국 화가 에드먼드 블레어 레이튼(Edmund Blair Leighton)이 그린 〈트리스탄과 이졸데〉(1902).
니체는 트리스탄과 이졸데 이야기를 주제로 한 바그너의 오페라를 보고 큰 감명을 받았다.

들과 학자들 앞에서 그리스 고전의 알파요 오메가인 호메로스를 유창한 그리스어로 거침없이 인용하며 자신의 논지를 전개하는 새파란 젊은 이를 상상해 보라. 말 그대로 인문학의 스타 탄생, 벼락출세가 따로 없었다.

니체는 주변의 기대에 보답하려는 듯 교수가 된 지 4년 만인 1872년, 그의 첫 작품이자 야심작인 『비극의 탄생』을 발표했다. 여기서 '비극'은 우리가 일상생활에서 비유적으로 쓰는 의미가 아닌, 그리스 시대의 대표적 예술 양식을 말하는 것이다. 책에서 니체는 쇼펜하우어를 인용하며 비극의 본질을 밝힌다.

비극에 대한 쇼펜하우어의 견해는 과연(forsooth) 무엇이었는가? 그는 『의지와 표상으로서의 세계』에서 이렇게 말했다. "모든 비극에 〔감정의〕 고양을 향한 독특한 흔들림(혹은 동요, swing)을 부여하는 것은 세계와 삶이 우리를 전적으로 만족시켜 줄 수 없다는, 따라서 우리가 집착할 가치가 없다는 인식의 자각이다. 이 안에 비극의 정신이 있으며, 따라서 그것은 체념으로 이어진다."

What, forsooth, were Schopenhauer's views on tragedy? "What gives" he says in *The World as Will and Representation*, "to all tragedy that singular swing towards elevation, is the awakening of the knowledge that the world, that life, cannot satisfy us thoroughly, and consequently is not worthy of our attachment. In this consists the tragic spirit: it therefore leads to resignation."

즉, 쇼펜하우어에 따르면 삶이란 만족을 모르는 의지의 파괴적 작용을 드러내는 무대일 뿐이며, 이렇듯 우울한 인식을 반영하는 예술 양식

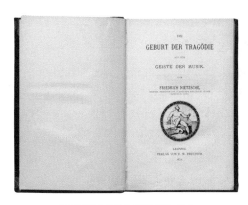

1872년에 출간된 『비극의 탄생』 초판.

이 바로 비극이다. 니체는 이러한 정의를 거의 그대로 받아들인다. 그는 이렇게 비극의 인식론적·철학적 근거를 쇼펜하우어의 사상에서 찾은 뒤, 그 형식적 기원은 술과 축제의 신인 디오니소스와 지성·문예·건축의 신인 태양신 아폴로에게서 찾는다. 예를 들어 그리스 비극을 구성하는 핵심 요소 중 '코러스(chorus)'는 디오니소스 숭배 의식에서, '대화(dialogue)'는 아폴로를 모시는 축제에서 유래했다는 것이다. 니체가 두 신들 가운데 어느 쪽을 편애하는지는 곧 분명해진다. 그에게 디오니소스는 젊고 활기 넘치는 신문명의 에너지를 상징하는 반면, 아폴로의 정신이란 성숙 단계에 접어든 문명, 혹은 거기에 속한 '기득권층'이 현상 유지를 위해 사용하는 낡은 논리와 술책에 불과하다.

니체는 아폴로의 정신이 문화 전반에 침투하면서 그리스 문명이 퇴화하기 시작했다고 주장했는가 하면, 한술 더 떠서 소크라테스 이후의 그리스 철학을 발전이 아닌 타락의 과정으로 파악했다. 물론 이러한 쇠퇴는 예술 장르로서의 비극도 예외가 아니다. 그에 따르면 한때 호메로스의 힘찬 신화적·서사시적 기운을 이어받아 놀라운 예술 장르로 태어난 그리스 비극은 갈수록 타락했다. 그리하여 소크라테스와 동시대에 활동한 비극 작가 에우리피데스에 이르러서는 고도로 양식화되어, 형식만 남은 채 거세된 예술로 전락했다. 이렇게 책 속에서 신화가 역사로, 자유로운 사고가 형식논리로 '타락'하는 과정에 대해 한참 분개하던 니체는 약간은 급작스럽게 당대 독일로 선수를 돌리더니 새로운 희망에 대해 언급하기 시작한다.

독일 정신의 디오니소스적 뿌리로부터 나와 소크라테스적 문화의 원초적 조건들과 공통점이라고는 아무것도 없고, 그것으로 설명될 수도 변명될 수도 없으며, 그러한 문화에서는 오히려 지독히도 불가해하며 압도적이게 적대적인 것으로 간주하는 힘이 부상했으니, 그것은 바로 우리가 알아야만 하듯, 특히 바흐에서 베토벤, 베토벤에서 바그너에 이르기까지, 거대한 태양의 궤도 속에 있는 독일 음악이다.

Out of the Dionysian root of the German spirit a power has arisen which has nothing in common with the primitive conditions of Socratic culture, and can neither be explained nor excused thereby, but is rather regarded by this culture as something terribly inexplicable and overwhelmingly hostile, namely, German music as we have to understand it, especially in its vast solar orbit from Bach to Beethoven, from Beethoven to Wagner.

니체는 바그너야말로 독일 음악을 완성시킨 인물이라고 극찬했다. 아담한 무대에서 이루어지는 남녀의 사랑 타령이 주를 이루던 이탈리아 오페라 양식에서 탈피해 스펙터클한 장면과 웅장한 음악이 조화를 이룬 새로운 오페라를 개척해 전 유럽에서 선풍을 일으키던 바그너의 음악이야말로 디오니소스 정신의 구현이라고 본 것이다. 니체는 바그너가 향후 진정한 독일 예술이 나아갈 방향을 제시한 '프로메테우스'적 인물이라고 보았다.

『비극의 탄생』은 비단 예술뿐 아니라 도덕성을 비롯해 모든 기존 가치의 전복을 주장하게 되는 니체 사상의 예고편이라고도 할 수 있다. 또한 젊은 고전 문헌학자였던 그가 심혈을 기울인 책인 만큼 고대 그리스의 신화, 문학, 역사 등에 대한 좋은 입문서이기도 하다. 단, 유감스럽게도 니체의 기대와 달리 흥행 면에서나 평가 면에서나 '대박'과는 거리가 멀었다. 특히 비평가들은 고대 그리스에서 갑자기 시공을 초월해 현대(당시 바그너의 음악은 최신 유행곡이었다) 독일로 건너와 '바그너 띄워 주기'를 시도하는 논리적 비약에 부정적이었다. 심지어 은사 리츨 박사마저 『비극의 탄생』을 젊은 학자의 지적 실험 정도로 폄하했다.

## 영원히 위험하게 살라고?

흥미로운 것은 고전 문헌학에서 뛰어난 업적을 이룰 거라는 주변의 기대가 약간의 유보 내지 실망으로 바뀌었을 때 니체가 보인 반응이다. 그는 초심으로 돌아가 점잖게 그리스 고전을 해석하고 텍스트를 검토하는 대신 아예 철학자, 아니 그보다는 일종의 혁명가 내지 선동가가 되기로 결심한 듯하다. 이후 세상에 나온 그의 책들이 보인 광폭 행보는 이를 여실히 증명한다. 우선 니체는 『반시대적 고찰Untimely Meditations』이라는 심상찮은 제목의 에세이집을 집필했는데, 여기서 그는 당시 독일 철학의 대세였던 헤겔, 슈트라우스(David Strauss), 하르트만(Nicolai Hartmann) 등을 신랄하게 공격했다.

니체는 이어서 1882년 그의 유명한 영원회귀(Eternal Recurrence) 사상을 담은 『즐거운 학문Gay Science』을 발표한다. 여기서 혹시라도 궁금해할 독자들을 위해 짚고 넘어가자면, *Gay Science*(독일어 원제로는 *Die fröhliche Wissenschaft*)는 '동성애자(gay)'에 대해 연구하는 '과학(science)'이라는 의미가 아니다. 독일어 fröhlich와 영어 gay는 모두 '즐거운'이라는 뜻을 지니고 있으며, gay가 동성애자를 가리키는 표현이 된 것은 20세기 중반 이후의 일이다. science 역시 꼭 자연과학이라기보다는 일반적인 학문과 지식 체계를 의미한다고 봐야 한다. 물론 니체가 제시하는 학문이란 강의실에서 교수나 교사의 말을 꼼꼼히 받아 적는 것과는 전혀 다르다. 그가 제시하는 즐겁고 새로운 학문이란 이를테면 이런 식이다.

만약 어느 날 혹은 어느 밤 악마가 당신의 가장 지독한 고독 속으로 당신을 따라 슬쩍 들어와 이렇게 말한다면 어떨까? "네가 지금 살고 있는, 그리고 이제껏 살아온 이 삶을 너는 다시 한 번, 그리고 다시 무한한 횟수로 살아야 할 것이다. 새로운 것은 하나도 없을 테지만, 모든 고통과 모든 기쁨, 모든 생각과 한숨과 네 인생에서 말할 수 없으리만치 사소하거나 중대한 모든 것들이 동일한 순서로 연속되며 너에게 다시 찾아올 것이다. ─심지어 이 거미와 나무들 사이의 달빛과 심지어는 지금 이 순간과 나 자신조차도. 존재의 영원한 모래시계는 되풀이하여 뒤집어지고, 너는 그것과 함께하니, 너 한 점의 먼지여!"

What, if some day or night a demon were to steal after you into your loneliest loneliness and say to you: "This life as you now live it and have lived it, you will have to live once more and innumerable times more; and there will be nothing new in it, but every pain and every joy and every thought and sigh and everything unutterably small or great in your life will have to return to you, all in the same succession and sequence ─even this spider and this moonlight between the trees, and even this moment and

I myself. The eternal hourglass of existence is turned upside down again and again, and you with it, you speck of dust!"

괴테의 『파우스트*Faust*』에서처럼 악마가 분명 무언가를 제안하고 있긴 하다. 그런데 메피스토펠레스가 지상의 모든 지식과 쾌락을 약속하던 것과는 완전히 성격이 다르다. 니체는 계속한다.

당신은 바닥에 쓰려져 이를 갈며 그렇게 말한 악마를 저주하지 않으려는지? 아니면 당신은 그에게 "당신은 신이며, 나는 이보다 신성한 것을 들어본 일이 결코 없었소."라고 대답하는 엄청난 순간을 경험한 적이 있는지? 이런 생각이 당신을 사로잡는다면, 그것이 지금 있는 그대로의 당신을 변화시키거나 어쩌면 압도해 버릴지도 모른다. 각각에게 그리고 모든 것들에게 있어서 "당신은 이것을 한 번 더, 그리고 수없이 더 갈망하는가?"라는 질문이 엄청난 무게로 당신의 행동에 짐을 지울 것이다. 아니라면 당신은 얼마나 호의적으로(well disposed) 이 궁극적이고 영원한 확증과 봉인만큼 격렬하지는 않게 당신 자신과 삶에 대해 갈망하게 되어야만 할 것인가?

Would you not throw yourself down and gnash your teeth and curse the demon who spoke thus? Or have you once experienced a tremendous moment when you would have answered him: "You are a god and never have I heard anything more divine."? If this thought gained possession of you, it would change you as you are or perhaps crush you. The question in each and every thing, "Do you desire this once more and innumerable times more?" would lie upon your actions as the greatest weight. Or how well disposed would you have to become to yourself and to life to crave nothing more fervently than this ultimate eternal confirmation and seal?

『즐거운 학문』에서 니체의 트레이드마크라 할 '영원회귀 사상'이 제시되는 위와 같은 대목을 읽다 보면 즐겁기보다 가슴에 송곳이 와 닿는 것 같은 섬뜩한 느낌이 든다. 영원회귀 사상에 대해서는 수많은 분석과 해설이 제시되어 왔지만, 좀 단순화시켜 말하자면 "후회 없는 삶을 살아라." 정도가 되지 않을까? 만약 당신이 임종 직전 지난 삶을 돌아보다가 "참 행복하게 살았군." 하며 만족한 얼굴로 눈을 감을 수만 있다면, 그런 삶을 영원히 되풀이해야 하는 거래를 했다 하더라도 그리 밑지는 장사는 아닐 것이다. 반대로 행복과는 거리가 멀어도 너무 먼 삶을 살았다면, 그런 인생을 영원히 반복하고 싶은 사람은 아무도 없을 것이다.

그런데 니체는 영원회귀 사상에서 한 걸음 더 나아가 아예 대놓고 '위험하게' 살라고 다그친다. 당연한 얘기지만, 영원히 반복될 삶이라면 가능한 한 짜릿하고 흥미진진해야 하지 않겠는가.

내 말을 믿어라! 존재에 대해서 최대의 생산성과 최고의 즐거움을 실현하는 비밀은 위험하게 사는 데 있다! 그대의 도시를 베수비오(화산)의 비탈에 세워라! 그대의 함선들을 아무도 탐험하지 않은 바다로 보내라! 그대의 동료들, 그리고 그대 자신과도 전쟁을 벌이며 살아라! 지배자와 주인이 될 수 없다면, 그대들(ye) 지자(知者)들이여, 강도와 약탈자(spoiler)가 돼라! 숲속에 숨어 겁 많은 사슴처럼 사는 데 만족할 때 시간은 금방 지나가 버릴 것이다. 지식이 마침내 그 손길을 자기 것을 향해 뻗을 것이다. 지식이란 지배하고 소유하는 것을 의미하며, 그대들은 지식과 함께한다!

For believe me! The secret of realizing the largest productivity and the greatest enjoyment of existence is to live dangerously! Build your cities on the slope of Vesuvius! Send your ships into unexplored seas! Live in war with your equals and with yourselves! Be robbers and spoilers, ye knowing ones, as long as ye cannot be rulers and possessors! The time will soon pass when you can be satisfied to live like timorous deer concealed in the forests. Knowledge will finally stretch out her hand for that which belongs to her: she means to rule and possess, and you with her!

숨겨진 다른 의도가 있는 게 아니라면, 여기서 니체가 장려하는 것은 거의 '막가는 인생'이다. 요즘 서점가에는 어렵고 힘든 삶을 위로하는, 말 그대로 '힐링' 콘셉트의 책들이 많은데, 니체로 말하자면 그와 정반대에 위치해 있다. 위로는커녕 화산에 가서 살고, 늘 전쟁을 벌이란다. 그가 괜히 삐딱하게 구는 건 아니다. "위험하게 살라."는 그의 말은 새로운 시대를 위한 '정언명령'과도 같은 것이다.

하지만 니체의 영원회귀 사상을 받아들인다면, 그의 이러한 충고(내지 강요)가 상당히 무책임하게 들린다. 먼저 베수비오 화산에 대해 한번 생각해 보자. 만약 내가 서기 79년에 일어난 베수비오 화산 폭발 직전 그 산기슭에 집을 지은 지지리 운도 없는 폼페이 시민이었다면 어떨까? 그러면 나는 화산재를 뒤집어쓴 채 죽어 가는 운명을 영원히 반복하게 될 것 아닌가? 아무도 탐험하지 않은 바다로 나가는 것도 그렇다. 험난한 항해 끝에 보물섬이나 신대륙을 발견했다면야 다행이지만, 모진 풍랑에 배가 침몰해 물고기 밥이 되어 버렸다면 어쩔 것인가? 게다가 애초에 모든 삶이 영원히 반복되는 거라면, 현세의 삶조차 이미 영겁 이전에 정해진 운명이라는 얘기가 된다. 그렇다면 자신의 의지로 위험하게 살고 말고 할 구석이 있는지조차 의심스럽다. 지금의 삶이 영원회귀의 출발점이 아닌 한 말이다.

확실히 니체에게는 쇼핑 채널 호스트 비슷한 구석이 있다. 끝내주는 신상품이 있으니 일단 사고 보라며 유혹하는 목소리가 힘차고 유려하다. 하지만 덜컥 신용카드를 긁고 나면 품질 보증이나 애프터서비스를 기대하기는 힘들다. 그럼에도 그의 '명령'에는 확실히 젊은 영혼을 꿈틀거리게 만드는 매력이 있는 게 사실이다. 특히 디오니소스라도 된 것처럼 와인 한 잔 걸치고 발그레해진 채 니체를 읽다 보면, 마치 세계가 내 발 아래 있는 듯한 느낌마저 들 때도 있다. 그런 의미에서 니체는 창창한 미래가 앞에 놓여 있는 젊은이들이 읽는 게 훨씬 나을지도 모른다. 이미 삶을 되돌아볼 시점에 다다른, 특히 생에 대한 기대보다는 회한이 더 많은 장년층에게는 오히려 독이 될 수도 있다.

## 차라투스트라, 초인을 위한 서곡

니체는 "위험하게 살라."는 명령을 스스로 실천하려는 듯 『즐거운 학문』에 이어 실로 위험천만한 책 한 권을 집필하기 시작했다. 이제 인간은 위험하게 살아야 할 뿐만 아니라, 신이 없는 세계에 홀로 남게 생겼다. 바야흐로 "신은 죽었다.(God is dead.)"는 선언으로 유명한 『차라투스트라는 이렇게 말했다』가 등장할 시점인 것이다.

그런데 니체가 신을 '보내 버리기' 전, 먼저 보낸 이가 있으니 바로 바그너였다. 한때 그가 숭배하던 바로 그 바그너 말이다. 바그너가 1882년에 발표한 악극 〈파르지팔Parsifal〉이 화근이었다. 니체는 게르만족의 전설적 영웅 지그프리트와 그를 둘러싼 인물들의 장엄한 파멸을 그린 〈니벨룽겐의 반지The Ring of the Nibelung〉를 극찬한 바 있다. 그 유명한 〈발퀴레의 기행Ride of the Valkyries〉이 등장하는 이 오페라는 4개의 독립된 작품이 모여 하나의 연작을 구성한다. 니체는 바그너가 〈니벨룽겐의 반지〉에서처럼 계속해서 음악으로 독일 정신을 지켜주기를 바랐다. 그런데 그토록 '믿었던' 바그너가 그리스도교에서 전승돼 온 이른바 '성배 전설'에서 중요한 역할을 하는 기사 파르지팔의 활약을 그린 작품을 발표한 것이다. 엄격한 그리스도교 가정에서 태어났지만, 열여덟 살 때 이미 신앙을 버렸다고 선언한 니체는 이런 바그너의 행보를 일종의 변절로 이해하며 엄청난 배신감을 느꼈다.

보기에 따라서는, 이 일화에서도 겉으로는 강인한 척하지만 속으로는 섬세하고 상처받기 쉬웠던 인간 니체의 이중성을 읽을 수 있다. 잠시 외도(그것도 외도라고 한다면) 한 번 했다고 10여 년을 우상처럼 섬긴 인물에게 배신의 낙인을 찍고 혼자 괴로워하는 니체, 잘 상상이 가지 않지만 사실이다. 기대가 크면 실망도 큰 법이지만, 니체는 바그너가 기본적으로 사상가라기보다 음악가이자 엔터테이너였다는 사실을 망각한 듯하다. 니체와 바그너의 '절연'에 대해 이야기하다 보니, 가수 리키 마틴(Ricky Martin)의 광팬이었던 내 미국인 친구 하나가 생각난다. 이 친구는 마틴이 2001년 조지 부시 대통령 취임식에서 축가를 부르자 충격을 받은 나머지 그의 음악을 더 이상 듣지 않겠다고 선언했다. 그는 '공화당'이라고 하면 이를 갈던 친구였는데, 자신의 우상 마틴이 공화당 출신 대통령 취임식에 나서자 용서할 수 없었던 것이다. 이 역시 마틴이 기본적으로 엔터테이너지 정치가가 아니라는 사실을 망각한 경우라 할 수 있다.

하여간 바그너에게 당한 '배신(그것도 배신이라고 한다면)'의 충격에 더해, 건강까지 나빠진 니체는 만성 편두통을 호소하다가 결국 바젤 대학 교수직마저 사임하고 스위스와 이탈리아로 휴양을 떠난다. 여행길에 알프스 산맥의 실바플라나 호수를 지나치던 니체는 그 장엄한 경관으로부터 문득 영감이 떠올랐다. 그는 이때부터 아예 호수 근처 호텔에 짐을 푼 채 집필에 몰두했고, 불과 수개월 만에 작품을 탈고했다. 그것이 바로 『차라투스트라는 이렇게 말했다』이다.

책의 주인공 차라투스트라는 니체가 완전히 새롭게 만들어 낸 '캐릭터'는 아니다. 흔히 배화교라고도 부르는, 조로아스터교의 창시자 조로아스터(Zoroaster)를 모델로 하고 있다. 조로아스터교는 광명의 신 아후라 마즈다(Ahura Mazda)를 섬기며 번성했던 고대 페르시아의 종교다. 근대 유럽에서 오리엔트, 즉 동방 문명에 대한 관심이 높아지고 조로아스터교의 고대 경전 주석서인 『젠드 아베스타Zend-Avesta』가 소개되면서 주목을 받았다. 조로아스터는 일부 유럽 지식인들 사이에서 예수의 대안이 될 인물 비슷한 대접을 받기도 한 것 같다. 조로아스터는 모차르트의 오페라 〈마술피리Magic Flute〉에서도 '자라스트로(Sarastro)'라는 이름으로

실바플라나 호수 근처에 있는 '니체의 돌(The Nietzsche Stone).' 그는 이곳에서 『차라투스트라는 이렇게 말했다』에 대한 영감을 얻었다고 한다.

등장한다. 니체는 이렇게 역사성과 종교성이 공존하는 고대의 실존 인물을 원형 삼아 '차라투스트라'라는 새로운 인물을 창조했다. 마치 헤르만 헤세(Hermann Hesse)가 『싯다르타Siddhartha』에서 석가모니를 모델로 또 다른 독특한 '캐릭터'를 만들었던 것처럼 말이다.

이제 흔히 니체의 최고 걸작으로 일컬어지는 『차라투스트라는 이렇게 말했다』의 도입부를 감상해 보기로 하자. 영어 텍스트의 경우도 'ye, thou, thee' 등 고풍스런 표현만 미리 알고 있으면, 전체 흐름은 크게 어려울 것이 없다.

차라투스트라가 서른이 되었을 때, 그는 집과 집 근처의 호수를 떠나 산속으로 들어갔다. 거기에서 그는 그의 정신과 고독을 즐겼으며, 10년간 싫증을 내지 않았다. 하지만 결국 그의 마음은 변했다. ─그는 장밋빛 여명과 함께 온 어느 날 아침에 일어나, 태양을 향해 걸어가서 이렇게 말했다:

그대 빛나는 별이여! 그대가 비추는 대상을 지니지 않았다면, 그대의 행복은 무엇이란 말인가!

10년간 그대는 여기 나의 동굴까지 올라왔다. 나와, 나의 독수리와, 나의 뱀이 없었더라면 그대는 그대의 빛과 여정에 지쳤으리라.

하지만 우리는 매일 아침 그대를 기다렸고, 그대로부터의 그대의 범람을 취했고, 이에 대해 그대를 축복했노라.

보라! 마치 꿀을 너무 많이 모은 벌처럼 나는 내 지혜에 싫증이 났기에, 이제 그것을 취하기 위해 뻗어 올 손들이 필요하다.

When Zarathustra was thirty years old, he left his home and the lake of his home, and went into the mountains. There he enjoyed his spirit and solitude, and for ten years did not weary of it. But at last his heart changed,—and rising one morning with the rosy dawn, he went before the sun, and spoke thus unto it :

Thou great star! What would be thy happiness if thou hadst not those for whom thou shinest!

For ten years hast thou climbed hither unto my cave : thou wouldst have wearied of thy light and of the journey, had it not been for me, mine eagle, and my serpent.

But we awaited thee every morning, took from thee thine overflow and blessed thee for it.

Lo! I am weary of my wisdom, like the bee that hath gathered too much honey; I need hands outstretched to take it.

거창하게 표현하고는 있지만, 너무 오랫동안 혼자 지내다 보니 그저 '사람이 고팠다' 말하고 있는 것 아닐까? 차라투스트라의 이런 행보는 『비극의 탄생』과 함께 본격적인 '고독의 탄생'을 경험한 바 있는 니체가 자신의 새로운 책을 통해 사람들에게 다가서려 한 희망을 간접적으로 반영하는 것인지도 모른다. 예수는 황야에서 고작 3년을 보냈고, 석가모니도 6년간 수행을 했을 뿐인데, 차라투스트라는 장장 10년간 동굴에서 독수리와 뱀을 벗 삼아 도를 닦았으니 그 내공이 어느 정도일지 상당히 기대되는 것은 사실이다.

이렇게 당당하게 동굴을 떠나 하산하던 차라투스트라는 숲속에서 10년 전 처음 입산할 때 만났던 늙은 성자와 재회하는데, 성자는 하산한 그를 향해 이렇게 말한다.

"이 방랑자는 내게 결코 낯선 자가 아니로군. 여러 해 전에 그가 이곳을 지나갔지. 차라투스트라라고 불렸지만, 그는 변했군. (…) 깨달은 자 차라투스트라여, 잠든 자들의 땅에서 그대는 무엇을 할 작정인가?"

"No stranger to me is this wanderer: many years ago passed he by.
Zarathustra he was called; but he hath altered. (…) an awakened one is
Zarathustra: what wilt thou do in the land of the sleepers?"

성자는 차라투스트라가 인간의 세계로 돌아가겠다고 하자 딱하다는
듯 혀를 차며 만류한다. 인간계에 가 봐야 아무것도 얻을 게 없다는 것
이다.

"그럼 성자께서는 숲속에서 무엇을 하시오?" 차라투스트라가 물었다.

성자가 답하기를 "나는 송가를 지어 부른다네. 송가를 지을 때면 나는 웃
고, 울고, 중얼거리기도 하지. 그렇게 나는 신을 찬미한다네."

차라투스트라가 이 말을 들었을 때, 그는 성자에게 인사를 하고 말하기를
"내가 그대에게 무엇을 드려야 하겠소! 차라리 내가 그대에게서 어떤 것
(aught)도 앗아가지 않도록 서두는 게 낫겠구려!" 그렇게 노인과 차라투스
트라는 학교에 다니는 소년들처럼 웃으며 서로 헤어졌다.

그러나 차라투스트라가 홀로 되었을 때, 그는 스스로에게 말했다. "가능
이나 한 일인가! 숲속의 늙은 성자는 아직도 신이 죽었다는 소식을 듣지 못
했다니!"

"And what doeth the saint in the forest?" asked Zarathustra.

The saint answered: "I make hymns and sing them; and in making
hymns I laugh and weep and mumble: thus do I praise God."

When Zarathustra had heard these words, he bowed to the saint and
said: "What should I have to give thee! Let me rather hurry hence lest I
take aught away from thee!"—And thus they parted from one another,

the old man and Zarathustra, laughing like schoolboys.

When Zarathustra was alone, however, he said to his heart: "Could it be possible! This old saint in the forest hath not yet heard of it, that GOD IS DEAD!"

차라투스트라에게 늙은 성자는 너무나 안타깝게 보인다. 이미 신이 죽은 마당에 아름다운 송가를 지어 찬미해 봐야 무슨 소용이 있단 말인가. 이렇게 해서 차라투스트라는 신에 대한 사망 선고를 내리는데, 사실 니체는 이미 『즐거운 학문』에서 다음과 같이 말한 바 있다.

신은 죽었다. 하지만 인간이 깃들여 있는 현 상태를 고려할 때, 아마도 그의 그림자가 드리워져 있을 동굴들은 여전히 오랫동안 존재할 것이다.

God is dead : but considering the state Man is in, there will perhaps be caves, for ages yet, in which his shadow will be shown.

차라투스트라는 "신은 죽었다."는 선언을 성자와 헤어진 뒤 일종의 독백 형식으로 전한다. 왜 그는 늙은 성자의 면전에 대고 "당신은 아직 신이 죽었다는 걸 모르는 거요? 있지도 않은 신을 찬미하다니요?"라며 돌직구를 날리지 않았을까? 이 장면에서도 바그너의 '변절'에 저 혼자 상처받고 몸부림쳤던 니체의 '새가슴'을 다시금 느낄 수 있다고 한다면 비약일까? 사실 니체와 바그너의 '절교'라는 것도 대놓고 이루어진 게 아니었다. 둘이 만나 머리 터지게 논쟁을 벌인 일도 없고, 그저 니체가 뒤돌아서서 쓴웃음을 짓는 식이었다. 바그너가 보낸 〈파르지팔〉 악보를 받은 뒤, 니체는 그와의 접촉을 끊어 버렸다. 그 후 바그너 역시 죽을 때까지 니체에게 연락하지 않았다. 당시 잘나가는 유명 인사였던 바그너에

〈파르지팔〉의 악보. 제목 아래에 '무대신성축전극(Bühnenweihfestspiel)'이라는 거창한 수식어가 붙어 있다. 바그너는 표지 하단에 보이는 것처럼 1877년에 이 곡을 쓰기 시작했고, 초연은 1882년에 이루어졌다.

게 니체는 자신을 숭배하는 똘똘한 젊은이들 중 하나였을 뿐이었다. 그들의 절교는 이렇게 어정쩡한 것이었다.

다시 『차라투스트라는 이렇게 말했다』로 돌아가서, 차라투스트라는 그렇게 인간 세계로부터 도피한 성자를 비웃으며 근처의 한 마을에서 열린 장터에 도착한다. 때마침 사람들이 줄꾼의 재주를 보려고 모여 있었다. 장터에 들어선 차라투스트라는 '장터 국밥'도 한 그릇 먹지 않고 대뜸 설법을 시작한다. 여기서 "신은 죽었다."에 이은 니체의 또 다른 트레이드마크가 급작스럽게 모습을 드러낸다. 바로 '초인(Superman/Overman, 독일어로 Übermensch)'이다.

나는 그대들에게 초인을 가르치련다. 인간은 뛰어넘어야 할 그 무엇이다. 그대들은 인간을 넘어서기 위해 무엇을 했는가?

모든 존재는 지금까지 스스로를 초월하는 무언가를 창조해 왔다. 그런데 그대들은 거대한 파도의 썰물이 되기를 원하며, 인간을 넘어서기보다 차라리 야수로 돌아가려는가?

(…)

그대들은 벌레로부터 인간의 길로 나아갔으되, 내면은 상당 부분 여전히 벌레로 남아 있다. 그대들은 한때 유인원이었고, 여전히 인간은 어떤 유인원들보다 더욱 유인원일 뿐이다.

심지어 그대들 가운데 가장 현명한 자조차 식물과 유령의 잡종이자 부조화한 존재일 뿐이다. 하지만 내가 그대들더러 유령이나 식물이 되라 하겠는가?

보라, 나는 그대들에게 초인을 가르친다!

I TEACH YOU THE SUPERMAN. Man is something that is to be surpassed. What have ye done to surpass man?

All beings hitherto have created something beyond themselves: and ye want to be the ebb of that great tide, and would rather go back to the beast than surpass man?

(…)

Ye have made your way from the worm to man, and much within you is still worm. Once were ye apes, and even yet man is more of an ape than any of the apes.

Even the wisest among you is only a disharmony and hybrid of plant and phantom. But do I bid you become phantoms or plants?

Lo, I teach you the Superman!

일단 분명한 게 하나 있는데, 차라투스트라가 설파하는 '초인'은 크립톤 행성에서 조 엘의 아들 칼 엘로 태어났지만 지구에서 클라크 켄트라는 이름으로 살아가는 무적의 슈퍼맨을 말하는 것이 아니다. 차라투스트라에 따르면 초인은 외계인이나 유령이 아닌 인간 중에 있거나, 인간 가운데 누군가가 이루어 낼 어떤 존재다. 또한 엄밀히 말하자면 차라투스트라는 "그대들에게 초인을 가르친다."라고 했지 "초인이 되는 법을 가르친다."라고 하지는 않았다. 이 차이점은 매우 중요하다.

한편 책에서 사람들은 유감스럽게도 막 줄 위에 올라가 걷기 시작한 줄꾼의 재주에만 흥미를 보일 뿐 차라투스트라나 초인에는 별 관심을 기울이지 않는다. 차라투스트라는 자신의 지혜를 꿀에 비유했지만, 아직 사람들은 그것이 얼마나 달콤한지 모른다. 금세 밝혀지겠지만, 사실 많은 이들에게 그 철학은 꿀이 아니라 쓰디쓴 약에 가깝다. 차라투스트라는 군중의 무시와 무관심에도 아랑곳하지 않고 줄꾼이 타는 밧줄을 소재로 하여 꿋꿋하게 설법을 계속한다.

인간은 동물과 초인 사이에 뻗친 밧줄─심연 위에 놓인 밧줄이다.

위험스런 횡단, 위험스런 걸음, 위험스런 돌아보기, 위험스런 진동과 정지.

인간의 위대한 점은 그가 하나의 다리이지 목적은 아니라는 데 있다. 인간의 사랑스러운 점은 그가 건너가는(OVER-GOING) 존재이자, 몰락하는(DOWN-GOING) 존재라는 데 있다.

(…)

나는 몰락하고 희생하려는 이유를 먼저 별들 너머에서 찾지 않고, 장차 초인이 도래할지 모를 대지, 그 대지를 위해 스스로를 희생하는 자들을 사랑한다.

나는 깨닫기 위해 사는 자, 장차 초인이 살 수 있도록 깨닫기를 추구하는 자를 사랑한다. 이렇게 하여 그는 그 스스로 몰락하려 한다.

나는 초인을 위해 집을 짓고, 그를 위해 대지와 동식물을 준비할, 일하고 창안하는 자를 사랑한다. 이렇게 하여 그는 그 스스로 몰락하려 하기 때문이다.

(…)

나는 행동에 앞서 금언(金言)을 흩뿌리고, 언제나 그가 약속한 것보다 더 행하는 자를 사랑한다. 그는 그 스스로 몰락하려 하기 때문이다.

Man is a rope stretched between the animal and the Superman — a rope over an abyss.

A dangerous crossing, a dangerous wayfaring, a dangerous looking-back, a dangerous trembling and halting.

What is great in man is that he is a bridge and not a goal: what is lovable in man is that he is an OVER-GOING and a DOWN-GOING.

(…)

I love those who do not first seek a reason beyond the stars for going down and being sacrifices, but sacrifice themselves to the earth, that the earth of the Superman may hereafter arrive.

I love him who liveth in order to know, and seeketh to know in order that the Superman may hereafter live. Thus seeketh he his own down-going.

I love him who laboureth and inventeth, that he may build the house for the Superman, and prepare for him earth, animal, and plant: for thus seeketh he his own down-going.

(…)

I love him who scattereth golden words in advance of his deeds, and always doeth more than hepromiseth: for he seeketh his own down-going.

우선 영문을 보면 대문자로 쓰인 'OVER-GOING'과 'DOWN-GOING'이 눈에 띈다. 이는 각각 독일어로 Übergang(건너가다)과 Untergang(몰락하다)을 번역한 것이다. 차라투스트라는 계속해서 '몰락'을 말한다. 왜일까? 『차라투스트라는 이렇게 말했다』 서문에서 위 인용문보다 앞서 등장하는 다음 문구에 단서가 있다.

> 보라! 이 잔은 다시 텅 비려 하고, 차라투스트라는 다시 인간이 되려 한다. 이렇게 하여 차라투스트라의 몰락이 시작됐다.
>
> Lo! This cup is again going to empty itself, and Zarathustra is again going to be a man.
>
> Thus began Zarathustra's down-going.

잔이 비워지는 까닭은 무엇일까? 비워져야 다시 채울 수 있기 때문이다. 차라투스트라가 몰락하려는 이유는 다시 인간이 되고, 초인이 되기 위해서다. 그래서 그는 자꾸만 몰락을 이야기하고, 또 초인을 위해 몰락하려는 자를 사랑한다고 말한다. 영문을 보면 'I love~' 패턴이 20여 차례 반복되면서, 차라투스트라의 사랑을 받을 자격이 있는 인간상이 다양하게 소개된다.

문제는 인간들이 이렇게 열심히 살아야 하는 이유가 자기 자신 때문이 아니라는 데 있으며, 여기에 니체 철학의 아이러니가 있다. 차라투스트라, 아니 니체는 인간들에게 치열하게 살면서 초인의 도래를 위해 길을 닦으라고, 즉 불쏘시개가 되라고 말한다. 인간은 기껏해야 '다리'이지 '목적'이 아니란다. 하지만 상식적으로 생각했을 때, 초인에게서 뭔가 '콩고물'이라도 떨어지길 기대하는 게 아닌 다음에야 무슨 이유로 선뜻 초인을 위해 자신을 희생하겠는가? 더구나 누구나 선택의 여지가 있다면 다리(초인의 불쏘시개)가 되기보다는 목적(초인)이 되고 싶지 않겠는가?

그런데 재미있는 것은 차라투스트라가 아무리 열심히 '초인 속보'를 전해 봐야, 장터에 모인 사람들은 줄꾼의 재주를 보는 데만 관심을 보인다는 점이다. 그런데 이때 갑자기 불의의 사고가 발생하고 만다. 줄꾼이 그만 땅에 떨어진 것이다. 사람들은 모두 뿔뿔이 흩어져 버리고, 차라투스트라는 치명상을 입은 줄꾼 곁에 무릎을 꿇고 앉는다.

"당신 거기서 뭘 하고 있는 거요?" 줄꾼이 마침내 말했다. "나는 오래전부터 악마가 내게 실수를 저지르게 만들 줄 알고 있었소. 이제 그가 나를 지옥으로 끌고 가오. 당신이 그를 막아 주겠소?"

"친구여, 내 명예를 걸건대," 차라투스트라는 답했다. "그대가 말하는 그런 것은 아무것도 없다오. 악마도 지옥도 없는 것이오. 그대의 영혼은 그대의 육체보다도 빨리 죽으리니, 더 이상 아무것도 두려워하지 마시오."

그 남자는 믿기지 않는다는 표정으로 올려다보았다. "만약 당신 말이 사실이라면," 그가 말했다. "내 목숨을 잃을 때 내가 잃는 것은 아무것도 없겠구려. 나는 구타와 보잘것없는 먹이 때문에 춤추는 걸 배운 동물보다 별로 나을 것이 없군."

"전혀 그렇지 않소," 차라투스트라가 말했다. "그대는 위험을 그대의 소명으로 삼았고, 거기에 경멸받을 만한 것은 전혀 없소. 이제 그대는 그대의 소명 때문에 소멸하리니, 나는 그대를 내 손으로 묻어 주겠소."

차라투스트라가 이렇게 말했을 때, 죽어 가던 자는 더 이상 대답이 없었다. 그러나 그는 마치 감사의 표시로 차라투스트라의 손을 잡으려는 듯 자신의 손을 움직였다.

"What art thou doing there?" said he at last, "I knew long ago that the devil would trip me up. Now he draggeth me to hell: wilt thou prevent him?"

"On mine honour, my friend," answered Zarathustra, "there is nothing of all that whereof thou speakest: there is no devil and no hell. Thy soul will be dead even sooner than thy body: fear, therefore, nothing any more!"

The man looked up distrustfully. "If thou speakest the truth," said he, "I lose nothing when I lose my life. I am not much more than an animal which hath been taught to dance by blows and scanty fare."

"Not at all," said Zarathustra, "thou hast made danger thy calling; therein there is nothing contemptible. Now thou perishest by thy calling: therefore will I bury thee with mine own hands."

When Zarathustra had said this the dying one did not reply further; but he moved his hand as if he sought the hand of Zarathustra in gratitude.

차라투스트라는 위험한 줄타기를 업으로 택한 줄꾼을 찬양하지만, 니체의 영원회귀론에 따르면 그는 줄을 타다 땅으로 떨어져 죽음을 맞이하는 삶을 영원히 반복해야 할 운명이다. 줄꾼의 추락사고 이후에도 차라투스트라의 이야기는 수백 쪽에 걸쳐 계속된다. 그러니 독자 여러분들 역시 종종 비슷한 문장과 표현이 반복되는 '독서의 영원회귀' 같은 느낌을 받을 수도 있을 것이다.

솔직히 나는 『차라투스트라는 이렇게 말했다』를 니체의 책들 중 가장 재미있게 읽었다고 말할 자신이 없다. 많은 사람들이 이 책을 니체의 최고 걸작으로 평가하는 것에도 동의하기가 좀 망설여진다. 현자가 툭 나타나 일방적으로 설교하는 포맷은 『성서』의 여러 복음서들에서도 쓰인 낡은 방식일 뿐 아니라 철학자가 사용하기에는 너무 편리한 수법이기도 하다. 적어도 플라톤의 '대화편'에서는 비록 상대를 어리숙하게 설정할지언정 반론의 여지는 준 반면, 『차라투스트라는 이렇게 말했다』에서는 사실상 일방적인 설교만 할 따름이다.

게다가 니체가 말하는 '초인' 역시 상당히 모호한 개념이다. 이미 죽어 버린 신이 인간을 구원하기 위한 메시아로 초인을 보냈을 리는 없다. 책에서는 초인이 어떻게 탄생하는지, 아니면 우스갯소리로 어떤 특공 훈련을 받고 어떤 신공을 익혀야 초인이 되는 건지 전혀 말해 주지 않은 채 초인에 대한 담론을 쏟아 낸다. 그렇다고 마지막에 하늘이 갈라지며 천둥번개와 함께, 혹은 땅이 쩍 벌어지며 불기둥과 함께 초인이 '짠' 하고 등장하는 것도 아니다. 도대체 차라투스트라가 말하는 초인의 실체는 무엇일까? 울퉁불퉁한 근육질의 헤라클레스 같은 자인 건지, 아니면 세계의 운명을 점칠 천재적인 두뇌의 소유자인 건지, 아니면 그 둘의 합체인지 당최 불분명하다. 어쩌면 니체는 조로아스터교의 최고 신 아후라 마즈다, 그리스도교의 메시아, 고대 게르만 신화의 영웅이자 바그너 악극의 주인공인 지그프리트에 쇼펜하우어가 말한 천재를 잘 반죽해 일종의 사상적 프랑켄슈타인을 반쯤 굽다가 만 것은 아닐까?

## 망치를 든 철학자

유감스럽게도 니체 필생의 대작이라고 할 『차라투스트라는 이렇게 말했다』 역시 흥행 면에서는 『비극의 탄생』과 다르지 않았다. 후자가 대박은 커녕 '쪽박의 탄생'에 가까웠다면, 전자는 '차라투스트라는 이렇게 쪽박을 찼다'였다고나 할까? 니체는 자신의 원고를 책으로 내 주려는 출판사가 없자, 가뜩이나 없는 살림에 자비 출판을 하는 굴욕까지 겪어야 했다. 뿐만 아니라 전작인 『비극의 탄생』에 대해 실망감을 표했던 친구들과 비평가들은 이제 단순한 우려를 넘어 아예 '학자'의 변신에 경악하기 시작했다.

아이러니하게도 책을 통해 초인을 외치는 동안 정작 니체 자신은 점점 쇠약해져 갔다. 편두통은 이제 거의 견딜 수 없는 지경에 이르렀고, 시력조차 나빠져 오랫동안 앉아서 글을 쓰는 것조차 힘들어졌다. 이후 발표된 니체의 책들이 『차라투스트라는 이렇게 말했다』보다 훨씬 분량이 적고, 문장 역시 짧아지게 된 데는 건강상의 이유도 있었다. 하지만 역설적이게도 그 덕분에 훨씬 담백하고 분명하게 메시지를 전달할 수 있게 된 것도 사실이다.

『차라투스트라는 이렇게 말했다』 이후 적군과 아군의 구별조차 불분명한 좌충우돌, 전방위 공격 식 철학이 전개된 수작으로는 『우상의 황혼』을 들 수 있다. 이 책의 온전한 제목은 『우상의 황혼 혹은 망치로 철학하는 방법 Twilight of the Idols, or, How to Philosophize with a Hammer』이다. 철학을 머리와 펜이 아니라 망치로 한다니 무슨 뜻일까? 이 책에서 니체는 고대 소크라테스에서부터 시작해 단테와 칸트는 물론 조지 엘리엇, 조르주 상드, 토마스 칼라일에 이르기까지 당시 유럽 지성계를 주도하던 사상가들과 작가들을 철저히 비판한다. 비판의 '톤' 역시 점잖지 않다. 대상을 앞에 두고 말 그대로 망치를 휘두르며 고함을 지르는 듯한 열정으로 가득차 있다. 책 제목 그대로다. 그래서인지 『우상의 황혼』은 칸트나 헤겔의 저작과 비교했을 때 읽는 재미가 거의 무협 판타지 소설 급이라 할 만하다. 니체가 공격하는 저자들의 책을 이미 읽었거나 최소한 이들에 대해 어느 정도 알고 있다면 읽는 재미가 더 쏠쏠해진다. 뭐 더 이상 돌려 말할 것 없이, 니체가 '소크라테스의 문제(The Problem of Socrates)'라는 챕터에서 역사상 수많은 철학자들의 우상이었으며, 그리스에서 가장 현명한 자라는 신탁을 누린 인물에 대해 어떻게 말하는지 좀 보자.

소크라테스는 태생적으로 최하위 계층에 속했다. 소크라테스는 서민이었다. 누구라도 직접 보면 그가 얼마나 못생겼는지 알 수 있다. 하지만 그 자체로 반감을 주는 추함이란 그리스인들 사이에서는 거의 논박되었다. 소크라테스는 어쨌든 그리스인이었는가? 추함은 종종 발달이 좌절되었다는, 발달이 쇠퇴하고 있다는 신호로 보기에 충분하다. 범죄학자들 가운데 인류학자들은 전형적인 범죄자는 못생겼다고 말한다. '얼굴이 괴물인 자, 마음도 추악할지니.'

Socrates belonged, in his origins, to the lowest orders: Socrates was rabble. One knows, one sees for oneself, how ugly he was. But ugliness, an objection in itself, is among Greeks almost a refutation. Was Socrates a Greek at all? Ugliness is frequently enough the sign of a thwarted development, a development in decline. Anthropologists among criminologists tell us the typical criminal is ugly: *monstrum in fronte, monstrum in animo.*

마지막 라틴어 문장 "*monstrum in fronte, monstrum in animo*"는 영어로 "monster in face, monster in soul"이다. 우리 식으로 풀어 보면 "생긴 대로 논다."는 것인데, 라틴어로 하니 괜히 그럴듯해 보인다. 아무튼 니체가 앞 대목에서 소크라테스의 외모를 깎아내렸으니 이 문장을 통해 뭘 말하려는 건지는 분명하다. 소크라테스에 대한 그의 적의는 『비극의 탄생』에서도 이미 드러난 바 있지만, 이쯤 되면 거의 인신공격에 가깝다. 물론 지금 남아 있는 조각이나 그림을 봐도 소크라테스의 용모는 미남과 거리가 먼 게 사실이다. 하지만 그렇다 하더라도 이런 식으로 외모를 물고 늘어지는 건 주먹 싸움에서 벨트 아래를 가격하는 것과 같은 반칙이다. 하기야 망치로 철학을 하겠다고 선언한 마당에 반칙 따위를 걱정하지는 않았겠지만 말이다. 니체는 계속한다.

하지만 범죄자는 타락한 자다. 소크라테스는 전형적인 범죄자였던가?— 적어도 소크라테스의 친구들이 너무나 못마땅하게 여긴, 그 이름난 관상가의 의견은 이러한 생각과 모순되지 않는다. 관상을 볼 줄 아는 한 이방인이 아테네에 들렀다 가던 중 소크라테스의 면전에 대고 그가 괴물이라고—그 안에 온갖 종류의 부도덕과 욕망이 담겨 있다고 말했던 것이다. 그런데 소크라테스는 단지 "당신 말대로요!"라고 답했을 따름이다.

But the criminal is a decadent. Was Socrates a typical criminal?—At least that famous physiognomist's opinion which Socrates' friends found so objectionable would not contradict this idea. A foreigner passing through Athens who knew how to read faces told Socrates to his face that he was a *monstrum*—that he contained within him every kind of found vice and lust. And Socrates answered merely: "You know me, sir!"

이렇게 니체는 그리스 철학 야사에 등장하는 일화까지 들먹이며 소크라테스를 공격한다. 또한 거기서 그치지 않고 소크라테스의 대화법으로 주제를 옮겨 계속 비판을 가한다.

니체의 공격을 어떻게 이해해야 할까? 내 생각에는 그가 '타깃'을 잘못 고른 느낌이다. 이 대목에서 니체는 마치 소프트웨어 오류로 제 편을 공격하기 시작한 드론처럼 군다. 소크라테스가 누구던가? 어중이떠중

이 모두가 동등한 투표권을 갖는 아테네의 민주주의를 경멸하며 귀족정치를 선호한 인물 아니던가? 그렇다면 니체가 주장한 '초인 철학'의 먼 친척뻘 되는 사상을 지닌 인물이라고 볼 수 있지 않을까? 니체는 소크라테스가 대화법으로 본질을 흐리는 말장난과 지적 유희를 벌이며 젊은이들을 타락시켰다는 이유로 그를 비난한다. 그런데 이러한 주장은 아이러니하게도 유사한 이유로 소크라테스를 죽음으로 몰아넣었던 아테네의 기득권 세력을 옹호하는 것처럼 해석될 수도 있다.

니체의 공격 대상은 소크라테스에 그치지 않았다. 이번에는 그가 '내가 참기 어려운 자들'이라는 자극적인 말로 시작하는 대목을 살펴보자. 그는 여기서 앞으로 책이 전개되면 본격적으로 '손봐 줄' 우상들의 리스트를 예고편 비슷하게 소개한다. 유명한 사상가, 작가, 예술가의 특징을 한두 문장 혹은 심지어 한 구절로 요약하는 니체의 촌철살인 입담도 입담이려니와 그의 방대한 독서량과 관심 영역이 잘 드러난다.

내가 참기 어려운 자들. 세네카: 혹은 덕의 기마투우사. 루소: 혹은 자연 상태의 부도덕한 본성으로의 귀환. 실러: 혹은 재킹겐의 도덕적 나팔수. 단테: 혹은 무덤에 대해 시적으로 읊은 하이에나. 칸트: 혹은 지적인 인격체인 척하는 위선자. 빅토르 위고: 혹은 모순의 바다에 있는 등대. 리스트: 혹은 명연주가─여성들을 가지고. 조르주 상드: 혹은 *lactea ubertas*─번역하면, '좋은 문체'를 가진 젖소. 미슐레: 혹은 윗도리를 벗어젖힌 열정. 칼라일: 혹은 소화불량 같은 비관주의. 존 스튜어트 밀: 혹은 공격적인 명료성. 공쿠르 형제: 호메로스와 씨름하는 두 아이아스─음악 오펜바흐. 졸라: 혹은 악취 나는 즐거움.

My impossible ones. Seneca: or the toreador of virtue. Rousseau: or the return to nature *in impuris naturalibus*. Schiller: or the Moral-

Trumpeter of Säckingen. Dante: or the hyena which poetizes on graves.
Kant: or cant as intelligible character. Victor Hugo: or the Pharos in the
Sea of Absurdity. Liszt: or the virtuoso—with women. George Sand: or
*lactea ubertas*—in translation: the milch cow with the 'fine style.'
Michelet: or enthusiasm which strips off the jacket. Carlyle: or pessim-
ism as indigestion. John Stuart Mill: or offensive clarity. Les freres de
Goncourt: or the two Ajaxes struggling with Homer—music by Offen-
bach. Zola: or 'the delight in stinking.'

이들에 대한 코멘트가 정확히 무엇을 의미하는지 알려면, 각 인물의
작품이나 됨됨이에 대해 잘 알고 있어야 한다. 하지만 현재 남아 있는 자
료만으로는 당대에 니체가 진짜 어떤 마음으로 평가한 것인지를 정확히
알기 어렵다. 분명한 건 좋은 말은 단 한마디도 하지 않았다는 점이다.
　독설의 제물이 된 이들 가운데 세네카의 위선적인 삶에 대해서는 스
토아 철학을 다루면서 잠깐 살펴본 바 있다. 그러니 그런 그의 삶을 비
꼬았을 것이라고 짐작할 수 있다. 루소의 경우, 그를 평하면서 사용한
라틴어에 주목해야 한다. 원래 *impuris*는 '부도덕한, 불결한, 오염된'이
라는 뜻을 갖고 있으니, *impuris natralibus*를 그대로 해석하면 '자연
상태에서의 부도덕함이나 불결함'을 의미한다. '순수한 자연 상태의, 알
몸의' 등을 의미하는 라틴어 표현 '*in puris naturalibus*'를 비튼 것이
기도 하다. 그러니 "자연으로 돌아가라."는 루소의 주장을 깎아내리는
것으로 볼 수 있다. 전성기 때 복잡한 여성 관계로 악명 높았던 천재 피
아니스트 프란츠 리스트에 대해 여자를 잘 다루는 '명연주가'라고 표현
한 것도 따끔한 '잽'이다.
　상드와 칼라일을 비롯해 니체가 공격한 유명 인사들 가운데 상당수가

당대의 유명 작가들이었다는 점은 니체가 이들을 표적으로 삼은 이유에 대해 추측해 볼 단서를 제공한다. 즉, 이들에 대한 니체의 '망치질'이 실은 동시대 인기 작가들에 대한 질시 때문에 벌인 '헛발질'이었을 수도 있다는 것이다. 니체로서는 천재이자 새 시대의 도래를 알리는 '예언자'인 자신이 좀처럼 무명의 굴레를 벗어나지 못하는 현실을 견디기 힘들었을 것이다. 반면 그가 보기에는 정말 형편없는 사상과 재능으로 무장한 범재들이 대중의 사랑을 받는 것은 물론이고 그들이 쓴 책까지 잘 팔리니 분풀이를 하고 싶었을지도 모른다.

『우상의 황혼』은 이렇게 19세기 말 유럽 지성계의 내막을 알면 더욱 재미있게 읽을 수 있는 책이지만, 뭐 모른다고 해서 재미가 반감되는 것은 아니다. 오히려 니체의 망치질을 감상하고 난 뒤, 세기말 유럽의 철학과 예술에 대해 좀 더 알고 싶어진다면 좋은 일일 것이다. 비록 그것이 니체의 의도는 아니었다 할지라도 말이다.

## 그리스도교와의 전쟁

니체가 『우상의 황혼』과 거의 동시에 발표한 책이 유명한 『반그리스도 *The Antichrist*』다. 그는 조무래기 우상들을 아무리 파괴해 본들 기존 서양 문명 전반에 깃든 배후 세력, 말하자면 우상의 '대마왕'이라고 할 그리스도교를 손보지 않고는 초인이 도래할 새로운 시대를 기대하기 힘들다고 결론 내린 것으로 보인다. 물론 그리스도교에 대한 그의 적개심은 기존의 다른 저서들에서도 드러난 바 있지만, 그에게는 이전까지 좀 두서없이 벌였던 공격을 체계화할 '완전정복' 텍스트가 필요했던 것이다. 『반그리스도』는 이렇게 쓰인 책이다.

그렇다면 이제 니체는 그리스도교에 대해 어떤 독설을 날릴 것인가?

니체가 『반그리스도』의 결말 부분으로 의도하고 쓴 것으로 보이는 육필 원고.

비록 신앙을 버렸다고는 해도 목사의 아들로 태어난 그가 그리스도교를 '터프'하게 다뤄 봐야 얼마나 그러겠나, 하는 우려(?)는 하지 않아도 좋다. 『반그리스도』는 거의 2,000년간 서구 문명을 주도해 온 그리스도교를 과감히 수술대 위에 올려, 마취제도 사용하지 않은 채 집도한 외과 수술의 기록이라고 할 수 있다. 니체는 독자들의 기대(?)를 저버리지 않는다. 비록 그가 서문에서 어쩌면 이 책을 이해할 사람이 아직 한 명도 태어나지 않았을지 모른다는 단서를 달기는 했지만 말이다. 니체는 그의 또 다른 저서 『도덕의 계보』에서 독일어 어원학까지 동원하며 자세히 설명한 바 있던, 선과 악에 대한 정의를 다시 한 번 요약하면서 『반그리스도』를 시작한다.

선이란 무엇인가?—인간에게 있어서 힘에 대한 느낌을, 힘에의 의지를, 힘 자체를 증가시키는 모든 것.

악이란 무엇인가?—나약함에서 비롯되는 모든 것.

행복이란 무엇인가?—힘이 증가하는—저항이 극복되는 느낌.

만족이 아니라 보다 많은 힘을. 어떤 대가를 치르더라도 (얻어야 할) 평화가 아닌 전쟁을. 덕이 아니라 효율을(르네상스적 의미의 덕인 비르투, 도덕적 신랄함으로부터 자유로운 덕).

약자와 불구자는 소멸해야 한다. 우리 박애주의의 첫 번째 원칙이다. 누군가는 그들이 그렇게 되도록 도와야 한다.

What is good?—All that augments the feeling of power, the will to power, power itself, in man.

What is evil?—All that springs from weakness.

What is happiness?—The feeling that power increases—that resistance is overcome.

Not contentment, but more power; not peace at any price, but war; not virtue, but efficiency(virtue in the Renaissance sense, *virtu*, virtue free of moral acid).

The weak and the botched shall perish: first principle of our philanthropy. And one should help them to do so.


그는 르네상스적 의미의 덕인 '비르투(*virtu*)'가 필요하다고 말한다. 여기서 말하는 '비르투'란 쉽게 말해 기능적인 탁월성, 개인의 역량 등을 의미한다. 고대 로마에서는 남성다움, 용맹성 등과도 연결되는 개념으로 사용했고, 마키아벨리는 정치와 외교 등 현실 분야에서는 그리스도교적 미덕이 아닌 고대 영웅의 '비르투'가 필요하다고 말하기도 했다. 그러니 니체가 말하는 덕이란 곧 '강자의 덕'인 셈이다. 한편 마지막 문장에서 botched는 독어 Mißraten을 번역한 것이다. 둘 다 '실패한, 잘못된'이라는 뜻을 갖고 있다. 단어 뜻 그대로 좀 심하게 말하자면 '실패작'이라는 얘긴데, 그런 존재들은 모두 소멸시켜야 한다고 주장한다.

이렇게 '강한 것이 곧 선'이라고 선언하는 대목은, 정의란 강자의 이해를 대변하는 것일 뿐이라던 트라시마코스를 떠올리게 한다. 플라톤의 『국가론』에서 소크라테스에게 사실상 '돌아이' 취급을 받았던 이 비운의 논객이 '돌직구의 사도' 니체의 손끝에서 화려하게 부활하는 듯하다. 그런데 문제가 하나 있었다. 니체가 보기에 인간계를 움직이는 기본적인 원리를 막아서는 불순 세력이 있었던 것이다. 마땅히 타도되어야 할 불순 세력, 그 암적 존재는 무엇이었을까?

어떤 악덕보다도 더욱 위해한 것은 무엇인가? 불구자와 약자에 대한 실천적 동정—그리스도교다.

What is more harmful than any vice?—Practical sympathy for the botched and the weak—Christianity.

계속해서 니체는 파스칼에 대한 그의 감상까지 곁들이며 인류의 전진을 가로막는 그리스도교의 '해악'을 좀 더 구체적으로 진단한다.

그리스도교는 모든 약자, 비천한 자, 불구자들의 편을 들어 왔다. 그것은 건강한 생명의 전적인 자기 보존 본능에 대한 적대감에서 〔스스로의〕 이상을 만들어 냈다. 그것은 최고의 지적 가치를 사악한 것으로, 현혹시키는 것으로, 유혹으로 가득 찬 것으로 표상함으로써 지적으로 가장 활기 넘치는 본성을 지닌 자들의 능력인 이성마저도 부패시켰다. 가장 한탄스런 예는 파스칼의 부패다. 그는 원죄 때문에 그의 지성이 파괴되었다고 믿었지만, 사실 그것은 그리스도교 때문에 파괴된 것이다!

Christianity has taken the part of all the weak, the low, the botched: it has made an ideal out of antagonism to all the self-preservation instincts of sound life: it has corrupted the reason even of the faculties of those natures that are intellectually most vigorous, by representing the highest intellectual values as sinful, as misleading, as full of temptation. The most lamentable example: the corruption of Pascal, who believed that his intellect had been destroyed by original sin, whereas it was actually destroyed by Christianity!

이렇게 그리스도교를 '악의 축'으로 규정한 니체는 시종일관 이 종교의 논리적, 제도적, 역사적 모순을 적나라하게 지적하면서 공격의 고삐를 늦추지 않는다. 그리고 이렇듯 맹렬한 공격의 와중에 『반그리스도』에서 가장 유명한 대목이 등장한다.

'그리스도교'라는 말은 하나의 오해에 불과하다. ─실제로는(at bottom) 단 하나의 그리스도교도가 있었을 뿐이며, 그는 십자가 위에서 죽었다. '복음' 역시 십자가 위에서 사망했다. 그 순간 이후로, '복음'이라 불리는 것은 그가 산 삶과는 완전히 정반대의 것이었다.

The very word 'Christianity' is a misunderstanding —at bottom there was only one Christian, and he died on the cross. The 'Gospels' died on the cross as well. What, from that moment onward, was called the 'Gospels' was the very reverse of what he had lived.

십자가 위에서 죽은 단 하나의 그리스도교도가 누구를 지칭하는지는 말할 필요도 없을 것이다. 이렇듯 『반그리스도』는 그리스도교를 상대로 한 니체의 화끈하고 저돌적인 문체와 기지가 빛나는 책이다. 심지어 그는 그리스도교를 중심으로 한 세계의 가치관과 구조를 근본부터 바꾸자며 이렇게 선언하기까지 한다.

그런데 인류는 이 재앙이 일어난 재수 없는 날로부터 시간을 계산한다.—그리스도교의 첫날로부터 말이다! 차라리 그 마지막 날로부터 〔계산하는 게〕 어떻겠나?—바로 오늘로부터?—모든 가치의 가치전도!

And mankind reckons time from the *dies nefastus* when this fatality befell—from the first day of Christianity! Why not rather from its last?—From today?—The transvaluation of all values!

라틴어 *dies nefastus*는 '종교적인 이유로 특정 행위를 금하는 날, 불길한 날' 등으로 해석된다. 그런데 니체는 그리스도교가 시작된 날, 즉 예수 그리스도가 탄생한 날이 바로 불길한 날이라고 선언한다. 나아가 그리스도교 역사에 입각한 BC(Before Christ, 그리스도 이전)와 AD(*Anno Domini*, 주의 해)의 시간 기준을 버리고, 아예 자신의 책 『반그리스도』가 나온 시점부터 새로운 인류사를 다시 계산하라고 주장한다. 그러니 이 책이 출간된 1888년은 '가치전도'의 첫해가 되는 셈이다. 영어 "Transvaluation of all values!"는 독일어 "Umwertung aller Werte."를 번역한 것이니, 이를 'AD' 식으로 표현하자면 TV 내지 UW 정도 되겠다. 니체의 주장에 따른다면, 내가 책을 쓰고 있는 현재는 AD 2014년이 아니라 TV(혹은 UW) 126년이 된다. 이렇게 말하고 보니 내가 무슨 새로운 시대의 초기 멤버가 된 것 같은 기분이다.

사실 『반그리스도』는 그리스도교 신자들에게도 일독을 권할 만한 책이다. 역설적이게도 신앙이 더욱 깊어지는 계기가 될 수 있을지도 모른다. 실제로 철학자 카를 야스퍼스(Karl Jaspers)를 비롯한 그리스도교 진영 일부에서는 니체가 2천 년 동안 제도화되고 타락한 그리스도교의 '현주소'를 공격했을 뿐 그 근본정신과 예수를 직접 공격한 것은 아니라고 봤다. 따라서 그의 공격이 실은 그리스도교에 대한 '엄한' 사랑의 발로였다는 것이다. 하지만 내 생각에 그 정도까지는 아닌 것 같다. 말 그대로 '애먼' 주장인 셈이다.

니체의 본뜻을 곡해했다는 주장은 그의 사후 출간된 『권력에의 의지』와 관련해서도 종종 제기된다. 인간에게 있어 힘 혹은 권력이란 노동자의 천국이나 인민의 낙원을 이루려는 '숭고한 목적'에 봉사하는 수단이 아닌 목적 그 자체임을 역설한 이 책은 누가 봐도 약자와 패자를 경멸하고, 강자가 세계의 주인이어야 한다는 주장으로 가득 차 있다. 그런데 이게 실은 니체의 누이동생 엘리자베트(Elisabeth Forster-Nietzsche)가 그의 미완성 유고를 제멋대로 짜깁기하는 바람에 진의가 왜곡된 것일 뿐이라는 주장이 있다. 하지만 이 책의 얼개를 이루는 초고는 분명 니체가 쓴 것이다. 물론 개중에는 다듬어지지 않은 상태의 거친 원고들도 있었겠지만 말이다. 그걸 누이동생이 정리하고 모은 것이다. 엘리자베트가 책을 쓰고 니체의 이름을 도용한 게 아니다. 그런 의미에서 볼 때 니체가 본래 주장하고자 했던 바를 왜곡했다는 주장은 별로 타당성이 없어 보인다. 혹 중간 중간 약간의 표현 수정과 첨삭이 있었다 한들, 힘의 논리를 옹호하는 그의 철학이 본래 평화주의와 박애주의를 지향했을 리는 만무하다. 이는 마치 근본적으로 수구주의자였던 공자를 개혁가나 혁명가로 둔갑시키는 것과 같은 논리적 비약이다.

# 이 사람을 보라!

니체는 1888년에 무려 다섯 개의 저작들을 쏟아냈다. 그중에는 일종의 자서전이라고 할 『이 사람을 보라』도 포함된다. 원서 제목으로 쓰인 라틴어 "에케 호모(Ecce homo)."는 사실 『성서』에서 로마 총독 본디오 빌라도(Pontius Pilatus, 라틴어 이름 그대로는 폰티우스 필라투스)가 십자가형에 처해질 예수를 가리키며 한 말로, 영어로는 "Behold the man!"이라고도 한다. 그러니 니체가 이 말을 자신의 저서, 그것도 자서전에 가까운 책의 제목으로 택했다는 것은 의미심장하다. 한때 예수가 그랬듯이, 자신을 전 인류에게 새로운 이념을 제시할 예언자로 생각한 것일까?

사실 책 제목이 아니더라도, "이 사람을 보라."는 문구는 니체의 비극적 개인사를 조명하는 화두로도 유용하게 쓰일 수 있다. 무슨 말인고 하니, 앞에서 니체의 삶에 중대한 영향을 끼친 일들에 대해 이야기하다가 뒤로 미룬 사건 하나를 언급하려는 것이다. 말 그대로 "거 참, 이 사람

이탈리아 화가 안토니오 치세리(Antonio Ciseri)가 그린 〈이 사람을 보라 Ecce homo〉(1871).

좀 보게!"하며 놀랄 만한 사건이다.

열여덟 살 때 이미 신앙을 버렸다고 선언한 니체는 대학 시절 의식적으로 방탕한 생활을 했다. 술과 담배를 탐닉한 것은 물론 매춘부들을 가까이하기도 했는데, 그 와중에 그만 매독에 감염되고 말았다. 2011년 사망한 영국 출신 저술가 크리스토퍼 히친스(Christopher Hitchens)는 유작이 된 『죽음Mortality』에서 니체의 매독 감염이 "생애 최초로 맺은 육체 관계 중에 일어났을 가능성이 높다."며 그가 지지리도 운 없는 사나이였다고 추측한다. 어떤 경로였는지는 분명치 않다 하더라도, 그가 청년 시절 매독에 감염된 것만은 분명한 사실인 것 같다. 매독은 시간이 지날수록 그를 육체적·정신적으로 파괴해 갔다. 감염 사실을 안 뒤부터 여성을 멀리하기 시작했기 때문에 그의 삶은 점점 더 고독해졌으며, 여성에 대한 동경과 여성을 가까이할 수 없는 현실 사이의 괴리는 그의 내면을 황폐화시켰다.

하지만 사실 고독보다 더 큰 문제가 있었다. 매독이 니체의 정신 상태에 끔찍한 영향을 끼쳤던 것이다. 그는 젊은 시절부터 종종 극심한 두통을 호소했고, 결국 그로 인해 대학 교수직까지 포기했는데, 이 역시 매독 때문이었다. 시간이 지날수록 증세는 악화됐다. 단순한 두통을 넘어 시각 장애, 경련, 마비 등이 반복됐고, 종국에는 지성 자체에까지 영향을 끼치기 시작했다. 『반그리스도』와 『이 사람을 보라』를 출간한 지 얼마 안 된 1889년 어느 날, 니체는 이탈리아 토리노에서 한 마부가 짐수레를 끄는 늙은 말을 학대하는 걸 보고는 크게 울부짖으며 다가가 말을 끌어안고 쓰러지는 장면을 연출하기도 했다. 아마 그 광경을 지켜본 거리의 행인들은 속으로 '이 사람 좀 보게!' 하고 외치지 않았을까? 더군다나 니체의 철학에 따르면 '약자'인 늙은 말이 '강자'인 주인에게 학대당하는 것은 지극히 당연한 섭리인 것 같은데, 역시 『권력에의 의지』의 저자는 자신의 철학을 삶에서 직접 실천하기에는 심성이 너무 나약한 인물이었던 것 같다.

이 사건이 일어난 지 얼마 지나지 않아, 니체는 '디오니소스' 혹은 '십자가에 달린 자' 등 기괴한 서명으로 된 편지를 여러 사람들에게 보내기 시작했다. 지인들뿐 아니라 과거에 절교한 인물들, 심지어는 독일 고위 관료와 정치가들에 이르기까지 수신자가 다양했는데, 하나같이 횡설수설하는 내용이었다. 그중 바그너의 미망인 코지마 바그너(Cosima Wagner)에게 보낸 편지의 한 대목을 살펴보자.

내가 인간이라는 것은 편견에 불과하오. 여전히 나는 최하층에서부터 최상층에 이르기까지, 인간이 경험하는 것들을 이해할 만큼 충분히, 종종 인간들 사이에서 섞여 살아왔소. 인도인들 사이에서 나는 부처였고, 그리스에서는 디오니소스였소.―알렉산더 대왕과 카이사르도 나의 현현이었고, 셰익스피어, 베이컨 경도 마찬가지요. 가장 최근에 나는 볼테르와 나폴레옹이었으며, 어쩌면 리하르트 바그너였는지도 모르오. (…) 하지만 나는 이제 지상의 성대한 축제를 준비할, 승리자 디오니소스로서 강림하오. (…) 나는 한번은 십자가에 매달린 적도 있었소.

It is a mere prejudice that I am a human being. Still, I have often dwelled among human beings, enough to understand the things human beings experience, from the lowest to the highest. Among the Hindus I was Buddha, in Greece Dinoysus―Alexander the Great and Caesar were incarnations of me, as well as Shakespeare, Sir Bacon. Most recently I was Voltaire and Napoleon, maybe Richard Wagner as well. (…) However, I now come as Dionysus the Victorious, who will prepare a great festival on Earth. (…) I also once hung on the cross.

그런가 하면 당시 유명한 철학자였으며, 바젤 대학 재직 시절 니체의 동료 교수이기도 했던 야코프 부르크하르트(Jacob Burckhardt)에게는 이런 편지도 보냈다.

> 친애하는 교수님,
> 단도직입적으로 말해, 나는 신보다는 차라리 바젤 대학의 교수 부르크하르트가 되었겠습니다만, 천지창조를 포기할 만큼 이기적이지는 못했습니다.
> Dear Professor,
> When it comes right down to it, I'd much rather have been Basel Professor Burckhardt than God ; but I was not selfish enough to abandon the creation of the world.

여기서 우리가 읽을 것은 철학이 아니라 의학적 메시지다. 한마디로 미쳐도 단단히 미친 것이다. 즉, 이 편지들은 매독 균이 이미 니체의 뇌 깊숙이 침투하여 심각한 정신분열을 일으키기 시작했음을 시사한다. 결국 기행을 일삼던 그는 친구들과 가족의 손에 이끌려 독일로 돌아와 정신병원에 수용된 채 여생을 보내게 된다.

공교롭게도 니체가 입원한 무렵부터 그의 책들은 독일을 시작으로 서서히 대중적 인기를 누리게 되었고, 그 후 수년 만에 그는 전 유럽에 영향을 끼치는 사상가이자 작가로 자리 잡았다. 정작 니체 본인은 그런 사실을 전혀 인지하지 못할 만큼 중증에 이르렀지만 말이다. 결국 니체는 새로운 세기가 시작된 1900년 8월 누이동생이 지켜보는 가운데 사망했다. 향년 56세였다.

앞에서 나는 볼테르의 『캉디드』에 대한 명해설로 동명의 오페라 서곡을 추천한 바 있다. 그런데 니체의 『차라투스트라는 이렇게 말했다』에 대해서도 이 책의 정신이랄까, 본질을 인상 깊게 표현한 음악이 한 곡 있다. 바로 독일의 작곡가 리하르트 슈트라우스(Richard Strauss)의 교향시 〈차라투스트라는 이렇게 말했다〉이다. 이 곡은 니체의 원작과 마찬가지로 새로운 시대의 도래를 예고하는 듯한 박력으로 가득 찬 작품이다. 니체는 이 곡이 초연되던 1896년 당시 아직 살아 있었지만 이미 제정신은 아니었다. 만약 그가 맑은 정신으로 이 곡을 들었다면 뭐라고 했을까? 매우 까다로운 음악적 취향을 가진 그였지만, 분명 만족스러워했으리라는 느낌이 든다.

그런데 내게는 마침 〈차라투스트라는 이렇게 말했다〉와 함께 '짝'처럼 떠오르는 또 다른 음악 작품이 있다. 미국 작곡가 아론 코플런드(Aaron Copland)의 관악곡 〈보통 사람을 위한 팡파르*Fanfare for the Common Man*〉다. 사실 차라투스트라를 통해 니체가 설파한 초인은 '보통 사람'과 거리가 먼데도, 이 두 음악은 묘하게 잘 어울리는 한 쌍이다. 시종일관 잔잔한 톤으로 진행되는 코플런드의 곡을 듣다 보면, 강자의 철학을 이야

독일 바이마르에 있는, 니체가 생의 마지막 수년간을 보낸 건물. 지금은 니체 기록 보관소다.

기했지만 실은 섬세하기 그지없었던 니체, 서서히 육체와 정신을 좀먹어 오는 병마에 대한 두려움으로 몸부림쳤던 '보통 사람' 니체의 모습이 떠오르면서 마음이 짠해진다. 이 경우에는 "*Ecce homo*.(이 사람을 보라.)"가 아니라 "*Audite homo*.(이 사람을 들어라.)"라고 해야 할까? 기회가 되면 니체의 책과 함께 이 두 곡도 함께 감상해 보시기를 권한다.

니체의 철학에는 분명 악용될 소지가 있는 '휘발성' 메시지가 많이 담겨 있다. 예를 들어 20세기가 낳은 사상적 저능아라고 할 독일의 파시스트들이 인류에게 저지른 끔찍한 만행에 대해 니체의 글이 일종의 사상적 마우스피스를 제공하는 것으로 비칠 수 있다. 실제로 축음기에서 바그너의 〈발퀴레의 기행〉이 흘러나오는 가운데 니체의 『차라투스트라는 이렇게 말했다』와 『권력에의 의지』를 펼쳐 놓고, 히틀러와 그의 똘마니들이 게르만 제국 건설을 꿈꾸며 설레어했을 장면을 상상하기란 그리 어려운 일이 아니다. 히틀러의 사상적 형제인 이탈리아의 독재자 무솔리니(Benito Mussolini)는 아예 니체의 정언 명령 "위험하게 살아라."의 이탈리아어 버전인 "비베레 페리콜로사멘테(Vivere Pericolosamente)."를 좌우명으로 삼았다. 그는 정권을 잡은 뒤, 관공서 건물 벽이나 정부 출판물 표지 등에 이 경구를 새기라고 명령했다고도 한다.

비록 파시스트들을 비롯한 일부 불순 세력들에게 악용·남용되기는 했지만, 니체는 누가 뭐래도 여전히 젊고 순수한 영혼을 위한 철학자다. 주변 눈치 보지 않는 그의 '돌직구' 언어는 패기만만한 청춘의 가슴을 설레게 만들기에 충분하다. 하지만 니체의 철학은 마치 청춘의 불길과 에너지를 더 성숙한 단계로 보내기 위해 만들어진 배와 같다. 일단 목적지에 도달하면 미련 없이 버려야 한다.

*Chapter*

*7*

실존주의자들의 예능감

메인 브런치

· 장 폴 사르트르
· 알베르 카뮈
· 마르틴 하이데거

원전 토핑

· 『구토』 사르트르
· 『존재와 무』 사르트르
· 『파리』 사르트르
· 『시시포스의 신화』 카뮈
· 『이방인』 카뮈
· 『페스트』 카뮈
· 『정의의 사람들』 카뮈
· 『존재와 시간』 하이데거
· 『형이상학 입문』 하이데거
· 『횔덜린 시의 해명』 하이데거

# 유(有)로 무(無)를 펼쳐 보이는 재능

## 우발적 존재의 헛구역질

이번 장에서는 20세기 철학자들 중 탁월한 '예능감'을 지녔던 몇몇 인물들을 살펴보고자 한다. 우선 오해를 방지하기 위해 말해 두겠는데, 여기서 말하는 예능감이란 요즘 TV를 비롯한 대중매체에 등장해 온갖 잡담과 잡기를 늘어놓는 연예인들의 그것을 의미하는 게 아니다. 그보다는 진정한 의미의 예능(藝能)를 뜻한다. '예'에 '능'하다는 것이 무엇인가? 자신의 재주와 학문과 법도에 능하다는 것이다. 자신의 재주에 능하다는 것이 무엇인가? 그 스스로 능숙할 뿐 아니라 남을 이해시키고 가르칠수 있을 만큼 잘 알고 있다는 뜻이다. 그렇다면 철학자의 예능은 무엇일까? 자신의 철학에 담긴 메시지를 사람들에게 효과적으로 전달하는 능력이다. 그리고 철학사상 가장 탁월한 예능감을 보인 이들은 단연 실존주의자(existentialist)들이다.

'실존주의(existentialism)'라는 용어는 원래 덴마크 철학자이자 신학자인 키에르케고르(Søren Kierkegaard)가 처음 사용한 '존재 조건 (condition of existence)'이라는 용어에서 유래한 것으로 알려져 있지만, 그 지명도를 훌쩍 끌어올린 것은 20세기 프랑스와 독일에서 활약한 일군의 사상가들, 즉 실존주의자들이었다.

프랑스 실존주의의 대표자로는 대개 장 폴 사르트르(Jean-Paul Sartre)를 꼽는데, 실제로 그의 '철학적 예능감'은 타의추종을 불허한다. 사르트르는 다수의 철학서를 집필했을 뿐 아니라 소설, 시, 에세이, 희곡 등 다양한 장르를 통해 자신의 사상을 표현했다. 게다가 그의 저작들은 대부분 뛰어난 철학책이자 문학작품으로 읽을 수 있는, 말하자면 바로 입어도 좋고 뒤집어 입어도 폼이 나는 전천후 스포츠 재킷 같은 느낌이다. 이미 프랑스는 문학과 철학의 경계를 넘나든 '예능꾼' 볼테르를 배출한 바 있는데, 그의 스타일이 날렵한 문체로 '타깃'을 경쾌하게 두들기는 '잽'과 같다면, 다양한 장르에서 다소 육중한 철학적 사고를 제공하는 사르트르의 솜씨는 '훅'이나 '어퍼컷'에 비견할 만하다.

사르트르는 어려서부터 조숙하고 기이한 소년으로 취급받았던 모양이다. 그가 사팔뜨기라는 것은 유명한 사실인데, 이렇듯 약간 어리숙한 용모를 지닌 아이가 즉석에서 중세 정형시를 지어 보이는가 하면 직접 만든 동화나 모험담을 들려주며 또래 아이들을 끌어모았으니 어른들 입장에서는 괴짜 영재로 보였을 것이다.

파리의 고등사범학교에서 철학을 전공한 사르트르는 20대 때부터 여러 문예지에 단편 소설이나 철학 에세이 등을 발표했지만 큰 관심을 끌지는 못했다. 그러다가 2차 세계대전 직전인 1938년에 발표한 장편 소설 『구토*Nausea*』로 일약 스타덤에 올랐다. 문학적 재능과 철학적 사유를 겸비한 인물로 프랑스 지성계의 주목을 한 몸에 받게 된 것이다.

『구토』는 주인공 앙투안 로캉탱이 쓰는 1인칭 일기 형식의 소설이다.

1967년 이탈리아 베네치아에서 찍은 사르트르의 사진.

로캉탱은 별다른 직업 없이 부모가 남긴 약간의 유산으로 생활하며 역사상의 한 인물에 관한 책을 쓰고 있다고는 하지만 그다지 진전을 이루지는 못한 채 어슬렁거리는, 간단히 말해 쓸모없는 지식인의 전형이다. 그런데 그의 삶이 점점 어이없을 만큼 지루하고 권태로워질수록 내면의 고뇌는 더욱 깊어지고 치열해지는데, 작품에서 펼쳐지는 이 두 세계의 극렬한 대조가 인상적이다. 이 책은 로캉탱이 삶의 어느 시점에서부턴가 겪게 된 원인 모를 '메스꺼움'의 비밀을 찾는 일종의 심리·추리소설로도 읽을 수 있다. 참고로 『구토』의 영문 제목인 *Nausea*는 메스꺼움, 혹은 토하고 싶은 느낌이나 고통을 표현하는 것이지 구토하는 행위 자체를 가리키는 것은 아니다. 이는 프랑스어 원제인 '*La Nausée*'의 경우도 마찬가지로, 헛구역질과 욕지기 같은 것을 의미한다. 구토하는 행위 자체를 나타내는 영어 표현으로는 'vomit, puke, throw up' 등이 있는데, 사르트르의 『구토』를 영어로 설명할 때 이 단어들을 사용하면 곤란하다. 어찌 보면 한국어 번역 제목이 좀 부정확한 데서 오는 혼란일 수도 있겠다.

소설은 이 기록이 앙투안 로캉탱의 서류 뭉치에서 발견되었다고 하는, '편집자 서문' 형식으로 꾸민 글로 시작한다. 그다음에는 '날짜 없는' 쪽지에서 발견된 글이 이어진다. 주인공이 일기를 기록하게 된 까닭과 이를 둘러싼 그의 의식의 흐름이 담겨 있다. 마치 실존 인물의 일기를 소개할 것 같은 분위기를 띄워 리얼리티를 입히는 장치를 마련한 것이다. 그리고 본격적인 일기는 이렇게 시작한다.

1932년 1월 29일, 월요일.

내게 무언가가 일어났다. 더 이상 그걸 의심할 수 없다. 그것은 일상적으로 생기는 확실한 일이나 뭔가 분명한 일처럼 벌어진 게 아니라 질병처럼 다가왔다. 야금야금, 교묘하게 다가온 것이다. 나는 약간 기이한 느낌, 거북한 느낌을 받았는데, 그게 다였다. 일단 자리를 잡더니 꼼짝도 하지 않은 채 가만히 있었고, 나는 문제될 게 아무것도 없다고, 그것은 거짓 경보였다고 스스로를 다독일 수 있었다. 그런데 이제 그것이 활기를 띠고 있다.

Monday, 29 January 1932:

Something has happened to me, I can't doubt it any more. It came as an illness does, not like an ordinary certainty, not like anything evident. It came cunningly, little by little; I felt a little strange, a little put out, that's all. Once established it never moved, it stayed quiet, and I was able to persuade myself that nothing was the matter with me, that it was a false alarm. And now it's blossoming.

이렇게 시작된 구토증은 서서히 로캉탱의 삶을 지배하게 된다. 여기서 한참을 건너뛰어 『구토』 후반부로 가 보자. 로캉탱이 메스꺼움의 실체를 파악하게 되는 유명한 장면이다.

그리고 무엇도 명백히 공식화하지는 않았지만, 나는 내가 존재의 열쇠, 내 구토증, 내 삶의 단서를 발견했음을 이해했다. 사실 이후 내가 파악할 수 있었던 모든 것은 이 근본적인 부조리로 요약된다. (…) 해석과 추론으로 이루어진 세계는 실존의 그것이 아니다. (…) 본질적인 것은 우발성이다. 내 말은, 정의상, 존재란 필연적인 것이 아니라는 뜻이다. 존재한다는 것은 그저 거기 있는 것이다. 존재하는 것은 나타날 수 있고, 그 자체로 맞닥뜨려질 수는 있지만, 당신은 그것을 결코 추정할 수는 없다. 나는 그것을 이해해 온 사람들이 있다고 믿는다. 오직 그들만이 필연적인 인과적 존재를 창안함으로써 우발성을 극복하려고 시도해 왔다. 그러나 실존을 해명할 수 있는 필연적인 존재란 없다. 우발성이란 흩어져 사라질 수 있는 환상, 환영(appearance)이 아니다. 그것은 절대적인, 따라서 완전한 무근거성이다. 모든 것에 근거란 없다. 그 공원, 이 도시, 그리고 나 자신. 그것을 깨달을 때 속이 뒤집어지고, 모든 것이 부유하기 시작하는 것이다.

And without formulating anything clearly, I understood that I had found the key to Existence, the key to my Nausea, to my own life. In fact, all that I was able to grasp afterwards comes down to this fundamental absurdity. (…) The world of explanations and reasons is not that of existence. (…) The essential thing is contingency. I mean that, by definition, existence is not necessity. To exist is simply to be there; what exists appears, lets itself be encountered, but you can never deduce it. There are people, I believe, who have understood that. Only they have tried to overcome this contingency by inventing a necessary causal being. But no necessary being can explain existence: contingency is not an illusion, an appearance which can be dissipated; it is absolute, and consequently perfect gratuitousness. Everything is gratuitous, that park, this town, and myself. When you realize that, it turns your stomach over and everything starts floating about. (…)

존재의 우발성, 우연성이 문제의 원인이었다는 것이다. 이렇게 주인공이 비로소 메스꺼움의 실체를 파악하는 대목은 이 소설에서 거의 클라이맥스에 해당한다고 볼 수 있다. 하지만 외견상으로는 이렇다 할 극적 사건이 일어나지 않을뿐더러 이 부분을 먼저 읽는다고 해서 스포일러가 되는 것도 아니다. 왜냐하면 이 소설의 백미는 존재의 우발성을 깨닫는 데 있다기보다 그 지점에 도달하기까지 의식의 흐름을 따라가는 데 있기 때문이다.

『구토』는 단숨에 읽어 내기 어려운 책이다. 하지만 제임스 조이스(James Joyce)의 난해하기로 이름난 소설 『율리시즈*Ulysses*』와 마찬가지로 그 '악명'에 비하면 꽤 읽을 만하며, 군데군데 등장하는 블랙 유머들도 재미를 더해 준다. 주인공 로캉탱이 가끔 잠자리하는 단골 식당 여주인이 침대에서 양말은 벗지 않겠다고 하는 대목이나, 그가 공원에서 만난 이른바 '독학자'가 시립 도서관 장서들을 저자 알파벳순으로 모두 읽겠다고 결심한 뒤 이를 실천하며 근거 없는 우월감을 느끼는 모습은 모두 쓴웃음을 짓게 하면서 인간 존재의 터무니없음을 증언하는 역할도 한다.

## 타인이라는 지옥

『구토』가 사르트르의 대표적 소설이라면, 그의 대표적인 철학서는 1943년에 발표한 『존재와 무*Being and Nothingness*』다. 이 책은 제목에서부터 놀라운 발상의 전환을 시사한다. '존재와 무'라는 제목은 사르트르의 철학적 '라이벌'이라 할 만한 동시대 프랑스 사상가 가브리엘 마르셀

(Gabriel Marcel)의 『존재와 소유*Being and Having*』, 그리고 독일 현대 철학의 지존 마르틴 하이데거(Martin Heidegger)의 『존재와 시간*Being and Time*』과 흔히 비교된다.

마르셀은 『존재와 소유』에서 인간이 물질과 지식의 소유에 집착하면서부터 인간적 연대를 상실하게 되었다고 꼬집었다. 약간 단순화시켜 말한다면, 인간 존재를 불변하는 상수로 두고, 소유에 대한 집착을 참된 존재의 본질, 즉 인간성의 상실로 이끄는 위험 요소로 보는 마르셀의 철학은 확실히 하이데거나 사르트르에 비해 이해하기가 훨씬 용이하다. 말하자면 법정 스님의 '무소유'와 같이 다소 직선적이고 '순박한' 사상이라고 할까.

한편, 하이데거의 『존재와 시간』은 시간을 일종의 씨줄로 삼은 뒤 존재의 본질, 존재의 의미, 세계와 존재의 관계 등에 천착한, 말하자면 '존재 뽀개기'라고 할 수 있는데, 마르셀 식의 '순둥이 존재론'과는 전혀 차원이 다른 사유를 제시한다.(이 책에 대해서는 조금 뒤에 본격적으로 살펴보기로 하자.)

그렇다면 사르트르의 『존재와 무』는 어떨까? 그에게 '존재'와 짝을 이루는 개념은 소유도 시간도 공간도 아닌 '무'다. 문제는 사르트르의 '무(nothingness)'가 단순히 사전적으로 "존재하지 않는다."는 의미의 무(無) 혹은 '제로(0)'가 아니라는 데 있다. 오히려 사르트르의 무 혹은 부재(negation)는 '무'를 가능케 하는 대상을 염두에 둔 표현이기 때문에 실은 존재와 끊을 수 없는 관련이 있다.

사르트르는 『존재와 무』에서 존재를 '즉자존재(Being-in-itself)', '대자존재(Being-for-itself)', '대타존재(Being-for-Others)'로 구분했다. 먼저 즉자존재는 인간 의식이나 의지와는 독립되어 그냥 '존재하는 존재'다. 사르트르의 설명이다.

즉자존재는 결코 가능하지도 불가능하지도 않다. 그것은 있다. (…) 창조
되지 않은, 존재할 이유도 없는, 다른 존재와의 어떤 연관도 없는, 즉자존재
는 영원히 잉여(de trop)적이다.

Being-in-itself is never either possible or impossible. It is. (…)
Uncreated, without reason for being, without any connection with
another being, being-in-itself is *de trop* for eternity.

즉, 즉자존재는 『구토』에서 로캉탱이 "존재한다는 것은 그저 거기 있
는 것이다."라고 한 것과 비슷한 개념으로 보인다. 가장 순수한 형태로,
그러니까 문자 그대로 "있다(is)." 혹은 "존재한다(exist)."고 부를 수 있
는 상태라고나 할까? '잉여적'이라는 것은 남은 찌꺼기라는 뜻이 아니
라 존재가 있어야 할 '목적'을 '정당화'하지 않고 있는 그대로 존재하는
상태를 말한다.

즉자존재가 이렇게 약간은 어처구니없는, 즉 전혀 손쓸 수 없이 던져
진 존재라면, 대자존재와 대타존재는 인간 의식과 관련을 맺으며 존재
의 또 다른 양상을 드러낸다. 먼저 대자존재는 인간이 인식하는 대상으
로서의 존재라고 할 수 있다. 그런데 이 지점에서 한 가지 흥미로운 사
실이 부각된다. 인간의 의식은 존재가 '존재'하는 경우뿐 아니라 존재의
'부재(不在)' 역시 하나의 존재적 현상으로 인식한다는 것이다. 사르트르
는 이렇게 "비존재가 존재 한가운데에 나타나는(non-being to appear at the
heart of being)" 상황을 설명하기 위해 다음과 같은 예를 제시한다.

나는 피에르와 4시에 약속이 있다. 나는 카페에 15분 늦게 도착한다. 피
에르는 언제나 시간을 지킨다. 그가 나를 기다렸을까? 나는 실내를, 손님들
을 바라보고 "그는 여기 없다."고 말한다.

I have an appointment with Pierre at four o'clock. I arrive at the cafe a quarter of an hour late. Pierre is always punctual. Will he have waited for me? I look at the room, the patrons, and I say, "He is not here."

이 간단한 시나리오 속에 실은 부재, 즉 무의 '미친 존재감'이 드러나는 무대가 만들어진다. 사르트르에 따르면, 내가 피에르를 찾아 카페에 들어서는 순간 그 공간을 이루는 모든 구성 요소, 즉 손님, 웨이터, 테이블, 의자 등은 뒷전으로 밀려나고, 이제 피에르의 부재가 무대의 중심이 된다.

그러나 피에르는 여기 없다. 이는 내가 그 가게의 어떤 정확한 지점에서 그의 부재를 발견한다는 걸 의미하는 게 아니다. 사실 피에르는 그 카페 전체에 부재한다. 그의 부재는 그 카페를 점진적 소멸로 고착시킨다. 카페는 근거를 남긴다. 그것은 그저 미미하게 내 주의를 끌며 획일적인 전체로서 그 자체를 제공하며 존속한다. 그것은 배경 속으로 미끄러져 간다. 그것은 무화(無化)하려 한다. (⋯) 카페의 무화를 근거로 스스로를 무(nothingness)로서 불러 세우는 피에르가 있다.

But now Pierre is not here. This does not mean that I discover his absence in some precise spot in the establishment. In fact Pierre is absent from the whole cafe; his absence fixes the cafe in its evanescence; the cafe remains ground; it persists in offering itself as an undifferentiated totality to my only marginal attention; it slips into the background; it pursues its nihilation. (⋯) it is Pierre raising himself as nothingness on the ground of the nihilation of the cafe.

아, 어렵다. 피에르는 여기 없지만, 무로서 여기 불러 세워진다. 카페는 여기 있지만, 무화하려 한다. 그러니 무는 그냥 없는 게 아니라 오히려 이런 식으로 강렬하게 '존재'하며, 우리는 그것을 인식한다. 사실 사르트르의 분석이 철학적 분석인지 아니면 심리학이나 인지과학의 그것인지 약간은 헷갈리는 게 사실이다. 하지만 그렇더라도 친구 찾아 카페에 들르는 간단한 시나리오를 통해 존재의 근본 문제를 통찰했다는 것 자체가 예사롭지 않게 느껴진다.

한편 대타존재는 나의 존재를 규정하는 것이 실은 내적 자아가 아니라 외부 세계, 특히 타인이라는 역설적 상황을 제시한다. 이 주제와 관련해 『존재와 무』에 등장하는 이른바 '타인(the Other)', 혹은 '타인의 시선(the Other's look)'에 대한 분석은 유명하다. 이 부분을 조금 읽어 보자. 사르트르에 따르면 대타존재로서 나의 존재를 규정하는 것은 내가 아니다. 그것은 타인, 혹은 타인의 시선이다.

사르트르 자신에게 타인의 시선이란 무엇이었을까? 그가 노벨상 수상자로 선정된 뒤 언론의 시선을 피해 숨어 지내던, 처남 알랭 드 보부아르의 집.

따라서 부끄러움은 타인 앞에 선 자신에 대한 부끄러움이다. 이 두 구조는 분리되지 않는다. 하지만 동시에 나는 내 존재의 전체 구조를 온전히 실현 시키기 위해 타인을 필요로 한다. (…) 나의 객관적 실재에 대한 필요조건으로서 타인의 시선은 내게서 모든 객관성을 파괴한다. 세계를 가로질러 나와 접촉하는 타인의 시선은 나 자신의 변형일 뿐만 아니라 세계 전체의 변태(變態)다.

Thus shame is shame of oneself before the Other; these two structures are inseparable. But at the same time I need the Other in order to realize fully all the structures of my being. (…) The Other's look as the necessary condition of my objectivity is the destruction of all objectivity for me. The Other's look touches me across the world and is not only a transformation of myself but a total metamorphosis of the world.

중국의 고전 『대학大學』에서는 혼자 있을 때에도 도리에 어긋나는 일을 하지 않는 것을 신독(愼獨)이라고 했지만, 사실 보통의 인간이라면 혼자 있을 때 무슨 짓을 하건 별로 부끄러워하지 않는 법이다. 우리는 대개 타인의 시선을 의식할 때 부끄러움을 느낀다. 사르트르에 따르면, 타인의 존재와 시선은 나의 객관적 실재에 대한 증거로서도 필요하다. 인간은 타인에게 자신의 존재를 확인받는다. 그런데 문제는 그러한 상황이 갈수록 심화되는 현상을 피할 수 없다는 것이다.

타인은 나를 바라보며 그렇게 함으로써 내 존재의 비밀을 거머쥔다. 그는 내가 무엇인지 안다. 따라서 내 존재의 심오한 의미는 나의 밖에 있으며, 부재 속에 갇혀 버린다. 타인은 나에 대해 우위를 지닌다.

The Other looks at me and as such he holds the secret of my being,

타인에 의해 나의 내면은 사라진다. 간단히 말해 내 실존은 타인에 의
해 규정된다. 타인은 나를 벗어나, 내 밖에 존재하기 때문에 우위를 지
닌다. 그런 타인의 시선에 저항조차 할 수 없음을 역설하는 다음 대목은
상당히 난해하다.

(…) 타인은 나를 벗어난다. 나는 그의 자유에 따라 행동하고 싶어 하고,
그것을 전유하고 싶어 한다. 아니면 최소한 타인의 자유가 내 자유 역시 인
정하도록 만들고 싶어 한다. 하지만 이러한 자유란 죽음이다. 내가 세계에
서 대상으로서의 타인과 조우하는 것은 더 이상 절대적이지 않은데, 왜냐하
면 그의 〔고유한〕 특징은 세계를 초월해 있기 때문이다. 분명히 나는 타인을
붙잡아 때려눕힐 수 있다. (…) 하지만 모든 일은 마치 내가 붙잡고 싶어 한
사람이 도망쳐 버려서 내 손에는 그저 그의 외투만 남은 것처럼 일어난다.
내가 소유한 것은 그 외투, 겉껍질일 뿐이다. (…) 나는 타인이 내게 자비 혹
은 용서를 구하도록 할 수 있지만, 나는 이 굴복이 타인의 자유 안에서 그리
고 타인의 자유에 대해서 무엇을 의미하는지에 대해서는 늘 무지할 것이다.

my hands. It is the coat, it is the outer shell which I possess. (⋯) I can make the Other beg for mercy or ask my pardon, but I shall always be ignorant of what this submission means for and in the Other's freedom.

사르트르의 글이 정확히 무얼 의미하는지는 파악하기가 쉽지 않지만, 그의 언어에 압도되어 덜덜 떨기보다는 단순하게 접근해 보자. 내게 시선을 보내는 주체로서의 타인은 자유롭다. 타인의 시선을 의식하는 나는 타인의 자유에 따라 행동하고 싶어 한다. 물론 이렇게 타인의 자유를 인정할 때, 나는 나의 자유를 요청할 수도 있다. 하지만 타인의 자유, 타인의 시선으로부터 자유로워진다는 것은 죽음 이외에 다른 것이 아니다. 한편 자유로운 존재로서 타인은 상황 내에서 어떤 선택과 결정도 할 수 있으므로 그의 고유성은 단순한 대상으로서 존재하는 것이 아니라 초월적인 것이다. 그러므로 우리가 타인에 대해 붙잡고 있는 것은 겉껍질에 불과한 것일 수 있다. 이는 타인의 타인인 나에게도 똑같이 적용될 수 있다. 남은 나에게 남이고, 나는 남에게 남이다. 이렇게 우리는 서로 끊임없이 타인의 시선 속에서 타인과 투쟁하며 살아간다. 그래서 사르트르는 1944년에 발표한 희곡 『출구 없음*No Exit*』에서 주인공의 입을 통해 이렇게 말할 수 있었다.

지옥이란 그런 것이었군. 나는 결코 믿지 않았을 거야. 당신도 기억하지. 유황, 불길, 석쇠 (⋯) 아, 이 무슨 터무니없는 소리람! 석쇠는 필요도 없는 거야. 지옥은 타인들이라고.

So, that is the hell. I would never have believed it. You remember; the sulfur, bonfire, grill (⋯) Oh! What a joke. No need to grill. Hell is other people.

죄인을 기름에 튀기거나 불로 태워야만 지옥이 되는 것은 아니다. 심지어 지옥은 사후에 존재하는 것조차 아니다. 내가 타인의 존재, 타인의 시선을 의식할수록, 즉 '남들이 나를 어떻게 볼까' 의식할수록 삶은 지옥으로 변해 간다. 독자 여러분들 중에도 자신의 가치, 삶의 의미와 목적을 스스로 규정하기보다 타인에게 규정당하며 사는 분들이 있을지 모른다. 그런 이들에게는 이미 지옥문이 열려 있는 셈이다. 이게 내가 거칠게나마 사르트르의 '타인론'을 이해한 방식이다. 어쩌면 독자 여러분이 그의 텍스트를 이해하는 방식은 나와 다를 수 있을 것이다. 한 텍스트에 대해 다양한 해석을 가하는 일은 생산적이기만 하다면 그리 부정적인 것은 아니다. 그리고 그것이 바로 나와 여러분이 '타자'로서 사르트르를 이해하는 방식이다.

## 자유로의 처벌, 그리고 끝없는 변신

사르트르는 『존재와 무』에서 이렇게 말한다.

자유는 실존이며, 그 속에서 실존은 본질에 선행한다. 자유의 급증은 즉각적이고 견고하며, 그것의 선택과, 즉 개인 그 자신과 구별될 수 없는 것이다.

Freedom is existence, and in it existence precedes essence. The upsurge of freedom is immediate and concrete and is not to be distinguished from its choice; that is, from the person himself.

"실존이 본질에 선행한다."는 말은 사르트르 철학을 요약하는 유명한 문장이다. 이를 플라톤에서부터 칸트에 이르기까지 이어져 온 현상과 본질의 이원론적 관계를 부정한 선언이라고 평가하는 사람들이 많지만,

사르트르가 실제로 방점을 둔 것은 '자유'다. 그는 인간이 자유 그 자체라고 봤으며, 그에 따라 져야 할 책임도 무한하다고 생각했다. 상황 안에서 무한한 자유를 누리는 만큼, 자유에 따른 선택에 무한한 책임을 져야 한다는 것이다. 그러니 만큼 자유로운 실존은 본질에 앞서 인간 존재를 규정한다. 사르트르는 1946년에 발표한 『실존주의는 휴머니즘이다 Existentialism is a Humanism』에서 "실존이 본질에 선행한다."는 말의 의미를 보다 구체적으로 설명하고 있다.

실존이 본질에 선행한다는 것은 무엇을 의미하는가? 인간은 우선 존재하고, 자기 자신을 맞닥뜨리며, 세계 안에서 솟아올라, 이후 스스로를 정의한다는 뜻이다. (…) 인간의 본성이란 없는데, 이는 그것을 잉태시켜 줄 신이 존재하지 않기 때문이다. (…) 인간이란 그 스스로를 만들어 내는 것 이외에 아무것도 아니다.

What do we mean by existence precedes essence? We mean that man first of all exists, encounters himself, surges up in the world—and defines himself afterwards. (…) there is no human nature, because there is no God to have a conception of it. (…) Man is nothing else but what he makes of himself.

이제까지 우연성, 밀란 쿤데라의 소설 제목을 약간 비틀어 말하자면 '참을 수 없는 존재의 어처구니없음(unbearable absurdity of being)'에 대한 자각에서 촉발되는 구토, 존재와 부재, 인간이 스스로에게 부과하는 타인에 대한 구속 등 다소 애매하고 껄끄러운 존재론적 사유의 미로를 헤매던 사르트르는 결국 이렇게 인간이란 스스로 이루는 것, 즉 어떤 것에도 얽매이지 않고 자유롭게 '기투(企投)'하는 것이 된다고 선언한다.

사르트르는 그리스 비극 형식을 모방한 희곡 『파리 *The Flies*』에서도 자유로운 존재로서 인간에 대해 논한다. 고대 그리스 전설에 따르면 트로이 전쟁에서 승리하고 고향으로 돌아온 그리스군 사령관 아가멤논은 아내 클리타임네스트라와 그 정부 아이기스토스의 손에 죽는다. 사르트르의 이야기는 아가멤논의 아들 오레스테스가 여동생 엘렉트라와 함께 어머니와 아이기스토스를 죽이자며 복수를 계획하는 것으로 시작한다. 그런데 아르고스의 왕이 된 아이기스토스 앞에 제우스가 나타나 오레스테스를 살해하라고 권한다. 아이기스토스가 망설이자 제우스는 '천고의 비밀'을 털어 놓는다.

제우스 왕은 지상의 신, 신처럼 영광스럽고 두려운 존재다. (…) 각자는 질서를 세우지, 그대는 아르고스에서, 나는 천상과 지상에서—그리고 그대와 나는 마음속에 똑같이 어두운 비밀을 품고 있네.

아이기스토스 나는 아무런 비밀도 없습니다.

제우스 아니야, 자네도 있어. 내가 품은 것과 같은 것이지. 신들과 왕들의 골칫거리 말일세. 인간은 자유롭다는 것을 아는 쓰라림 말이야. 그래, 아이기스토스여, 인간은 자유롭다네. 하지만 그대의 백성들은 그것을 알지 못하고, 자네만 알 뿐이지.

Zeus  A king is a god on earth, glorious and terrifying as a god (…) Each keeps order: you in Argos, I in heaven and on earth—and you and I harbor the same dark secret in our hearts.

Aegisthus  I have no secret.

Zeus  Yes, you do. The same as mine. The bane of gods and kings. The bitterness of knowing men are free. Yes, Aegisthus, they are free. But your subjects do not know it, and only you do.

인간이 스스로 자유로움을 인식하게 된다는 것은 신과 왕 같은 기득권 세력에게는 청천벽력 같은 일이다. 그러면 더 이상 올림포스 신들에게 제사를 올리지 않을 것이며, 지배자의 권위를 두려워하지도 않을 것이기 때문이다. 제우스는 오레스테스가 이미 인간의 자유를 자각한 위험한 존재이며, 따라서 그를 제거해야 한다고 말한다. 그러자 아이기스토스는 제우스에게 왜 직접 오레스테스를 손보지 않느냐고 묻는다.

> 아이기스토스  전능한 제우스여, 왜 직접 손을 쓰시지 않습니까? 왜 그에게 벼락을 내리지 않으셨습니까?
>
> 제우스  벼락을 내려? 아이기스토스여, 신들에게는 또 다른 비밀이 있네. (…) 일단 자유가 인간의 마음속에서 그 햇불을 밝히면, 신들은 인간에 대해 무력하다네. 그것은 인간과 인간 사이의 문제이며, 다른 인간들이, 오직 그들만이 그가 자기 마음대로 하게 해 주거나 억압할 수 있다네.
>
> Aegisthus  Almighty Zeus, why stay your hand? Why not fell him with a thunderbolt?
>
> Zeus  Fell him with a thunderbolt? Aegisthus, the gods have another secret. (…) Once freedom lights its beacon in a man's heart, the gods are powerless against him. It's a matter between man and man, and it is for other men, and for them only, to let him go his gait or throttle him.

제우스가 아이기스토스에게 들려준 '엄청난 비밀'은 두 가지다. 첫째, 인간은 자유로우며, 둘째, 인간이 스스로 자유롭다는 걸 깨닫는 순간 신들은 인간에게 더 이상 힘을 쓰지 못한다는 것이다. 이렇게 아이기스토스를 꼬드겨 오레스테스를 제거하라고 책동하는 모습에서, '신 중의 신'

1967년, 사르트르가 보부아르와 함께 이스라엘 로드 공항을 통해 입국하는 모습.

으로서 제우스의 위엄은 찾아보려야 찾아볼 수 없다. 작품 속 제우스의 작태는 셰익스피어의 『오셀로Othello』에 등장하는 모사꾼 이아고를 방불케 한다. 플라톤이 사르트르의 『파리』를 읽었다면 의문의 여지 없이 '검열' 도장을 찍었을 것이다.

이렇게 인간 존재의 우연성, 하지만 그 덕분에 역설적으로 주어진 절대 자유를 설파한 사르트르는 1950년을 전후하여 사실상 마르크스주의-공산주의자로 변신했다. 기왕 자유가 주어진 바에야 기존의 자본주의 체제를 무너뜨릴 자유 또한 마음껏 행사하는 것이 인간의 기투성에 부합한다고 보았던 것일까? 1957년에 출간한 『방법의 문제Search for a Method』에 나오는 다음과 대목에서는 더 이상 '존재의 우연성' 때문에 몸부림치던 철학자의 모습을 찾아보기 힘들다. 차라리 칼 마르크스의 재림을 보는 것 같다.

무엇보다도 철학은 부상하는 계급이 자연히 의식하게 되는 특정한 방식이다. (…) 모든 철학은 실천적인 것이다. 첫눈에 가장 사색적인 것으로 보이는 철학조차도 그렇다. 그것의 [사유] 방식은 사회적 그리고 정치적 무기다.

A philosophy is first of all a particular way in which the 'rising' class becomes conscious of itself. (…) Every philosophy is practical, even the one which at first appears to be the most contemplative. Its method is a social and political weapon.


타인의 시선을 너무나 고통스러운 것으로 인식했던 그가 이제는 타인들과의 연대가 기본이요 동시에 궁극의 목표라고 할 공산주의로 전향했다는 것이 흥미롭다. 하지만 이렇듯 과감한 변신 역시 사르트르가 지닌 '예능감'의 또 다른 연장이라고 볼 수도 있다.

사르트르는 1964년 세계의 많은 작가들이 받지 못해 안달인 노벨문학상 수상자로 선정되었음에도 "작가는 스스로 제도화되기를 거부해야 한다."며 수상을 태연하게 거부했는가 하면, 아내이자 평생의 사상적 동지였던 시몬 드 보부아르(Simone de Beauvoir)와의 계약 결혼으로도 유명세를 치르는 등 평생 예측 불가능한 삶을 산 흥미로운 철학자였다. 사르트르는 『존재와 무』에서 "모든 인간은 자유롭도록 처벌받았다.(Every man is condemned to freedom.)"고 선언한 바 있는데, 그가 살아온 궤적을 보면 확실히 그 처벌을 기꺼이, 아주 달게 받았다는 느낌이 든다.

# 18th Brunch Time

## 그의 까칠함

## 부조리의 작가

어린 시절, 집의 서가에는 『행복한 죽음*A Happy Death*』이라는 책이 꽂혀 있었다. 담배를 삐딱하게 문, 뭔가 꿈꾸는 듯한 눈동자를 가진 중년 남자의 사진이 표지에 등장하는 책이었다. 사진의 주인공은 책의 저자인 알베르 카뮈(Albert Camus)였다. 『행복한 죽음』은 카뮈의 사후 출판된 미완성 소설인데, 나는 늘 같은 자리에 꽂혀 있던 이 책을 다 자라서 집을 떠날 때까지 한 번도 제대로 읽어 보지 않았다. 혹 어린 마음에 제목이 좀 무섭게 느껴졌기 때문 아닐까? 아무리 행복하다고 한들 죽음은 죽음이었으니까. 이상하게 들릴지 모르지만 나는 책에도 인연이란 게 있다고 믿는 편이다. 그런데 한때 그렇게 손 뻗으면 닿는 자리에 있었던 그 책과는 인연이 닿지 않았는지 지금까지도 읽지 않고 있다.

정작 그로부터 한참이 지난 뒤 내가 실제로 처음 읽은 카뮈의 작품은 『적지(謫地)와 왕국(王國)*Exile and the Kingdom*』이라는 연작 단편집이었다.

1957년의 알베르 카뮈.

책의 내용으로 말하면 글쎄, 당시 책 욕심만 많았지 아는 것도 없는 데다 겉멋만 잔뜩 든 10대 소년이었던 내가 이해하기에는 약간 버거웠던 게 사실이지만, 그럼에도 뭔가 꿈을 꾸는 듯한 몽롱한 분위기가 매력적이었다고 할까? 『적지와 왕국』의 첫 번째 이야기는 주인공이 아내와 함께 버스를 타고 와서 낯선 장소에 내리는 장면으로 시작되는 단편 「간부(姦婦) *The Adulterous Woman*」였는데, 배경도 낯선 데다 약간은 종잡을 수 없는 내용이었다. 나중에 알고 보니 카뮈는 프랑스 식민지였던 알제리에서 출생한 인물로, 『적지와 왕국』에 실린 단편들은 거의 이 나라의 변두리에 있는 우중충한 도시와 모래 바람 부는 사막, 황량한 해변 등을 배경으로 하고 있었다. 물론 그렇다고 해서 모든 단편이 다 그랬던 것은 아니다. 「요나 혹은 작업 중인 예술가 *Jonas or the Artist at Work*」처럼 조금 익살스러운 이야기도 있기는 했다.

어쨌건 이렇게 해서 나와 카뮈의 본격적인 만남이 시작되었다. 『적지와 왕국』을 읽은 지 얼마 지나지 않아 『이방인 *The Stranger*』을 펼친 채 다시 그 몽롱하면서도 어두운 분위기에 빠졌고, 몇 년인가 공백을 두었다가 『페스트The Plague』와 『전락The Fall』을 읽었다. 그의 철학 에세이집인 『시시포스의 신화The Myth of Sisyphus』는 소설들보다 훨씬 나중에 읽었던 것 같다. 마지막으로 읽은 카뮈의 작품은 희곡 작품인 『정의의 사람들 The Just』이었던 것으로 기억한다. 우스운 얘기지만, 한동안은 칸 영화제에서 그랑프리를 받았던 1959년도 프랑스 영화 〈흑인 오르페Orfeu Negro〉를 카뮈가 감독한 작품이라고 착각하며 그의 '팔방미인형' 재능에 혼자 감탄한 적도 있었다. 나중에 알고 보니 그 영화를 만든 이는 마르셀 카뮈(Marcel Camus)라는 다른 인물이었다. 하지만 지금도 그리스 신화 속 오르페우스와 에우리디케의 이야기를 20세기 브라질의 카니발로 옮겨 재현한 〈흑인 오르페〉에는 어쩐지 알베르 카뮈를 연상시키는 그림자가 드리워져 있다는 막연한 느낌을 가지고 있다.

뭐 개인적인 회상은 이 정도로 하고, 사르트르와 함께 프랑스 실존주의의 거성으로 꼽히는 카뮈를 살펴보기로 하자. 사르트르와 마찬가지로 카뮈는 문학으로 철학을 하고, 철학으로 문학을 한 크로스오버의 달인이다. 사르트르와 카뮈는 늘 서로 비교되는데, 사실 두 사람의 철학과 재능은 닮은 듯싶으면서도 다르다. 보통 사르트르와 카뮈가 사상적으로 대립했다고 생각하는 이들이 많지만, 내 생각에 둘의 사상은 상호 보완적인 것이라고 볼 수 있다. 앞서 사르트르의 철학은 '실존이 본질에 선행'한다는 자각과 동시에 인간은 어떤 선택을 해도 자유로운 존재, 즉 '기투'할 수 있는 자유와 저주를 함께 받은 존재라는 데 방점이 있다고 말했는데, 카뮈는 (이런저런 우여곡절이 있기는 했지만) 결국 사르트르가 말하는 문제의 기투, 즉 인간이 무엇을 과감하게 선택하고 행동했을 때 벌어지는 상황과 결과(혹은 대가)를 보다 구체적으로 드러냈다고 할 수 있다. 다시 말해 사르트르가 이론을 제시했다면, 카뮈는 그 이론이 현실에 적용되었을 때 벌어지는 다채로운 '케이스 스터디(case study)'를 보여 주었다고나 할까?

사르트르의 경우, 비록 말년에는 마르크스주의에 기울어지면서 세계를 변혁시키는 구체적인 행동을 옹호하기도 했지만, 젊은 시절 그의 글에서는 아무래도 실천으로부터 한 발 물러나 있는 듯한 냉소적 관찰자의 냄새가 난다. 이와 대조적으로 카뮈의 글에서는 그저 말로만 그쳤다가는 뒷감당이 힘들어질 것 같은, '타인'의 눈치가 보여서라도 반드시 언행일치를 보여야 할 것만 같은 치열함과 절실함이 느껴진다. 그가 1942년에 발표한, 일종의 실존주의 '매니페스토'라고 할 『시시포스의 신화』에 나오는 한 대목을 살펴보자. 확실히 사르트르의 『구토』보다 훨씬 단도직입적이다.

진정으로 심오한 철학적 문제는 오직 하나뿐이며, 그것은 자살이다. 삶이 살아갈 가치가 있느냐 없느냐를 판단하는 것은 철학의 근본적인 문제를 답하는 데로 이른다. 그 밖의 모든 것―세계가 3차원인지, 정신의 범주가 아홉 개인지 열두 개인지 등―은 나중의 일이다. 이것들은 게임이다. 누군가 먼저 답해야만 하는.

There is but one truly serious philosophical problem, and that is suicide. Judging whether life is or is not worth living amounts to answering the fundamental question of philosophy. All the rest— whether or not the world has three dimensions, whether the mind has nine or twelve categories—comes afterward. These are games; one must first answer.

종종 『시시포스의 신화』와 한 쌍을 이루는 책으로 평가받는 『반항하는 인간 *The Rebel*』에서 카뮈는 이렇게도 말한다.

부조리주의의 추이에서 최종적으로 이르는 결론은, 사실, 자살의 거부 그리고 인간의 질문과 우주의 침묵 사이에서 벌어지는 절망적인 조우의 지속에 있다. 자살은 이 조우의 종결을 의미할 텐데, 부조리주의의 사고는 그것 자체의 폐기 없이 자살을 승인할 수는 없다는 것을 인식한다.

The final conclusion of absurdist process is, in fact, the rejection of suicide and the persistence in that hopeless encounter between human questioning and the silence of the universe. Suicide would mean the end of this encounter, and absurdist reasoning considers that it could not endorse suicide without abolishing its own foundation.

그냥 "삶은 참 터무니없다."고 말해도 될 것을 "인간의 질문과 우주의 침묵 사이에서 벌어지는 절망적인 조우"라고 표현하는 데서 카뮈의 내공이 느껴진다. 속된 말로 철학적 예능감이 '쩐다!'

이렇게 인간이 겪어야 할 비극적, 숙명적 조건이 바로 카뮈가 말하는 '부조리(absurdity)'다. '우주의 침묵', '부조리' 같은 말들에서 뿜어져 나오는 아우라는 특히 척박한 땅에서 태어나 방황하는 젊은 지식인들을 사로잡기에 충분했다. 그의 언어가 끔찍한 내전을 겪으며 전국토가 폐허로 변해 버린 1950년대 한국의 지식인들을 매료시킨 데는 충분한 이유가 있는 것이다. 어디를 봐도 출구가 보이지 않는 터무니없고 절망적이며 부조리한 삶, 그런 삶을 살 가치가 있을까? 이에 대한 카뮈의 대답은 분명하다. 그래도 살아야 한다는 것이다.

## 『이방인』의 초연함, 『페스트』의 치열함

생의 부조리에 대한 처절한 인식, 그리고(혹은 그럼에도 불구하고) 그런 인식을 가진 인간이 영위하는 삶이란 대체 어떤 것인지를 구체적으로 드러내는 것이 카뮈의 소설들이다. 우선 그의 출세작이자 대표작으로 평가받는 『이방인』을 살펴보자. 참고로 이방인의 프랑스어 원제는 *L'Étranger*인데, 혹시라도 영미인들과 대화 중 실존주의 문학에 대해 논할 기회가 있으면 *The Stranger*보다는 *L'Étranger*를 사용해서 "I really enjoyed reading *L'Étranger* by Camus.(카뮈의 『이방인』을 정말 즐겁게 읽었죠.)"라고 말해도 좋다.

어학 상식을 좀 더 소개해 보자면 étranger의 여성형 étrangère 앞에 '군단'을 뜻하는 프랑스어 legion을 붙이면 그 유명한 '프랑스 외인부대'를 나타내는 말이 된다. 영어로는 'the Foreign Legion'이지만 (*L'Étranger*의 경우와 마찬가지로) '레종 에트랑제(légion étrangère)'라고 해야 더 폼이 난다. 문자 그대로 이방인들의 부대, 즉 지휘관을 제외하고는 전원이 외국인들로 채워진 용병 부대였다. 이 외인부대는 베트남을 비롯한 전 세계 프랑스령 식민지에서 반란군 진압과 치안 유지를 하며 악명을 떨친 바있다. 공교롭게도 카뮈의 고향 알제리에서 식민지 지배에 항거한 독립전쟁이 일어났을 때, 그 진압 작전을 주도한 것 역시 프랑스 외인부대였다. 당시 이들은 여러 전투에 참가하면서 많은 사상자를 내기도 했다.

다시 『이방인』으로 돌아와서, 작품의 주인공이자 화자인 뫼르소는 얼핏 보면 무신경(혹은 무관심)의 '달인'이라고나 할 매우 특이한 인물이다. 유명한 도입부에서부터 그의 '싹수'가 분명하게 드러난다.


엄마가 오늘 죽었다. 혹은 아마 어제였는지도 모르겠다. 집에서 전보를 받았다. "어머니 돌아가심. 내일 장례 예정. 총총." 그것은 아무런 의미도 없었다. 아마 어제였나 보다.

Mom died today. Or yesterday maybe, I don't know. I got a telegram

1942년 프랑스 갈리마르 출판사에서 나온 『이방인』 표지.

from the home: "Mother deceased. Funeral tomorrow. Faithfully yours."
That doesn't mean anything. Maybe it was yesterday.

　시작부터 낌새가 수상하다. 하나뿐인 모친의 부음을 전하는 주인공의
말에서는 어떤 감정의 동요도 느낄 수 없다. 원문에서 뫼르소가 '어머
니'라고 하지 않고 '엄마(mom, 프랑스어로는 maman)'라고 부르는 것을 단
지 일상적인 친근감의 표현이라고 볼 수는 없다. 그에게 '어머니'라는
존재는 자신에게 옷을 입혀 주고 음식을 만들어 주며 기본적인 생존을
지원해 주던 '엄마'에서 정지해 더 이상 어떤 실존적 중요성도 갖지 못
하게 되었다는 의미를 내포하고 있다고도 볼 수 있다. 하지만 어머니의
죽음에 대한 무심함은 앞으로 뫼르소가 과시할, 세계와 심지어 자신에
대해서까지 보이는 일관된 무관심, 혹은 차라리 처절할 정도로 일관된
'정직함'에 대한 전조일 뿐이다. 그런데 흥미로운 것은 뫼르소 같은 인
간에게도 여자 친구가 있다는 것이다. 이런 인간을 남자 친구로 둔 여자
의 기분이란 어떤 것일까?

잠시 후 그녀는 내가 자기를 사랑하는지 물었다. 나는 그녀에게 뭐 어떤 의미도 없지만, 그렇게 생각하지 않는다고 말했다.

A minute later she asked me if I loved her. I told her it didn't mean anything but that I didn't think so.

이 두 사람 사이에서 100일 기념 파티 같은 '이벤트'는 분명 없었을 것이다. 뫼르소는 어머니나 여자 친구에게뿐 아니라 심지어 신에게조차 불경스럽다. 확실히 그의 일관성 하나만은 높이 사 줘야 한다. 많은 독자들이 이미 알고 있겠지만, 뫼르소는 '햇빛 때문'이라는 전대미문의 이유로 해변에서 어느 알제리인을 살해한 뒤 사형 선고를 받는다. 뫼르소가 사형 집행을 기다리는 동안 신부가 감옥으로 찾아와 회개하고 신에게 귀의하라 권하자 그는 단호하게 거부하며 이렇게 말한다.

내게 남은 시간은 조금뿐인데, 그것을 신 때문에 낭비하고 싶지는 않았다.

I had only a little time left and I didn't want to waste it on God.

죽음을 앞둔 인간이 이렇게 태연할 수 있을까? 작품의 유명한 '피날레'에서 묘사되는, 사형 집행일을 기다리는 뫼르소의 '작은 꿈' 역시 일반적인 상식으로 본다면 황당하기 짝이 없다.

그것은 마치 거대한 분노의 쇄도가 나를 깨끗이 씻어 내고, 내게서 희망을 완전히 비워 낸 것 같았다. 상징들과 별들로 수놓아진 어두운 하늘을 바라보며, 나는 무엇보다 처음으로, 우주의 자비로운 무관심에 가슴을 열어 놓았다.

그것을 너무나 나 자신처럼, 실로, 너무나 친밀하게 느끼며, 나는 내가 행복했으며, 여전히 행복하다는 것을 깨달았다. 모든 것이 이루어졌음에도,

내가 고독함을 덜 느끼기 위해, 바랄 수 있는 것이라곤 내 사형 집행일에 구경꾼들이 거대한 무리를 이루리라는 것, 그리고 그들이 나를 증오의 울부짖음으로 맞이해 주리라는 것이었다.

It was as if that great rush of anger had washed me clean, emptied me of hope, and, gazing up at the dark sky spangled with its signs and stars, for the first time, the first, I laid my heart open to the benign indifference of the universe.

To feel it so like myself, indeed, so brotherly, made me realize that I'd been happy, and that I was happy still. For all to be accomplished, for me to feel less lonely, all that remained to hope was that on the day of my execution there should be a huge crowd of spectators and that they should greet me with howls of execration.


자신이 우발적으로 저지른 살인으로부터 촉발된 일련의 사건들을 이렇게 적극적으로 해석하고 받아들이는 뫼르소를 이해하기란 쉽지 않다. 그의 태도는 실존주의 문학의 선구자로 대접받는 카프카(F. Kafka)의 주인공들이 터무니없이 부조리한 세계의 폭력에 맞서다 허무하게 파멸하는 것과는 분명히 대조적이다. 한편으로는 이기적이며, 다른 한편으로는 자신의 안위에 대해 극도로 무심한 뫼르소는 자신이 저지른 행동(살인)에 대한 책임을 (내적 독백치고는 상당히 호들갑을 떨며) 적극적으로 받아들인다. 확실히 카프카나 사르트르의 그것과는 다른, 새로운 실존주의의 도래를 알리는 인간형이다.

카뮈는 1947년에 발표한 장편『페스트』에서 뫼르소보다 훨씬 역동적인 인물들의 활약상을 그린다. 작품은 알제리의 소도시 오랑에 퍼진 페스트에 맞서 싸우는 의사 리외, 파늘루 신부, 외지에서 온 방문객 타루의 처절한 투쟁을 숨 가쁘게 묘사한다. 전염병을 신이 인간에게 내리는 시험으로 보며 상황을 신학적으로 미화하려는 파늘루 신부, 그러한 세계관을 거부하는 리외, 이 두 사람의 대화를 잠깐 살펴보자. 내가 이 책을 처음 읽은 지 25년 가까이 지났지만, 여전히 인상적인 대목이다.

리외는 파늘루 신부를 향해 돌아섰다.

"알겠습니다. 미안하게 됐습니다. 하지만 권태는 일종의 광기이기도 합니다. 그리고 내가 느끼는 유일한 감정이란 광적인 혐오감의 하나일 때도 있답니다."

"이해합니다." 파늘루 신부가 낮은 목소리로 말했다. "그러한 종류의 것이 혐오스러운 까닭은 그것이 인간의 이해를 넘어서기 때문입니다. 하지만 아마도 우리는 이해할 수 없는 것을 사랑해야 할지도 모르죠."

리외는 천천히 자세를 바로잡았다. 그는 파늘루 신부를 응시했다. 그의 시선에는 자신의 권태에 맞서 모을 수 있는 모든 힘과 열정이 집약되어 있었다. 이윽고 그가 고개를 가로저었다.

"아니요, 신부님. 저는 사랑에 대해 매우 다른 생각을 가지고 있습니다. 그리고 내가 죽는 날까지, 나는 어린아이들이 끔찍하게 고통받는 상황을 사랑하는 것이라면 결단코 거부할 것입니다."

Rieux turned toward Paneloux.

"I know. I'm sorry. But weariness is a kind of madness. And there are times when the only feeling I have is one of mad revolt."

"I understand," Paneloux said in a low voice. "That sort of thing is revolting because it passes our human understanding. But perhaps we should love what we cannot understand."

Rieux straightened up slowly. He gazed at Paneloux, summoning to his gaze all the strength and fervor he could muster against his weariness. Then he shook his head.

"No, Father. I've a very different idea of love. And until my dying day I shall refuse to love a scheme of things in which children are put to torture."

"어린아이들이 끔찍하게 고통받는 상황을 사랑하는 것이라면 결단코 거부할 것입니다."라고 말하며 역병이라는 자연의 대재난에 맞서 단 하나의 생명이라도 더 살리기 위해 애쓰는 리외는 확실히 『이방인』의 뫼르소와는 상당히 다른 모럴을 제시하는 인물이다. 뫼르소가 자기 내면에 천착하는 일종의 실존적 자폐아라면, 리외는 타인의 존재를 의식하고, 타인과 더불어 사는 공동체의 일원으로서 최선을 다하는 책임 있는 인간상을 제시한다. 어린아이까지 고통에 빠트리면서 인간의 나약함, 혹은 자신의 전능함을 드러내 보이려는 신이라면 사양하겠다. 리외의 이런 단언에 신부는 잠시 멈칫하지만, 이른바 구원으로 대변되는 종교 전통을 상징하는 인물답게 호락호락 물러나지는 않는다. 신부의 노회한 대응을 계속 살펴보자.

신부의 얼굴에 동요하는 기색이 스쳐 지나갔다. "아, 의사 선생," 그는 슬픈 듯 말했다. "방금 '은총'이 무얼 의미하는지 깨달았소."

리외는 벤치에 다시 주저앉았다. 권태감이 되살아났고, 그 심연으로부터 그는 보다 부드럽게 말했다.

"그것이 내가 갖지 못한 무엇이라는 것만은 알고 있습니다. 하지만 나는 그것에 대해 신부님과 의논하지는 않겠습니다. 우리는 신성모독과 기도를 초월하여 우리를 연대시키는 무언가를 위해 함께 일하고 있지요. 중요한 것은 그것뿐입니다."

파늘루 신부는 리외 곁에 앉았다. 그는 깊이 감동한 것이 분명했다.

"맞아요, 맞아." 그가 말했다. "당신 역시 인간의 구원을 위해 일하고 있지요."

"구원이라면 제게는 너무 엄청난 단어로군요. 나는 그렇게 지고한 것을 겨냥하지 않습니다. 나는 인간의 건강함에 관심이 있습니다. 건강함이야말로 내게 최우선이죠."

A shade of disquietude crossed the priest's face. "Ah, doctor," he said sadly, "I've just realized what is meant by 'grace.'"

Rieux had sunk back again on the bench. His lassitude had returned and from its depths he spoke, more gently:

"It's something I haven't got; that I know. But I'd rather not discuss that with you. We're working side by side for something that unites us, beyond blasphemy and prayers. And it's the only thing that matters."

Paneloux sat down beside Rieux. It was obvious that he was deeply moved.

"Yes, yes," he said, "you, too, are working for man's salvation."

Rieux tried to smile.

"Salvation's much too big a word for me. I don't aim so high. I'm concerned with man's health; and for me his health comes first."

역시 리외의 태도는 "우주의 자비로운 무관심…." 운운하던 뫼르소의 태평함과 사뭇 다르다. 물론 역병이 창궐하는 긴박한 상황인지라, 감옥에 앉아 처형될 날만 기다리던 뫼르소처럼 역설적인 여유를 느끼기는 어려울 것이다. 어쨌든 부조리한 세계가 던진 과제에 용기 있게 맞서는 리외는 카뮈가 『시시포스의 신화』에서 내린 다음과 같은 선언의, 문자 그대로 '화신'이라고 할 만하다.

나는 이 세계가 그것을 초월하는 의미를 지녔는지 어떤지는 모른다. 하지만 나는 내가 그 의미를 모르며 당장 그것을 알 도리도 없다는 사실은 알고 있다. 내가 처한 조건 밖에 놓인 의미가 내게 무슨 의미가 있단 말인가? 나는 오직 인간의 조건 안에서만 세계를 이해할 수 있다.

I don't know whether this world has a meaning that transcends it. But I know that I do not know that meaning and that it is impossible for me just now to know it. What can a meaning outside my condition mean to me? I can understand the world only in human terms.

『페스트』는 등장인물들의 생생함에 더해 카뮈의 만만찮은 스토리텔링 재능을 증명하는 작품이기도 하다. 특히 소설 후반부에 벌어지는 세 가지 반전이 인상적이다. 간단히 말해 죽을 줄 알았던 인물은 살아남고, 가장 인간적이고 용기 있는 인물은 극심한 고통 속에서 죽어 가며, 작품의 화자가 누구인지 밝혀진다. 세 명의 주인공인 리외, 파늘루 신부, 그리고 타루 가운데 누가 어떤 역할을 맡게 될까? 궁금하다면 주저하지 말고 작품을 읽어 보시길 권한다.

참고로 『페스트』의 프랑스어 원제는 우리말 제목 '페스트'에 가까운 *La Peste*지만, 영어 원제는 '전염병, 역병'을 뜻하는 plague에 정관사를 붙인 *The Plague*라는 것도 기억해 두자. 사실상 이 책의 주인공이라고 할 페스트, 특히 역사적으로 전 세계에서 수천만 명의 목숨을 앗아간 중세의 '흑사병'을 영어로는 보통 'Black Death'라고 한다.

# 『정의의 사람들』, 그리고 때 이른 죽음

카뮈는 작품 속 인물들을 통해서만이 아니라 실제 삶에서도 행동파였다. 그는 알제리에서 학창 시절을 보낼 때 축구 선수로 활약했으며, 2차 대전 중 독일군이 프랑스를 점령했을 때는 레지스탕스 운동에도 활발하게 참여했다. 카뮈뿐 아니라 프랑스 출신 작가들 중에는 용기 있는 행동파가 많다. 예를 들어 『인간 조건 *The Human Condition*』으로 유명한 앙드레 말로 (Andre Malraux)는 스페인 내전과 2차 대전 당시 레지스탕스 운동에서 활약했고, 『어린 왕자 *The Little Prince*』의 저자 생텍쥐페리(Saint-Exupéry)는 전쟁이 발발하자 불혹의 나이에도 온갖 '빽'을 써 가며 입대하여(면제가 아니라) 군용기 조종사로 2차 대전에 참전했다가 기어이 전사(정확히는 실종)했다.

카뮈가 작품을 통해 구체적인 역경 속에서 이루어지는 인간적 유대의 가능성을 모색했던 것을 생각하면, 그가 거기서 한 발짝 더 나아가 마르크스주의로 달려가지 않은 것은 다소 의외다. 오히려 카뮈는 1949년 발표한 희곡 『정의의 사람들 *The Just*』을 통해 혁명의 대업을 이루기 위해 작은 희생은 불가피하며, 숭고한 목적은 때로 잔혹한 수단을 정당화시킬 수 있다는 혁명주의자들의 입장에 반기를 든다. 나아가 마르크스주의를 비롯한 거대 담론으로서 '이데올로기'보다 바로 지금 이 땅에 살고 있는 이웃들과의 연대를 의식하는 것이야말로 진정한 혁명가의 태도라는 자세를 취한다.

『정의의 사람들』은 1900년대 초 제정 러시아에서 혁명을 꿈꾸며 구체제의 상징인 대공(Grand Duke)을 암살하려는 테러리스트 청년들의 투쟁과 갈등을 그린 작품이다. 작품 속에서 주인공 칼리아예프는 대공을 살해할 수 있는 결정적인 기회가 왔음에도, 대공의 마차에 그의 어린 조카들이 함께 타고 있는 것을 보고 폭탄 투척을 포기한다. 그 결과 칼리아예프는 테러리스트들의 지도자 스테판의 혹독한 비판에 직면한다.


스테판 내 자긍심은 오직 나 자신의 문제네. 하지만 인간의 자긍심, 그들의 항거, 그들에게 가해진 불의, 이들이야말로 우리 모두의 관심사지.

칼리아예프 인간은 정의만으로 사는 게 아닙니다.

스테판 누군가 그들의 빵을 훔칠 경우, 그들이 정의 말고 그밖에 무엇으로 살아갈 수 있겠나?

칼리아예프 정의와 순수요.

스테판 그래, 어쩌면 그게 무슨 뜻인지 알 것도 같군. 하지만 나는 그걸 외면하기로 했네. 그리고 다른 사람들도 그것을 무시하게끔 하겠네. 그래서 언젠가는 그것이 더 커다란 의미를 지닐 수 있도록 말일세.

Stepan  My pride is my concern only. But the pride of men, their rebellion, the injustice is done to them, these are the concern of all of us.

Kaliayev  Men do not live by justice alone.

Stepan  When someone steals their bread, what else will they live on but justice?

Kaliayev  On justice and innocence.

Stepan  Yeah, maybe I know what that means. But I chose to shut my eyes to it, and shut others' eyes to it, so that one day it can have a bigger meaning.


하지만 칼리아예프는 어떻게 그리 호언장담할 수 있느냐며 반박한다.


칼리아예프 그러면, 당신은 인간이 기꺼이 계속 살아가도록 만드는 모든 것을 파괴하는 그런 날이 도래하리라고 확신해야 합니다.

스테판 나는 확신하네.

칼리아예프 당신은 그럴 수 없어요. 나와 당신 중 누가 옳은지 알려면, 아마도 세 세대에 걸친 수많은 전쟁들과 끔찍한 혁명들이라는 희생이 필요하겠죠. 지상에서 피의 빗물이 말랐을 때, 당신과 나는 이미 오랫동안 먼지 속에 뒤섞인 후일 겁니다.

스테판 그때는 다른 이들이 오겠지. 그러면 나는 그들을 나의 형제로 맞이할 거야.

Kaliayev  Then, you must feel very sure that day will come to destroy everything that makes life worth living today.

Stepan  I am certain of it.

Kaliayev  No, you can't be as sure as that. Before it can be known which of us, you or I, is right, you'd need the sacrifice of maybe three generations and a lot of wars, terrible revolutions. And by the time that rain of blood has dried off the earth, you and I will long since have turned to dust.

Stepan  Others would come then, and I hail them as my brothers.


스테판은 혁명을 위한 혁명을 주장하는 사실상의 아나키스트라고 할 수 있다. '혁명과 정의'라는 대의를 위해서라면 그 하위에 있는 가치들은 잠시 무시해도 좋다는 스테판의 주장에 칼리아예프는 외친다.


칼리아예프 (절규하듯) 다른 이들이라… 하지만 나는 지금 나와 같이 이 땅 위에 살며 걷고 있는 사람들을 사랑합니다. 그들이야말로 내가 경애하는 존재들이죠. 나는 그들을 위해 싸우고 있으며, 그들을 위해 기꺼이 죽을 준비가 되어 있습니다. 그리고 내가 확신할 수 없는 먼 훗날의 세상을 위해 내 형제들의 얼굴을 때리지는 않을 겁니다. 나는 무의미한 정의를 위해 현존하는 부정의를 보태지는 않을 겁니다. (보다 나직하게, 하지만 단호하게) 형제들, 나는 아주 솔직하게 말하고 싶고, 적어도 산간벽지의 가장 소박한 농부라도 말할 수 있는 것을 여러분에게 들려주고 싶습니다. 어린아이들을 죽이는 것은 명예롭지 못합니다. 그리고 만약 언젠가 내 삶에서 혁명 그 자체가 명예와 분리된다면, 나는 그것으로부터 등을 돌릴 것이오.

Kaliayev (crying out) Others… But I love those who live today, and walk on the same earth as I do, and they're the ones I hail; I'm fighting for them and for them I'm ready to lay down my life. And for the sake of some far-off future city that I'm not sure of, I will not slap the faces of my brothers. I refuse to add to living injustices for the sake of a dead justice. (Softer, but firmly) Brothers, I want to speak quite frankly and tell you what the simplest of peasants in our backwoods would say: to kill children is without honor. And if one day, the revolution separates itself from honor, well I'm through with the revolution

스테판과 충돌하던 칼리아예프는 결국 2차 시도에서 대공을 암살하는 데 성공한 뒤 체포되어 재판을 기다린다. 이때 그에게 의외의 인물이 구원의 손길을 내미는데, 그이는 바로 살해당한 대공의 부인(Grand Duchess)이었다. 그녀는 수감된 칼리아예프를 찾아와 종교로의 귀의를 권유한다.

대공부인 부디 내게 적처럼 말하지 말아 줘요. (…) 우리 사이에는 한 사람이 흘린 피가 있죠. 하지만 설령 우리가 이 죄와 고통의 세계에서 서로 떨

어져 있다고 해도, 하느님 안에서 우리는 하나가 될 수 있어요. 나와 함께
기도하도록 하세요.

칼리아예프 나는 거절해야만 합니다. (…) 당신은 나를 감동시켰습니다. 당
신은 이제 나를 이해할 수 있을 겁니다. 내가 아무것도 숨기는 게 없으니
까요. 나는 한때 신과 맺었던 약속을 전혀 기대하지 않습니다. 하지만, 내
가 죽을 때, 나는 내가 사랑하는 사람들, 바로 지금 나를 생각하고 있는 내
형제들과 맺은 약속은 지킬 것이오. 기도는 그들을 배신하는 일이 되겠죠.

대공부인 무슨 뜻이죠?

칼리아예프 아무것도 아닙니다, 단지 내가 곧 행복하리라는 것 외에는. 내
게는 계속해야 할 오랜 투쟁이 있고, 나는 그것을 계속해 나갈 겁니다. 하
지만 선고가 내려지고 처형이 임박했을 때, 교수대 아래에서 나는 당신과
이 끔찍한 세상으로부터 등을 돌리고, 드디어 내 마음은 충만한 기쁨으로,
사랑의 기쁨으로 가득 찰 것입니다. 이해가 되시나요?

대공부인 하느님을 떠난 사랑이란 없어요.

칼리아예프 아뇨, 있습니다. 살아 있는 자들의 사랑입니다.

대공부인 살아 있는 자들이란 저급한 존재예요. 그들을 파괴하거나 용서
하는 것 외에 인간이 할 수 있는 것이 뭐죠?

칼리아예프 그들과 함께 죽는 겁니다.

The Grand Duchess  Please do not talk to me like an enemy. (…) There
is a man's blood between us. But even if we are parted in this world
of sin and suffering, we can meet in God. Will you pray with me?

Kaliayev  I must refuse. (…) you have touched my heart. Now you
can understand me, because I'm not hiding anything. I don't count
on any agreement that I once made with God. But, when I die, I
shall keep the same agreement that I've already had with the

people I love, my brothers who are thinking of me at this moment. Itwould be betraying them to pray.

The Grand Duchess What do you mean?

Kaliayev Nothing, except that I shall soon be happy. I have a long fight to keep up, and I will keep it up. But when the sentence is pronounced and the execution is close, then, at the foot of the scaffold, I shall turn my back on you and this hideous world, and at last my heart will flood with joy, the joy of love fulfilled. Can you understand?

The Grand Duchess There is no love away from God.

Kaliayev Yes, there is. The love of living creatures.

The Grand Duchess Living creatures are abject. What can ou do except destroy them or forgive them?

Kaliayev To die with them.


대공 부인의 '유혹'을 물리치는 칼리아예프의 태도에서는 얼핏 "내게 남은 시간은 조금뿐인데, 그것을 신 때문에 낭비하고 싶지는 않다."며 사제의 권유를 뿌리치던 뫼르소의 모습이 보인다. 하지만 사형 집행일에 군중들이 자신을 '증오의 울부짖음'으로 맞이해 주리라고 여긴 뫼르소에 비해 칼리아예프의 반응은 훨씬 구체적이며 인간적이다. 그의 태도에는 동지애가 전제되어 있기 때문이다.

하지만 현실에서의 카뮈는 혁명이라는 대의에 대해 스테판은 물론이고 칼리아예프보다도 훨씬 더 유보적인 자세를 견지했다. 혁명을 통해 세상을 변혁하려는 급진 세력의 진의에 대해 언제나 의심의 눈초리를 거두지 않았던 것이다. 사르트르를 비롯한 많은 지식인들이 마치 유행처럼 마르크스주의자임을 자처하던 시절, 카뮈는 공산주의가 꿈꾸는 이상에서마저 일종의 종교적 색채와 교조적 경직성을 읽어 내고 이에 대한 지지를 유보했다. 결국 이 때문에 카뮈는 한동안 프랑스 주류 지식인 사회에서 일종의 '왕따'가 되기도 했다.

하지만 작가이자 사상가로서 카뮈의 업적은 이미 프랑스를 넘어 전 세계에서 높이 평가받고 있었고, 이는 1957년 노벨 문학상 수상으로 이어졌다. 노벨상 위원회는 수상자 선정 이유를, 그의 작품들이 "통찰력 있는 진정성으로 우리 시대 인간의 양심에 대한 문제를 조명했기" 때문이라고 밝혔다.

카뮈는 노벨상을 수상한 지 3년 뒤인 1960년, 파리 근교에서 교통사고로 사망했다. 향년 47세였다. 앞서 소개한 『반항하는 인간』 속 카뮈의 말을 약간 뒤틀어 표현하자면, 그는 결국 '질문하기'를 멈추고 '우주의 침묵' 속으로 사라져 간 셈이다. 비록 이른 나이에 아쉬운 최후를 맞았을망정 그의 죽음은 행복한 죽음 아니었을까? 이제는 그동안 미뤄뒀던 그의 책, 『행복한 죽음』을 펼쳐 봐도 좋겠다는 생각이 든다.

프랑스 루르마랭에 있는 카뮈의 무덤.

# 하이데거는 무엇을 알고 있을까

## 신비주의 전략

독일 철학자 마르틴 하이데거(Martin Heidegger)의 철학과 텍스트는 단순히 '난해'하다고 말하는 것만으로는 뭔가 부족한 면이 있다. 난해함을 넘어서 신비하다고나 해야 할까? 그런데 역설적으로 들리겠지만, 내가 그를 '예능감'이 뛰어난 철학자에 포함시킨 것은 바로 그 때문이다. 하이데거는 극도로 난해한 텍스트와 신비주의를 앞세워 철학자들과 대중을 동시에 사로잡은 매우 희귀한 케이스다. 마케팅 차원에서 본다면, 일종의 역발상을 통해 대박을 터뜨린 경우라고나 할까? 하이데거의 언어는 항상 수수께끼처럼 다가온다. 신비스러운 울림을 주며, 어딘가에 우주의 비밀을 풀 열쇠, 그 지혜의 단서가 숨어 있을 것만 같은 착각에 빠지게 한다. 그 때문인지 그의 문장은 읽을 때마다 새롭고 다양한 의미로 다가오며, 특유의 신비스러운 분위기는 확대 증폭된다.

사실 따지고 보면 '난해함'이란 하이데거가 속한 독일 철학 전통에서 그리 새로울 것도 없다. 독일 관념론 파트에서 이미 만나 본 칸트와 헤겔 역시 난해함에서는 둘째가라면 서러워할 입장이다. 하지만 칸트는 애초부터 자기 책의 독자층을 전문적인 철학자들로 한정시켰고, 용어와 문체 등도 그들의 눈높이에 맞춰 썼다. 그런 까닭에 그의 '불친절함'에 대해 마냥 불평만 할 수는 없다. 한편 헤겔의 저서들을 읽고 있자면, 그가 실은 쉽게 쓸 능력이 없었기 때문에 난해하게 쓴 것 아닐까 하는 생각을 하게 된다. 물론 그의 심오한 철학을 이해하지 못하는 내 빈약한 지성을 탓해야겠지만, 그럼에도 헤겔 선생 본인조차 자신이 무슨 말을 하고 있는지 정확히 알기는 했던 걸까 하는 불경스런 생각이 드는 게 사실이다.

그런데 하이데거의 난해함은 칸트나 헤겔의 그것과 또 다르다. 그의 난해함은 뭐랄까, 아예 처음부터 독자들에게 '엿'을 먹이기로 작정하고 가능한 한 최대한 어렵게 쓴 것 아닐까 하는 의구심을 자아낸다. 말을 아주 현란한 방식으로 배배 꼰다고 할까. 가령 "인간은 빵 없이 살 수 없다."는 말을 하이데거는 "식량의 즉자적 목적은 한시적일지언정 존재의 존재적 형식을 유지시키는 데 봉사하는 것이다."라는 식으로 할 것 같다. "인간은 언젠가 반드시 죽는다."는 말도 그라면 "인간이 궁극적으로 존재하기를 멈추는 것은 시공에 투사된 현존재로서의 현상이 지니는 실존적 조건이다."라고 할 것이다. 물론 이건 내가 하이데거의 언어를 서툴게 흉내 낸 것에 불과하지만, 실제로 그의 글들은 늘 이런 식이다. 말 나온 김에 하이데거의 어록 몇 개를 '가벼운 마음'으로 살펴보자.

무는 무하다.
The Nothing nothings.

'논리학', '윤리학', '물리학' 같은 이름들은 오직 독창적인 생각이 끝났을 때 꽃을 피운다. 그리스인들은 그들의 위대한 시대 동안 그런 딱지 없이 사유했다. 그들은 심지어 사유하는 것을 '철학'이라고 부르지도 않았다. 사유는 그 기본 요소로부터 벗어날 때 끝난다.

Such names as 'logic', 'ethics', and 'physics' begin to flourish only when original thinking has come to an end. During the time of their greatness the Greeks thought without such headings. They did not even call thinking 'philosophy'. Thinking comes to an end when it slips out of its element.

엄밀히 말해, 말하는 것은 언어다. 인간은 그가 언어의 호소를 들음으로써 그것에 답할 때, 오직 그때에 처음으로 말한다.

For, strictly speaking, it is language that speaks. Man first speaks when and only when, he responds to language by listening to its appeal.

인간이란 누구인가? 그는 자신이 무엇인지를 증언해야 하는 자다. 증언한다는 것은 증명하는 것을 의미할 수 있지만, 그것은 또한 누군가의 증명에서 증명한 것을 책임진다는 의미이기도 하다. 인간은 그 자신의 존재를 입증하는 것에서 바로 그렇게 존재하는 자다.

Who is man? He is the one who must bear witness to what he is. To bear witness can signify to testify, but it also means to be answerable for what one has testified in one's testimony. Man is he who he is precisely in the attestation of his own existence.

도대체 이게 다 무슨 뜻일까? 그나마 위에 소개한 인용문들은 하이데거가 비교적 '가볍게' 쓴 소고, 에세이, 강연 원고 등에서 뽑은 것이다. 그의 주저이자 제목부터 무지막지한 『존재와 시간Being and Time』은 아직 등장하기 전이다. 개봉 박두! 기대하시라.

앞뒤 맥락은 싹 잘라 내고 인용되었기 때문에 이해하기 어려운 것이라고 주장할 수도 있겠지만, 생각해 보면 철학의 명언들이란 대부분 본래의 맥락에서 툭 떼어 낸 것들이다. 가령 소크라테스의 "성찰 없는 삶은 살 가치가 없다.", 아리스토텔레스의 "자연은 결코 허튼짓을 하지 않는다.", 니체의 "단 하나의 그리스도교도가 있었을 뿐이며, 그는 십자가 위에서 죽었다." 등은 (비록 약간의 오해를 동반한다고 해도) 모두 원전의 맥락을 벗어나서도 독립적으로 설 수 있는 문장들이다. 반면 하이데거의 문장들은 따로 떼어서 보나 본래 문맥 안에서 보나 난해하기는 매한가지다.

니체는 『즐거운 학문』에서 "신비스러운 설명은 심오하게 여겨진다. 진실을 말하자면 그것들은 심지어 피상적이지조차 못하다."며 특유의 돌직구를 날린 바 있는데, 하이데거에게도 이 말을 적용할 수 있을까? 하지만 하이데거의 글을 그런 식으로 치부해 버리기에는 어딘가 찜찜하다. 분명 그의 글은 얼치기의 횡설수설이 아니다(혹은 아닌 것 같다). 하이데거의 요설은 분명 시간과 노력을 들여 연구해 볼 만한 가치가 있지 않을까? 이렇게 그의 책을 선뜻 내치지 못하고 망설이게 만드는 것조차 그가 발휘하는 '예능감'의 일부인지 모르겠다.

## 존재론의 역사

독일의 조그만 마을 메스키르히에서 농부의 아들로 태어난 하이데거는 원래 가톨릭 사제가 되기 위해 신학을 공부하다가 철학으로 전향했으며, 신앙 역시 가톨릭에서 개신교(루터파)로 개종한 특이한 이력이 있다. 그는 프라이부르크 대학에서 현상학의 대가 에드문트 후설(Edmund Husserl)을 은사로 모시며 학위를 취득한 뒤 결국 같은 대학의 철학 교수가 되었다.

하이데거를 흔히 실존주의 철학자로 분류하기도 하지만, 그는 이런 '타이틀'을 거부했고, 실제로 그의 철학은 프랑스 실존주의와 상당히 다르다. 프랑스 실존주의는 사르트르, 카뮈, 말로 등 당대 지식인들의 손에서 유행 사조로 키워진 면이 있다. 반면 야스퍼스와 하이데거로 대표되는 20세기 독일 실존주의는 관념론 전통에 기대어 보다 형이상학적인 주제를 추구했다는 점에서 행동과 실천 쪽에 무게를 둔 프랑스 실존주의와 차이가 있다. 또한 그중에서도 야스퍼스는 실존의 딜레마에 대한 해결책으로 종종 종교적 구원의 가능성에 주목한 반면, 하이데거는 '존

메스키르히에 있는 하이데거 생가.

재(Being)' 그 자체에 대한 해명을 끈질기게 추구했다. 사실 하이데거의 사상은 '실존주의'라기보다 '존재론(ontology)'이라고 부르는 게 더 적절하다.

'존재론'이라는 용어는 근대에 들어서 정착된 것이지만, '존재'에 대한 논의는 이미 고대 그리스 철학에서부터 본격적으로 시작되었다고 볼 수 있다. 플라톤의 관념론을 아주 '단순 + 과감 + 무식'하게 요약하자면 '이데아 = 존재의 본질'이라고 할 수 있지 않을까? 또한 아리스토텔레스를 논하면서 소개했던 『형이상학』의 다음 문장을 기억하시는지?

존재를 존재로서 탐구하는 학문, 그것 자체의 본성에 따라 그것에 속하게 된 속성들을 탐구하는 학문이 있다.

There is a science which investigates being as being and the attributes which belong to this in virtue of its own nature.

'존재를 존재로서 탐구하는 학문', '존재론'에 대해 이보다 더 간결한 정의가 있을까? 애초에 하이데거가 신학에서 철학으로 방향을 튼 계기 역시 아리스토텔레스의 존재론에 관한 논문을 읽은 것이었다고 한다. 또한 하이데거는 기원전 5세기경의 그리스 철학자 파르메니데스(Parmenides)에게도 많은 관심을 쏟았는데, 지금은 파편으로만 전해지는 그의 시 「자연에 대하여 *On Nature*」의 다음 구절을 즐겨 인용했다.

'있음(to-be)'과 조화를 이루는 방법에 관해 유일하게 남아 있는 전설이 있다

이 방법에 따라 그것에 대한 많은 표지들이 주어졌다

어떻게 존재가 생성도 없이 쇠락도 없이

완결되어, 홀로 충만하게 서 있는지

스스로 흔들림 없이, 완결의 필요조차 아예 없이

그것은 전에 있지도 않았고, 언제가 있을 것도 아니며,

지금 그대로, 갑자기 있으며, 독특하게 결합하고 통합되어

스스로를 그 안팎에서 결속시키고 있는 것

There remains solely the saga of the way how it stands with to-be;

for along this way many indications of it are given;

how Being without genesis and without decay,

complete, standing fully there alone,

without trembling in itself and not at all in need of finishing;

nor was it before, nor will it be someday,

for as the present, it is all-at-once, unique unifying united

gathering itself in itself from itself

이건 뭐 "샤리푸트라여, 색이 공과 다르지 않고 공이 색과 다르지 않아 (…) 태어나지도 소멸되지도 않고, 더럽지도 깨끗하지도 않고, 더하지도 줄지도 않는다.〔舍利子 色不異空 空不異色 (…) 不生不滅 不垢不淨 不增不減〕"는 『반야심경般若心經』구절이 절로 떠오른다. 이렇듯 사유의 공통분모가 느껴지는, 파르메니데스가 활동하던 고대 그리스와 석가모니가 출현한 고대 인도의 지적 분위기를 본격적으로 비교해 보는 것도 흥미로운 시도가 될 것 같지만, 여기서는 너무 궤도 이탈을 하지 말고 하이데거에 집중하도록 하자.

하이데거는 이렇게 서양철학에서 형이상학 자체만큼이나 유구한 전통을 자랑하는 '존재론'에 독일 관념론을 접목한 뒤 다시 자신만의 고유한 언어로 독특한 철학 체계를 만들어 냈다.

하이데거의 존재론이 정말 어떤 모양을 하고 있는지 조금이나마 이해하려면, 그가 1927년에 처음 발표한 이래 평생 동안 조금씩 수정 보완해 갔던 주저 『존재와 시간』을 피해 갈 수 없다. 하이데거의 대표작일 뿐아니라 20세기에 쓰인 철학서들 가운데 가장 중요한 작품으로 꼽히는 이 책은 제목에서 짐작할 수 있듯이 '존재'에 대한 역사적(시간적), 형이상학적 탐구서라고 할 수 있다. '존재'란 얼핏 보면 우리가 지금 이렇게 숨 쉬며 책을 읽는 것만큼이나 분명해 보이고, 별로 파고들 것 없는 간단한 개념처럼 여겨진다. 그런데 이 개념 하나를 독일 세퍼드처럼 물고 늘어지며, 500쪽이 넘는 방대한 분량의 책을 썼다는 것만으로도 하이데거가 심상치 않은 인물임을 알 수 있다. 그럼 여기서 하이데거의 그 악명 높은 텍스트가 대체 어떤 모양새를 하고 있는지 아주 조금만 맛보도록 하자.

## 존재, 모든 것 가운데 가장 모호한 개념

『존재와 시간』의 독일어 원전명은 *Sein und Zeit*다. 영어 판 제목인 *Being and Time*도 나무랄 데 없기는 하지만, 독일어 원제의 sein과 zeit에서 연이어 나타나는 'ei'의 대구가 사라진 것이 옥에 티다. 언어의 역할에 강박적일 만큼 집착한 하이데거가 자신의 대표작 제목을 허투루 지었을 리 없기 때문에, 번역 과정에서 그 대구를 잃어버린 것은 분명 손실이다. 혹시 이런 생각 자체가 하이데거식 사고의 덫에 빠지는 건 아닌지 모르겠다.

『존재와 시간』의 도입부에는 플라톤의 '대화편' 가운데 비교적 대중적으로 잘 알려지지 않은 작품 『소피스트*Sophist*』에서 발췌한 다음과 같은 문장이 등장한다.

당신은 분명 당신이 '존재'라는 표현을 쓸 때 당신이 의미하는 바가 무엇인지를 오랫동안 알고 있었습니다. 하지만 우리는, 이전에 그것을 안다고 생각해 왔지만, 지금은 혼란스럽습니다.

For manifestly you have long been aware of what you mean when you use the expression 'being.' We, however, who used to think we understood it, have now become perplexed.

하이데거가 2,400년 전에 쓰인 플라톤의 '대화편'을 인용한 이유는 곧 밝혀진다. 『존재와 시간』의 1장 1절 '존재에 대한 물음을 명백히 상기해야 하는 필연성(The Necessity of an Explicit Retrieve of the Question of Being)'은 대뜸 다음과 같이 시작한다.

이 물음은 오늘날 잊혔다—비록 우리 시대가 스스로 '형이상학'을 다시 긍정하는 데 있어 진보적이라고 여기기는 하지만 말이다. 같은 맥락에서 우리는 존재에 관한 거인들의 싸움을 재점화하려는 노력으로부터 면제되었다고 믿는다. 하지만 여기서 다루어지는 질문이 임의적인 것은 아니다. 그것은 플라톤과 아리스토텔레스의 열렬한 탐구를 뒷받침했으나, 그 이후로는 실제 탐구 주제와 관련된 질문으로서 제기된 적이 없는 것이다. 이들 두 사상가들이 성취한 것은 다양하게 왜곡되고 위장된 형태로 보존되어 헤겔의 '논리학'에까지 이르렀다. 그리고 그때, 비록 파편화된 데다가 첫 시작에 불과한 것이었을지라도, 최고의 지적 노력이 발휘되어 현상으로부터 왜곡된 개념은 그 후 오랫동안 하찮은 것으로 취급되었다.

This question has today been forgotten—although our time considers itself progressive in again affirming 'metaphysics.' All the same we believe that we are spared the exertion of rekindling a *gigantomachia peri tes ousias* (a Battle of Giants concerning Being). But the question touched upon here is hardly an arbitrary one. It sustained the avid research of Plato and Aristotle but from then on ceased to be heard as a thematic question of actual investigation. What these two thinkers achieved has been preserved in various distorted and camouflaged forms down to Hegle's 'Logic.' And what then was wrested from phenomena by the highest exertion of thought, albeit in fragments and first beginnings, has long since been trivialized.

하이데거는 계속한다.

존재의 해석에 대한 그리스인들의 최초 공헌에 근거하여, 존재의 의미에 대한 물음이 더 이상 불필요하다고 선언할 뿐 아니라 그것의 완전한 무시를 용인하는 도그마가 자라났다.

On the basis of the Greeks' initial contribution towards an Interpretation of Being, a dogma has been developed which not only declares the question about the meaning of Being to be superfluous, but sanctions its complete neglect.

하이데거는 플라톤과 아리스토텔레스가 '존재'에 대한 물음을 심층 탐구한 이후 더 이상 진전이 없었으며, 이들의 성과마저 훼손된 상태로 전해 내려왔다고 말한다. 그리고 이제 자신이 그동안 잊혔던 이 물음을 제대로 성찰해 보겠다는 포부를 밝히고는 '존재'의 성격에 대해 먼저 논한다.

존재는 가장 '보편적인' 개념이다. 존재에 관한 이해는 항상 이미 우리가 존재에 대해 파악하는 모든 것 속에 포함되어 있다. 하지만 존재의 보편성은 속(屬)의 그것이 아니다. '존재'는 속과 종에 따라 개념적으로 표현되는 한까지 존재들의 최고 범위를 한계 지우는 것이 아니다: 존재는 속이 아니다. 존재의 보편성은 속의 보편성을 '뛰어넘는다.' 중세 존재론의 명칭에 따르면 '존재'는 초월이다. (…) 따라서 만약 누군가가 이에 따라 '존재'가 가장 보편적인 개념이라고 말한다고 해도, 그것은 존재가 가장 명료한 것이며 더 이상의 논의가 필요 없다는 뜻일 수는 없다. '존재'의 개념은 오히려 모든 것 가운데 가장 모호한 것이다.

Being is the most 'universal' concept: 'An understanding of being is always already contained in everything we apprehend in being.' But the universality of being is not that of genus. 'Being' does not delimit the highest region of beings so far as they are conceptually articulated according to genus and species: *oute to on genos* (Being is not a genus). The universality of being 'surpasses' the universality of genus. According to the designation of medieval ontology, 'being' is a transcendence. (…) If one says accordingly that 'Being' is the most universal concept, that cannot mean that it is the clearest and that it needs no further discussion. The concept of 'being' is rather the most obscure of all.

'모든 것 가운데 가장 모호한' 개념인 '존재' —하이데거의 책은 과연 그 개념의 모호성을 제거해 줄 것인가? 어쩐지 불길한 예감이 들지만, 그래도 한번 믿어 볼까?

# 현존재의 본색

하이데거 존재론의 핵심 용어로 종종 거론되는 것이 Dasein이다. 독일어 용어로 '다자인'이라고 읽는다. 한글로는 보통 '현존재(現存在)'라고 번역되지만, 영어에서는 독일어 그대로 Dasein이라고 쓰는 게 일반화되어 있다. Dasein은 '거기'를 뜻하는 'da'와 '존재'를 뜻하는 'sein'이 결합된 형태. 어원학적으로는 '지금 이 자리에 존재함'을 의미하는 라틴어 프라에센티아(*praesentia*)가 17세기경 독일어로 번역, 유입된 것이라고 한다. *praesnetia*를 어원으로 하는 영어 단어에는 '있음, 존재함'을 의미하는 presence가 있다. Dasein은 칸트와 후설 등도 사용한 용어지만, 유명세를 타게 된 것은 역시 하이데거 덕분이다. 『존재와 시간』에서 하이데거는 '현존재'를 이렇게 설명한다.

현존재는 다른 존재들 사이에서 단순히 발생하지 않는 존재다. 차라리 그것은 그것의 존재 속에서 이 존재가 바로 그 존재에 대해 관심을 가진다는 사실에 의해 존재적으로 두드러진다. 따라서 바로 그 존재 안에서 이 존재에 대한 존재와 연관성을 지니는 것이 현존재의 존재를 구성하는 요소다. 그리고 이것은 결과적으로 현존재가 어떤 방식으로, 어떤 명료성을 가지고 그 존재 안에서 스스로를 이해한다는 의미다. 이 존재에게는 그 존재와 함께 그리고 그 존재를 통해 스스로를 드러내는 것이 적절하다. 존재의 이해는 현존재의 존재의 확인 그 자체다. 현존재의 존재적 특징은 그것이 존재론적이라는 사실에 있다.

Dasein is a being that does not simply occur among other beings. Rather it is ontically distinguished by the fact that in its being this being is concerned about its very being. Thus it is constitutive of the being of Dasein to have, in its very being, a relation of being to this being. And this in turn means that Dasein understands itself in its being in some way and with some explicitness. It is proper to this being that it be disclosed to itself with and through its being. Understanding of being is itself a determination of being of Dasein. The ontic distinction of Dasein lies in the fact that it is ontological.

느낌이 어떤가? 우리끼리 얘기지만 솔직히 이쯤에서 하이데거를 읽는 다는 것 자체에 대해 근본적인 회의를 품기 시작한다 해도 전혀 이상할 게 없다. '현존재'라는 용어만 하더라도, 하이데거의 설명이 거듭될수록 그것이 정말 용어의 의미를 명확하게 하려는 것인지, 반대로 점점 더 혼동과 혼란을 가중시키려는 것인지 알 수 없을 정도다. '현존재'가 무엇인지를 이해하기 위해 하이데거 연구자들의 책이나 논문을 뒤적여 봐도 별 소용없다. 저마다 설명이 약간씩 혹은 극단적으로 달라 일관된 그림을 그리기 어렵다.

하지만 지금까지 읽어 온 게 억울해서라도(사실 이런 '본전 생각'은 어떤 투자에서건 가장 조심해야 할 사고방식이긴 하지만) '현존재' 개념을 정리해 보도록 하자.

내가 하이데거의 텍스트뿐 아니라 다른 해설서들을 훑어보며 이해한 바에 따르면, '현존재'는 '나'라는 존재가 세계에 '던져져' 겪는 유일하고 독특한 경험, 그리고 '나'가 처한 독특한 환경이 합쳐져 이룩되는 '존재적 현상'에 가깝다. 다시 말해 '존재'가 '보편적 개념'이라면 '현존재'는 특수한, 각 존재가 소유한 '고유의 개념', 혹은 '존재의 방식'이라고 할 수 있다.

하이데거 하우스에 있는 메스키르히 명예시민 기념 현판.

역사적으로 많은 철학자들이 '인간'을 하나의 '종'으로 보고 모든 인간에게 보편적인 존재 양식(말하자면 '인간성' 혹은 '인간적인 것' 등)을 파악하려고 노력한 것에 비해, 하이데거는 '현존재'라는 개념을 통해 집단이 아닌 '개인'으로서의 인간 각자가 세계와 관계 맺는 방식에 주목했다. 여기까지의 개념 설명을 염두에 두고 다음 대목을 읽어 보자.

현존재는 바로 그 존재 속에서 그 존재를 향해 그 스스로 분별력 있게 처신하는 독립체다. 이렇게 말함으로써, 우리는 존재의 형식 개념에 대해 주의를 환기시킨다. 현존재는 존재한다. 더 나아가, 현존재는 각각의 경우마다 나 자신이 존재하는 독립체다. '각자성(各自性)'이란 존재하는 어떤 현존재에도 속하며, 진짜와 진짜가 아닌 것을 가능하게 만드는 조건으로서 그것에게 속한다. 각각의 경우 현존재는 이 두 가지 형식 중 이것 혹은 저것으로 존재하든가, 그도 아니면 형식적으로 구분되지 않는다.

Dasein is an entity which, in its very Being, comports itself understandingly towards that Being. In saying this, we are calling attention to the formal concept of existence. Dasein exists. Furthermore, Dasein is an entity which in each case I myself am. Mineness belongs to

여전히 어렵지만 "현존재는 각각의 경우마다 나 자신이 존재하는 독립체다."와 같은 문장은 분명 '현존재'가 어떤 집단 무의식이나 헤겔식 절대정신과는 다른, 매우 개별적인 존재 양식을 일컫는 개념임을 보여준다. 또한 그는 이러한 개별성에 대해 언급하기 위해 'Mineness', 독일어로는 'Jemeinigkeit'라는 조어를 만들어 제시하기도 한다. 독일어에서 '각각, ~마다'를 뜻하는 'je', '나의 것'을 의미하는 'meinig', 명사형을 만드는 접미사 'keit'를 붙여 만든 말이다. 그대로 번역한다면 '각자 나의 것임' 정도가 될 테지만 보통은 '각자성'이라는 그럴듯한 말로 번역된다.

그런데 때로 하이데거의 텍스트에서 '현존재'는 쉽게 말해 한 인간의 '본색' 내지 '정체'를 드러내는 의미처럼 쓰이기도 한다. 그리고 그 편이 훨씬 이해하기 쉽다. 그는 존재자의 존재 의미를 드러내는 데 진리가 있다고 봤으며, 이를 '비은폐성(unconcealment)' 혹은 이에 해당하는 그리스어 '알레테이아(aletheia)'로 표현했다. 하이데거는 또 다른 저서 『형이상학 입문*Introduction to Metaphysics*』에서 현존재의 비은폐성에 관한 극적인 예로 고대 그리스 비극의 주인공 오이디푸스를 언급하고 있다. 대부분의 독자들이 알고 있겠지만, 오이디푸스는 스핑크스의 수수께끼를 풀고 테베의 왕이 되었다가 결국 처절하게 몰락하는 인물이다. 하이데거의 설명을 잠깐 읽어 보자.

소포클레스의 『오이디푸스 왕』을 생각해 보자. 처음에 신들의 은총과 영광이라는 광명 속에서 나라의 군주이자 구원자였던 오이디푸스는 이러한 겉모습으로부터 내동이쳐진다. 이 겉모습은 단지 그 자신에 대한 오이디푸스의 주관적 관점이 아니며, 그 안에서 그의 현존재의 출현이 일어난다. 결국 그는 아버지의 살해범이자 어머니를 더럽힌 자로서 그의 존재 안에서 드러난다(비은폐된다). 이렇게 찬란한 시작으로부터 소름 끼치는 종말까지의 도정은 겉모습(은폐와 왜곡)과 비은폐성(존재) 사이의 독특한 투쟁이다.

Let us consider Sophocles' *Oedipus Rex*. Oedipus who at the beginning is the savior and lord of the state, in the brilliance of glory and the grace of the gods, is hurled out of this seeming. This seeming is not just Oedipus' subjective view of himself, but that within which the appearing of his Dasein happens. In the end he is unconcealed in his Being as the murderer of his father and the defiler of his mother. The path from this beginning in brilliance to this end in horror is a unique struggle between seeming(concealment and distortion) and unconcealment (Being).

하이데거 자신이 의식했는지는 모르지만, 그는 아주 가끔 이렇게 자신이 만들어 낸 수수께끼에 대한 단서를 흘리기도 한다. 위에서 '현존재'가 무엇을 지칭하는지는 『존재와 시간』 속의 안개 같은 언어에 비하면 비교적 분명하다. 소포클레스의 비극 속에서 오이디푸스는 스핑크스의 수수께끼를 푼 테베의 왕이 아니라 친아버지를 죽이고 어머니와 결혼한 인류의 배반자로서 '본색'을 드러낸다. 물론 오이디푸스는 극의 도입부에서 자신의 정체를 인지하지 못한다. 하지만 하이데거가 말하듯이, 그의 현존재는 시간 속에서 겉모습과 비은폐성 사이의 투쟁을 통해 스스로를 드러낸다.

이제 와서 하는 말이지만 실존주의자들에게서 발견되는 흥미로운 공통점이 있는데, 그것은 유난히 그리스 고전을 많이 끌어들인다는 것이다. 사르트르는 그리스 비극을 모방한 희곡을 썼고, 카뮈는 그리스 신화 속 시시포스를 끌어들여 자기 사상의 상징으로 삼았으며, 하이데거 역시 플라톤－파르메니데스－소포클레스로 이어지는 그리스 고전에서 자신의 사상을 개진할 화두나 캐릭터를 찾았다. 단순하게는 인문학의 원천으로서 그리스 고전의 힘을 실감할 수 있는 대목이기도 하지만, 다른 한편으로는 애초부터 약간 극적인 요소를 품고 있는 실존주의 사상의 성격을 파악할 수 있는 단서이기도 하다. 이 역시 실존주의자들의 '예능감'이 드러나는 대목이라고 할 수 있겠다.

## 하이데거에게서 무엇을 얻을 것인가

철학자들 중에는 하이데거에게 의혹의 눈길을 보내는 이들도 있다. 즉 그가 실은 『오즈의 마법사』 속 '짝퉁' 마법사 같은 존재라는 것이다. 영국의 현대 철학자 로저 스크루턴(Roger Scruton)은 『현대 철학 소사 *A Short History of Modern Philosophy*』에서 『존재와 시간』을 다음과 같이 평한 바 있다.

하이데거의 저작을 요약하기란 불가능하다. 아무도 완전히 이해했다고 주장한 적이 없다. (…) 독자는 표현할 수 없는 것을 표현하기 위해 그토록 많은 어휘가 발명되고 곡해된 적은 [이전에] 결코 없었으리라는 인상을 받는다.

It is impossible to summarise Heidegger's work, which no one has claimed to understand completely. (…) the reader has the impression that never before have so many words been invented and tormented in the attempt to express the inexpressible.

스크루턴은 하이데거의 사상에 대해 아예 "독일 낭만주의 철학 최후에 절망적으로 반짝이는 희미한 빛(the last despairing glimmer of German romantic philosophy)"이라고까지 말하기도 했다. 이렇게 스크루턴처럼 하이데거의 사상을 불가해한 철학 내지 난센스로 여기고 그의 책을 던져버린다 해도 그건 각자의 자유에 속하는 일이다. 하지만 '미워도 다시 한 번' 하는 심정으로 꿋꿋하게 『존재와 시간』의 책장을 넘길 독자들이 아직도 남았을 경우를 위해 몇 가지 조언을 하고 싶다.

하이데거를 감상하는 정공법이랄까, 가장 단순한 방식은 역시 일단은 그의 언어 속에 구명조끼도 없이 빠져 마구 허우적거려 보는 것이다. 확실히 『존재와 시간』은 그 첫 문장 "이 물음은 오늘날 잊혔다."에서부터 (답이 아닌) 질문으로 끝나는 마지막 문장 "시간 그 자체가 존재의 지평으로서 스스로를 드러내는가?(Does time itself reveal itself as the horizon of being?)"에 이르기까지 난해함, 모호함, 독자를 전혀 배려하지 않는 불친절함, 그러면서도 한 쪽만 더 넘기면 뭔가 심오한 지혜에 이를 것만 같은 기대감을 주며 독자를 안절부절못하게 만드는 치명적인 매력이 있다.

하지만 결국 언젠가는 하이데거가 언어로 지은 신비의 미궁에서 빠져나와야 할 순간이 온다. 이때 빈손으로 나오고 싶지 않다면 나름의 과감성과 단순성을 가지고 자신이 이해한 하이데거는 무엇인지 분명히 선을 그어야 한다. 그리고 그 과정에서 '부수적 피해'랄까, 오역, 오해, 착각 등 어느 정도의 희생은 감수해야 한다. 난해한 텍스트는 하이데거의 것이지만, 그에 대한 이해는 나와 여러분 각자의 몫이다. 난해하다는 것은 그만큼 열린 해석의 가능성도 많다는 얘기다. 예를 들어 '현존재'도 마찬가지다. 그것을 '진정한 자아'로 여길지, 의식 아래에 숨어 있는 에고(ego)의 핵이라고 볼지, 내 삶의 전 과정으로 생각할지, '인간 존재'라는 보편성에 대항하여 '나'의 독자성과 개성을 강조하려는 시도로 볼지는 본인의 자유다.(단, '영혼'은 아닐 것이다. 하이데거 스스로 현존재는 죽음과 함께 미완성으로 끝난다고 했으니 말이다.) 사르트르 말마따나 우리는 절대적으로 자유롭지 않은가.

사르트르 얘기가 나왔으니 말인데, 앞에서 잠깐 언급했듯이 하이데거보다 16년 연하인 사르트르의 주저『존재와 무』는『존재와 시간』에 대한 프랑스적 화답이라고 볼 수도 있다.『존재와 무』의 부제는 '존재론에 대한 현상학적 에세이(A Phenomenological Essay on Ontology)'인데, 여기서 하이데거(＝존재론)와 그의 스승 후설(＝현상학)의 영향이 그대로 드러난다. 이렇게 비단 실존주의뿐 아니라 다양한 유파의 현대 철학자들이 저마다 하이데거의 텍스트를 읽고 자신의 사상을 입증, 보강하는 수단으로 끌어들이곤 했다. 그래서 하이데거는 실존주의와 현상학은 물론이거니와 해석학, 후기구조주의, 해체주의, 심지어는 생태학에서도 중요한 사상가로 평가받는다. 게다가 후기 마르크스주의자들조차 초기 하이데거의 사상과 마르크스주의를 연결하려 했다. 모두 하이데거의 난해한 텍스트가 다양한 해석의 여지를 제공하다 보니 생긴 일이다. 이런 현상이야말로 '장님 코끼리 만지는 격'이라는 옛말에 딱 맞는 경우 아닌가. 물론 한편으로는 그 코끼리라는 게 실체가 있기는 한 건가 하는 의구심을 지울 수 없는 게 사실이기는 하지만 말이다.

비록 하이데거의 사상을 정확히 이해하기는 힘들다 하더라도 그의 방법론 자체는 평가해 볼 수 있을 것이다. 근본적인 의미에서는 하이데거 역시 서양 철학 전통의 계승자다. 일상적, 보편적으로 사용되는 어휘나 개념을 붙잡고 그 참된 의미가 무엇인지를 다그치는 것은 소크라테스 이후 서양 철학에서 이어져 내려온 오랜 전통이다. 그런 맥락에서 하이데거는 '존재'를 틀어쥔 것뿐이다. 뿐만 아니라 언뜻 익숙해 보이는 개념을 새로운 시각으로 해석해 보거나 기존의 통념을 의심해 보는 것은 모든 철학의 기본적인 자세다. 다만 하이데거의 철학은 그 스케일이 너무나 크다 보니 읽는 사람을 압도하는 게 문제이기는 하다. 예를 들어 『형이상학 입문』의 다음과 같은 서두는 얼마나 도발적인 것인가?

어째서 무 대신 존재가 있는 것인가? 그것이 문제다. 짐작컨대 그것은 아무렇게나 나온 질문이 아니다. "어째서 무 대신 존재가 있는 것인가?"—이것은 분명 모든 질문 가운데 으뜸가는 것이다.

Why are there beings at all instead of nothing? That is the question. Presumably it is no arbitrary question. "Why are there beings at all instead of nothing?"—this is obviously the first of all questions.

하이데거의 책이니만큼 제목에 '입문'이 들어갔다고 해서 정말 '왕초

하이데거가 1933년부터 1934년까지 총장을 지낸 독일 프라이부르크 대학. 나치 집권이 시작된 시기와 일치한다.

보'를 위해 쓰인 형이상학 책으로 믿을 사람이야 없겠지만, 그래도 명색이 '입문서'인데 첫 구절치고 꽤 무지막지한 셈이다. 하이데거에 따르면 플라톤과 아리스토텔레스 이후 서양 철학 전통은 가장 근원적인 문제, 즉 애초에 '존재가 존재하는 이유'를 망각한 채 부차적인 문제들에만 골몰했다는 것이다. 하이데거에게 "세계는 정의로운가?", "세계는 살 만한 곳인가?", "세계란 무엇인가?"보다 더 근본적인 질문은 "왜 하필 세계가 있는가?"다.

하이데거는 『존재와 시간』에서 "나는 생각한다, 고로 존재한다."는 데카르트의 유명한 공리를 공격하기도 한다.

> '생각한다, 존재한다'를 가지고 데카르트는 새로운 그리고 확고한 철학의 기초를 준비한다고 주장한다. 하지만 그는 이 '급진적인' 시작에서 '생각하는 것'의 존재 방식, 보다 정확하게는, '존재한다'에서 존재의 의미를 결정하지 않은 채 남겨 둔다.
>
> With the *cogito sum* Descartes claims to prepare a new and secure foundation for philosophy. But what he leaves undetermined in this 'radical' beginning is the manner of being of the *res cogitans*, more precisely, the meaning of being of the '*sum*.'

즉 하이데거에 따르면 철학의 무게 중심이 '사고'가 아닌 '존재 자체'에 대한 연구로 이동해야 한다는 것이다. 만약 그렇다면 데카르트의 공리 또한 이렇게 바뀌어야 할 것이다. "나는 존재한다, 고로 생각한다.(I am therefore I think.)" 마르크스의 유물론과는 맥락이 다르지만, 문자 그대로 존재가 사고를 결정하는 것이다.

이렇게 한편으로는 서양 철학 전통에 발 딛고 있으면서도, 다른 한편으로는 오랫동안 전해져 내려온 게임의 규칙과 기본 공리들에 대해 의문을 제기하는 도발적 태도야말로 하이데거를 주목할 수밖에 없도록 만드는 요인이다. 칸트는 순수이성에 관한 자신의 발상을 '코페르니쿠스적 전회'라고 자찬했지만, 하이데거의 존재론적 발상이야말로 거의 '아인슈타인 급 전회'라고 불러야 할지 모른다.

## 존재의 시

1930년대 독일 지성계를 대표하던 하이데거는 충실한 나치 당원이기도 했다. 그는 제3제국 시기 내내 자발적으로 히틀러와 나치 지지 발언을 하고 다녔다. 하지만 이러한 전력은 곧 그의 발목을 잡았다. 2차 대전이 끝난 후 오랫동안 독일 학계에서 매장당한 채 은둔 생활을 할 수밖에 없게 된 것이다.

은둔 시기에 하이데거가 사상적 돌파구로 삼은 것은 예술, 특히 시(詩)였다. 그가 예술론을 펼치기 위해 선택한 주 텍스트는 19세기 초반의 독일 시인 프리드리히 횔덜린(Friedrich Hölderlin)의 작품들이었다. 당대에도 거의 '잊힌' 시인이었던 그를 선택한 이유는 무엇일까? 하이데거는 『횔덜린 시의 해명Elucidations of Hölderlin's Poetry』이라는 논집에 수록된 논문 「횔덜린과 시의 본질Hölderlin and the Essence of Poetry」에서 그의 시를 선택한 까닭을 이렇게 밝힌다.

나는 그의 작품이 다른 많은 것들처럼 시의 보편적인 본질을 실현하고 있기 때문에 선택한 것이 아니라, 차라리 횔덜린의 시가, 시를 순전히 시의 본질에 대한 것으로 만드는, 그의 전반적인 시적 사명에 의해 지지되고 있기 때문에 선택한 것이다. 횔덜린은 우리에게 탁월하다는 의미에서 시인의 시인이다.

I did not choose Hölderlin because his work, as one among many, realizes the universal essence of poetry, but rather because Hölderlin's poetry is sustained by his whole poetic mission: to make poems solely about the essence of poetry. Hölderlin is for us in a preeminent sense the poet's poet.

'시인의 시인'이란 무슨 뜻일까? 횔덜린이 순전히 시의 본질에 대한 시를 썼다는 것은 무슨 의미일까? 그의 시가 어떤 모양을 하고 있는지는 하이데거가 좋아했던 작품 「이스터*The Ister*」의 앞부분을 감상하면 금방 드러난다. 이스터는 도나우 강의 고대 명칭이다.

이제 오라, 불이여!
우리는 대낮을 보기를
갈구하느니
그리고 시련이
우리의 무릎을 지나가면
누군가는 숲의 부름을 감지하리라
(⋯)
이 강은 이스터라고 불린다
강은 아름답게 살아 있다. 잎의 기둥이 불타고
휘젓는다. 그들은 숲속에 서서
서로를 지지한다. 그 위로
바위로 된 돔을 뚫고
막 드러난 두 번째 공간. 그래서 나는

그 멀리 반짝이는 강물이

그림자를 찾아 올림포스를 내려와

지협의 열기를 따라 올라온

헤라클레스를 손님으로 맞이한 것에 놀라지 않는다

Now come, fire!

Eager are we

To see the day,

And when the trial

Has passed through our knees

May someone sense the forest's call.

(…)

This river is called the Ister.

It lives in beauty. Columns of leaves burn

And stir. They stand in the forest

Supporting each other; above,

A second dimension juts out

From a dome of stones. So it does not

Surprise me that the distantly gleaming river

Made Hercules its guest,

When in search of shadows

He came down from Olympus

And up from the heat of Isthmus.


이번에는 횔덜린의 또 다른 시 「빵과 포도주 *Bread and Wine*」의 후반부 제7절의 일부를 감상해 보자.

하지만 친구여, 우리는 너무 늦게 왔다. 진정, 신들은 살아 계시다

하지만 우리의 머리 위, 다른 세계에서

(…)

따라서 삶은 그들에 대한 꿈이다. 그러나 길을 잃고 헤매는 것은

수면과 같이 도움이 되고, 궁핍과 밤은

영웅들이 청동의 요람에서

언젠가 그랬듯이 신들처럼 강인한 마음을 품고

충분히 자랄 때까지 우리를 강하게 만든다

이어서 그들은 우레와 같이 온다. 한편 나는 종종

동료들 없이 무엇을 할지 무엇을 말할지 모르며

그사이 그저 견디며 존재하는 것보다 잠들어 있는 편이 낫다고 생각한다

궁핍의 시대에 무엇을 위한 시인인가?

하지만, 그들은 거룩한 밤, 나라에서 나라로 여행하는

주신(酒神)의 신성한 사제들과 같다고, 그대는 말하리라

But friend, we come too late. It's true that the gods live,

But above our heads, up in a different world.

(…)

Henceforth life itself is a dream about them. But wandering astray

Helps, like sleep, and need and night makes us strong,

Until enough heroes have grown in the bronze cradle,

With hearts as strong as those of the gods, as it used to be.

Thundering then they come. Meanwhile I often think it is

Better to stay asleep, than to exist without companions,

Just waiting it out, not knowing what to do or

Say in the meantime. What are poets for in a time of need?

But you'll say they're like holy priests of the wine god,

Moving from land to land in the holy night.

이쯤에서 "나보기가 역겨워 가실 때에는/말없이 고이 보내 드리오리다" 하는 김소월이나 "한 송이 국화꽃을 피우기 위해/밤부터 소쩍새는 그렇게 울었나 보다" 하는 서정주의 시가 그리워지는 독자도 있을 것이다.

하지만 어떻게 골라도 이런 시를 골랐을까 하고 생각하는 것은 맥을 잘못 짚은 것이다. 오히려 횔덜린이야말로 진정 하이데거다운 선택이다. 같은 19세기 독일 시인이라고 해도 횔덜린보다 훨씬 대중성을 가진 괴테, 실러, 혹은 하이네의 시를 골랐다면 그답지 못할 뻔했다. 하이데거는 횔덜린 시의 수수께끼 같은 구절과 신비스런 분위기가 제공하는, 활짝 열린 해석의 공간을 적극 활용하며 특유의 내러티브를 펼쳐 보인다. 횔덜린 시의 역할은 그것이다. 횔덜린이 보다 쉽고 명료한 시인이었다면 하이데거는 그를 망각의 강에서 결코 건져 주지 않았을 것이다.

하이데거는 문제의 논문에서 시의 본질을 이렇게 정의한다.

시는 유희처럼 보이지만 그렇지 않다. 유희란 사람들을 불러 모으지만, 그 속에서 각자는 스스로를 망각한다. 반대로 시 속에서 인간은 존재의 근거 위로 집중된다. 거기서 그는 안식한다. 물론 비활동적이고 사유의 공백이 생기는 덧없는 안식이 아니라, 일체의 힘과 관계가 촉진되는 그런 무한한 안식이다.

Poetry looks like a game and yet it is not. A game does indeed bring men together, but in such as manner that each forgets himself. In poetry, on the contrary, man is gathered upon the ground of his existence. There he comes to rest; not, of course, to the illusory rest of inactivity and emptiness of thought, but to that infinite rest in which all powers and relations are quickened.

시는 단순히 언어를 가지고 노는 행위가 아니다. 오히려 시는 언어의 힘을 통해 인간을 보다 명료한 자의식 속으로, 그리고 다시 존재의 심연으로 이끈다. 혹시나 했더니 시론(詩論)에서도 존재 타령은 여전하다. 그런데 하이데거에 의하면 시를 짓는 자들, 즉 시인들 가운데서도 특히 횔덜린은 '군계일학'이다. 하이데거는 횔덜린 시의 의의를 이렇게 설명한다.

횔덜린은 시의 본질 자체를 시 속에 담는다―그러나 무시간적으로 타당한 개념이라는 의미에서는 아니다. 시의 본질은 특정한 시대에 속해 있다. 하지만 그것이 단지 이미 존재하는 어떤 시대로서의 그 시대와 일치시키려는 방식으로서는 아니다. 오히려, 시의 본질을 새롭게 제공함으로써, 횔덜린은 먼저 새로운 시대를 규정한다. 그것은 가 버린 신들과 도래하는 신의 시대다. 그것은 이중의 결핍과 이중의 부정 속에 끼어 있기에 궁핍의 시대다. (…) 역사적인 시대를 예견하기에 횔덜린이 수립한 시의 본질은 최고 수준에서 역사적이다. 그럼에도 역사적 본질로서, 그것은 진정한 본질일 뿐이다.

Hölderlin puts into poetry the very essence of poetry—but not in the sense of a timelessly valid concept. This essence of poetry belongs to a definite time. But not in such as way that it merely conforms to that time as some time already existing. Rather, by providing anew the essence of poetry, Hölderlin first determines a new time. It is the time of the gods who have fled and of the god who is coming. It is the time of need because it stands in a double lack and a double not (⋯) The essence of poetry which is founded by Hölderlin is historical in the highest degree, because it anticipates a historical time. As a historical essence; however, it is the only true essence.

여기서 하이데거가 몰두하는 화두는 앞서 횔덜린의 「빵과 포도주」에 등장했던 시구 "궁핍의 시대에 무엇을 위한 시인인가?"다. 특히 관건은 '궁핍의 시대'를 어떻게 해석하느냐 하는 것이다. 이를 '헐벗고 굶주리는 이웃이 많은 시대'로 푸는 것은 비교적 초보적인 발상이다. '영혼이 가난한 시대' 혹은 '인간성이 메마른 시대'로 해석한다면 그럭저럭 중간은 가는 수준이다. 그런데 이걸 '가 버린 신들과 도래하는 신의 시대'라고 정의하는 것은 가히 카뮈의 '인간의 질문과 우주의 침묵 사이에서 벌어지는 절망적 조우', 사르트르의 '자유롭도록 처벌받은 인간' 등에 필적하는, 아니 심지어는 한 수 높은 내공이다. 정말 탁월한 철학적 예능감이 아닐 수 없다.

하지만 '가 버린 신들과 도래하는 신의 시대'라면, 그것은 사실상 인간의 전 역사가 아니던가. 인간의 역사는 인간이 신화를 잃은 시점부터 본격적으로 시작되었고, 특히 서구 그리스도교의 패러다임에 따르면 신이 재림하는 것으로 끝난다. 그렇다면 횔덜린의 시가 새로운 시대를 확정한다는 것은 무슨 뜻일까? 횔덜린 시를 '해명'한다더니, 도대체 제대로 해명되는 것은 하나도 없다.

하이데거가 횔덜린을 '시인의 시인'이라 불렀듯이, 하이데거 역시 여러 의미에서 '철학자의 철학자'라 할 수 있을 것 같다. 그의 저작이 수많은 철학자들에게 미친 영향은 이미 말한 바 있다. 거기에 더해 하이데거는 이 시대 철학자로서 살아남는 법, 아니 단순히 살아남는 정도가

메스키르히에 있는 하이데거의 무덤.

아니라 스타가 되는 전략을 제시한 인물이기도 하다. 결코 대중에게 틈을 보이지 말 것. 언제나 난해함, 모호함, 신비함을 유지할 것. 대중의 눈높이에 맞추기보다 차라리 그들을 압도할 것. 이런 역발상 전략은 적중했다. 철학 역사상 최고로 난해한 텍스트를 쓴 것으로 악명 높은 하이데거는 20세기 철학자들 가운데 드물게도 학문성과 대중성을 동시에 거머쥐었다.

하이데거는 나치 부역자라는 치명적인 오점에도 불구하고 2차 대전 이후까지 유럽 각국을 중심으로 철학자들과 대중들 사이에서 탄탄한 '팬덤'을 유지했고, 결국 우여곡절 끝에 독일에서도 학계로 컴백하는 데 성공했다. 1976년 고향 프라이부르크에서 영면할 무렵, 하이데거는 20세기 사상 가장 중요한 철학자로 자리매김하고 있었다. 히틀러도 실패한 세계 정복을 그에게 부역한 철학자가 이루어 낸 것이다.

이제 우리도 슬슬 마무리할 시점이다. 끝으로 하이데거의 텍스트를 하나만 더 감상해 보도록 하자. 미국의 현대 철학자 앨버트 호프스태터

(Albert Hofstadter)가 엮어 낸 하이데거 선집 『시, 언어, 사상*Poetry, Language, Thought*』의 첫 챕터 '시인으로서의 사상가(Thinker As a Poet)'에는 횔덜린을 본뜬 것 같은 운문 형식의 글이 실려 있는데, 그 속에 내가 가장 좋아하는 하이데거의 문구가 등장한다. 이를테면 칸트의 '별이 빛나는 하늘'과 헤겔의 '미네르바의 부엉이'에 비유할 만큼 시적이면서도 동시에 깊이 있는 사유를 느끼게 하는 대목이다. 막연하게나마 하이데거가 왜 이런 말을 했는지, 이해한다기보다 느낄 수 있을 것만 같다.

세계의 어둠은 결코
존재의 빛에는 다다르지 않는다

우리는 신을 위해서는 너무 늦게
존재를 위해서는 너무 일찍 와 버렸다. 이제 막 시작된
존재의 시, 그것이 인간이다

The World's Darkening never reaches
To the light of Being.

We are too late for the gods
and too early for Being. Being's poem,
just begun, is man.

막 시작된 '존재의 시'가 바로 인간이라는 하이데거의 말을 믿어 보기로 한다면, 철학은 그 시를 관통하는 핵심적인 운율이 아닐까? 철학은 인류가 존재하는 한, 아니 하이데거풍으로 말하면 '인간이라는 노래가

대지를 차고 올라 세계로 전개되는 한 영원히 계속될 리듬이라고 할 수 있지 않을까? 생각해 보면 음악의 리듬과 마찬가지로 철학은 하나의 반복이다. 철학은 철두철미한 논증을 통해 해답을 도출하는, 주어진 명제를 해제하고 증명하는 직선적인 작업이 아니다. 그보다는 삶과 죽음, 정의와 불의, 관념과 실재, 신과 인간, 존재와 부재 등 도대체 답이 나올 것 같지 않는 질문들을 붙잡고 반복해서 묻는 작업이다. 철학은 지난 수천 년 동안 그래 왔듯이 앞으로 인류가 존속하는 한 그러한 질문들을 계속해 나갈 것이다. 그러므로 철학책을 펼쳐 보는 것은 가장 무용하면서도 가장 인간적인 행위이다.

## *Chapter 1* 소크라테스와의 대화

Plato(Author), Benjamin Jowett(Translator), Pedro De Blas(Introduction); *Essential Dialogues of Plato*; Barnes & Noble Classics, 2005

I.F. Stone; *The Trial of Socrates*; Anchor, 1989

Thomas R. Martin; *Ancient Greece: from Prehistoric to Hellenistic Time*; Yale University Press, 1996

http://www.gutenberg.org/files/29441/29441-h/29441-h.htm

http://www.perseus.tufts.edu/hopper/searchresults?q=Plato

## *Chapter 2* 유토피아의 꿈과 이성의 도서관

Plato(Author), Benjamin Jowett(Translator); *Republic*; Barnes & Noble Classics, 2005

Plato(Author), Allan Bloom(Translator); *The Republic of Plato*; Basic Books, 1991

Aristotle(Author), H.S. Butcher(Translator); *Poetics*; Dover Publications, 1997

Aristotle(Author), W. D. Ross(Translator); *Nicomachean Ethics*; World Library Classics, 2009

Bertrand Russell; *The History of Western Philosophy*; Simon & Schuster/Touchstone, 1967

http://www.gutenberg.org/files/29441/29441-h/29441-h.htm

http://www.perseus.tufts.edu/hopper/searchresults?q=Plato

http://www.perseus.tufts.edu/hopper/searchresults?q=aristotle

http://classics.mit.edu/Browse/index.html

## *Chapter 3* 웅변가와 황제의 철학

Anthony Everitt; *Cicero: The Life and Times of Rome's Greatest Politician*; Random

House, 2003

Mary T. Boatwright, Daniel j. Gargola, Richard. J.A. Talbert; *The Romans: From Village to Empire*; Oxford University Press, USA, 2004

Theodor Momsen; *The History of Rome Vol. II*; The Falcon's Wing Press; Glencoe, Illinois, 1966

http://www.gutenberg.org/ebooks/14988

http://www.gutenberg.org/ebooks/25717

http://www.perseus.tufts.edu/hopper/searchresults?q=cicero

http://classics.mit.edu/Antoninus/meditations.html

*Chapter 4* 과학 혁명과 근대 철학

Francis Bacon; *The Essays*; Penguin Classics, 1986

Will Durant; *The Story of Philosophy: The Lives and Opinions of the Great Philosophers*; Washington Square Press, 1967

Roger Scruton; *A Short History of Modern Philosophy: From Descartes to Wittgenstein*; HarperCollins, 1982

http://www.gutenberg.org/dirs/etext04/adlr10h.htm

http://www.gutenberg.org/files/45988/45988-h/45988-h.htm

http://www.gutenberg.org/ebooks/59

http://ebooks.gutenberg.us/Alex_Collection/descartes-meditations-746.htm

http://www.gutenberg.org/ebooks/18269

https://archive.org/details/lespenses00pasc

*Chapter 5* 독일 관념론 산책

Immanuel Kant(Author), Max Müller(Translator); *Critique of Pure Reason*; Penguin Classics, 2007

Durant; *Op. cit*

Russell; *Op. cit*

Judy Jones, William Wilson; *An Incomplete Education: From Plato's Cave to Planck's Constant*; Ballantine Books, 2008

Arthur Hübscher; *Von Hegel zu Heidegger: Gestalten und Probleme*; Reclam, 1963

http://www.gutenberg.org/ebooks/search/?query=Immanuel+Kant

http://records.viu.ca/~johnstoi/kant/kant2e.htm

http://www.marxists.org/reference/archive/hegel/index.htm

http://www.gutenberg.org/ebooks/author/3648

https://ebooks.adelaide.edu.au/s/schopenhauer/arthur/essays/

## *Chapter 6* 이렇게나 재미있는 철학도 있다

Voltaire(Author), John R. Iverson(Intro); *Philosophical Dictionary*; Barnes & Noble, 2009

Friedrich Nietzsche(Author), R. J. Hollingdale(Translator); *The Twilight of the Idols and the Anti-Christ*; Penguin Books, 1990

Cristopher Hitchens; *Mortality*; Twelve/Hachette Book Group, 2012

Durant; *Op. cit*

http://www.gutenberg.org/files/19942/19942-h/19942-h.htm

http://www.gutenberg.org/files/2445/2445-h/2445-h.htm

http://www.gutenberg.org/ebooks/30123

http://www.gutenberg.org/ebooks/author/779

## *Chapter 7* 실존주의자들의 예능감

Jean-Paul Sartre(Author), Lloyd Alexander(Translator); *Nausea*; New Directions Publishing Corporation, 1975

Jean-Paul Sartre(Author), Hazel E. Barnes(Translator); *Being and Nothingness*; Washington Square Press, 1993

Jean-Paul Sartre(Author), Stuart Gilbert(Translator); *No Exit and Three Other Plays*; Vintage, 1989

Albert Camus(Author), Justin O'Brien(Translator); *The Myth of Sisyphus: And Other Essays*; Random House, 1991

Albert Camus(Author), Anthony Bower(Translator); *The Rebel: An Essay on Man in Revolt*; Vintage, 1991

Albert Camus(Author), Mathew Ward(Translator); *The Stranger*; Vintage, 1989

Albert Camus(Author), Stuart Gilbert(Translator); *The Plague*; Vintage, 1991

Albert Camus(Author), Stuart Gilbert(Translator), Justin O'Brien(Translator); *Caligula and Three Other Plays*; Vintage, 1962

Martin Heidegger(Author), Joan Stambaugh(Translator); *Being and Time*; State University of New York Press, 1996

Martin Heidegger(Author), Gregory Fried, Richard Polt(Translators); *Introduction to Metaphysics*; Yale University Press, 2000

Martin Heidegger(Author), Keith Hoeller(Translator); *Elucidations of Hölderlin's Poetry*; Humanity Books, 2000

Martin Heidegger(Author), Albert Hofstadter(Translator); *Poetry, Language, Thought*; Harper Perennial Modern Classics, 2001

Jeff Collins, Howard Selina; *Introducing Heidegger*; Totem Books, 1999

Scruton; *Op. cit*

Hübscher; *Op. cit*

http://marxists.org/reference/archive/sartre/index.htm

## 인용문 온라인 출처에 관한 참고 사항

본서에서 인용한 영어 텍스트는 저작권 문제 및 독자들의 편의를 고려하여 가능한 한 온라인상에서 열람할 수 있는 퍼블릭 도메인(public domain) 콘텐츠를 이용했다. 단 명확한 의미 전달을 위해 복수의 온오프라인 텍스트를 비교한 뒤 문장을 임의로 수정한 경우도 있음을 밝힌다.

온라인상에서 확보 가능한 텍스트라고 해서 그 수준이 떨어지는 것은 전혀 아니다. 저작권 시효가 만료되어 이제는 퍼블릭 도메인이 된 영어 번역본 가운데는 그 자체가 해당 분야에서 하나의 '스탠더드' 내지는 고전으로 인정받는 경우가 많다. 종이책을 읽느냐, 인터넷을 포함한 e-book을 읽느냐는 개인의 취향과 미디어의 특성에 따른 선택일 뿐 어느 쪽에 우열이 있는 것은 아니다 — 나더러 굳이 선택하라면 종이책 쪽이다.

고전의 영어 텍스트를 무료로 제공하는 웹사이트 중 대표적인 것으로는 프로젝트 구텐베르크(Project Gutenberg: http://gutenberg.org)와 페르세우스 디지털 라이브러리(Perseus Digital Library: http://perseus.tufts.edu)가 있다. 미국의 작가, 사업가인 마이클 하트(Michael Hart)가 발족시킨 프로젝트 구텐베르크는 지금까지 49,000여 권에 달하는 장서의 영문 버전을 디지털화해 놓고 있다. 터프트 대학(Tuft University)에서 운영하는 페르세우스 디지털 라이브러리는 특히 그리스, 로마 고전 컬렉션에 강하다. 영문 텍스트를 그리스어, 라틴어 버전과 비교·분석하는 것도 가능하다.

그 밖에 의외로 알찬 다크호스 사이트로는 마르크시스트 자료 보관소(Marxists Internet Archive: http://Marxists.org)를 들 수 있다. 비단 마르크스, 엥겔스의 저작뿐 아니라 베이컨, 데카르트, 칸트, 헤겔, 심지어 프랑크푸르트학파의 저술까지 포함하는 방대한 자료를 보유하고 있다. 영어 문장의 '퀄리티'도 매우 좋다. 관심 있는 독자들의 방문을 권한다.

## *Chapter 1* 소크라테스와의 대화

| | |
|---|---|
| 20쪽 | Public Domain |
| 27쪽 | ⓒ www.shutterstock.com |
| 33쪽 | ⓒ www.shutterstock.com |
| 41쪽 | Public Domain |
| 46쪽 | ⓒ www.shutterstock.com |
| 50쪽 | ⓒ www.shutterstock.com |
| 61쪽 | Public Domain |
| 68쪽 | ⓒ www.shutterstock.com |
| 74쪽 | ⓒ www.shutterstock.com |
| 82쪽 | Public Domain |
| 86쪽 | Public Domain |
| 89쪽 | Public Domain |

## *Chapter 2* 유토피아의 꿈과 이성의 도서관

| | |
|---|---|
| 98쪽 | ⓒ Tomisti / Wikimedia Commons (CC BY-SA 3.0) |
| 101쪽 | Public Domain |
| 122쪽 | ⓒ www.shutterstock.com |
| 130쪽 | Public Domain |
| 139쪽 | ⓒ www.shutterstock.com |
| 141쪽 | Public Domain |
| 145쪽 | ⓒ www.shutterstock.com |
| 150쪽 | ⓒ www.shutterstock.com |
| 156쪽 | Public Domain |
| 161쪽 | Public Domain |
| 165쪽 | ⓒ Peter Damian / Wikimedia Commons (CC BY-SA 3.0) |
| 173쪽 | Public Domain |